▶ **bachelor-wissen**

Französische Literaturwissenschaft

W0180140

bachelor-wissen

bachelor-wissen ist die Reihe für die modularisierten Studiengänge

◆ die Bände sind auf die Bedürfnisse der Studierenden abgestimmt

◆ das fachliche Grundwissen wird in zahlreichen Übungen vertieft

◆ der Stoff ist in die Unterrichtseinheiten einer Lehrveranstaltung gegliedert

◆ auf www.bachelor-wissen.de finden Sie begleitende und weiterführende Informationen zum Studium und zu diesem Band

bachelor-wissen

Maximilian Gröne / Frank Reiser

Französische Literaturwissenschaft

Eine Einführung

 Gunter Narr Verlag Tübingen

Dr. Maximilian Gröne lehrt als Akademischer Rat an der Philologisch-Historischen Fakultät der Universität Augsburg.

Dr. Frank Reiser lehrt als Wissenschaftlicher Angestellter am Romanischen Seminar der Albert-Ludwigs-Universität Freiburg i.Br.

Friedrich Hugo (sic!) zugeeignet.

Bibliografische Information der Deutschen Bibliothek

Die Deutsche Bibliothek verzeichnet diese Publikation in der Deutschen Nationalbibliografie; detaillierte bibliografische Daten sind im Internet über <http://dnb.d-nb.de> abrufbar.

© 2007 Narr Francke Attempto Verlag GmbH + Co. KG
Dischingerweg 5 · D-72070 Tübingen

Internet: http://www.bachelor-wissen.de
E-Mail: info@narr.de

Satz: Informationsdesign D. Fratzke, Kirchentellinsfurt
Druck und Bindung: Hubert & Co., Göttingen
Printed in Germany

ISSN 1864-4082
ISBN 978-3-8233-6289-0

Inhalt

Kompetenz 4: Texte in anderen Medien analysieren

Vorwort

Die Reform des bundesdeutschen, Schweizer und österreichischen Hochschulwesens, die als Teil des europaweit greifenden sog. Bologna-Prozesses zu verstehen ist, stellt in vielfacher Hinsicht eine Herausforderung dar, eine Herausforderung nicht zuletzt für die Studierenden und die Lehrenden in den neu geschaffenen oder neu strukturierten Studiengängen. Im Vordergrund der Umgestaltung stehen dabei zumindest zwei Ziele, die Harmonisierung des europäischen Hochschulstudiums ebenso wie die Ausrichtung seiner Inhalte und Methoden auf die Erfordernisse der beruflichen Praxis. Als entscheidende Wegemarken sind die konsekutive Anlage als Bachelor und Master, die Modularisierung der Studiengänge wie auch die Einführung studienbegleitender Prüfungsformen und eines Leistungspunktesystems, des European Credit Transfer Systems (ECTS), zu verstehen (vgl. Einheit 3.1).

Es ist dabei nicht zu übersehen, dass die neuen Studiengänge den Studierenden eine Reihe erheblicher Vorteile gegenüber etablierten Formen der akademischen Ausbildung bieten. Dazu zählen unter anderem die flexiblere Schwerpunktsetzung innerhalb des Studienverlaufs und die gleichmäßigere Verteilung der Leistungsbewertung auf die Gesamtzeit des Studiums. Zugleich verändert sich nachhaltig die Form der einzelnen Lehrveranstaltungen: Sie sind als Teile eines übergeordneten Moduls stärker in eine vorgegebene Gesamtstruktur des Studienganges eingebettet. Wichtiger noch ist die verstärkte Didaktisierung des Unterrichts, die einer anschaulicheren Vermittlung der Wissensinhalte dient und angesichts kürzerer Studienzeiten bis zum ersten berufsqualifizierenden Abschluss notwendig erscheint, um bei steiler Progression die Lerninhalte vermitteln zu können. Die qualitative Veränderung der Lehre bedeutet gerade nicht, wie es ein landläufiges Fehlurteil annimmt, dass im Gegenzug Abstriche am Umfang des gelehrten Stoffes vonnöten sind. Im Gegenteil: Der Ausbildungsstandard wird sich im internationalen Wettbewerb der Hochschulstandorte mehr denn je behaupten müssen. Auch die berufsorientierte Anlage der neuen Studiengänge geht mit einem erhöhten Anspruch an die Absolventen und Absolventinnen einher. In diesem Zusammenhang steht nicht mehr die Kenntnis von Wissensständen allein im Vordergrund der Ausbildung, sondern mit ihr die Fähigkeit, das Erlernte selbständig anzuwenden – eine im Studium geformte *Kompetenz*.

Der vorliegende Band der Reihe bachelor-wissen richtet sich in erster Linie an Studierende eines literaturwissenschaftlichen Moduls aus einem Bachelor-Studiengang im Bereich der Franko-Romanistik. Sein Charakter als Einführung in grundlegende Arbeitstechniken und Methoden der Textanalyse und -interpretation orientiert sich an entsprechenden Lehrveranstaltungen, die im Laufe eines Semesters die wesentlichen Themenbereiche der heutigen Literaturwissenschaft behandeln. Der Aufbau derartiger Lehrveranstaltungen wird in Form von 14 Einheiten abgebildet, die gleichsam eine der Möglichkeiten darstellen, den zu vermittelnden Stoff zu gliedern und Schwerpunkte zu setzen. Insofern eignet sich der vorliegende Band zur Begleitung einer universitären Lehrveranstaltung, andererseits kann er auf Grundlage der schrittweisen Einführung in das Wissensgebiet und des durchgängigen Einbezugs zahlreicher Übungsaufgaben im Eigenstudium erarbeitet werden. Die vermittelten Inhalte schließen ihrerseits an vergleichbare Veranstaltungstypen aus dem Lehramts- oder Magisterstudiengang an, weshalb der Band auch den Studierenden dieser Ausbildungswege offen steht.

Besonderer Wert wurde auf eine angepasste Darbietung des Stoffes gelegt, die die Studienanfängerinnen und -anfänger mit dem Themengebiet vertraut machen soll. Eine grundlegende Kenntnis des Französischen wird vorausgesetzt, zugleich bieten in schwierigeren Fällen Anmerkungen die nötige Unterstützung beim Verständnis der im Original zitierten Textbeispiele. Eben jene direkten Textbezüge und die durchgängig eingebundenen Übungsaufgaben stellen den Studierenden ein aussagekräftiges Anschauungsmaterial zur Verfügung und ermöglichen es ihnen, ihren Lernfortschritt zu überprüfen und eigenständig die erworbenen Kenntnisse anzuwenden. Lösungshinweise und zusätzliche Materialien finden sich auf den diesen Band begleitenden Seiten unter www.bachelor-wissen.de. So soll über die Verbindung von Informationsvermittlung und aktiver Einbeziehung von Leserinnen und Lesern auf Basis-Kompetenzen hingeführt werden, welche eine literaturwissenschaftliche Herangehensweise an den Text, seine methodische Analyse und theoriegestützte Interpretation wie auch die Berücksichtigung des jeweiligen medialen Kontextes umfassen. Entsprechend unterteilt sich der Aufbau von *bachelor-wissen: Französische Literaturwissenschaft* in vier Themenblöcke: Die Einheiten 1 bis 3 legen eine Basis und führen in literaturwissenschaftliches Denken und Arbeiten ein. Im Anschluss daran stehen die Einheiten 4 bis 9 ganz im Zeichen der Analysetechniken literarischer Texte, die in den jeweiligen Übungseinheiten erprobt werden. In einem weiteren Schritt werden in den Einheiten 10 bis 12 die wichtigsten theoretischen und methodischen Ansätze der Interpretation literarischer Texte eingeführt. In den Einheiten 13 und 14 schließlich wird der Blick auf andere Medien geweitet, die inzwischen zu wesentlichen Bezugspunkten auch der Literaturwissenschaft geworden sind und in beruflicher Hinsicht den Horizont der Bachelor- und Master-Absolventen erweitern können. Die Einheiten 1, 3.4 und 3.5, 4, 5, 8 bis 10 wurden von Frank Reiser, die Einheiten 2, 3.1 bis 3.3, 6, 7, 11 bis 14 von Maximilian Gröne verfasst.

Freiburg i. Br., Januar 2007   *Maximilian Gröne und Frank Reiser*

Begriff ‚Literatur‘

In diesem ersten Kapitel beschäftigen wir uns mit der Definition von „Literatur" als Gegenstandsbereich der Literaturwissenschaft. Wir ziehen dazu Beispieltexte aus der französischen Literatur heran und suchen notwendige oder typische Eigenschaften von Literatur. Anschließend lernen Sie einige medientheoretische Grundlagen von Literatur als Schrift-Kunst kennen.

Überblick

1.1 | Literatur ‚an und für sich'

Begegnung mit
Literatur in Gestalt von
Literaturlisten

Zu Beginn eines romanistischen Studiums pflegt man als Student zu Recht darauf hingewiesen zu werden, dass die Philologie, ernsthaft betrieben, eine stetige und planvolle Lektüre voraussetzt. Um diesem ‚Plan' sogleich ein Gesicht zu geben und den anfänglichen Eifer der Studierenden in sinnvolle Bahnen zu lenken, ist es nicht unüblich, sog. *Leselisten* in Umlauf zu bringen. Ein (unerwünschter) Effekt dieser Zusammenstellungen literarischer Texte besteht möglicherweise darin, den erwähnten Anfängereifer sogleich zu bremsen, da das entmutigend große Lektüreprogramm innerhalb der wenigen und ohnehin arbeitsreichen Studienjahre kaum leistbar scheint. Hierzu gleich ein Hinweis: Für dieses wie für andere Projekte im Studium gilt, dass man immer nur an den nächsten kleinen Schritt denken, diesen aber entschlossen gehen sollte. – Ein (erwünschter) Effekt könnte darin liegen, dass die vage Vorstellung, die sich aus eigenen, meist nicht französischen Lektüren sowie dem schulischen Deutsch- und Französischunterricht beim Einzelnen herausgebildet hat, früh mit einer Reihe von (zunächst freilich noch ‚leeren') Namen und Titeln konkretisiert wird, und dies in Bezug auf die französische Literatur wie auf „Literatur" überhaupt. Ein solcher Lektürekanon sieht beispielweise in Auszügen folgendermaßen aus:

Abb. 1.1 |
Beispiel einer Leseliste
für Romanistik-
studenten (Auszug)

...

☛ Voltaire, Lettres philosophiques (1734)

Ders., Zadig (1748)

☛ Ders., Candide ou l'Optimisme (1759)

Ders., Dictionnaire philosophique (1764)

Claude-Prosper de Crébillon, Les égarements du cœur et de l'esprit (1736–38)

Louis de Rouvroy, duc de Saint-Simon, Mémoires (verf. 1739–1750)

Georges de Buffon, Histoire naturelle, générale et particulière (1749–1804)

...

☛ Gustave Flaubert, Madame Bovary (1857)

☛ Ders., L'Education sentimentale (1869)

☛ Charles Baudelaire, Les Fleurs du mal (1857)

...

Albert Cohen, Belle du Seigneur (1968)

Georges Perec, La vie mode d'emploi (1978)

☛ Claude Simon, La route des Flandres (1960)

Suche nach Wesens-
merkmalen von
Literatur

Wenn diese Auflistung die wesentlichen Primärtexte für angehende Frankoromanisten umfasst, unter denen einige zusätzlich, gewissermaßen als ‚Best of', als ‚Must', wie selbst die ansonsten sprachbewussten Franzosen sagen, der französischen Literatur hervorgehoben sind (☛), dann sollte ein näherer Blick auf diese Texte helfen, einige Wesensmerkmale zu ermitteln, die Literatur von Nicht-Literatur unterscheiden. Greifen wir gleich einen der besonders markierten Texte heraus, verfasst von einem der bekanntesten französischen Autoren überhaupt.

Remords posthume

Text 1.1

Charles Baudelaire: *Les fleurs du mal*

1 Lorsque tu dormiras, ma belle ténébreuse,
    Au fond d'un monument construit en marbre noir,
    Et lorsque tu n'auras pour alcôve et manoir
    Qu'un caveau pluvieux et qu'une fosse creuse ;

5 Quand la pierre, opprimant ta poitrine peureuse
    Et tes flancs qu'assouplit un charmant nonchaloir,
    Empêchera ton cœur de battre et de vouloir,
    Et tes pieds de courir leur course aventureuse,

9 Le tombeau, confident de mon rêve infini
    (Car le tombeau toujours comprendra le poète),
    Durant ces grandes nuits d'où le somme est banni,

12 Te dira : « Que vous sert, courtisane imparfaite,
    De n'avoir pas connu ce que pleurent les morts ? »
    – Et le vers rongera ta peau comme un remords.
    (Baudelaire : 1975, 34f.)

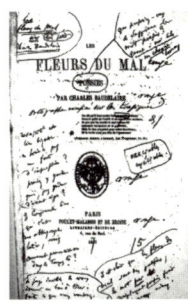

Abb. 1.2

Deckblatt der von Baudelaire selbst korrigierten Erstausgabe 1857

In diesem Text schildert ein Sprecher, der sich in den Zeilen 9 und 10 als der Dichter zu erkennen gibt, also mit Baudelaire identifiziert werden kann (aber nicht muss), einer nicht näher bestimmten Frau ihre Situation nach Tod und Begräbnis und hält ihr vor Augen, wie unsinnig ihre erotische Enthaltsamkeit *ante mortem* ist und wie sehr sie sie bereuen wird (12f.). Diese Zukunftsvision beinhaltet natürlich die Aufforderung, das Leben hier und jetzt zu leben und nicht auf eine christlich oder anderweitig religiös garantierte Entlohnung in einem Leben nach dem Tod zu hoffen, das hier mit drastischen Bildern der Enge und des körperlichen Verfalls insbesondere im Schlussvers als Hirngespinst abgetan wird. Hinter dieser Ermahnung verbirgt sich die lange und außerordentlich lebendige thematische Tradition des *Carpe diem* („Pflücke den Tag"). Sie hat ihren Ursprung bei dem römischen Dichter Horaz (65–8 v. Chr.), in dessen Oden es an einer Stelle heißt: „Dum loquimur, fugerit invida aetas: carpe diem, quam minimum credula postero" („Noch während wir reden, ist die missgünstige Zeit schon entflohen: Pflücke den Tag, und glaube so wenig wie möglich an den nächsten!") (*Carmina* 1, 11).

Was an Baudelaires Text lässt uns – jenseits der inhaltlichen Traditionsanbindung, die natürlich nicht offensichtlich ist und einen gewissen literarhistorischen Überblick verlangt, – sogleich merken, dass wir es mit „Literatur" zu tun haben? Nun, der Text ist in ungewöhnlich hohem Maße strukturiert:

Inhalt und thematische Tradition

Form und ‚poetische‘ Sprache: Poetizität

Zunächst durch die Verse, die die Sätze in gleichlange metrische Einheiten (hier Zwölfsilbler, der sog. Alexandriner, frz. *alexandrin*) teilt (siehe dazu Einheit 6.3.1), dann durch die Strophen (2 Quartette und 2 Terzette, also ein Sonett, frz. *sonnet*), schließlich durch den Reim, der die Wörter an den Versenden durch ihren Gleichklang ab der letzten betonten Silbe assoziiert (ténébreuse–creuse–peureuse–aventureuse usw.), wodurch sich für den Gesamttext das Schema /abba abba cdc dee/ ergibt. Daneben gibt es Reime im Silben- oder Wortanlaut (Stabreim, *Alliteration*, frz. *allitération*), so etwa in Vers 5 („la *p*ierre, op-*p*rimant ta *p*oitrine *p*eureuse"). Weiter fallen einige Besonderheiten in der sprachlich-stilistischen Gestaltung auf. „Schlafen" („dormiras", V. 1) für „tot sein" ist noch eine relativ konventionelle Metapher. Weniger geläufig erscheinen hingegen die Begriffe „alcôve" und „manoir" für die Ruhestätte – ihr Kontext ist ein historischer, nämlich der des Feudaladels und der Hocharistokratie („manoir" als Herrschaftssitz, „alcôve" als der Teil des Gemachs, in dem sich das Bett befand oder aber literarische Salons des klassischen Zeitalters stattfanden); im heutigen Sprachgebrauch wirken sie altertümlich oder eben ‚poetisch'. Ähnliches gilt für „courtisane" als Synonym für „Geliebte". Das Herz („cœur", V. 7) wird personifiziert, da ihm die grundsätzliche Fähigkeit zugesprochen wird zu wollen („vouloir", V. 7, ohne grammatisches Objekt, was ebenfalls sprachlich recht ungewöhnlich ist), ebenso das Grab („tombeau", V. 9), das als Vertrauter des Dichters erscheint und insofern dessen Platz einnimmt, als es seine Ermahnung nach dem Tod fortsetzt. Im letzten Vers, der die Pointe des Textes darstellt, wird das Verb „ronger" (nagen) in ungewöhnlicher Weise, nämlich zugleich in zwei Kontexten verwendet: In Bezug auf den Wurm wörtlich, in Bezug auf die Reue metaphorisch. Dieses rhetorische Verfahren nennt man *Zeugma* (frz. *zeugme*). Auf der Ebene der Syntax (d. h. des Satzbaus) fallen Wiederholungen am Verseingang (V. 6 und 8) und einige Brüche auf, die für das Französische im Gegensatz zum Deutschen, das zur Bildung von sog. ‚Satzklammern' neigt, ungewöhnlich sind, so zwischen Vers 5 (Beginn des Nebensatzes: „Quand la pierre") und 7 (Fortführung: „Empêchera ton cœur…") , stärker noch zwischen Vers 9 und 12 („Le tombeau […] Te dira…"). Allen diesen Befunden ist gemeinsam, dass der Text eine eigentümliche, von der ‚Normalsprache' abweichende Sprache verwendet, die sich nicht darauf beschränkt, den Inhalt des Textes darzustellen, sondern auch eine gewisse Aufmerksamkeit auf die Art und Weise dieser Darstellung lenkt. Diese Eigenschaft von Texten bezeichnet man üblicherweise mit dem Begriff ‚Poetizität'.

Deviationsstilistik im
Formalismus

Das Moment der *Abweichung* als Kennzeichen literarischer Texte ist durchaus naheliegend. Es begegnet uns in der verbreiteten Vorstellung, ‚Literatur' sei im Gegensatz zu alltäglicher Sprachverwendung eine Form stilistisch anspruchsvollen, ‚guten' Schreibens – insgesamt gesehen zumindest, wobei es freilich auch ‚minderwertige' Literatur gibt, die diesen Anspruch zwar nicht einlöst, aber dennoch an ihm gemessen werden kann und wird. Auch Literaturwissenschaftler haben auf diesen Gesichtspunkt abgehoben, am nachhaltigsten die russischen Formalisten. Für sie war es die wesentliche Aufgabe von Literatur, ästhetische Wahrnehmung zu ermöglichen und zu schulen, den Leser ein ‚neues Sehen' zu lehren. Voraussetzung dafür war, die eingeschliffenen, gewohnten, ‚automatisierten' Wahrnehmungsmuster mit gezielter *Verfremdung* und Erschwerung der Form zu durchbrechen. Unter weitgehender Absehung vom Inhalt verstanden die Formalisten literarische Texte als Summe der ‚Verfahren', d. h. (verfremdender) Bearbeitungen des sprachlichen Ausdrucks (was Klang, Bildlichkeit, Rhythmus, Reim ebenso einschließt wie Metaphorik, Satzbau und Erzähltechniken). Dahinter steckt der Gedanke, dass man ein Medium – also hier Sprache, aber die Theorie galt auch etwa für die bildende Kunst und ihre Wahrnehmung – ‚spürbar' macht, wenn man von der Ökonomie des praktischen Gebrauchs abweicht, also etwa Sprache nicht so verwendet, wie sie im Alltag benutzt wird, sondern anders, *neu* – wie dies Baudelaires Gedicht tut, wenn es die Doppelbedeutung des Verbs „ronger" durch seinen ungewöhnlichen Gebrauch wahrnehmbar macht. Innovation und Abweichung wird so zum entscheidenden Wesensmerkmal ‚poetischer' Sprache und damit der Literatur.

Wissen wir nun, was Literatur kennzeichnet? Das Kriterium der Abweichung und Innovation besitzt den bereits erwähnten Vorteil, literarische Texte mit einem formalen Anspruch zu assoziieren, und entspricht zudem einer Menge insbesondere lyrischer Texte; indes hat es Schwächen, die nicht übersehen werden dürfen. Wenn nämlich die Formalisten die innovative Überbietung gewohnter sprachlicher Muster – und das heißt: der jeweils vorhergehenden, etablierten literarischen Verfahren – als Wesen und Auftrag der Literatur bestimmen, dann wird deutlich, dass wir erst dann entscheiden können, ob ein Text ‚literarisch' ist, wenn wir wissen, ob und worin er sich von vorhergehenden literarischen Texten unterscheidet, deren Literarizität wir dann wiederum erst in Abgrenzung zur Tradition vor ihnen zu bestimmen haben und so weiter – man kommt so, streng genommen, an kein Ende. Zieht man stattdessen die ‚Alltagssprache' als Vergleichsfolie heran, so wird das Sprachempfinden des jeweiligen Lesers der Gegenwart zum ausschlaggebenden Kriterium. Im Falle Baudelaires, dessen Texte in relativer zeitlicher Nähe zu uns stehen, mag die dadurch bedingte Verzerrung noch gering sein, bei sehr alten Texten zeigt sich rasch, dass der Leser der Gegenwart sehr viel schwerer zu entscheiden vermag, ob ein Text von der damaligen ‚Normalsprache' abweicht, also ‚poetisch' ist oder nicht – ganz zu schweigen von anderen Variablen einer jeden Sprache, in der Terminologie der Linguisten etwa diatopische (d. h. regionale), diastratische (sozial-schichtenspezifische) oder diaphasische (anlassabhängige) Varietäten, die es schwer machen, eine ‚Norm' und damit die ‚poetische' Abweichung festzustellen. Und selbst wenn es ginge, macht einerseits manche

Formalismus (‚Formale Schule'): zwischen 1914 und 1930 in Moskau und Leningrad tätige Gruppe von Sprach- und Literaturwissenschaftlern

Problematik der ‚Abweichung'

Abweichung noch keine Literatur (Dialekte beispielsweise), andererseits gibt es auch Literatur, die keine wesentliche sprachliche Verfremdung erkennen lässt, wie das nächste Beispiel unserer Lektüreliste zeigt.

Text 1.2

Voltaire: *Candide ou l'optimisme* (1759), Kap. 1 (Auszug)

Abb. 1.3

Jean Antoine Houdon: *Büste von Voltaire mit Perücke* (1778)

Il y avait en Westphalie, dans le château de M. le baron de Thunder-ten-tronckh, un jeune garçon à qui la nature avait donné les mœurs les plus douces. Sa physionomie annonçait son âme. Il avait le jugement assez droit, avec l'esprit le plus simple ; c'est, je crois, pour cette raison qu'on le nommait Candide. Les anciens domestiques de la maison soupçonnaient qu'il était fils de la sœur de monsieur le baron et d'un bon et honnête gentilhomme du voisinage, que cette demoiselle ne voulut jamais épouser parce qu'il n'avait pu prouver que soixante et onze quartiers, et que le reste de son arbre généalogique avait été perdu par l'injure du temps.

Monsieur le baron était un des plus puissants seigneurs de la Westphalie, car son château avait une porte et des fenêtres. Sa grande salle même était ornée d'une tapisserie. Tous les chiens de ses basses-cours composaient une meute dans le besoin ; ses palefreniers étaient ses piqueurs ; le vicaire du village était son grand aumônier. Ils l'appelaient tous monseigneur, et ils riaient quand il faisait des contes.

Madame la baronne, qui pesait environ trois cent cinquante livres, s'attirait par là une très grande considération, et faisait les honneurs de la maison avec une dignité qui la rendait encore plus respectable. Sa fille Cunégonde, âgée de dix-sept ans, était haute en couleur, fraîche, grasse, appétissante. Le fils du baron paraissait en tout digne de son père. Le précepteur Pangloss était l'oracle de la maison, et le petit Candide écoutait ses leçons avec toute la bonne foi de son âge et de son caractère.

Pangloss enseignait la métaphysico-théologo-cosmolonigologie. Il prouvait admirablement qu'il n'y a point d'effet sans cause, et que, dans ce meilleur des mondes possibles, le château de monseigneur le baron était le plus beau des châteaux et madame la meilleure des baronnes possibles. (Voltaire : 1979, 145f.)

‚Imaginatives‘ Schreiben: Fiktionalität

Wer diesen Text liest, wird bei hinreichender Kenntnis des Französischen und abgesehen von wenigen Fachbegriffen zunächst kaum jenen sprachlichen oder formalen Widerstand, jene Verfremdung spüren können, die unser erster Ansatzpunkt auf der Suche nach Literarizität gewesen war. In der Tat macht dieser berühmteste *conte philosophique* Voltaires sprachliche Schlichtheit gerade zu seinem erzählerischen Programm, da es ihm darum geht, aus der Perspektive des naiven Titelhelden und mit entsprechender Erzählhaltung einen entlarvenden Blick auf die Wirklichkeit der Zeit und die sie ignorierenden philosophischen Lehrgebäude zu richten. Woran, wenn nicht an der sprachlichen Gestaltung, liegt es dann, dass der Text intuitiv sogleich als ‚Literatur‘ spürbar wird? Die naheliegendste Antwort auf diese Frage könnte lauten, dass der Text seinen Inhalt recht eindeutig als *erfunden* präsentiert. Dies ist schon zu Beginn feststellbar, da die Eröffnungsformel ein Märchen und damit einen entsprechend geringen Realitätsgehalt erwarten lässt. Das allein wäre freilich noch kein sicheres Zeichen für den nur imaginären Status des Erzählten; es finden sich aber mit dem recht unglaubwürdigen Namen des Barons sowie der philosophischen Disziplin des Hauslehrers weitere Anhaltspunkte für diese Annahme. Hinzu kommt, dass Teile der Beschreibung wörtlich genommen kaum plausibel sind, sondern stattdessen eher einer satirischen Absicht entspringen, so die Zeichen der Macht des Barons („car son château avait une porte et des fenêtres") oder das Gewicht der Baronin als Grundlage ihres Ansehens („la baronne […] pesait environ trois cent cinquante livres, s'attirait par là une très grande considération"). Satire bedeutet nun vielmehr die *imaginative Verzerrung* der Realität als deren Abbildung – wenngleich der Rückschluss des Lesers auf die ‚wahre‘ Welt Dreh- und Angelpunkt solcher Texte bleibt. Voltaires Text ist im strengen Sinne ‚unwahr‘, erfunden, und das sind viele literarische Texte, die wir üblicherweise lesen, auch. Ihr Kennzeichen ist *Fiktionalität*.

> **Fiktionalität** (Adj. fiktional) bezeichnet die *Darstellungsweise* eines Textes, der seinen Inhalt als nicht real existierend präsentiert bzw. seinen Gegenstand erst im Sprechakt (z. B. der Erzählung) selbst schafft. Fiktionalität kennzeichnet den Status einer *Aussage*.
> **Fiktivität** (Adj. fiktiv) bezeichnet die *Existenzweise* von erfundenen, nicht in der Wirklichkeit existierenden Gegenständen. Fiktivität kennzeichnet den Status des *Ausgesagten*.

Definition

Voltaires Text mit dem Titel *Candide* ist fiktional, da die von ihm erzählte Welt nicht unabhängig von ihm existiert, er ist aber nicht fiktiv, denn den Text *gibt* es schließlich in unserer Realität. Die Hauptfigur Candide hingegen ist fiktiv. Diese Unterscheidung ist wichtig, da zwar die meisten fiktionalen Texte auch ausschließlich fiktive Figuren darstellen, aber eben doch nicht alle: Historische Romane etwa lassen – teilweise oder durchgehend – realgeschichtliche, also nicht-fiktive Personen auftreten, erzeugen aber die erzählte Welt mehrheitlich selbst, sei es in Gestalt nicht verbürgter Handlungsdetails, sei es durch psychologische Innenansichten einer historischen Person, sie sind also fiktional. Umgekehrt ist nicht jeder Text, in dem fiktive Personen eine Rolle spielen, deswegen gleich fiktional – eine literaturwissenschaftliche Studie über Voltaires Helden etwa versteht sich natürlich als Sachtext, d. h. als nicht-fiktionaler, *referenzieller* Text, auch wenn in ihr fiktive Figuren eine wichtige Rolle spielen. Ein mögliches Kriterium für Literarizität eines Textes ist demnach allein seine Fiktionalität, nicht die Fiktivität seiner Bestandteile.

Fiktivität und Fiktionalität: nicht immer identisch

Fiktionalität als nur relative Kategorie

Nun ist es nicht immer so einfach wie bei der oben zitierten Passage, Fiktionalität festzustellen. Meist ist die Entscheidung nicht textintern, sondern allenfalls unter Rückgriff auf textexternes Wissen über die historische Wirklichkeit oder zumindest auf erläuternde Rahmenteile eines Textes, sog. *Paratexte* wie die klärende Angabe „Roman" auf dem Titelblatt, zu treffen. Mitunter kann sich der Fiktionalitätsstatus eines Textes sogar ändern: Die Schöpfungsgeschichte des Alten Testaments etwa war über lange Zeit für den abendländischen Kulturkreis zweifellos ein nicht-fiktionaler Sachtext, sogar die ‚Wahrheit' schlechthin, heute hingegen wird er auch als Fiktion gelesen und wohl von der Mehrheit der Leser in westlichen Gesellschaften jedenfalls als nicht im wörtlichen Sinne ‚wahr' verstanden. (Zugleich zeigt dieses Beispiel, dass die Entscheidung über Fiktionalität oder Referenzialität, so schwierig sie sein mag, mitunter alles andere als ‚egal' ist.) Dass Fiktionalität auch bei weniger weit zurückreichenden und mythenumwobenen Texten keine eindeutige Größe ist, zeigt das nächste Beispiel unserer Leseliste.

Text 1.3

Georges Perec: *La vie mode d'emploi* (1978), Première partie, chap. 20 (Auszug)

Abb. 1.4

Georges Perec (1936–1982)

NÉCESSAIRE A PAPIER PEINT: mallette plastique comprenant 1 double mètre pliant, 1 paire de ciseaux, 1 roulette, 1 marteau, 1 règle métallique 2 m, 1 tournevis contrôleur de courant, 1 émargeur, 1 couteau, 1 brosse, 1 fil à plomb, 1 paire tenailles, 1 couteau de peintre, 1 sabre. Long. 45, larg. 30, haut. 8 cm. Poids 2,5 kg. Garantie totale 1 an.

AGRAFEUSE A PAPIER PEINT. Peut recevoir des agrafes de 4, 6, 8, 10, 12 et 14 mm. Livrée dans un coffret métallique contenant une boîte d'agrafes de chaque dimension, soit 6 boîtes représentant 7000 agrafes. Brochure explicative. Accessoires: couteau à préformer, adaptateur (télévision, téléphone, fil électrique). Arrache-agrafes, lame coupe-tissu, cale aimantée. Garantie totale 1 an.

NÉCESSAIRE A PEINTURE comprenant: 1 bac plastique 9 litres, 1 grille essorage, 1 rouleau polyamide 175 mm, 1 manchon mousse, 1 manchon mohair pour laquer, 1 pinceau rond ∅ 25 mm SOIE PURE longueur 60 mm, 4 pinceaux plats largeur 60, 45, 25 et 15 mm, épaisseur 17, 15, 10 et 7 mm. SOIE PURE. Qualité extra. Longueur 55, 45, 38, 33 mm. Garantie totale 1 an.

PISTOLET A PEINTURE à buses interchangeables livré avec buses jet rond et jet plat. Compresseur à membrane, corps en fonte d'aluminium. Pression max 3 kg/cm², débit max 7 m³/h. Soufflette à gâchette, gonfleur à manomètre. Moteur électrique 220 V 1/3 CV avec interrupteur marche-arrêt, câble d'alimentation 2 m avec prise de terre. Alimentation air 4 m avec raccord bronze. Poids total 12 kg. Garantie totale 1 an. (Perec: 1978, 102)

Entpragmatisierung

Dieser Text liefert eine systematische Zusammenstellung von Tapezier- und Malerbedarf mit detaillierten Produktangaben, wie man sie in Katalogen findet. Wie häufig ist eine Entscheidung über Fiktionalität oder Referenzialität hier schwierig – ich kann nicht wissen, ob dieser Text auf einen Katalog einer imaginären oder unserer (bzw. Perecs) realen Welt verweist. Allerdings setzt der Text, in Umkehrung des Verfahrens von Beispiel 1.2, Signale eher in Richtung Referenzialität: Die Aufstellung mit ihrer geradezu bürokratischen Genauigkeit scheint aus einem Sachtext kopiert oder diesem nachempfunden zu sein (was der Romantitel „mode d'emploi" zugleich spielerisch andeutet), zumal sie auf gewohnte literarische Grundmuster verzichtet, denn es wird offenkundig nichts erzählt (stattdessen vielmehr ‚aufgezählt‘, was etwas völlig anderes ist) und es gibt kein erkennbares Subjekt, das die Aufzählung verantworten oder sich sonstwie artikulieren würde. Lediglich eine Form von Reim („Garantie totale 1 an") und syntaktische Parallelität der ‚Strophen‘ wäre zu erkennen, die jedoch sowohl metrisch (Verse) als auch inhaltlich kaum gewöhnlichen Gedichtstrophen ähneln. Was macht diesen Text also ‚literarisch‘? Vergleichen wir ihn mit einem entsprechenden Sachtext, so fällt auf, dass wir an Perecs Version mit gänzlich anderen Absichten herangehen und daher auch anders auf sie reagieren. Der Text löst Rätselraten oder vielleicht Belustigung aus, in einem Maße, wie das dem gleichen Text, den ich auf der Suche nach einem bestimmten Werkzeug konsultiere, nie gelänge. Das liegt daran, dass wir den Roman etwa zur Unterhaltung aus dem Regal gegriffen haben und nun feststellen, dass er das nicht oder nur in Form einer Unterhaltung ‚zweiter Ordnung‘ leistet (die in der unterhaltsamen Überraschung liegen könnte, *nicht* unterhalten zu werden). Oder wir suchen nach dem Sinn ‚hinter‘ diesem Text und fragen uns stirnrunzelnd, was Perec uns wohl damit ‚sagen will‘. Wie auch immer: Diese ‚literarischen‘ Lesarten versuchen jedenfalls nicht, konkrete Handlungsziele mit Informationen aus dem Text zu erreichen, wie dies beim Sachtext der Fall ist: Perecs Aufzählung ist *entpragmatisiert*.

Die Bestimmung von Literatur als Summe derjenigen Texte, die unmittelbaren pragmatischen, also Sach- und Handlungskontexten enthoben sind, stimmt in der Tat gut mit dem gewöhnlichen Verständnis von Literatur überein. Im Gegensatz zu einem Stadtplan von Paris würde wohl niemand einen Roman Balzacs heranziehen, um sich über die Topographie der französischen Hauptstadt zu informieren (wenngleich das durchaus denkbar wäre). Allerdings bedeutet dieser Ansatz, dass wir nicht mehr Merkmale am Text selbst angeben können, die ihn als literarisch kennzeichnen, sondern wir uns vielmehr auf etwas außerhalb seiner, nämlich den Gebrauchskontext berufen, in dem er steht: Wir wechseln von *essenzialistischen*, also das Wesen eines Textes betreffenden, zu *funktionalen* Kriterien und erkaufen uns relative Trennschärfe um den Preis, nicht mehr am Text als solchem die Literarizität festzumachen.

Ein besonders eindrückliches Beispiel für die letzte Feststellung sind sog. *Ready-mades* (frz. *objet trouvé*). Wie der Begriff bereits andeutet, handelt es sich hierbei um vorgefertigte bzw. vorgefundene Gegenstände, die – überarbeitet oder nicht, neu kombiniert oder völlig unverändert – aus dem praktischen in einen künstlerischen Kontext ‚verpflanzt‘ werden. Konjunktur hatte dieses

Funktionale statt essenzialistischer Kriterien

Ready-mades

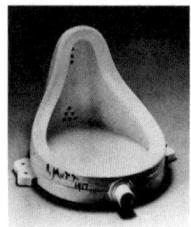

Abb. 1.5 |

Marcel Duchamp:
Fountain (1917)

Prinzip besonders zur Zeit der künstlerischen Avantgarden in den 1910er bis 1930er Jahren, aber es besteht beispielsweise als *Objektkunst* bis in die Gegenwart fort. Eines der berühmtesten *objets trouvés* der Kunstgeschichte, *Fountain*, zeigt ein Urinal, das, sieht man einmal von der möglicherweise notwendigen Demontage ab, ohne erkennbare materielle Veränderung durch den Künstler Marcel Duchamp zur Skulptur umgewandelt wurde. Es ist klar, dass mit Erreichen einer Kunstauffassung, die diese Art von künstlerischem Schaffen ermöglicht, die Vorstellung von im Kunstwerk inhärenten Wesensmerkmalen überholt wird, und das gilt für alle Kunstformen, auch die Literatur, die natürlich das *Ready-made* ebenfalls kennt – Beispiel 1.3, ob tatsächlich *Ready-made* oder von Perec ‚erfunden', gibt einen Eindruck davon. Die für Duchamps *Fountain* offensichtlich besonders zentrale Frage ist: Durch welche Faktoren (außer der Position des Urinals und dem Verzicht auf Anschlüsse, die einen ‚pragmatischen' Umgang wenig sinnvoll erscheinen lassen) wird eine ‚ästhetische' Aufnahme von Artefakten ausgelöst?

Aufgabe 1.1 |

? Unterbrechen Sie für einen Moment die Lektüre und beantworten Sie für sich die zuletzt gestellte Frage in Bezug auf Literatur.

Auslösende Faktoren ‚ästhetischer' Aufnahme

Die erste und augenscheinlich banalste Antwort lautet, dass Texte als Literatur rezipiert werden, wenn die jeweilige Umgebung sie als solche kennzeichnet; im Falle von Texten macht beispielsweise der Buchdeckel, auf dem „Roman" steht, den Unterschied, oder auch der mündliche Vortrag bei einer Lesung in einer Buchhandlung, die Aufführung in einem Theater usw. Es gibt also

Medialer und institutioneller Kontext

bestimmte mediale und institutionelle *Kontexte*, die gemäß einer (meist unausgesprochenen) kulturellen Vereinbarung Entpragmatisierung und ästhetischen Umgang signalisieren. Ein zweiter wichtiger Faktor ist die Instanz des Urhebers, des *Autors*, für die Kategorisierung eines Textes. Mit „Autor"

‚Autor-Funktion' (Michel Foucault)

meinen wir üblicherweise dasjenige Individuum, das einen Text geschrieben hat, aber auf diesen objektiven Zusammenhang beschränkt sich der Begriff nicht, wie der Philosoph Michel Foucault (1926–1984) in seinem berühmten Aufsatz „Qu'est-ce qu'un auteur?" von 1969 ausführt. Ihm geht es in kritischer Absicht darum zu zeigen, wie der ‚Autor' zur abstrakten Instanz mit grundlegender Bedeutung für die Beurteilung eines Textes wird. So ist es für einen Text nicht ohne Belang, ob er, sagen wir: Voltaire, Flaubert oder einem anonymen Autor zugeschrieben wird, selbst wenn sich der Text ‚objektiv' dadurch nicht ändert. Denn er ordnet sich damit in ein (typischerweise stimmiges oder in seiner Entwicklung erklärbares) Gesamtwerk ein, das einem vernunftbegabten und spezifisch motivierten Individuum entspringt. Der ‚Autor'

Abb. 1.6 |

Jesse Bransford: *Head* (*Michel Foucault*)

ist nicht nur diese reale Person, sondern ein Konstrukt der Leserschaft, das auf einen Text bezogen wird, seine Einordnung, Gruppierung und Interpretation ermöglicht und die Komplexität und Widersprüchlichkeit des Textsinns vereinfacht (was Foucault die „Verknappung des Diskurses", d. h. der Menge des Sagbaren, nennt). Diese ‚Autor-Funktion' als wesentlicher Bestandteil literarischer Texte ist ein Phänomen der Neuzeit – im Mittelalter waren literarische Texte ohne Autorzuschreibung gültig (man fragte nicht nach dem Individuum, das einen Text verfasst hatte), im Unterschied zu anderen Textsorten, etwa medizinischen Traktaten, die sich zumindest auf eine (meist antike) Autorität berufen mussten, um als gültig anerkannt zu werden. Für unsere Fragestellung lässt sich diesen Überlegungen entnehmen, dass zum ‚literarischen Werk' wird, was von einem ‚Autor' kommt – und nicht nur umgekehrt jemand zum Autor wird, weil er ein literarisches Werk geschrieben hat. Ein banaler Text, ein kurzer handschriftlicher Tagebucheintrag etwa, wie Sie und ich ihn verfasst haben könnten, kann literarische Weihen erhalten, wenn man feststellt, dass er von Jean-Paul Sartre stammt, er ediert und in dessen Gesamtausgabe publiziert wurde, eventuell von Literaturwissenschaftlern kommentiert wird und so fort. Selbst wenn wir nicht biographisch, sondern beispielsweise textimmanent an literarische Texte herangehen, bleibt der Autor – nicht die reale Person, sondern das Konstrukt, die ‚Funktion' – unter Umständen für die Frage entscheidend, was überhaupt unser Gegenstand ist (s. hierzu 12.2.2).

Spätestens das letztgenannte Beispiel zeigt, dass ‚Literatur' eine Kategorie mit recht unscharfen Grenzen ist. Die provisorischen Charakteristika, die wir anhand der Textbeispiele vorgeschlagen haben, liefern keine absoluten Kriterien in dem Sinne, dass die Zugehörigkeit eines Textes zum Bereich des Literarischen überzeitlich und unabhängig von den verschiedenen Gesellschaften, die ihn gelesen haben oder lesen werden, feststünde: Was ‚poetische' Sprache ist, hängt von einer schwer zu bestimmenden, zudem historisch, sozial und sogar individuell variierenden ‚Normalsprache' ab. Fiktionalität und Referenzialität sind, wie wir sahen, keine unveränderlichen Eigenschaften, und selbst wenn sie es wären, schiene es höchst problematisch, Fiktionalität zur Voraussetzung für Literarizität zu machen: Unsere Leseliste führt beispielsweise mit Voltaires *Dictionnaire philosophique*, d. h. einem Wörterbuch, den *Mémoires* des Duc de Saint-Simon, also einer Mischung aus autobiographischem und historiographischem Text, sowie der *Histoire naturelle, générale et particulière* von Buffon, einer naturwissenschaftlichen Enzyklopädie, gleich drei klar nicht-fiktionale Werke auf. Sie stehen auf der Liste, so könnte man argumentieren, weil ihre Kenntnis für angehende Romanisten zur Kontextualisierung von Literatur, zum Verständnis des geistigen und geschichtlichen Hintergrunds einer Epoche unabdingbar erscheint. Damit würde man aber einmal mehr darauf hinweisen, dass die Beurteilung von Texten und ihrer Wichtigkeit sehr davon abhängt, was bestimmte Leser mit diesen bezwecken, warum und wie sie sie lesen – ein Kontextfaktor außerhalb des Textes selbst, wie wir im Zusammenhang mit Beispiel 1.3 bereits sahen. So klar die Kategorie ‚Literatur' im Alltagsgebrauch auch sein mag und so sehr die erwähnten Charakteristika

,Literatur': Kategorie mit klarem Zentrum und unscharfen Rändern

auch auf viele ‚große' Werke (die ‚Klassiker') zutreffen mögen, so durchlässig zeigt sie sich an den Rändern (d.h. an untypischen Texten). Dies gilt umso mehr ab der Moderne (ungefähr ab der Mitte des 19. Jh.), wo weniger ein klares Regelsystem im Sinne von Gattungspoetiken (siehe Einheit 2) als der Anspruch permanenter Neuerung zum Kennzeichen von Literatur wird und sich damit notwendigerweise auch die Grenzen des Literarischen immer wieder verschieben.

Aufgabe 1.2 | **?** Suchen Sie weitere – imaginäre oder Ihnen bekannte reale – Beispieltexte, die gegen die Kriterien der Poetizität und der Fiktionalität zur Bestimmung von Literatur sprechen.

1.2 | Literatur medial

Intensiver vs. extensiver Literaturbegriff

Bisher haben wir versucht, Literatur anhand bestimmter Eigenschaften von anderen, nicht-literarischen Schriftstücken abzugrenzen. Wir haben damit einen sog. *intensiven* Literaturbegriff vertreten. Manche Schwierigkeit lässt sich umgehen, wenn man dagegen einen *extensiven*, also ausgedehnten Literaturbegriff zugrunde legt und zunächst einmal feststellt: Literatur ist, wie das lateinische Ursprungswort „littera" (der Buchstabe) sagt, *geschriebene Sprache*.

Extensiv verstanden: Literatur ist geschriebene Sprache

Diese Definition umfasst ein ungleich größeres Textvolumen und freilich eine Unmenge von Schriftstücken, die gemeinhin kaum ‚Literatur' genannt würden (dabei, wie wir sahen, jedoch relativ leicht Literatur werden könnten), lenkt zugleich aber die Aufmerksamkeit auf einen Aspekt, der bisher nicht erwähnt wurde und auch sonst häufig stillschweigend oder gar nicht beachtet wird: die *Medialität* von Literatur.

Medium
Datenträger

Hier ist gleich ein klärendes Wort zum Begriff ‚Medium' angebracht. Er wird in zweierlei Bedeutung gebraucht. Wir bezeichnen (1) *Datenträger* wie Zelluloidfilme, Videobänder oder DVD als „Medium". Einen Spielfilm kann ich, die entsprechenden technischen Apparaturen vorausgesetzt, mit Hilfe aller genannten Datenträger rezipieren, ohne dass sich der Inhalt (das, was ich sehen und hören kann) deswegen ändert. Allerdings kann der Datenträger indirekt einen nicht zu unterschätzenden Einfluss auf den Inhalt ausüben: so wurden durch Publikation von Literatur in Massenmedien wie den auflagenstarken Tageszeitungen des 19. Jh. neue Leserschichten mit ihren spezifischen Erwartungen erreicht und die Produktion durch die Schriftsteller beschleunigt und auf kommerziellen Erfolg des Herausgebers ausgerichtet. Der Fortsetzungsroman von Honoré de Balzac (1799–1850) oder Eugène Sue (1804–1857) ist ohne die Massendistribution in Tageszeitungen nicht denkbar. – Wir

Zeichensysteme

bezeichnen (2) *Zeichensysteme* als Medien. Das Medium des Films beispielsweise sind bewegte Bilder und Töne, das von Literatur geschriebene Sprache.

Im Unterschied zur Bedeutung (1) ist hier der Inhalt nicht ohne Weiteres vom Medium abkoppelbar: Während es möglich ist, einen Roman ohne Informationsverlust als Text auf CD-ROM zu übertragen und statt auf Papier auf dem Bildschirm zu lesen (Datenträgerwechsel), kann man ihn nicht eins zu eins ins Medium (Zeichensystem) des Films überführen (es sei denn, man würde das Quellmedium selbst übernehmen, indem man alle Seiten des Buchs abfilmte). Literaturverfilmung geht zugleich mit Informationsverlust und -zugewinn einher, ist Interpretation, und zwei Verfilmungen ein und desselben literarischen Textes werden stets deutlich voneinander abweichen (siehe Einheit 14.2).

? Versuchen Sie vor dem Weiterlesen, einige medienspezifische Grundeigenschaften von Literatur zu nennen. Der Vergleich mit anderen Medien (Zeichensystemen) wird Ihnen bei der Suche helfen, ebenso Ihre evtl. bereits erworbenen Grundkenntnisse der Linguistik.

| Aufgabe 1.3

Auch wenn es uns bei der Lektüre eines fesselnd geschriebenen Romans oder bei der Betrachtung eines detailrealistischen Films so vorkommen mag, als ob wir dem Dargestellten *unmittelbar* begegnen, mitunter gleichsam ‚eintauchen' könnten – worin nach wie vor einer der Hauptreize der Rezeption gerade von Literatur und Film liegt –, so bleibt es ein unhintergehbares Faktum, dass zwischen uns und diesen Inhalten ein Medium steht und stehen muss: ‚Unmittelbar' dringt nichts in unsere Psyche ein (lassen wir religiöse oder parapsychologische Erlebnisse einmal beiseite), und das dazwischen liegende Medium ist nie völlig transparent. Dass Inhalte auch medienbedingt sind, also „das Schreibzeug an unseren Gedanken mitarbeitet", wie Friedrich Nietzsche formulierte, ist auch und gerade in der häufig selbstbezüglichen (*autoreferenziellen*) Kunst thematisiert worden. Eine erste Grunderkenntnis und Voraussetzung literaturwissenschaftlicher Arbeit besteht gerade darin, Texte als *Zeichen innerhalb eines bestimmten Mediums* zu sehen und *nicht als Dinge* (sondern höchstens Verweis auf selbige). Darauf weist der Surrealist René Magritte (1898–1967) in seinem berühmten Gemälde mit dem Titel „Ceci n'est pas une pipe" hin: Dies ist in der Tat keine Pfeife, sondern die Abbildung einer Pfeife auf Papier. Seien Sie dementsprechend stets bemüht, literarische Texte in ihrer Medialität und Zeichenhaftigkeit zu sehen und nicht (gleich) als ‚Welt' mit ‚Menschen' aus Fleisch und Blut – dazu werden die Zeichen erst im Kopf des Lesers oder der Leserin.

Medialität jeder Wahrnehmung

| Abb. 1.7

René Magritte: *Ceci n'est pas une pipe* (1928/29)

Für die Literatur als ‚Wortkunst' liegt das mediale Apriori, die vor jeder Poetik liegenden Ausdrucksbedingungen, zunächst einmal in der Bindung an *Sprache*. Die Eigenschaften dieses Zeichensystems bestimmen die Eigenschaften von Literatur mit. Der Begründer der strukturalistischen Sprachwissenschaft, Ferdinand de Saussure (1857–1913), hat als zentrale Merkmale sprachlicher Zeichen ihre Linearität, ihre Abstraktheit und ihre Arbitrarität

Linearität, Abstraktheit und Arbitrarität des sprachlichen Zeichens (Ferdinand de Saussure)

herausgestellt. *Linear* ist Sprache, weil ihre Ausdrucksseite (der *Signifikant*, also Laute oder Buchstaben) aus aufeinanderfolgenden, nicht gleichzeitig übermittelten Zeichen und Zeichenelementen besteht – ich vernehme einen Satz normalerweise eindimensional Laut für Laut, selbst wenn ich u. U. den durch ihn übermittelten Inhalt (die Bedeutung, das *Signifikat*) oder auch die grammatische Struktur des Satzes kognitiv nicht linear, sondern ganzheitlich erfasse. Literatur ist demnach eine Kunstform, die in der Linearität des Nacheinanders eine Bedeutung entwickelt, im Gegensatz etwa zum Film, der zwar auch linear abläuft, aber stets gleichzeitig einen zwei- oder dreidimensionalen Bildraum eröffnet und diesen mit einer großen Bandbreite von Geräuschen, Musik oder Stimmen überlagern kann. *Abstrakt* ist ein sprachliches Zeichen, weil es nach de Saussure zunächst auf ein Konzept im Kopf des Sprechers oder Hörers und (noch) nicht auf ein konkretes Objekt (Referent) aus der Umwelt verweist. Ein literarischer Text lässt demnach notwendigerweise eine relativ große Unbestimmtheit vor allem in Bezug auf Konkretes – was der Leser bei dem Wort „Haus" denkt, ist individuell unterschiedlich, während ein Film eben dies sehr viel konkreter und detailgenauer steuert, wenn er „Haus" ‚sagt', d.h. ein solches *zeigt*. Umgekehrt hat Literatur durch ihre mediale Grundlage eine besondere Stärke eben in der Darstellung von Abstrakta – ein Text kann „Friede" sagen, ein Film muss, will er sich nicht seinerseits der Sprache bedienen, sondern auf sein Zeichensystem rekurrieren, Bilderfolgen entwickeln, die dem Zuschauer diese Bedeutung suggerieren, mit einem freilich viel höheren Aufwand auf der Ausdrucksseite und einer Fülle nicht relevanter Informationen. *Arbiträr* (willkürlich) sind sprachliche Zeichen in der Regel, weil zwischen ihrem Signifikanten (Lautgestalt) und ihrem Signifikat (Bedeutung) keine Motivation, d. h. natürliches Verhältnis (Ursache-Wirkung, Urbild-Abbildung o. ä.) besteht, sondern Ausdruck und Bedeutung nur durch Konvention aneinander gebunden werden – es ist nicht zwingend, ein Gebäude variabler Größe mit Fenstern und Türen mit der Lautfolge <haus> zu bezeichnen, man kann es auch <maison>, <casa> oder beliebig anders nennen, wenn sich eine Sprechergemeinschaft im Gebrauch darauf einigt. Literatur ist unmittelbar abhängig von der Konvention eines Codes – ein Text in einer unbekannten Sprache ist noch nicht einmal hinsichtlich des Wortlauts verständlich, von symbolischen Bedeutungen ganz abgesehen –, während der Film zunächst einmal seinen Ausdruck jenseits eines Codes vom gefilmten Objekt selbst erzeugen lässt, das Zeichen also höher motiviert ist, *abbildet* – was nicht heißt, dass im Film nicht auch kulturelle Codes eine zentrale Rolle spielen und ein Film nicht jenseits der unmittelbaren Bildinhalte völlig unverständlich sein kann.

Die Funktion, die eine Kunstform für eine bestimmte Gesellschaft zu einem bestimmten Zeitpunkt übernimmt, liegt dabei nicht allein in ihren eigenen medialen Möglichkeiten begründet, sondern ergibt sich auch aus dem Verhältnis zu konkurrierenden Kunstformen mit anderen medialen Grundlagen. Für dieses mediale Umfeld hat der Literatur- und Medienwissenschaftler Friedrich Kittler (*1943) den Begriff ‚Aufschreibesystem' geprägt. Er versteht darunter „das Netzwerk von Techniken und Institutionen […], die einer gegebenen Kultur die Adressierung, Speicherung und Verarbeitung relevanter Daten erlauben" (Kittler: 2002, 501), also sowohl die zu einem Zeitpunkt zur Verfügung stehenden Medien (Datenträger und Zeichensysteme) als auch Einrichtungen wie Schulen oder Verlage, die den Umgang mit und den Zugang zu ihnen regeln. Die Rolle des Aufschreibesystems für ein Medium und die auf ihm beruhende(n) Kunstform(en) veranschaulicht Kittler eindrücklich in der Gegenüberstellung zweier historischer Momente: 1800 und 1900. Um 1800 hatte die Schrift das Monopol serieller Datenspeicherung. Es war das einzige Medium, das Vorgänge in ihrer Prozesshaftigkeit für die Nachwelt festhalten konnte. Diese Speicherung funktioniert nur über menschliches Bewusstsein: keine Aufzeichnung ohne jemanden, der sie durchführt, niederschreibt. Insbesondere Sprache ist nur durch Schrift speicherbar. Die entscheidende Voraussetzung dafür, dass Schrift als das Universalmedium begriffen wurde, war eine millionenfache Alphabetisierung, bei der erstmals laut gelesen, Schrift an Stimme gekoppelt wurde. Im Gegensatz zu bisherigen Lernmethoden, die auf dem stummen Auswendiglernen von Wortgestalten bzw. (Bibel-)Versen beruhten, und zur mittelalterlichen Schriftkultur, wo Schreiber oft lediglich Kopisten waren und das von ihnen Kopierte gar nicht lesen konnten, sich also nur mit dem Zeichenträger (Buchstaben) ohne Bedeutung befassten, wurde nun dieser gleich hin zu den Lauten übersprungen, d.h. zur gesprochenen Sprache, die, so die implizite Annahme, das Denken selbst repräsentierte. Schrift wurde dadurch nach Kittler *immateriell*, da man die Materialität der Sprache (Tinte auf Papier, Sprechen als Körpertechnik) aus dem Blick verlor. Und sie wurde *universal*, weil sie das einzige serielle Speichermedium war, nunmehr von großen Teilen der Bevölkerung benutzt und zudem als Verkörperung des Denkens selbst aufgefasst wurde. Für die Dichtung als sprachliche Kunstform bedeutete dies: Da Denken und Vorstellungskraft die Grundlage aller menschlichen Produktion und insbesondere der Kunst ist, ging man davon aus, *alles* sei in Sprache überführbar, also auch Malerei und Bildhauerei, die im Gegensatz zur Dichtung an Materie (Leinwand, Stein usw.) gebunden schienen, d.h. jedes beliebige Artefakt sei letztlich ohne Informationsverlust in Dichtung zu übersetzen. So wie Schrift ‚Universalmedium' war, war Dichtung ‚Universalkunst'.

Die technischen Neuentwicklungen des 19. Jh., insbesondere das Grammophon und der Film, verändern diese Situation grundlegend und führen zum Aufschreibesystem von 1900. Sie ermöglichen nun serielle Datenspeicherung ohne menschliches Bewusstsein und unterhalb der Wahrnehmungsschwelle. Grammophon und Film speichern dabei das Reale selbst (Schallwellen auf Wachswalze, Lichtwellen auf chemisch behandeltem Papier) und nicht mehr

Aufschreibesystem von 1800

»Feld« der Künste

DICHTUNG
(> Malerei,
> Bildhauerei etc.)

Abb. 1.8
Dichtung im Aufschreibesystem von 1800

Aufschreibesystem von 1900

Abb. 1.9 |

Literatur im
Aufschreibesystem
von 1900

```
      S
      A
     LUT
      M
    O   N
    D   E
    DONT
   JE SUIS
   LA LAN
   GUE  É
   LOQUEN
  TE QUESA
  BOUCHE
  O´ PARIS
  TIRE ET TIRERA
  TOU    JOURS
 AUX      A L
 LEM       ANDS
```

Abb. 1.10 |

Guillaume Apollinaire:
Calligrammes,
2ᵉ canonnier con-
ducteur (Auszug)

symbolische Repräsentation (etwa in Buchstaben, die Laute verschriften) oder Bedeutung. Da gesprochene Sprache in ihrer individuellen Gestalt (Stimme) konservierbar wird und äußere Wirklichkeit durch detailreiche bewegte Bilder gespeichert werden kann, ist klar, dass Schrift und mit ihr Literatur nun nicht mehr universal sind. Zudem führen die neuen Aufzeichnungssysteme vor Augen, dass auch geschriebene Sprache von einem materiellen Zeichenträger abhängig ist – sie verliert ihren Status als quasi immaterielles Medium. Neue Medien und die entsprechenden Kunstformen ersetzen alte nicht, aber sie weisen ihnen neue Systemplätze zu, wie Kittler betont: Die ehemalige Universalkunst ‚Dichtung' weicht einer Schriftkunst ‚Literatur', die ihre Aufgaben neu zu bestimmen hat. Ihr bleiben mehrere Möglichkeiten. Sie kann sich (1) auf den Bereich konzentrieren, der von den konkurrierenden Medien nicht oder unzureichend erfasst wird. Dazu gehört, wie wir oben bereits sahen, alles, was nicht konkret (‚real') oder bildhaft (‚imaginär'), sondern abstrakt (‚symbolisch') ist; so werden sprachliche Zeichen nicht mehr in den Dienst einer Wirklichkeitsabbildung gestellt, die von anderen Künsten wie der Photographie besser zu leisten ist, sondern absolut gesetzt – eines der poetologischen Hauptmerkmale des *l'art pour l'art* („Kunst um der Kunst willen"), einer literarischen Strömung der zweiten Hälfte des 19. Jh. Literatur kann (2) die Wiederentdeckung der materiellen Zeichen feiern, indem sie mit Buchstaben statt (oder zusätzlich zur) Bedeutung spielt; ein Beispiel hierfür sind die Figurengedichte von Guillaume Apollinaire (1880–1918). Oder sie ordnet sich (3) den (zunehmend erfolgreichen) Konkurrenzmedien unter, indem sie Medienwechsel (z. B. Verfilmung) bereits in der Machart des Textes einkalkuliert. Mitunter sind etwa filmische Verfahren auch in Hinblick auf eine selbstbewusste Erneuerung für Literatur adaptiert worden, z. B. in Gestalt einer Nachahmung von Schnitt und Größeneinstellungen in der Erzähltechnik von Romanen (siehe die Einheiten 8, 9 und 14.3).

Zusammenfassung

Ausgehend von repräsentativen Beispielen aus der französischen Literatur konnten wir im zurückliegenden Kapitel eine Reihe von literarischen Merkmalen beschreiben, die durchaus dem Allgemeinverständnis vom Wesen und Anspruch der Literatur entsprechen und dieses konkretisieren. Zugleich stellten wir fest, dass es keine absoluten Kriterien für Literarizität gibt, sondern dass die Zurechnung eines Textes zur ‚Literatur' sehr durch den Kontext und den jeweiligen Umgang einer Gesellschaft oder eines Individuums mit ihm bestimmt wird. Charakterisiert man sehr allgemein Literatur als geschriebene Sprache, so richtet sich der Blick auf ihre medienspezifischen Funktionsbedingungen, die anhand einer historischen Gegenüberstellung 1800 vs. 1900 illustriert wurden.

Aufgabe 1.4

? Erstellen Sie ein graphisches Resümee der Ausführungen zum Literaturbegriff. Rubrizieren Sie dabei die verschiedenen Eingrenzungsvorschläge und notieren Sie, farblich abgesetzt, jeweils Einwände und Gegenbeispiele. Eine Möglichkeit hierfür wäre eine Baumstruktur:

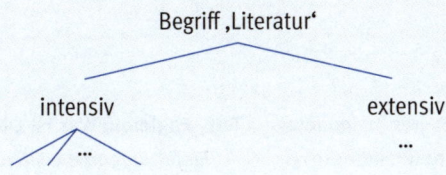

Aufgabe 1.5

? Friedrich Kittler ist nicht der erste, der den Zusammenhang zwischen medientechnischen Entwicklungen und Veränderungen der Literatur gesehen hat. Häufig haben Schriftsteller selbst in ihren Werken Überlegungen formuliert, die später in literaturwissenschaftlichen Theorien systematisiert wurden. Lesen Sie folgenden Auszug aus den *Entretiens avec le professeur Y* von Louis-Ferdinand Céline (1894–1961), einer 1954 verfassten fiktionalen poetologischen Diskussion über seinen Romanstil, der auch hier sichtbar wird, und bearbeiten Sie die anschließenden Leitfragen.

– Vous avez inventé quelque chose?... qu'est-ce que c'est?»
Il demande.
«L'émotion dans le langage écrit!... le langage écrit était à sec, c'est moi qu'ai redonné l'émotion au langage écrit!... comme je vous le dis!... c'est pas qu'un petit turbin je vous jure!... le truc, la magie, que n'importe quel con à présent peut vous émouvoir «en écrit»!... retrouver l'émotion du «parlé» à travers l'écrit! c'est pas rien!... [...] les écrivains d'aujourd'hui ne savent pas encore que le cinéma existe!... et que le cinéma a rendu leur façon d'écrire ridicule et inutile... péroreuse et vaine!...
– Comment? comment?
– Parce que leurs romans, tous leurs romans, gagneraient beaucoup, gagneraient tout, à être repris par un cinéaste... leurs romans ne sont plus que des scénarios, plus ou moins commerciaux, en mal de cinéastes!... le cinéma a pour lui tout ce qui manque à leurs romans: le mouvement, les paysages, le pittoresque, les belles poupées, à poil, sans poil, les Tarzan, les éphèbes, les lions, les jeux du Cirque à s'y méprendre! les jeux de boudoir à s'en damner! la psychologie!... les crimes à la veux-tu voilà!... des orgies de voyages! comme si on y était! [...]
– Que reste-t-il au romancier, alors, selon vous?
– Toute la masse des débiles mentaux... la masse amorphe... celle qui lit même pas le journal... qui va à peine au cinéma...
(Céline: 1993, 498–500)

Wie verändert Medienkonkurrenz, Céline zufolge, literarische Formen? Wie stellt sich die Situation der „écrivains d'aujourd'hui", der „romanciers", die an überholten Romanformen festhalten, heute dar? Welche Möglichkeiten bleiben ihnen? Was ist – medientheoretisch formuliert – Célines eigene Innovation?

Literatur

Charles Baudelaire: *Œuvres complètes.* Band I. Paris: Gallimard (Pléiade) 1975.

Louis-Ferdinand Céline: *Romans*, Band IV. Paris: Gallimard 1993.

Georges Perec: *La vie mode d'emploi.* Paris: Hachette 1978.

Voltaire: *Candide ou l'optimisme*, in: Ders., *Romans et contes.* Paris: Gallimard (Pléiade) 1979, 145–233.

Terry Eagleton: Was ist Literatur?, in: Ders., *Einführung in die Literaturtheorie.* Stuttgart/Weimar: Metzler [4]1997, 1–18.

Michel Foucault: Qu'est-ce qu'un auteur?, in: Ders., *Dits et Ecrits* 1954–1988. Band I: 1954–1969. Paris: Gallimard 1994, 789–821.

Friedrich Kittler: *Aufschreibesysteme 1800–1900.* München: Fink [4]2002.

Literaturgeschichtliche Ordnungsmodelle

In Einheit 2 wird der Begriff „Poetik" in Abgrenzung zur Literaturgeschichte und Literaturkritik vorgestellt. Wichtige poetologische Schriften werden als Wegmarken des historischen Entwicklungsverlaufs hervorgehoben. Ein spezielles Augenmerk gilt in diesem Zusammenhang den literarischen Gattungen, Epochen und dem Kanon.

Überblick

Der Begriff „Literatur", das hat die vorangehende Einheit 1 verdeutlicht, ist inhaltlich nur schwer eingrenzbar und bleibt in seinen jeweiligen Definitionsversuchen abhängig von seiner Position in einem historischen und kulturellen Gefüge. Insofern kann man Texte immer nur für ihren bestimmten geschichtlichen Augenblick und unter dem Gesichtspunkt des jeweiligen Literaturverständnisses auf ihre Literarizität hin prüfen.

Der Literaturbegriff im zeitlichen Wandel

Seit dem Altertum mangelt es allerdings nicht an Bemühungen, das Wesen der Literatur zu ergründen und die Vielfalt der bekannten literarischen Formen zu beschreiben, zu kategorisieren und zu bewerten. Aus dieser Beschäftigung mit Literatur ist eine Reihe von Begriffen hervorgegangen, die es zunächst einmal zu unterscheiden gilt:

Poetik, Poesie, Poetizität, poetisch, poetologisch, Literaturgeschichte, Literaturkritik, Literaturphilosophie, Rhetorik.

Aufgabe 2.1

> ? Versuchen Sie vor dem Weiterlesen ggf. mit Hilfe eines Fremdwörterbuchs oder im Idealfall eines literaturwissenschaftlichen Fachwörterbuchs die genannten Begriffe zu bestimmen und voneinander abzugrenzen.

2.1 | Poetik

Poetik ist die Lehre von der Dichtkunst

Unter Poetik versteht man die Lehre von der Dichtung, und zwar in zweifacher Weise: Zum einen befasst sie sich mit dem Wesen von Dichtung, ihrer Bestimmung, ihrer Einteilung in Gruppen gleichartiger Texte und ihrem ästhetischen Wert. Zum anderen will sie in vielen Fällen auch eine Anleitung zum Dichten geben, sei es, dass sie bereits vorliegende bekannte Werke in ihren Vorzügen und Mängeln kritisch betrachtet (deskriptives, d.h. beschreibendes Vorgehen), sei es, dass sie konkrete Hinweise bzw. Vorschriften für das Verfassen von Werken enthält (normativer Anspruch). Neben den expliziten Poetiken, die als eigenständige Abhandlungen zur Literatur vorliegen, existieren zahllose aussagekräftige immanente Poetiken, welche Autorinnen und Autoren in ihren Vorworten oder Vorreden, Nachworten oder Selbstaussagen (z.B. Interviews) formuliert haben und die über ihr persönliches Literaturverständnis Auskunft geben.

Zum Begriff der ‚Dichtung'

Definition

> **Literatur und Dichtung:** Im Gegensatz zum extensiven Literaturbegriff (siehe Einheit 1) geht der emphatisch, d.h. bedeutungsschwer aufgeladene Dichtungsbegriff von vornherein nur von literatur- und menschheitsgeschichtlich ‚wertvollen' Texten aus, wobei eine Nähe zu lyrischen Formen anklingt.

Insgesamt betrachtet, können Poetiken oder poetologische Ausführungen (das Adjektiv ‚poetologisch' zielt auf die Poetik, das Adjektiv ‚poetisch' auf das dichterische Werk ab) eine Reihe von Funktionen erfüllen:

► die Beschäftigung mit der Frage nach dem Ursprung und dem Wesen der Dichtung und ihre Abgrenzung von den anderen Künsten;
► eine Auseinandersetzung mit dem ‚Schönen' und ‚Wahren' in der Literatur (Ästhetik, Literaturphilosophie);
► die Erörterung richtiger Rede (Grammatik) und
► ebenso kunst- wie wirkungsvoll ausformulierter Rede (Rhetorik);
► das Studium stilistischer Besonderheiten bzw. stilistischer Angemessenheit (Stilistik);
► die Beschreibung literarischer Gattungen;
► die Betrachtung der geschichtlichen Entwicklung einer Sprache (diachrone Sprachwissenschaft);
► die kritische Sichtung literarischer Beispiele (Literaturkritik), oftmals unter
► Einordnung in literaturhistorische Zusammenhänge (Literaturgeschichte) und
► Ableitung allgemeiner Aussagen zu literarischen Phänomenen (Literaturwissenschaft);
► Aussagen zu sozio-kulturellen Implikationen bestimmter Textsorten (Literatursoziologie [vgl. 10.4]; Rezeptionsforschung [vgl. 11.2]).

Das Selbstverständnis von Poetiken und ihre tatsächliche Bedeutung für die Abfassung literarischer Texte sind ihrerseits wiederum starken epochalen Schwankungen unterworfen. So lassen sich viele der antiken ‚Poetiken' als Versuche einer Inventarisierung und Kommentierung der gegebenen literarischen Phänomene deuten, die als Dichtungslehre bereits grundlegenden Charakter für alle nachfolgenden Überlegungen hatten. Aus heutiger Sicht aber erscheinen sie womöglich als unvollständig und episodisch, zumal als einseitig aus dem individuellen Blick der Verfasser heraus konzipiert.

Ohne einen vollständigen Abriss der poetologischen Entwicklung geben zu wollen, seien im Folgenden unter den zahllosen theoretischen Auseinandersetzungen mit der Literatur einige wenige hervorgehoben, die entweder auf Grund ihrer bedeutsamen Rezeptionsgeschichte oder aber wegen ihrer Syntheseleistung einen besonderen Rang eingenommen haben.

Aristoteles: *Von der Dichtkunst* | 2.1.1

| Text 2.1

Von der Dichtkunst selbst und von ihren Gattungen, welche Wirkung eine jede hat und wie man die Handlungen zusammenfügen muss, wenn die Dichtung gut sein soll, ferner aus wie vielen und was für Teilen eine Dichtung besteht, und ebenso auch von den anderen Dingen, die zu dem selben Thema gehören, wollen wir hier handeln (…) (Aristoteles: 1994, 5)

Aristoteles: *Poetik*

Abb. 2.1|

Aristoteles
(384–322 v. Chr.)

Mimesis-Begriff

Hierarchie der
Gattungen

Die nur zum Teil erhaltene Poetik des Aristoteles, die ungefähr um das Jahr 335 v. Chr. entstanden ist, zählt zu den bedeutsamsten kunsttheoretischen Texten der abendländischen Kultur. Sie steht an der Seite einer Rhetorik, verlässt aber deren auf die Redekunst zugeschnittene Betrachtung, um sich – nicht zuletzt anhand der Diskussion wichtiger Referenztexte – allgemeinen Fragen der wichtigsten zeitgenössischen literarischen Gattungen zuzuwenden. Dazu zählen in erster Linie die Epik, die tragische Dichtung und die Komödie (der der Komödie gewidmete Teil ist leider nicht überliefert). In Abwendung von Platon, der in dichtungskritischen Passagen seiner Schriften (vor allem *Politeia*, X 595a–602b) die Dichtung bezichtigt, der Wahrheit der ursprünglichen ,Ideen' in ihrem verzerrten Abbild nicht zu entsprechen, und sie einer rigiden Staatsmoral unterwerfen möchte, führt Aristoteles die dichterische Schaffenskraft des Menschen auf ein geradezu anthropologisches Bedürfnis zurück, nämlich den Drang zur Nachahmung (*mimesis*). Demgemäß stelle die Dichtung nichts anderes dar als die Nachahmung gesellschaftlichen Handelns (*praxis*), d. h. eine Abbildung der vom Menschen erlebbaren Wirklichkeit. Dass hiermit aber keineswegs ein ungebrochener Realismus gemeint ist, verdeutlichen die weiteren Ausführungen: nicht die *Wahrheit* im Sinne von faktengetreuer Wiedergabe, sondern die *Wahrscheinlichkeit* im Sinne einer tief gründenden Einsicht in die menschliche Natur sei das Verdienst der Dichtung, die damit philosophische Qualitäten aufweise und die Aussagekraft der oftmals unwahrscheinlich wirkenden historischen Ereignisse (und damit der Geschichtsschreibung) hinter sich lasse.

Von grundlegender Bedeutung für das Literaturverständnis nahezu jeglicher Epoche ist die von Aristoteles thematisierte Verknüpfung von Gattung, kulturellem und sozialem Prestige. So ordnet er der Tragödie und dem Epos die Nachahmung edler Menschen zu, die es für das Publikum wiederum nachzuahmen gilt, während die schlechten Menschen in ihren Lastern von der Komödie aufgegriffen werden, die sie der Lächerlichkeit preisgibt und somit gewissermaßen abschreckend wirkt. Im Übrigen werden die Gattungen nach dem Kriterium der Rede unterteilt: Spricht im Drama der Schauspieler, so ist davon die berichtende Rede eines Erzählers zu unterscheiden – ein Gedanke, der in der weiteren Literaturgeschichte immer wieder aufgegriffen und modifiziert werden sollte.

Den breitesten Raum der Darstellung nimmt in dem Aristotelischen Fragment die Tragödie ein (siehe Einheit 6). Sie wird in ihrem Aufbau beschrieben, dessen entscheidende Etappen der Umschwung des Schicksals vom hoffnungsvollen Agieren in die unausweichlich werdende Katastrophe (Peripetie), die Szene der Wiedererkennung (z. B. des entschwundenen Kindes) oder allgemein der Erkenntnis (*Anagnorisis*) sowie das schlussendliche Scheitern des tragischen Helden und seine Einsicht in sein Fehlen bilden. Daneben wird der ethische Nutzen der Literatur eindringlich vor Augen geführt: Die mit dem Helden bangenden Zuschauer werden über Furcht und Mitleid, bzw. besser: über Jammer und Schauder (*eleos/phobos*), dergestalt geläutert, dass sie eine Reinigung der Seele (*katharsis*) durchlaufen, die sie – je nach Interpretation dieser Stelle – *durch* die erlebten Affekte oder aber *von* eben diesen Affekten reinigt.   Katharsis

Die Aristotelische Poetik geriet zunächst aufgrund fehlender Überlieferungsträger für das gesamte abendländische Mittelalter in Vergessenheit und wurde erst ab dem ausgehenden 15. Jh. wieder entdeckt, entfaltete dann aber eine intensive Wirkungsgeschichte, die sich unter anderem maßgeblich auf die Konzeption der französischen *doctrine classique* auswirken sollte (so in der Regel der ‚drei Einheiten‘, s. 6.5.2).

Horaz: *Ars poetica* |2.1.2

Ursprünglich Teil einer umfassenderen Versepistel (*Epistula ad Pisones*), wurden die ca. 14 v. Chr. veröffentlichten Ausführungen des Horaz schließlich eigenständig tradiert und erfuhren eine kontinuierlichere Rezeption als die Poetik des Aristoteles.

|Abb. 2.2
Horaz (65–8 v. Chr.)

Unter den Stellungnahmen des Autors zu kanonisierten und zeitgenössischen literarischen Werken finden sich mehrere Gedanken, welche die weitere poetologische Diskussion nachhaltig beeinflussen sollten. Zum einen soll das Werk eine in sich geschlossene Einheit bilden, die den Kriterien der Schlichtheit, der Angemessenheit und der Wahrscheinlichkeit genügen kann, wofür u. a. die Stoffwahl, Stilhöhe und der soziale Stand der Figuren aufeinander abgestimmt werden müssen. Folgenreich für die weitere Literaturgeschichte ist Horaz' Forderung, jeder Dichter solle die vorbildlichen Werke und Autoren der Vergangenheit als Modell und verbindlichen Maßstab nachahmen (*imitatio*). Die hohe Dichtung fuße zudem gleichermaßen auf Begabung und Inspiration des Dichters wie auch auf seinem handwerklichen Können (*ars*). Was die Wirkung der Dichtung auf die Zuschauer anbelangt, so soll sie zugleich nützen und erfreuen („aut prodesse volunt aut delectare poetae"). Auch lässt sich ein Vergleich zwischen der Wirkung der unterschiedlichen Künste ziehen, ein Topos (Gemeinplatz) zahlreicher Poetiken, den Horaz auf die prägnante Formel bringt, die Dichtung gleiche dem Gemälde („ut pictura poesis").   „nützen und erfreuen" als Aufgabe der Dichtung

Stilhöhen und Ständeklausel |2.1.3

Die bei Aristoteles und Horaz geforderte ‚Angemessenheit' in der Behandlung eines vom Dichter gewählten Stoffes mündet in ein im Laufe der Zeiten variabel gehandhabtes System, welches jeder Gattung bestimmte Themen, Zielsetzungen, Figuren und eine eigene Stilhöhe zuschreibt.

Die Grundlage bildete die in den antiken Rhetoriken ausgearbeitete Lehre von den 3 Stilhöhen (*genera dicendi*):   Stilhöhen

25

► *genus grande/sublime*: erhabener Stil; sehr anspruchsvoll in Konstruktion und Redeschmuck (Verwendung entsprechender rhetorischer Mittel) zur Behandlung erhabener Themen; Ziel ist die Gemütserschütterung beim Rezipienten (*movere*);

► *genus mediocre/medium*: mittlerer Stil; eine kunstvolle, jedoch gut verständliche Sprachverwendung im Sinne einer angenehmen Unterhaltung (*delectare*);

► *genus humile/subtile*: niederer Stil: einfach und schmucklos, an der Alltagssprache orientiert, er dient der Mitteilung oder Belehrung (*docere*).

> Rhetoriken und Poetiken versuchten seit der Antike die von ihnen betrachteten literarischen Formen mit stilistischen und sozialen Kategorien in Beziehung zu setzen, woraus ein hierarchisch gestuftes System der Gattungen entstand.

Ständeklausel

Im Mittelalter verhärtete sich die Lehre von den drei Stilhöhen im Sinne der ständebasierten Zuschreibung und wurde von Johannes de Garlandia im sog. Rad des Vergil (*rota vergiliana*) weiter ausgebaut, der drei Werken dieses mustergültigen antiken Dichters (70–19 v. Chr.) beispielhaft eine ganze Reihe von Attributen zuordnete.

Abb. 2.3
Johannes de Garlandia: Rad des Vergil (*rota vergiliana*)

	sozialer Stand	Tätig- keiten	Requi- siten	Orte	Tiere	Pflanzen
genus grande: *Aeneis*	Adel	Krieg	Schwert	Burg	Pferd	Lorbeer
genus mediocre: *Georgica*	Bauer	Ackerbau	Pflug	Dorf	Rind	Obstbaum
genus humile: *Bucolica*	Hirte	Nichtstun	Hirtenstab	Weide	Schaf	Feigenbaum

Die Folgen dieser Einteilung blieben bis in die Poetiken des 16. und 17. Jh. hinein spürbar, die einen normierenden Anspruch erhoben und verbindliche Leitsätze für die einzelnen literarischen Gattungen aufstellten.

Aufgabe 2.2

? Überprüfen Sie durch einen Blick in eine Tragödie von Jean Racine und in eine Komödie von Molière, inwieweit sich die Lehre von den unterschiedlichen Stilhöhen und von der Ständeklausel in diesen beiden Gattungen des klassischen Theaters erhalten haben.

26

Poetiken zur französischen Literatur

| 2.1.4

Die mittelalterliche Auseinandersetzung mit poetologischen Fragen tradierte und überarbeitete in erster Linie die aus der Antike überlieferten Positionen und hatte ihren Platz in den universitären Fächern der Grammatik und der Rhetorik, wohingegen weiterreichende Abhandlungen zur Literatur fehlten.

Mit der Renaissance setzte hingegen in der Folge des italienischen Humanismus (Julius Caesar Scaliger: *Poetices Libri Septem*, 1561; Lodovico Castelvetro: *Poetica d'Aristotele Vulgarizzata e Sposta*, 1570) ein intensives Nachdenken über die Beschaffenheit und Ziele der französischen Literatur ein. Joachim du Bellay beansprucht in seiner *Deffence et Illustration de la Langue Françoyse* (1549) die Gleichrangigkeit des Französischen neben dem Lateinischen und Griechischen, deren vortreffliche Leistungen auch in der zeitgenössischen Volkssprache erreicht werden könnten, wenn man letztere nur beharrlich kultiviere und die literarischen Vorbilder zu imitieren wisse. Um einen entsprechenden Anstoß zu geben, erklärt Du Bellay, das Französische besitze die nötige Klarheit (*clarté*), um philosophische Gedanken auszudrücken, und könne den gleichen rhetorischen Formenreichtum entwickeln wie die alten Sprachen. Die Überlegungen umfassen ferner eine Diskussion der geeigneten Gattungen und demonstrieren sprachpflegerische Maßnahmen, welche auf einen dem Französischen gemäßen Stil abzielen.

Regelpoetik

> Donc si les Grecs et Romains, plus diligents à la culture de leurs langues que nous à celle de la nôtre, n'ont pu trouver en icelles[1], sinon avec grand labeur et industrie[2], ni grâce, ni nombre, ni finalement aucune éloquence, nous devons nous émerveiller, si notre vulgaire[3] n'est si riche comme il pourra bien être, et de là prendre occasion de le mépriser comme chose vile, et de petit prix. Le temps viendra (peut-être) et je l'espère moyennant la bonne destinée française (...) que notre langue (...) qui commence encore à jeter ses racines, sortira de terre, et s'élèvera en telle hauteur et grosseur, qu'elle se pourra égaler aux mêmes Grecs et Romains, produisant comme eux des Homères, Démosthènes, Virgiles et Cicérons (...) (Du Bellay: 1972)
>
> 1 icelles *nfrz. celles-ci* – 2 industrie *Fleiß* – 3 notre vulgaire *unsere Volkssprache*

| Text 2.2

Joachim du Bellay:
Deffence et Illustration de la Langue Françoyse, I,3

Die von Du Bellay formulierten Forderungen wurden unter anderem von seinem Dichterkollegen Pierre de Ronsard (1524–1585) eingelöst, z. B. in seinem *Premier livre des sonnets pour Hélène*:

> 1 Ce premier jour de May, Hélène, je vous jure
>   Par Castor par Pollux[1], vos deus freres jumeaux,
>   Par la vigne enlassee[2] à l'entour des ormeaux[3],
>   Par les prez[4] par les bois herissez[5] de verdure,

| Text 2.3

Pierre de Ronsard:
Sonnets pour Hélène, I,1

5   Pour le nouveau Printemps fils aisné[6] de Nature,
     Par le cristal qui roule au giron[7] des ruisseaux,
     Par tous les rossignols, miracle des oiseaux,
     Que seule vous serez ma derniere aventure.

9   Vous seule me plaisez, j'ay par election
     Et non à la volée, aimé votre jeunesse :
     Aussi je prens en gré toute ma passion.

12   Je suis de ma fortune autheur[8], je le confesse :
     La vertu m'a conduit en telle affection.
     Si la vertu me trompe adieu belle Maistresse.
     (Ronsard : 1993, 341)

1 Castor und Pollux *mythisches unzertrennliches Geschwisterpaar, Brüder der Helena* – 2 enlassee *nfrz. enlacée* – 3 les ormeaux *junge Ulmen* – 4 prez *nfrz. prés* – 5 herissez *nfrz. hérissés* – 6 aisné *nfrz. aîné* – 7 le giron *der Schoß* – 8 autheur *Urheber, Herr*

<table>
<tr><td>Aufgabe 2.3</td><td>? Welche Anhaltspunkte gibt das oben angeführte Sonett Ronsards dafür, dass es im Sinne einer normativen Poetik als sehr sorgfältig konstruierter Text verfasst wurde?</td></tr>
</table>

Doctrine classique Im 17. Jh. profiliert sich die französische Poetik im Sinne zahlreicher regulierender Vorschriften, die sich im Rückblick als sog. *doctrine classique* zusammenfassen lassen. Die maßgeblichen Leitbegriffe sind der Verstand (*raison*) bzw. die von ihm bedingte Wahrscheinlichkeit (*vraisemblance*) sowie die Schicklichkeit (*bienséance*). Als verbindliches Modell für die literarische Gestaltung gelten die antiken Muster aus dem klassischen Athen und, mehr noch, dem Rom der frühen Kaiserzeit.

2.1.5 | Die *doctrine classique*

Findet sich bereits bei Jean Chapelain (*Discours de la poésie représentative*, 1635) der Verweis auf den Vorbildcharakter der Antike und die Forderung nach der Unterordnung der Dichtung unter die Erfordernisse der Vernunft, so vereint Nicolas Boileau in seinem Lehrgedicht *L'Art poétique* von 1674 das poetologische Programm der französischen Klassik.

Unter Anknüpfung an Aristoteles, Horaz und die humanistischen Reformpoetiken stellt Boileau die Forderung nach der Vernunftgemäßheit der Dichtung („Raison", „Bon sens"), welche mit Hilfe erlernbarer Regeln das dichterische Talent in geordnete Bahnen lenken soll und nach der Klarheit des Ausdrucks strebt. Hinzu kommt der Anspruch, die Dichtung müsse zugleich der Moral entsprechen.

Chant I, 27ff.

Quelque sujet qu'on traite, ou plaisant, ou sublime,

Que toûjours le Bon sens s'accorde avec la Rime.

L'un l'autre vainement ils semblent se haïr,

La Rime est une esclave, et ne doit qu'obeïr.

Lors qu'à la bien chercher d'abord on s'évertuë[1],

L'esprit à la trouver aisément s'habituë,

Au joug de la Raison sans peine elle fléchit,

Et loin de la gesner[2], la sert et l'enrichit.

Mais lors qu'on la néglige, elle devient rebelle,

Et pour la ratraper, le sens court après elle.

Aimez donc la Raison. Que toûjours vos écrits

Empruntent d'elle seule et leur lustre[3] et leur prix.

(Boileau: 1970, 40)

1 s'evertuer *sich angestrengt bemühen* – 2 gesner *nfrz. gêner* – 3 lustre *Glanz*

|Text 2.4

Nicolas Boileau: *L'Art poétique* (1674)

Der *Art poétique* Boileaus bereitete in seiner detaillierten und umfassenden Beschreibung einer an der Antike ausgerichteten literarischen Normvorstellung den Boden für eine folgenreiche literaturgeschichtliche Auseinandersetzung, die *Querelle des Anciens et des Modernes*. In ihr standen sich die Vertreter der ästhetischen Tradition und die Anhänger einer ‚modernen' französischen Literatur von eigenem Wert gegenüber. Den Anstoß zum Konflikt gab Charles Perraults Gedicht „Le siècle de Louis le Grand" (1687), in dem die Gegenwart dem Altertum im Staatswesen, in der Wissenschaft sowie in der Kunst als überlegen gepriesen wird. Einer ausführlichen Erörterung werden die beiden Tendenzen in Perraults Dialogschrift *Parallèle des Anciens et des Modernes en ce qui regarde les arts et les sciences* (1688–1697) unterzogen. Damit fasst eine Denkrichtung Fuß, die in der Folgezeit allmählich die regulierende Kunstauffassung der französischen Klassik hinter sich lässt, wodurch auch die Gattung Normpoetik immer stärker an Bedeutung verliert, obwohl nach wie vor einflussreiche Regelpoetiken verfasst werden. Im 18. Jh. lässt sich diese Entwicklung u.a. an Bernard le Bouyer de Fontenelles *Réflexions sur la poétique* (1742) ablesen, welche die Einheiten des Ortes und der Zeit als unvernünftig kritisieren und für die Dramenhandlung insgesamt einen realistischeren Rahmen fordern. Bereits François Fénelons *Réflexions sur la Grammaire, la Rhétorique, la Poétique et l'Histoire ou Mémoire sur les Travaux de l'Académie françoise* (1716) stellen das Einfache und Natürliche gegen den rhetorischen Aufwand höfischer Literatur und lassen die der Antike zugeordnete Authentizität in eine Ästhetik und Ethik des ‚Erhabenen' (*le sublime*) einmünden.

|Abb. 2.4

Hyacinthe Rigaud: *Nicolas Boileau* (1636–1711)

2.1.6 | Das Ende der Regelpoetik

An die Stelle universalistischer Ansätze rücken Erörterungen einzelner (Unter-)Gattungen und eine verstärkte Ausrichtung auf die Bedürfnisse des bürgerlichen Publikums, wie sie sich im Wandel des Gattungssystems (z. B. Aufkommen neuer Formen des Romans) oder der Wesensbeschreibung der Dichtkunst (das ‚handwerkliche‘ Können geriet in den Hintergrund) äußert. In den programmatischen Schriften der Romantik schließlich bricht sich die Vorstellung von der individuellen Einzigartigkeit des ‚Genies‘ und der ästhetischen Originalität seines Werks Bahn, das sich über alle Regeln und Konventionen, zumal über die Imitation der Antike, hinwegsetzt.

Victor Hugo proklamiert demgemäß im Vorwort seines Dramas *Cromwell* (1827):

Text 2.5 |

Victor Hugo:
Préface de Cromwell

> Voilà donc une nouvelle religion, une société nouvelle; sur cette double base, il faut que nous voyions grandir une nouvelle poésie. Jusqu'alors (…) agissant en cela comme le polythéisme[1] et la philosophie antique, la muse[2] purement épique des anciens n'avait étudié la nature que sous une seule face, rejetant sans pitié de l'art presque tout ce qui, dans le monde soumis à son imitation, ne se rapportait pas à un certain type du beau. Type d'abord magnifique, mais, comme il arrive toujours de ce qui est systématique, devenu dans les derniers temps faux, mesquin[3] et conventionnel. (…) la poésie fera un grand pas, un pas décisif, un pas qui, pareil à la secousse[4] d'un tremblement de terre, changera toute la face du monde intellectuel. Elle se mettra à faire comme la nature, à mêler ses créations, sans pourtant les confondre, l'ombre à la lumière, le grotesque au sublime, en d'autres termes, le corps à l'âme, la bête à l'esprit (…) (Hugo: 1963, 416)
>
> 1 polythéisme *Vielgötterei* – 2 la muse *die Muse* – 3 mesquin *kleinlich* – 4 la secousse *Stoß*

Aufgabe 2.4 |

? Versuchen Sie auf der Grundlage des bisher Gesagten eine schlagwortartige Abgrenzung zwischen Klassik und Romantik.

Die zum heutigen Tage nicht mehr umkehrbare Herauslösung der Literatur aus einem fest definierten Kunstverständnis führte zu einer Aufsplitterung der poetologischen Schriften in eine nicht geringe Anzahl von Textsorten (Essays, Manifeste, schriftstellerische Eigenkommentare, Schriften der Literaturkritik oder der Sprach- und Literaturwissenschaft) mit einer unüberschaubaren Bandbreite von Ansichten.

2.2 | Gattungen

An dieser Stelle bedarf der im bisherigen Verlauf bereits mehrfach gebrauchte Begriff der ‚Gattung‘ einer eingehenden Problematisierung.

Der seit dem Altertum zu beobachtende Versuch, die Vielzahl der zeitgenössischen literarischen Formen nach gemeinsamen Merkmalen zu einzelnen Gruppen zu bündeln, stellte lange Zeit eines der grundlegendsten Anliegen in literaturtheoretischer und literaturgeschichtlicher Hinsicht dar, das sich seinerseits als aufschlussreich für das Literaturverständnis zu einem bestimmten Zeitpunkt erweist. Vorrangige Aufgabe einer Einteilung in Gattungen ist dabei das Bedürfnis, Texte genau nach generalisierbaren Merkmalen zu beschreiben, sie somit zu klassifizieren, sie in epochale und literaturgeschichtliche Zusammenhänge einzuordnen.

Kriterien für eine Zuordnung können dabei sein:

> Form (Vers- und Strophenform bzw. Aufbau und Struktur eines Textes [z. B. Fünfaktschema]; Länge; verwendete Stilmittel; Verwendung sog. Paratexte);

> Stoff- und Motivkreis (z. B. in Heiligenlegenden oder im Kriminalroman);

> Figuren (bspw. die Ständeklausel);

> Redekriterium (wer spricht? der Dichter/Erzähler – die handelnden Personen – beide Parteien im Wechsel);

> mediale Aspekte (gedruckter Text, mündlicher Vortrag, Inszenierung auf der Bühne, Vertonung, Film etc.).

Die Definition von Gattungen bleibt bei all dem eine sozio-kulturelle Konvention, die auf besondere historischen Umstände zurückgeführt werden kann, auch wenn für Gattungen ein normativer und überzeitlicher Anspruch erhoben wird.

Die normative Gattungslehre ist zumeist darauf angewiesen, sich auf eine gezielte Auswahl von Referenztexten zu stützen, die auf beispielhafte Weise als Vorbild für alle anderen, ähnlich kategorisierbaren Produktionen gelten können (*imitatio*). Neben für besonders wichtig gehaltene Werke früherer Epochen, die zumeist als ‚klassisch' erachtet werden (etwa im Falle von Vergil, der im Mittelalter als alles überragender Dichter der Antike rezipiert wurde), können durchaus auch die Werke von Zeitgenossen treten, z. B. bei Aristoteles. Die von Aristoteles überlieferte Gattungseinteilung gibt zugleich ein eindrückliches Beispiel dafür, wie sehr die Bemühungen um eine Systematisierung dem historischen Wandel ausgesetzt sind.

> Die Epik und die tragische Dichtung, ferner die Komödie und die Dithyrambendichtung[1] sowie – größtenteils – das Flöten- und Zitherspiel: sie alle sind, als Ganzes betrachtet, Nachahmungen. Sie unterscheiden sich jedoch in dreifacher Hinsicht voneinander: entweder dadurch, daß sie durch je verschiedene Mittel, oder dadurch, daß sie je verschiedene Gegenstände, oder dadurch, daß sie auf je verschiedene und nicht dieselbe Weise nachahmen. (Aristoteles: 1994, 5)

1 Dithyrambendichtung – *antike lyrische Gattung mit musikalischer Begleitung*

Marginalien:

! Die Einteilung der literarischen Formen entspricht der wissenschaftlichen Notwendigkeit von Analyse und Klassifikation

Gattungen als Konvention

Vorbildcharakter ‚klassischer' Werke

| Text 2.6

Aristoteles: *Poetik*

Nicht nur der Wegfall der letztgenannten Gattungen ist zu bemerken, auch die Gattungsbegriffe selbst, z. B. derjenige der Epik, haben sich grundlegend verändert oder wurden nachträglich ersetzt (so der die musikalische Darbietung einer Lyra oder Kithara begleitende Gesang durch das moderne Lyrik-Verständnis; siehe Einheit 4).

Aufgabe 2.5 | **?** Weshalb entspricht das von Aristoteles betrachtete antike Epos (z. B. Homers *Ilias*) nicht mehr dem heute geläufigen Begriff der ‚Epik'?

Heute kann man die narrativen (erzählenden) Gattungen folgendermaßen differenzieren:

► Hauptgattung: Epik bzw. erzählende Prosa
► Untergattungen: Roman, Novelle, Erzählung, Legende, Fabel, Märchen, Autobiographie etc.
► Typen des Romans: höfischer Roman, Liebesroman, Abenteuerroman, Jugendroman, Kriminalroman, Science-Fiction etc. (vgl. Einheit 8.1)

Aufgabe 2.6 | **?** Finden Sie anhand eines geeigneten Nachschlagewerks weitere Typen aus dem Bereich der Lyrik (z. B. Sonett).

Die heute immer noch nachwirkende Einteilung der literarischen Formen in die drei Grundformen Epik – Dramatik – Lyrik, die sog. Gattungstrias, geht in ihrer Entwicklung zwar auf die bereits bei Aristoteles und Horaz formulierten Gedanken zurück, wurde aber erst im 18. Jh. zur poetologischen Norm erhoben.

Charles Batteux verankerte die zuvor in einigen italienischen Poetiken formulierte Trias in seinem Werk *Les Beaux-Arts réduits à un même principe* (1746), in dem die Lyrik ihren Platz neben Dramatik und Epik einnimmt. Bedeutsam wurde im Weiteren die Annahme, in den drei Hauptgattungen spiegelten sich Wesenszüge der menschlichen Seele, wie ihr Goethe in seiner für die deutschsprachige Literaturbetrachtung höchst einflussreichen Formel von den „drei Naturformen der Dichtung" Ausdruck verlieh:

Text 2.7 |
Johann Wolfgang
Goethe: *West-östlicher
Diwan* (1819–1827)

Es gibt nur drei echte Naturformen der Poesie: die klar erzählende, die enthusiastisch aufgeregte und die persönlich handelnde: Epos, Lyrik und Drama. Diese drei Dichtweisen können zusammen oder abgesondert wirken. In dem kleinsten Gedicht findet man sie oft beisammen, und sie bringen eben durch diese Vereinigung im engsten Raume das herrlichste Gebild hervor, wie wir an den schätzenswerten Balladen aller Völker deutlich gewahr werden. (Goethe: 1978, 187f.)

‚Naturformen' der
Dichtung

Relevant an dieser Deutung ist neben der ahistorisch-wesenhaften Zuschreibung von Gattungsmerkmalen, die zugleich auf eine wirkungsästhetische Charakterisierung abzielen, der Hinweis auf die Vermengung dieser Grundtendenzen im einzelnen literarischen Text. Hinzu kommt der komparatistische, auf eine Weltliteratur geweitete Blick Goethes. Noch der Schweizer Literaturwissenschaftler Emil Staiger entwarf 1946 in seinen *Grundbegriffen der Poetik* ein Modell, demzufolge aller Dichtung „Gattungsideen" zugrunde liegen, welche im Sinne von typischen Stilqualitäten als ‚das Lyrische', ‚das Epische' bzw. ‚das Dramatische' anzusehen seien.

Der Ansatz schließlich, die Literatur in ‚Gattungen' aufzugliedern, ist ein Ergebnis der naturwissenschaftlichen Erkenntnisse und ihrer Systematik des ausgehenden 19. Jh., als sich nach dem Vorbild der biologischen Erblehre das Modell des Stammbaums und der Ausdifferenzierung von Arten und Gattungen etablierte.

Abschließend bleibt festzustellen, dass die Trennschärfe der unterschiedlichen Gattungsdefinitionen zweifelhaft ist und nie dem literarischen Formenreichtum gerecht werden kann. Der Versuch, eine global gültige Systematik zu erstellen, ist nur unter der Bedingung möglich, eine Vielzahl von Mischformen anzuerkennen (z. B. die Ballade als erzählendes Gedicht), auf welche mehrere Gattungszuschreibungen zutreffen.

Dennoch hat sich das Konzept der Gattungen etablieren können, und die triadische Einteilung ist zu einer Art Gemeinplatz geworden, der bestenfalls um weitere Hauptgattungen ergänzt wird (die Satire wie auch der Essay wurden als 4. oder 5. Gattung ins Gespräch gebracht, hinzu kommen aus heutiger Perspektive etwa die Gruppen der didaktischen Texte bzw. der Gebrauchsformen), auch wenn die moderne und postmoderne Literaturtheorie gerade den Gattungsbegriff radikal in Frage gestellt hat und durch eine weitaus weniger idealisierende und systematisierende Auffassung von Textsorten zu ersetzen sucht. Nicht zuletzt als literaturgeschichtliche Kategorien besitzen die Gattungen einen gewissen Erkenntniswert, da sie nicht allein die Kommunikation über bestimmte Textgruppen erlauben – so unzureichend diese auch sein mag –, sondern auch historische Konventionen benennen, die bei den Literaturschaffenden, im Bereich des literarischen Marktes und bei den Literaturrezipienten als sinnstiftendes Vorverständnis wirken. Auf www.bachelor-wissen.de finden Sie zusätzliche Informationen zur Rolle der Gattungen bei Erich Köhler und Pierre Bourdieu.

Gattungstradition

? Versuchen Sie für folgende Untergattungen bzw. Typen festzustellen, inwieweit mit dem Gattungsnamen bereits ein Vorverständnis in Bezug auf die Stilhöhe, den Aufbau und die Inhalte verbunden ist: Tragödie; Science-Fiction-Roman; Liebesgedicht.

Aufgabe 2.7

Epochen

2.3

Neben der Gattungstypologie bildet die Einteilung der Literaturgeschichte in Epochen (z. B. das *XVIIe siècle* bzw. *classicisme* oder das *XVIIIe siècle* bzw. *siècle des lumières*) einen festen Bestandteil des literaturwissenschaftlichen Grundinventars, auch wenn hier wiederum kritische Stimmen eine Überprüfung des Epochenkonzepts fordern.

Epochen als in sich möglichst homogene Zeiträume

Zunächst einmal sollen die Epochenbezeichnungen den Fluss der Literaturgeschichte in einzelne, in sich möglichst zusammenhängende Zeiträume einteilen, in denen eine Vielzahl von Texten – oder aber eine kleine Gruppe literarisch besonders relevanter Texte (Kanon, siehe 2.6) – bestimmte gemeinsame Merkmale aufweisen. Ermöglicht wird diese Einteilung im Weiteren durch die Benennung literaturgeschichtlich bedeutsamer Schlüsselereignisse, die als Epochengrenzen Ende und Beginn der dominanten literarischen Entwicklung markieren. Eine derartige Untergliederung in literarische Epochen erlaubt es, die Veränderungen innerhalb des Gattungssystems bzw. jene der literarischen Formen zu beobachten. Außerdem kann man sie mit anderen Periodisierungen vergleichen, z. B. mit Stilrichtungen der Kunstgeschichte oder mit der (oftmals an Herrscherpersönlichkeiten oder Staatsformen orientierten) Politikgeschichte.

Epochengrenzen

Dabei ist jedoch zu beachten, dass Epochenbezeichnungen erst aus dem nachträglichen, rückwärts gerichteten Blick heraus an Kontur gewinnen, eine zeitliche Distanz zwischen Beobachtendem und Beobachtetem für ein gewisses Maß an Überblick und Objektivierung sorgen muss (als Beispiel hierfür sei die müßige, da zum gegenwärtigen Zeitpunkt unentscheidbare Diskussion angeführt, ob die sog. Postmoderne in den Künsten bereits ein Auslaufmodell darstellt). Das starre System aufeinander folgender Epochen kann durch die Berücksichtigung sog. Epochenschwellen oder Schwellenzeiten aufgelockert werden; unter ihnen versteht man Übergangsperioden mit Mischcharakter, beispielsweise zwischen dem Mittelalter und der sich herausbildenden Neuzeit.

Zu den Schwierigkeiten, mit denen die Eingrenzung literarischer Epochen behaftet ist, zählen:

► Epocheneinteilungen erfassen in ihren Merkmalskriterien stets nur einen Teil des weitläufigen Feldes der Textproduktion (beispielsweise wird in der Regel nur die ‚Hochliteratur' berücksichtigt, nicht aber die populären Gattungen wie das Volkslied);

► Epochenbegriffe fußen somit auf einem speziellen Literaturverständnis und Wertesystem, das in engem Zusammenhang mit dem Prozess der Kanonbildung steht (welche Texte werden aufgrund welcher Eigenschaften für literarisch bedeutsam erachtet?);

Perioden, Strömungen, Tendenzen

► die weit gefassten Epochenbegriffe lassen sich zusätzlich in untergeordnete Perioden, Strömungen, Tendenzen unterteilen, welche ineinander verwoben sind und über die Epochengrenzen hinweg verlaufen können (etwa gehören zum *XVIIe siècle* ebenso die Dramen der sog. Hochklassik wie die Werke der preziösen Salonliteratur oder barock anmutende Schäferromane);

- die Bestimmung der Epochengrenzen ist ein heikles Unterfangen, das häufig auf innovative Textformen zurückgreift, die zum Zeitpunkt ihres Auftretens noch gar nicht im Hinblick auf ihren späteren Einfluss erkannt wurden (von Baudelaires erster Ausgabe der *Fleurs du mal* [1857], einer der wichtigsten Gedichtsammlungen der französischen Literaturgeschichte überhaupt, wurden bspw. nur wenige Exemplare verkauft);
- innerhalb einer Nationalliteratur ist nicht von einer linearen Abfolge autonomer Epochen auszugehen, sondern von ihrer Überlappung oder gar von einem längeren Nebeneinander – das Auseinanderdriften der literarischen Strömungen und Tendenzen nach 1900 erlaubt beispielsweise höchstens noch im Ansatz eine Festlegung übergeordneter Epochenbegriffe, liegen hier doch so unterschiedliche Erscheinungen wie der *roman-fleuve*, der *renouveau catholique* oder der Surrealismus zeitlich eng beieinander;
- die Ungleichzeitigkeit literarischer Entwicklungen zwischen den unterschiedlichen Nationalliteraturen (u. a. im Rahmen der Frankophonie) ist offensichtlich, wie die verspätete Wahrnehmung der italienischen Renaissance in Frankreich illustriert;
- Epochen haben den Charakter von historischen Konstruktionen, welche auf einer Übereinkunft beruhen, die angezweifelt oder revidiert werden kann.

Nationalliteraturen als traditionelles Ordnungskriterium

? Überprüfen Sie anhand zweier Literaturgeschichten (oder der abrissartigen Einträge in einem ausführlicheren Lexikon) die zeitlichen Epochenbegrenzungen der französischen und der deutschen Klassik.

Aufgabe 2.8

Zu den Merkmalen, die für die Bestimmung von Epochen aussagekräftig sind, gehören:

- die Aktualisierung von (Unter-)Gattungen, wobei einzelne literarische Formen ein besonderes Gewicht erlangen können oder der Demonstration zentraler Anliegen einer Epoche dienen (z. B. die Kodifizierung des Dramas in der Klassik);
- sprachlich-stilistische Aspekte (z. B. die aufwendige rhetorische Gestaltung der Renaissance-Lyrik);
- der Einfluss überragender Dichtergestalten für ihre Zeitgenossen (z. B. die modellgebende Kraft Victor Hugos in der Romantik);
- die Beziehungen zwischen literarischen Texten und bedeutsamen Veränderungen des gesellschaftlichen, gesamtkulturellen bzw. mentalitätsgeschichtlichen Kontextes (z. B. der Einfluss des Restaurationszeitalters auf klassizistische Formen der Lyrik oder das Aufgreifen psychoanalytischer Erkenntnisse durch die Surrealisten), welche sich bisweilen in Epochenbenennungen spiegeln, die sich nach Jahrhunderten (*le XVIIIe siècle*) oder Herrschaftsabschnitten richten (*Troisième République*);

▶ die Triftigkeit der getroffenen epochalen Einteilung für die gegenwärtigen Rezipienten, d. h. für die Autoren und Autorinnen, die Leserschaft und die Institutionen der Literaturvermittlung (Schule, Literaturkritik, Literaturwissenschaft etc.).

Aufgabe 2.9 | **?** Vergleichen Sie die rudimentäre Einteilung der Epochen der französischen Literatur in *Moyen Âge – XVIe siècle – XVIIe siècle – XVIIIe siècle – XIXe siècle* und *XXe siècle* mit einer beliebigen französischen Literaturgeschichte. Welche Gemeinsamkeiten und Abweichungen liegen vor, und welche Rückschlüsse erlaubt dieses Ergebnis?

Aufgabe 2.10 | **?** Im alltäglichen Sprachgebrauch haben sich die Begriffe ‚klassisch' – ‚modern', ‚aufklärerisch' – ‚romantisch' mit ebenso vagen wie umfassenden Bedeutungen aufgeladen, die sich zum Teil aus literar- (und kunst-) historischen Konzepten ableiten. Versuchen Sie, diese landläufigen Begriffsverwendungen stichpunktartig zu umreißen, und vergleichen Sie daraufhin diese Zuschreibungen mit den Epochendarstellungen in der für Aufgabe 2.9 gewählten Literaturgeschichte.

2.4 | Literaturgeschichte

Normative Poetiken verwiesen auf Autoren und Werke vergangener Zeiten vor allem unter dem Gesichtspunkt ihres Vorbildcharakters oder der zu meidenden Fehler, sie enthielten daneben aber bereits Auflistungen von Werktiteln und Namen. Literaturgeschichten hingegen beabsichtigen, einen systematisierenden Überblick zumindest über die für wichtig erachteten Werke einer (meist) Nationalliteratur oder auch einer Gattung zu liefern.

Als wesentliche Anhaltspunkte dienen dabei:

Biographik
▶ Biographien ‚großer' Autorinnen und Autoren;

▶ bedeutende literarische Texte, die zumeist Teil des Kanons (siehe 2.6) geworden sind und die nach Möglichkeit in ihre Entstehungs- und Wir-

Interpretation
kungszusammenhänge eingeordnet und auf dieser Grundlage interpretiert werden;

▶ mittel- und längerfristige Tendenzen der literarischen Entwicklung, z. B. in Bezug auf Gattungen und Epochen, die in ihren thematischen und formalen Aspekten aufgezeigt werden;

▶ die Verzahnung der literaturgeschichtlichen Prozesse mit den zeitgleichen politik-, wirtschafts-, sozial-, ideen-, mentalitäts-, kultur- und medienge-

Kontextualisierung
schichtlichen Kontexten, wobei – je nach Ansatz der Verfasser/Verfasserinnen – eine Deutung globaler Zusammenhänge unternommen werden kann (z. B. in sozialgeschichtlicher Perspektive);

▶ die individuelle Leistung einzelner Autoren/Autorinnen bzw. die womöglich für das Weitere wegweisenden Besonderheiten spezifischer Werke.

Neben die genannten Kriterien sind im Laufe der letzten Jahrzehnte neue Gesichtspunkte getreten, die über den traditionellen Kanon hinausweisen und Textgruppen in einen eigenen geschichtlichen Zusammenhang stellen. Solche ‚alternativen' Literaturgeschichten widmen sich vorrangig Minderheiten innerhalb der literarischen Produktion, so der Geschichte des weiblichen Schreibens, der postkolonialen oder frankophonen Literaturen (siehe Einheit 10.5); sie verfolgen thematisch/motivische Leitfäden (bspw. eine Literaturgeschichte der Liebe) oder betrachten spezielle Untergattungen bzw. Literaturtypen (etwa eine Geschichte der Utopien). Darüber hinaus können methodische Ansätze zur Abfassung eigener Literaturgeschichten führen. Aus komparatistischer Sicht schließlich kann der enge Rahmen der Nationalliteratur verlassen werden (vgl. z. B. die auf historische Kontinuität der literarischen Konzepte ausgelegte Abhandlung von Ernst Robert Curtius: *Europäische Literatur und lateinisches Mittelalter* [1948]).

Heute hat die Literaturgeschichte unter dem Einfluss von poststrukturalistischer und dekonstruktivistischer Literaturtheorie (siehe Einheit 12.2) einen Punkt erreicht, an dem viele der für Poetik und Literaturgeschichtsschreibung grundlegenden Kategorien wie Autorschaft, Gattungen, Epochen, Kanon oder Wirkungsästhetik in ihrer Aussagekraft angezweifelt werden. Nichtsdestotrotz liefern Literaturgeschichten nach wie vor unerlässliche Leitfäden für die Annäherung an übergreifende Entwicklungsprozesse und an einzelne Schlüsseltexte, wie immer sich deren Auswahl im Einzelfall auch legitimieren mag.

Auf www.bachelor-wissen.de finden Sie zusätzliche Informationen zur Literaturgeschichte im Zeichen des *L'homme et l'œuvre*.

Innovationen oder Meisterschaft

|Abb. 2.6

Schreibende Frauen blieben bis vor kurzem im Schatten der Literaturgeschichte

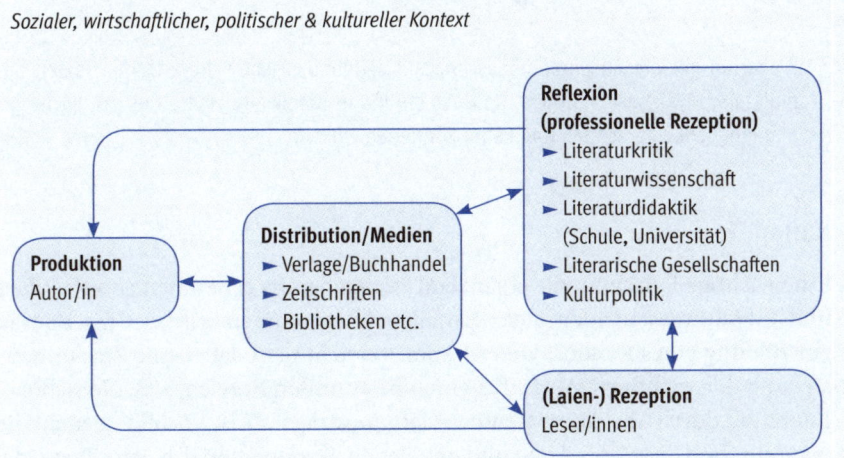

Sozialer, wirtschaftlicher, politischer & kultureller Kontext

**Reflexion
(professionelle Rezeption)**
▶ Literaturkritik
▶ Literaturwissenschaft
▶ Literaturdidaktik
   (Schule, Universität)
▶ Literarische Gesellschaften
▶ Kulturpolitik

Distribution/Medien
▶ Verlage/Buchhandel
▶ Zeitschriften
▶ Bibliotheken etc.

Produktion
Autor/in

(Laien-) Rezeption
Leser/innen

|Abb. 2.7

Literatur als Kommunikationsnetz

2.5 | Literaturkritik

Literaturkritik
als Begutachtung
der aktuellen
Veröffentlichungen

Die kritische Auseinandersetzung mit literarischen Texten v. a. der Gegenwart, wie sie einst schon von den Poetiken geübt wurde, ist erst allmählich zu einem Randbereich der modernen Literaturwissenschaft geworden, obwohl sie in allen Epochen Teil der literarischen Öffentlichkeit bzw. ihrer Vorstufen war. In der Jetztzeit fällt die Beurteilung und Interpretation der zeitgenössischen literarischen Produktion vorrangig in den Zuständigkeitsbereich der Medien, die auf eine breite Öffentlichkeit und deren Erwartungshaltung ausgerichtet sind, v. a. Zeitungen, Zeitschriften (darunter natürlich wissenschaftliche Fachzeitschriften), Rundfunk, Fernsehen, heute auch Internetzeitschriften – häufig in Form von Buchbesprechungen bzw. Rezensionen.

Wenn die Literaturkritik sich auch seit dem 19. Jh. immer stärker als eigenständige Disziplin etabliert hat, so wurde sie stets nicht allein von ‚Kritikern‘ (in gelehrten Abhandlungen, poetologischen Schriften, Essays, Rezensionen), sondern ebenfalls von den Autorinnen und Autoren selbst ausgeübt. Eine wichtige Vorform der Besprechungen in Zeitschriften stellte vor allem der Brief dar, beliebt war aber auch die Einbettung kritischer Urteile in eigene literarische Texte, z. B. als Parodie oder Persiflage von Werken der Konkurrenz, des Weiteren in Essays, Vorworten, Manifesten oder in Streitschriften. Ein wichtiges Charakteristikum literaturkritischer Äußerungen ist schließlich – neben konventionsbedingten Gattungsmerkmalen oder stilistischen Qualitäten – der Anteil des subjektiven literarischen Geschmacks an der ästhetischen Beurteilung eines Textes, was in Deutschland (nicht so in Frankreich!) zu einer gewissen Reserviertheit des universitären Milieus geführt hat.

Aufgabe 2.11 |

? Weshalb enthielten Poetiken kritische Betrachtungen der literarischen Werke ihrer Zeit?

Aufgabe 2.12 |

? Warum gilt die Auseinandersetzung mit zeitgenössischen literarischen Texten oftmals als ‚unwissenschaftlich‘, so dass sie bis in die zweite Hälfte des 20. Jh. in der akademischen Forschung und Lehre gemieden wurde?

2.6 | Kanon

! Ein Kanon verzeichnet überlieferungswürdige Werke

Eine wichtige Funktion, die ergänzend zu den bereits genannten von Poetiken und Literaturgeschichten gleichermaßen übernommen wird, ist ihr Beitrag zur Bildung eines Kanons. Unter Kanon versteht man dabei eine Zusammenstellung der wichtigen Werke für einen bestimmten Bereich, z. B. die ‚schöne‘ Literatur, durch die kompetenten Meinungsträger. Als Vorbild dienen die ‚kanonischen‘ Texte des Alten und des Neuen Testamentes, d. h. jene Texte, die im Gegensatz zu den sog. apokryphen Schriften in die Bibel aufgenommen wurden.

Die Kanonbildung hängt direkt vom Literaturverständnis einer ausschlaggebenden Trägergruppe ab, die ein Urteil über Wert und Unwert literarischer Texte fällt und unter ihnen diejenigen herausgreift, welche in Hinblick auf Form und Gehalt als mustergültig, als literaturgeschichtliche Meilensteine und von zeitloser Bedeutung gelten. Die dadurch zustande kommende Auswahl vereint daher die im weiteren Sinne gerne als ‚Klassiker‘ einer Epoche bezeichneten Texte.

? Überlegen Sie, welche möglichen Meinungsträger, d. h. Gruppen oder Institutionen, maßgeblich an der Bildung eines Kanons beteiligt sein können. |Aufgabe 2.13

Zu bedenken ist auch in diesem Zusammenhang wieder die Zeitgebundenheit der Kanones (Plural von ‚Kanon‘) und die gleichzeitige Existenz mehrerer rivalisierender Kanones.

Im Zuge des kulturgeschichtlichen Wandels, der sich auch in der Veränderung der an der Kanonbildung beteiligten Gruppen spiegelt, werden Texte letztendlich daran gemessen, ob sie eine wie auch immer geartete Aussagekraft – und sei es nur im Sinne der literaturgeschichtlichen Tradition – besitzen. Kanonbildung ist demnach ein besonders eingängiges Phänomen der literarischen Rezeption, wobei mit der Auswahl bevorzugter Texte gleichzeitig ihre Auslegung in weiten Teilen festgelegt wird (‚Deutungskanon‘).

|Abb. 2.8

Klio, die Muse der Geschichte

Deutungskanon

? Welche äußeren Faktoren könnten im 20. Jh. auf deutscher Seite die Kanonbildung zur französischen Literatur beeinflusst haben? |Aufgabe 2.14

? Inwiefern greifen die oben vorgestellten Poetiken der französischen Klassik auf ihre antiken Vorgänger von Aristoteles und Horaz zurück? |Aufgabe 2.15

? Wer beschäftigt sich in der Gegenwart beschreibend und wertend mit der Literatur? |Aufgabe 2.16

? In welcher Form kommen Studierende der Literaturwissenschaft heute mit Kanones der französischen Literatur in Berührung? |Aufgabe 2.17

Die Bestimmungen, was Literatur ist, nach welchen Gesetzmäßigkeiten sie funktioniert oder zu funktionieren habe, welche Kriterien über ihren Wert entscheiden und in welche traditionsbildenden Zusammenhänge sie einzuordnen ist, hat seit jeher die kritische Auseinandersetzung mit ihr geprägt und wurde zu unterschiedlichen Zeitpunkten | Zusammenfassung unter den sich wandelnden sozio-kulturellen Rahmenbedingungen unterschiedlich beantwortet. Nur die Kenntnis der historischen Stufen dieses Meinungsbildungsprozesses erlaubt es, die einzelnen literarischen Texte auch angemessen hinsichtlich ihrer Einordnung in gattungs- und epochenspezifische Kontexte zu beurteilen und die schwierige Frage nach ihrem ästhetischen Wert, ihren formalen wie inhaltlichen Besonderheiten und ihrer Bedeutung für das zeitgenössische Publikum oder spätere Generationen zu beantworten.

Literatur

Aristoteles: *Poetik*. Hg. Manfred Fuhrmann. Stuttgart: Reclam ²1994.

Joachim du Bellay: *La Deffence et Illustration de la Langue Françoyse*. Genève: Slatkine Reprints 1972 (o. S.; zitiert in moderner Schreibweise).

Nicolas Boileau: *L'Art poétique*. Hg. August Buck. München: Fink 1970.

Johann Wolfgang v. Goethe: *West-östlicher Diwan*, in: *Werke*. Band II. Hg. Erich Trunz. München: C. H. Beck ¹¹1978, 7–270.

Victor Hugo: *Cromwell*, in: *Théâtre complet*. Band I. Paris: Gallimard (Pléiade) 1963, 405–952.

Pierre Ronsard: *Le premier livre des sonnets pour Hélène*, in: *Œuvres complètes*. Band I. Paris: Gallimard (Pléiade) 1993, 339–375.

Literaturwissenschaftliches Arbeiten

Nachdem in der vorangegangenen Einheit mit der Literaturgeschichtsschreibung und der Literaturkritik bereits zwei wichtige Aufgabengebiete des literaturwissenschaftlichen Arbeitens angesprochen wurden, soll in der nun folgenden Einheit nach den möglichen Tätigkeitsbereichen gefragt werden, die sich im Anschluss an einen BA- oder MA-Studienabschluss für die Absolventinnen und Absolventen eröffnen. Ein wesentlicher Gesichtspunkt für die professionelle Auseinandersetzung mit der Literatur ist in diesem Zusammenhang das zu klärende Kriterium der Wissenschaftlichkeit. Hinzu kommt eine Reihe sog. Schlüsselqualifikationen, die während des Studiums erworben werden sollen und welche die Kern-Kompetenzen der literaturwissenschaftlichen Ausbildung ergänzen.

Nach diesem allgemeinen Überblick kann in einem zweiten Abschnitt auf die für das Studium relevanten Arbeitstechniken eingegangen werden, etwa die Literaturrecherche, das Verfassen einer wissenschaftlichen Hausarbeit oder die Benutzung bibliographischer Hilfsmittel.

Überblick

3.1 | Bachelor- und Master-Studiengänge

Abb. 3.1 |

Der mittelalterliche Bakkalaureus als Vorläufer des modernen Bachelor-Grades; hier: mittelalterliche Vorlesung

Bachelor-Studiengänge sind grundständige Studiengänge, die nach Erwerb der Hochschulreife (allgemeine Hochschulreife, einschlägige Fachhochschulreife oder gleichwertiger ausländischer Schulabschluss) unter von der jeweiligen Hochschule bestimmten Voraussetzungen (ggf. Aufnahmebeschränkungen) besucht werden können. Sie schließen mit dem ersten erreichbaren akademischen Grad, dem Bachelor (Bachelor of Arts, BA, oder Bachelor of Science, BSc), der als eigenständiger Hochschulabschluss den Eintritt in das Berufsleben ermöglicht. Alternativ kann auf das Bachelor-Studium ein geeignetes Master-Studium folgen, das mit dem Master of Arts (MA) oder Master of Science (MSc) abgeschlossen werden kann.

Masterstudium

Weltweit existiert eine Vielzahl von Bachelor- und Masterstudiengängen, die sich jedoch in Hinblick auf die Studieninhalte, den Aufbau und Umfang des Studiengangs stark voneinander unterscheiden. Dies ist durchaus beabsichtigt, da sie von vornherein eine größere Spezialisierung in der Ausbildung gewährleisten sollen. Gemeinsam ist ihnen der Grundsatz der Modularisierung, d. h. der Einteilung des Studiengangs in mehrere zusammenhängende Blöcke, die nach ihrer Absolvierung einen leichteren Wechsel in vergleichbare Studiengänge an anderen Hochschulstandorten erlauben sollen. Dem gleichen Ziel dient das European Credit Transfer System (ECTS), das zu europaweit ähnlichen Leistungsanforderungen und international anerkannten Studienabschlüssen führen soll. Im Zuge des sog. Bologna-Prozesses sollen die Studiengänge in Deutschland bis 2010 auf das zweistufige BA/MA-System umgestellt werden.

Modularisierung

ECTS-Punkte

Wissen und Kompetenzen

Im Bereich der Romanistik gibt es im deutschen Sprachraum bereits eine große Anzahl von Bachelor- und Master-Studiengängen. Den Bachelor-Studiengängen kommt dabei die Aufgabe zu, die grundlegenden Kompetenzen im Rahmen des Fachbereichs zu vermitteln, welche dann in der beruflichen Tätigkeit oder der Weiterführung eines Master-Studiengangs je nach Ausrichtung eine Erweiterung und/oder Spezialisierung erfahren. Für die Studierenden geht es – abgesehen von der grundlegenden fremdsprachlichen Kompetenz! – einerseits um den Erwerb fachspezifischen Wissens, so auf den Gebieten der Literatur- (und Kultur-)Geschichte, der Landeskunde, der Sprachwissenschaft, andererseits um das Erlangen maßgeblicher *Kompetenzen*, die als praktische Fähigkeiten zur Anwendung von Wissensinhalten definiert sind. Für die franko-romanistische Literaturwissenschaft, in die der vorliegende Band einführt, stehen folgende Kompetenzen im Vordergrund:

► eine kritisch-wissenschaftliche Lesehaltung und die objektivierbare Beurteilung der Literarizität eines Textes;
► das Einordnen von literarischen Texten in literaturgeschichtliche Kategorien und Zusammenhänge;
► die Beherrschung der zentralen wissenschaftlichen Arbeitstechniken und die Fähigkeit zur selbständigen Abfassung von wissenschaftlichen Arbeiten/Referaten;
► die Fähigkeit, lyrische, dramatische, narrative und andere Texte unter Verwendung der spezifischen Kategorien und Techniken zu analysieren;
► die Anwendung von literaturtheoretischen Modellen, Ansätzen und Methoden für die Interpretation von literarischen Texten;
► die Ausweitung der kritischen Analyse auf die verschiedenen medialen Repräsentationsformen von literarischen und nicht-literarischen Texten.

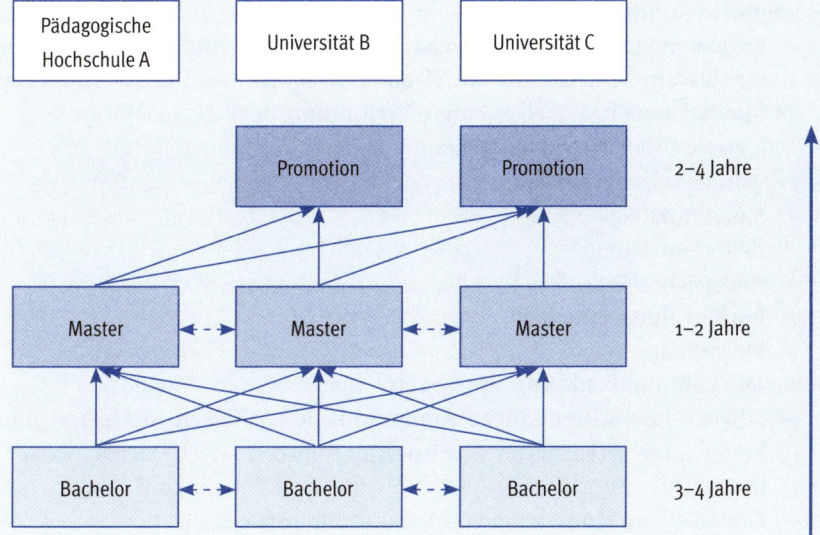

| Abb. 3.2

Kombinierbarkeit von Studiengängen im Bologna-System

Zu den genannten Kernkompetenzen des Studiengangs kommen im Weiteren noch sog. Schlüsselqualifikationen (oder Schlüsselkompetenzen, Kernkompetenzen, *soft skills*) hinzu, die allgemeine, nicht-fachspezifische Fähigkeiten umfassen, die im Verlauf des Studiums vermittelt werden. Gerade den Absolventen geisteswissenschaftlicher Studiengänge werden auf diesem Gebiet gerne höhere Fertigkeiten zugesprochen als ihren naturwissenschaftlichen

Schlüssel-
qualifikationen

Abb. 3.3|
Mancher Schlüssel
öffnet viele Türen

Kollegen, wobei es sich jedoch um ein Klischee handelt, das von der im Umbruch befindlichen Hochschullandschaft bereits widerlegt wird. Nichtsdestotrotz ist der Erwerb von Schlüsselkompetenzen vor allem für Geisteswissenschaftler von besonderer Bedeutung, da von ihnen oftmals eine hohe Bereitschaft zur Einarbeitung in berufliche Fachgebiete verlangt wird, die nicht unbedingt auf der direkten Linie ihres ursprünglichen Ausbildungsweges liegen.

Zu den Schlüsselqualifikationen zählen unter anderem:

Allgemeinwissen, Grundtechniken
► allgemeines Basiswissen und Arbeitstechniken
  – Allgemeinbildung
  – EDV-Kenntnisse
  – Präsentationstechniken
  – Lerntechniken
  – Zeitmanagement

Verstehen
► kognitive Kompetenzen
  – Erkennen von Zusammenhängen (z. B. die rasche und bündige Zusammenfassung von Texten) und Transferfähigkeit, v. a. Praxisvermittlung (didaktisierte bzw. zielgerichtete Vermittlung des eigenen Wissens)
  – logisches und abstraktes Denken

Persönlichkeit
► Persönlichkeitsmerkmale
  – Eigeninitiative
  – Zielorientierung
  – Selbstsicherheit
  – Entscheidungsfähigkeit
  – Flexibilität

Kommunikation
► soziale/kommunikative Kompetenzen
  – schriftliche und mündliche Kommunikationsfähigkeit in Mutter- und Fremdsprache (versierter Ausdruck im Rahmen verschiedener Textsorten)
  – Fähigkeit zur Moderation von Veranstaltungsrunden
  – Selbstmarketing (vorteilhafte Selbstdarstellung)
  – Teamfähigkeit
  – Konflikt- und Kritikfähigkeit
  – Durchsetzungsfähigkeit

Über den Katalog der wichtigsten Schlüsselqualifikationen wird unter der Vielzahl der kursierenden Vorstellungen keine einhellige Meinung zu erzielen sein. Zugleich verdeutlicht die oben stehende Liste, dass viele der Fähigkeiten zwar über eine gezielte Didaktisierung des Hochschulunterrichts gefördert werden können (z. B. Bildung von Arbeitsgruppen, Einübung von Präsentations- und Moderationstechniken, anwendungsorientierte Übungsaufgaben), sie aber gleichzeitig immer in Abhängigkeit von der charakterlichen Anlage der Person zu sehen sind, der es nicht zuletzt selbst obliegt, ihre Eigenschaften und Qualitäten zu schulen.

Arbeitsfelder für Literaturwissenschaftlerinnen und Literaturwissenschaftler

|3.2

Nach dem erfolgreichen Abschluss eines Bachelor-Studiums der Franko-Romanistik (bzw. der Französischen Studien oder entsprechender anderer Studiengangsbezeichnungen) stehen den Absolventinnen und Absolventen prinzipiell vielseitige Orientierungsmöglichkeiten offen. Dabei ist jeweils zu beachten, ob ein direkter Berufseinstieg möglich ist oder ob noch eine zusätzliche Weiterqualifikation, z. B. in Form eines spezialisierten Master-Studiums benötigt wird. Ausschlaggebend ist das inhaltliche Anforderungsprofil der jeweiligen Tätigkeit (Stellenbeschreibung) bzw. der geforderte Grad des akademischen Abschlusses, häufig auch die vorberufliche Praxiserfahrung, die bei Praktika oder Volontariaten gesammelt wurde.

Praktikum und Volontariat

Abgesehen von der Möglichkeit eines nicht studienspezifischen Quereinstiegs zeichnen sich in erster Linie folgende Tätigkeitsfelder ab:

► Forschung
In diesem Bereich ist ein Aufbaustudium in Form eines Master- und meist auch eines anschließenden Promotionsstudiengangs Voraussetzung.

► Bildung
Voraussetzung für die Ausübung des Lehrberufs an staatlichen Schulen ist die Umstellung der Lehramtsstudiengänge auf ein zweistufiges BA- und MA-Studium. Auf dem Bildungssektor findet sich sonst lediglich der private Bereich der Erwachsenenbildung (z. B. Volkshochschulkurse), der Schülerbetreuung oder die Einstellung an einer Privatschule. Erfahrungen in der Erwachsenenbildung ermöglichen ferner die Übernahme von Aufgaben der innerbetrieblichen Weiterbildung (z. B. die Vermittlung der oben genannten Schlüsselqualifikationen).

► Übersetzerdienste
Neben der Vermittlung von Sprachkenntnissen oder Schlüsselqualifikationen können sprachpraktische Kompetenzen für Übersetzungstätigkeiten in unterschiedlichsten beruflichen Kontexten genutzt werden. Wiederum gilt, dass ohne qualifizierende Zusatzausbildung bzw. vorberufliches Engagement nur schwer eine Anstellung zu finden sein wird. Vor allem der Bereich

des Dolmetschens bedarf unbedingt einer intensiven zusätzlichen Schulung.

► Archive, Bibliotheks- und Verlagswesen, Buchhandel
Der Bachelorgrad kann auf diesem Sektor als Vorstufe für eine Lehre oder eine spezialisierte Master-Ausbildung dienen. Auch Praktika oder Volontariate können den Berufseinstieg nach dem Bachelor ermöglichen.

► Journalismus
Analog zum letztgenannten Punkt gilt, dass eine über den Bachelorgrad hinausführende spezielle Qualifizierung in der Regel unerlässlich ist.

► Kulturabteilungen
Eine Vielzahl von öffentlichen oder privatrechtlichen Institutionen leistet sich auch heute noch spezielle Kulturabteilungen, die ein breites Spektrum an Betätigungsfeldern bieten. Zu denken ist an die Kulturabteilungen der Verwaltungen auf kommunaler, Landkreis-, Landes- oder Bundesebene (Kultus-/Bildungsministerium). Zahlreiche Stiftungen beschäftigen spezialisierte Geisteswissenschaftler, ebenso die Abteilungen für Kultur- und Öffentlichkeitsarbeit großer Konzerne.

Planungsunsicherheit So groß und abwechslungsreich das Angebot der möglichen beruflichen Tätigkeiten für Bachelor- bzw. Master-Absolventen erscheinen mag, so wenig kann der Studierende letztendlich den genauen Verlauf seiner Karriere kontrollieren. Die Arbeitsmarktsituation ist zu unwägbar geworden, als dass Garantien möglich wären. Dennoch ist eine genaue Planung des Studienverlaufs und der begleitenden anderen Formen von Aus- bzw. Weiterbildung unerlässlich: Je früher Studierende sich ein geschärftes Ausbildungsprofil zulegen, desto aussichtsreicher sind die Chancen für den Erfolg im anvisierten Berufsfeld. **Notwendigkeit der Spezialisierung** Die Gestaltungsmöglichkeiten reichen dabei von der Auswahl des Bachelorstudienfaches (bzw. der Fachkombination aus Haupt- und Nebenfach) über die Kombination der möglichen Module, das Engagement in Praktika, Volontariaten, studentischen oder akademischen Programmen und sonstigen ehrenamtlichen Tätigkeiten bis zur Spezialisierung in einem Master-Studiengang.

Daraus folgt im Besonderen für die Entscheidung, sich in einen literaturwissenschaftlichen Bachelor- oder Masterstudiengang der Franko-Romanistik einzuschreiben, dass die Studierenden unbedingt ein ausgeprägtes Interesse an der Sprache und Kultur Frankreichs aufweisen sollen, dass sie außerdem gerne und *viel* lesen (was leider nicht immer der Fall ist …) und dass sie die nötige Motivation und Fähigkeit zu selbständigem, teilweise ausdauerndem Arbeiten mitbringen.

Internet-Adressen zur Berufsorientierung auf www.bachelor-wissen.de

46

Zum Wissenschaftsbegriff der Geisteswissenschaften

|**3.3**

Ein jeder und eine jede, die ein literaturwissenschaftliches Studium beginnen, vor allem wenn dieses nicht auf eine Karriere im staatlichen Schuldienst abzielt, sieht sich früher oder später einem gewissen Rechtfertigungsdruck ausgesetzt. Die berufliche Ungewissheit im Verbund mit oftmals schlechter Bezahlung wird noch ergänzt durch das gängige Vorurteil, die Beschäftigung mit Literatur sei aus gesamtgesellschaftlicher Sicht mehr oder minder überflüssig, ein Luxus für Schöngeister, die lediglich klug über Phantasiegebilde daherzureden wüssten. Hinter dieser Fehleinschätzung verbirgt sich zunächst eine eklatante Unkenntnis über die Studieninhalte und v. a. die im Studium erworbenen Kompetenzen. Darüber hinaus spiegelt sie allerdings ein noch viel tiefer reichendes Problem: die naive Gleichsetzung von ‚Wissenschaftlichkeit‘ mit den ‚Naturwissenschaften‘.

Rechtfertigungsdruck

‚Natur‘ vs. Geistes-tätigkeit

Intersubjektivität

Doch auch, wenn sich nicht experimentell ‚beweisen‘ lässt, dass der mittelalterliche Ritterroman mit einem Wandel der sozio-kulturellen Gegebenheiten in Einklang steht oder dass eine Erzählung von Nathalie Sarraute ein neuartiges Bild auf die zwischenmenschlichen Beziehungen wirft, so können die beiden genannten Thesen doch im Rahmen der literaturwissenschaftlichen Methodik belegt werden, und zwar im Sinne einer plausiblen Argumentation, die von anderen Kennern der Materie in der Diskussion ernst genommen werden kann (Intersubjektivität).

Der Begriff der Geisteswissenschaften auf www.bachelor-wissen.de

Insofern haben die Geisteswissenschaften Teil an einem allgemeinen Wissenschaftsbegriff, der mit folgenden Kriterien umrissen werden kann:

► die systematische Ordnung von Erkenntnissen auf einem bestimmten Gebiet, die in ihrem Aufbau den Gesetzen der Logik entspricht und auf der ein Lehrgebäude errichtet werden kann;

► die Verwendung einer wissenschaftlichen Fachsprache, deren genau definierte Terminologie eine eindeutige Beschreibung der untersuchten Gegenstände erlaubt;

► die Formulierung von rational begründbaren Thesen (Vermutungen), welche mit den bisherigen (am besten: gesicherten) Erkenntnissen des Wissensgebietes in einen systematischen Zusammenhang gebracht werden können, d. h. mit einer Theorie (wissenschaftlichen Modellen) erklärt werden können;

► die intersubjektive Stichhaltigkeit von Thesen und Theorien, d. h. ihre Nachvollziehbarkeit und rationale Überprüfbarkeit von Seiten kompetenter anderer Wissenschaftler, welche die gleiche Ansicht teilen – Wissenschaft lebt deshalb von der kritischen Diskussion, welche Thesen stützt oder verwirft.

Aufgabe 3.1**?** Verschaffen Sie sich anhand eines Vorlesungsverzeichnisses oder der Internet-Präsentation der von Ihnen besuchten (oder in Zukunft zu besuchenden) Universität einen Überblick über die Fachbereiche bzw. Fakultäten. Welche Disziplinen werden gelehrt, wie werden sie gruppiert?

3.4 | Wissenschaftliche Hilfsmittel

Für die konkrete literaturwissenschaftliche Arbeit während des Studiums und danach steht eine unüberschaubare Zahl von Hilfsmitteln in Form von gedruckten oder digitalen Publikationen zur Verfügung, deren Gebrauch nicht nur das Verständnis, die Einschätzung und Interpretation literarischer Texte erleichtert, sondern mitunter erst ermöglicht. Die folgende Übersicht dient lediglich einer ersten Orientierung und muss nach und nach ausgeweitet und individuell angepasst werden.

Primärtexte   Das Untersuchungsobjekt liegt dem Literaturwissenschaftler heute, da sehr viele Texte durch die Arbeit früherer Forschergenerationen erschlossen sind, meist in Gestalt gedruckter, zuverlässiger Ausgaben vor. Insbesondere bei älteren Werken, die mitunter bruchstückhaft oder in verschiedenen Manuskriptfassungen überliefert wurden, bedurfte es hierfür der sog. *Textkritik*, die nach Sichtung der Fassungen und kritischem Vergleich sowie unter Rückgriff auf die Überlieferungs- und Rezeptionsgeschichte eine verlässliche Ausgabe erstellt und sämtliche Varianten in dem sog. kritischen Apparat festhält. Eine solche umfassende Referenzausgabe für alle wissenschaftlichen Zwecke, die freilich für eine einfache Lektüre schon aufgrund des Umfangs nicht sehr geeignet ist, heißt *historisch-kritische Ausgabe*. Eine Stufe schlichter ist die sog. *Studienausgabe*, die aber immer noch wissenschaftlich exakt ist, über die Quelle der abgedruckten Textfassung Rechenschaft ablegt und ausführliche Kommentare und ergänzende Informationen zu Entstehung und Rezeption bietet. Wie der Name andeutet, sind solche Ausgaben für das Studium angezeigt. Einfache *Leseausgaben* drucken lediglich eine Fassung des literarischen Textes ab, evtl. versehen mit einem Vor- oder Nachwort und gelegentlichen Anmerkungen. Solche Ausgaben sind allein normalerweise nur für eine erste Lektüre, nicht für die Arbeit am Text empfehlenswert, insbesondere nicht bei älteren oder sehr stark erforschten Texten. Bei neuerer Literatur stehen allerdings naturgemäß oft nur Leseausgaben zur Verfügung. Wichtige Primärtextreihen zur französischen Literatur sind die folgenden:

▶ Die *Bibliothèque de la Pléiade* bietet die Gesamtwerke der ‚großen‘ französischen Autoren in teuer aufgemachten, aber (was natürlich wichtiger ist) auch sehr zuverlässigen kritischen Ausgaben mit umfangreichen Quellen- und Kontextinformationen. Die ‚Pléiade‘ ist für die kanonischen Autoren *die* Referenzausgabe.

Textkritik

Historisch-kritische Ausgaben

Studienausgaben

Leseausgaben

Bekannte Primärtextreihen

► Ebenfalls mit kritischem Apparat versehene Studienausgaben finden sich in den *Textes littéraires français* (Droz) und den Ausgaben der *Société des textes français modernes* (Hachette), die entgegen dem Reihentitel größtenteils älteren Datums sind.

► Erschwingliche und immer noch gut mit Varianten und Anmerkungen versehene Ausgaben bieten die *Classiques Garnier*.

► Unter den Leseausgaben gehört der erste Platz den wie die ‚Pléiade' bei Gallimard erscheinenden *folio*-Bänden, die bis auf wenige Ausnahmen wenig mehr als den Text bieten, mit denen man aber auf preisgünstigem Weg einen großen Teil der französischen Literatur in die eigene Bibliothek holen kann.

► Eine beträchtliche Zahl kanonischer Texte der französischen Literatur sind online als Volltexte verfügbar, die man herunterladen und durchsuchen kann, was je nach Untersuchungsziel sehr hilfreich bis unentbehrlich sein kann. Ein Verzeichnis von Online-Volltexten findet sich im Portal Athena unter *http://un2sg4.unige.ch/athena/html/francaut.html*. Auch die Pariser *Bibliothèque Nationale* stellt einen nennenswerten Teil ihres Bestandes online unter *http://gallica.bnf.fr* zur Verfügung, zwar häufig als faksimilierte (nicht durchsuch- oder kopierbare) Dateien, dafür von älteren, nicht immer anderweitig erhältlichen Ausgaben.

Online-Primärtext-Ressourcen

► Das Laboratoire ATILF (*Analyse et traitement informatique de la langue française*) stellt eine noch größere und ständig wachsende Zahl französischer Primärtexte in der Datenbank FRANTEXT zur Volltextsuche (nicht zum Download) zur Verfügung. Der Zugang über *http://www.frantext.fr/noncateg.htm* ist beschränkt; erkundigen Sie sich bei der Bibliothek Ihrer Hochschule, ob ein Abonnement besteht oder regen Sie ggf. ein solches an.

Der Gebrauch von Übersetzungen ist, zumal bei eingeschränkter Kenntnis des Französischen zu Beginn des Studiums, legitim, wenn sie nur als Verständnishilfe benutzt werden und berücksichtigt wird, dass Übersetzungen immer eine signifikante (auch inhaltliche) Abweichung vom Original, schlimmstenfalls eine entstellende Interpretation desselben mit sich bringen. Bei literaturwissenschaftlichen Arbeiten ist der Rekurs auf eine Originalausgabe unumgänglich und Übersetzungen sind nicht zitierfähig (es sei denn, es geht um Fragestellungen zu Übersetzung und Rezeption eines Werks).

Übersetzungen

Das erste Interesse gilt bei einem literarischen Werk natürlich dem Primärverständnis des Wortlauts. Hierfür gibt es eine Reihe von einsprachigen Wörterbüchern der französischen Sprache, die lexikographisch außerordentlich gut erschlossen ist:

Wörterbücher

► Der erste Griff eines Studierenden der Romanistik geht üblicherweise zum *Petit Robert*, und das mit Recht. Dieses Wörterbuch des Gegenwartsfranzösischen, das aber auch ältere Sprachstufen in Maßen berücksichtigt, sollte man immer verfügbar haben, das heißt: selbst besitzen.

► Das *Dictionnaire de l'Académie française* ist deren Prestigeprojekt, altehrwürdig und der Institution gemäß eher konservativ, obgleich seit der Erstausgabe von 1694 natürlich immer wieder vollständig überarbeitet; im Moment ist man bei der 9. Ausgabe. Verschiedene Ausgaben stehen online auf den Seiten des Laboratoire ATILF (siehe oben) frei zur Verfügung (*http://atilf.atilf.fr*).

► Für ältere Sprachstufen sind zeitgenössische Wörterbücher mitunter am hilfreichsten, z. B. Antoine Furetière: *Dictionnaire universel*, 1690 (Nachdruck 1978) oder Emile Littré: *Dictionnaire de la langue française*. 5 Bände, 1863ff. (moderne Fassung 7 Bände, 1956ff.). Es gibt aber auch spätere Wörterbücher zu alten Sprachstufen, etwa Edmond Huguet: *Dictionnaire de la langue française du XVIe siècle*. 7 Bände, 1925ff., das seit 2005 auch als (zugriffsbeschränkte) Online-Ressource zur Verfügung steht.

Enzyklopädien

Geht es nicht um rein sprachliche Verständnisprobleme, sondern um fehlende Hintergrundinformationen allgemeiner Art, so ist zunächst ein Blick in enzyklopädische Nachschlagewerke angezeigt, zum Beispiel:

► Das *Grand Dictionnaire Encyclopédique Larousse*, 10 Bände, erschienen 1982, die *Encyclopaedia Universalis*, 20 Bände, 1977 bzw. 6 CD-ROMs (2002) oder der deutsche *Brockhaus*.

► Je nach Untersuchungsobjekt bieten sich hier auch historische Enzyklopädien an, die den Wissenskontext vergangener Epochen beleuchten können (teils aber auch noch brauchbare Informationen ‚erster Ordnung' bieten, die in modernen Enzyklopädien durch neue Schwerpunkte u. ä. verdrängt wurden). Hier sei nur die prominenteste genannt, die *Encyclopédie ou Dictionnaire raisonné des Sciences, des Arts et des Métiers* (35 Bände, ersch. 1751ff.), *das* enzyklopädische Wörterbuch (und intellektuelle Speerspitze) der französischen Aufklärung. Sie steht auch online auf den Seiten des Laboratoire ATILF (*http://atilf.atilf.fr*) zur Verfügung.

Enzyklopädien sind, außer im erwähnten Fall historischen Interesses, normalerweise wirklich nur für Hintergrundinformationen und zur Orientierung verwendbar. Für detailliertere Informationen zu bestimmten Teilbereichen (wie antike Mythologie, Philosophie, Theologie usw.), die je nach Text große Relevanz besitzen können, stehen Fachlexika der Hilfswissenschaften zur Verfügung, die Sie zumindest in den entsprechenden Institutsbibliotheken finden können. Eigentlich literaturwissenschaftliche Informationen (etwa zu Werken, Autoren, Gattungen) sollten unbedingt aus entsprechender Fachliteratur und keinesfalls aus allgemeinen Enzyklopädien bezogen werden. Dazu gehören beispielsweise literarische Lexika, die überblicksartig und mit demge-

Fachlexika der Hilfswissenschaften

! Enzyklopädien nicht für Fachfragen benutzen

mäß geringer wissenschaftlicher Detailschärfe Informationen zu literarischen Texten bieten:

▶ *Kindlers Neues Literaturlexikon.* 22 Bände, 1996ff. (auch auf CD-ROM verfügbar), bietet zu Tausenden von Werken der Weltliteratur Inhaltsangaben, Kontextualisierung (Bezüge, Rezeption, Forschung), Primärtextausgaben, Übersetzungen, Verfilmungen und einige einschlägige Sekundärliteraturangaben.

Literarische Lexika

▶ Jean-Pierre de Beaumarchais/Daniel Couty: *Dictionnaire des Œuvres littéraires de langue française.* 4 Bände, 1994ff., ist dem *Kindler* nicht unähnlich, etwas sparsamer, dafür auf die französischsprachige Literatur spezialisiert.

Zum Zwecke der Orientierung, weniger zu einzelnen Werken als zu geschichtlichen, sozialen und literarästhetischen Kontexten, sind literaturgeschichtliche Darstellungen hilfreich, beispielsweise:

▶ Pierre Abraham/Roland Desné: *Histoire littéraire de la France.* 12 Bände. Paris 1973ff.

Literaturgeschichten

▶ Erich Köhler: *Vorlesungen zur Geschichte der französischen Literatur.* 11 Bände. Stuttgart 1983ff.

▶ Jürgen Grimm (Hg.): *Französische Literaturgeschichte.* Stuttgart/Weimar ⁵2006.

▶ Neben vielen anderen Gesamtdarstellungen unterschiedlicher Ausrichtung gibt es zahllose monographische Epochendarstellungen, die je nach Einzelfall vertiefte Kontextinformationen bieten.

? Konsultieren Sie zu einem französischen literarischen Text, den Sie, wenn möglich, aus eigener Lektüre kennen, ein literarisches Lexikon wie den ‚Kindler‘ und eine Literaturgeschichte wie die von Jürgen Grimm herausgegebene. Zu welchen Aspekten des Textes erhalten Sie dort jeweils Informationen? Vergleichen Sie diese mit dem Textwissen, das Sie aus Ihrer Lektüre besitzen.

| Aufgabe 3.2

Ein einzelnes literarisches Werk steht nicht nur in einem bestimmten epochalen Kontext, über den Überblicks-Literaturgeschichten Auskunft geben, sondern ist meist auch Teil einer thematischen Tradition, die eine (oft über die konstruierten Grenzen von Nationalliteraturen hinwegreichende) eigene Geschichte innerhalb der Literaturgeschichte bilden kann. Über sie informiert man sich in stoff- und themengeschichtlichen Nachschlagewerken wie:

▶ Robert Laffont/Valentino Bompiani: *Dictionnaire des personnages littéraires et dramatiques de tous les temps et de tous les pays.* Neuausgabe 7 Bände. Paris 1999.

Stoff- und themengeschichtliche Wörterbücher

▶ Die von der Komparatistin Elisabeth Frenzel erstellten Handbücher *Stoffe der Weltliteratur* (¹⁰2005) und *Motive der Weltliteratur* (⁵1999).

Stellen sich im wissenschaftlichen Umgang mit literarischen Texten dann Fragen zur Fachterminologie, zu (Gattungs-, Epochen-, Werk-)Konzepten sowie Theorien und Methoden der Literaturwissenschaft, so bieten Fachwörterbücher schnelle Orientierung – neben vielen anderen etwa die folgenden bekanntesten Vertreter:

Literaturwissenschaftliche Wörterbücher ► Rainer Hess/Gustav Siebenmann/Tilbert Stegmann: *Literaturwissenschaftliches Wörterbuch für Romanisten* (LWR). Tübingen/Basel ⁴2003. Das Werk bietet v. a. Epochen- und Gattungsübersichten zu den romanischen Literaturen und ist hierfür erste Wahl der Romanistik-Studenten.

► Gero von Wilpert: *Sachwörterbuch der Literatur*. Stuttgart ⁸2001. Ein ‚klassisches‘ allgemeines Nachschlagewerk, brauchbar trotz der überwiegend germanistischen Ausrichtung.

► Zu literaturtheoretischen und methodischen Fragen bietet das von Ansgar Nünning herausgegebene *Metzler-Lexikon Literatur- und Kulturtheorie*. Stuttgart/Weimar ³2004, prägnante Kurzdarstellungen zu allen gängigen Konzepten und wichtigen Personen der Methodendebatten mit Verweisen auf Grundlagentexte.

Suche nach Sekundärliteratur: Bibliographieren Allen genannten Informationsquellen ist gemeinsam, dass sie erste Orientierung und Überblick bieten. Für eine adäquate Beschäftigung mit und Teilnahme an Forschungsdebatten sind sie zu oberflächlich und sollten daher auch in Aufsätzen und Seminararbeiten (siehe unten) nicht oder sehr sparsam zitiert werden. Eine Ermittlung und Sichtung der speziellen Sekundärliteratur zum jeweiligen Thema ist daher unerlässlich. Die unüberschaubare Zahl von Fachpublikationen macht es erforderlich, mit System nach einschlägigen Arbeiten zu suchen, zu *bibliographieren*. Wie kann man hier vorgehen?

Bibliographische Hilfsmittel ► Monographische Publikationen (d. h. ganze Bücher zu einem Thema) kann man über *Online-Bibliothekskataloge* finden, deren wichtigster der *Karlsruher Virtuelle Katalog* (KVK) ist (*www.ubka.uni-karlsruhe.de/kvk.html*). Es handelt sich um einen Meta-Katalog, der nationale wie internationale Bibliotheken durchsucht und die Ergebnisse zusammenstellt. Für eine thematische Suche empfiehlt sich insbesondere das Suchfeld „Schlagwort“, das den Inhalt einer Publikation erfasst, auch wenn der entsprechende Terminus nicht im Titel derselben auftaucht. Es empfiehlt sich, mit diesem Suchkriterium ein wenig zu experimentieren und bei bekannten ‚passenden‘ Publikationen ggf. nachzusehen, unter welchen Schlagworten diese im Katalog rubriziert sind.

Thematische Literaturlisten in entsprechenden Monographien In den gefundenen monographischen Publikationen sind meist weitere Literaturangaben zum Thema. Sie sind zwar u. U. selektiv, dafür aber rasch ermittelt und zudem meist hochgradig relevant für ein Thema. Insbesondere Überblicksdarstellungen jüngeren Datums können eine große Hilfe beim Bibliographieren sein. Auch manche Primärtextausgaben beinhalten brauchbare Bibliographien, jedenfalls für eine erste Einführung in die Forschung zum jeweiligen literarischen Werk.

| Abb. 3.4

Karlsruher Virtueller Katalog

Einen verlässlichen Überblick über die Forschungslage bieten nur Bibliographien, die sowohl Bücher als auch Aufsätze eines Forschungsgebiets verzeichnen. Für die französische Literaturwissenschaft gehören folgende Hilfsmittel zur ersten Wahl:

► Die *Bibliographie der französischen Literaturwissenschaft*, nach ihrem Initiator meist nur ‚der Klapp‘ genannt, verzeichnet seit 1956 jährlich mehrere tausend Fachpublikationen mit genauem Publikationsort und etwaigen Besprechungen (Rezensionen, *compte-rendus*). Sie werden nach Jahrhunderten und Forschungsgebieten geordnet und einzeln fortlaufend nummeriert. Am Ende jedes Jahresbandes befindet sich der sog. *Index rerum*, ein alphabetisches Verzeichnis von Autorennamen (z.B. „Voltaire") und Themengebieten (z.B. „Poetik", „Comédie", „Résistance"), jeweils gefolgt von den Kennziffern der sie betreffenden Publikationen (s. Abb. 3.5).

Will man die Forschungslage zu einem Thema gründlich ermitteln, geht man den Klapp in dieser Weise, angefangen mit dem neuesten Band, Jahr um Jahr zurück.

► Online steht die auf Sprach- und Literaturwissenschaften allgemein ausgerichtete *International Bibliography* der *Modern Language Association* (MLA) zur Verfügung. Sie hat gegenüber dem Klapp den Bequemlichkeitsvorteil

Fachbibliographien

einer differenzierten Suchmaschine über mehrere Jahrgänge, dabei aber den Nachteil einer Konzentration auf amerikanische Forschungsbeiträge. Der Zugriff ist nicht frei, aber über die Hochschule normalerweise möglich – suchen Sie am besten im Bibliothekskatalog Ihrer Universität nach „MLA International Bibliography".

Abb. 3.5|

Im ‚Klapp' (2005) vom thematischen Index zu den relevanten Publikationen am Beispiel des Themas ‚Schweigen'

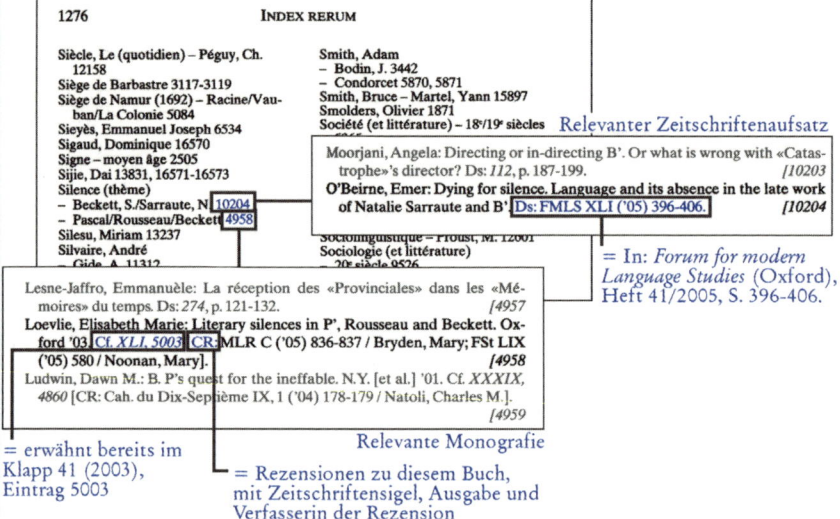

Abb. 3.6|

MLA International Bibliography

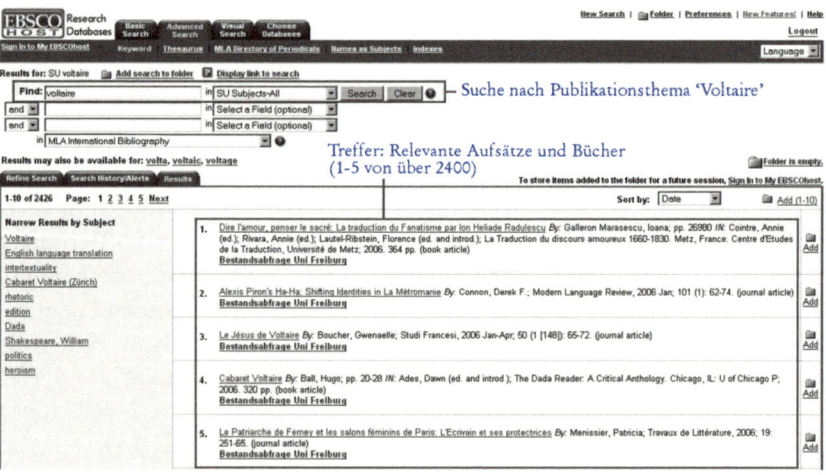

▶ Aufsätze und Zeitschriftenartikel (aber keine Monographien) verzeichnet die fächerübergreifende Datenbank *SwetsWise* (früher *SwetScan*). Der Berichtszeitraum beginnt 1994, ältere Arbeiten werden nicht erfasst. Der Zugang ist, wie bei der MLA, beschränkt, aber auch hier haben die meisten Hochschulen einen Zugang (Suche über „SwetsWise").

➤ Eine beliebte, aber mit allergrößter Vorsicht anzuwendende Methode der Ermittlung von Sekundärliteratur ist die Websuche über Suchmaschinen. Man kann zwar auf Sekundärliteratur stoßen, etwa bei Homepages zu bestimmten Autoren, aber dies in sehr unsystematischer und unsicherer Weise. Der Inhalt von Webseiten selbst sollte als Sekundärliteratur extrem kritisch gelesen und Aussagen über literarische Texte sollten stets auf Plausibilität überprüft werden. *Zitier- und verwendbar sind in der Regel nur Seiten von akademischen Institutionen* wie beispielsweise des Dokumentenservers der Universität Freiburg i. Br. (*www.freidok.uni-freiburg.de*), auf dem nur Arbeiten von Lehrenden, Dissertationen/Habilitationen und ausgewählte studentische Abschlussarbeiten publiziert werden können, deren wissenschaftliches Niveau gesichert ist.

! Vorsicht bei Quellen im Internet

? Beantworten Sie mit Hilfe der genannten literaturwissenschaftlichen Hilfsmittel folgende Fragen:

| Aufgabe 3.3

- Welcher klassische französische Dramatiker hat den Don-Juan-Stoff aufgegriffen? Welche anderen Texte dieser Stofftradition gibt es?
- Von wem wurde der Text *Monsieur Nicolas ou Le cœur humain dévoilé* verfasst? Welcher Gattung wird er zugerechnet? Wie viele Bände hatte die Erstausgabe? Wie lautete der Titel der ersten deutschen Übersetzung?
- In welcher romanistischen Zeitschrift von 1995 finden Sie eine Rezension zu einem Buch über Christine de Pizan?
- Wer oder was ist ein Lai?
- In welchem Gedicht aus Louis Bouilhets *Dernières chansons* (1997) steht der Satz „Amis, je veux me perdre au fond du bois sonore"?
- Ermitteln Sie zwei grundlegende Publikationen zum literaturwissenschaftlichen Forschungsfeld Imagologie.

Arbeitstechniken

| **3.5**

Die wissenschaftliche Auseinandersetzung um Literatur findet normalerweise über schriftliche Forschungsbeiträge statt; selbst die auf einer Tagung präsentierten Vorträge werden, wenn sie als wichtig erachtet werden, üblicherweise anschließend gedruckt. Es ist daher eine zentrale Kompetenz, Techniken und Standards der schriftlichen Darstellung wissenschaftlicher Befunde zu beherrschen, und sie wird aus diesem Grunde auch in Form von Seminararbeiten während eines Philologiestudiums mehrfach trainiert. Die Regeln einer solchen Arbeit entsprechen im Wesentlichen denen, die auch für ‚echte' Forschungsbeiträge (Aufsätze oder Bücher) gelten.

Schriftliche Abhandlung

Ein Aufsatz behandelt ein umgrenztes literaturwissenschaftliches Problem, das in einer klar formulierten Fragestellung und/oder einer oder mehreren

Rahmenvorgaben: Fragestellung/These

Thesen konkretisiert wird. Er richtet sich an einen Fachleser und setzt das entsprechende Grundwissen voraus. Das Thema wird wissenschaftlich abgehandelt (siehe Einheit 3.3), d. h. die getroffenen Feststellungen werden argumentativ hergeleitet sowie nachvollziehbar und überprüfbar gemacht. Hierzu sind durchgehend Verweise auf die untersuchten literarischen Texte, ggf. die theoretischen Prämissen und auf bereits vorliegende Arbeiten (Sekundärliteratur) erforderlich. Letztere dokumentieren den jeweiligen Diskussionsstand, der teils aus kontinuierlicher persönlicher Fachlektüre, gerade am Anfang des Studiums aber meist aus Seminarinhalten und v. a. gezielter bibliographischer Ermittlung (siehe 3.4) bekannt ist.

Wissenschaftlichkeit (Randglosse)

Wahrnehmung von Vorarbeiten (Randglosse)

Vorgehensweise bei der Erarbeitung wissenschaftlicher Aufsätze: Themenfindung (Randglosse)

1. Erster Schritt ist die *Themenfindung*. Bei Hausarbeiten kann man im Seminar behandelte Inhalte aufgreifen oder ausweiten, wissenschaftliche Aufsätze schließen meist an offene Fragen der bisherigen Forschung an oder eröffnen, angestoßen von einer Beobachtung oder einem neuen theoretischen Ansatz, ein neues Forschungsfeld. Das Erkenntnisinteresse (Frage, These) muss in jedem Fall klar formuliert werden.

Bibliographieren (Randglosse)

2. Es wird zum gewählten Thema ausführlich *bibliographiert*. Da die Menge des bereits Publizierten in vielen Fällen zu groß für eine extensive Lektüre ist, kommt der Auswahl der relevanten Sekundärliteratur zentrale Bedeutung zu: Persönliche Sichtung der augenscheinlich passendsten Publikationen (Inhaltsverzeichnis, einzelne Kapitel oder Abschnitte querlesen), Markierung (und bei entliehenen Büchern Fotokopieren) der relevanten Abschnitte.

Lesen und Exzerpieren (Randglosse)

3. *Lesen* und *Exzerpieren* der erhobenen Materialien. ‚Exzerpieren' bedeutet, wichtige Aussagen möglichst im Originalwortlaut, evtl. durch eigene Kommentare ergänzt, und mit genauem Verweis zu notieren, am besten bereits in einer Textverarbeitung mit einer Datei pro Publikation. Die exzerpierten Stellen sollten im Sekundärtext markiert und dieser bis zum Abschluss der Arbeit geordnet zur Verfügung gehalten werden.

Überprüfung der Themenstellung (Randglosse)

4. *Überprüfung* der Themenstellung und Eingrenzung. Sind weitere Klärungen nötig, neue Fragen, Ansätze, Termini usw., die für die Befriedigung des Erkenntnisinteresses unabdingbar sind? Wenn ja, dann nochmals zu Schritt 2.

Gliederung (Randglosse)

5. Nun wird die Arbeit *gegliedert*. Hier ist darauf zu achten, dass jeder Teil bedeutsam für die Fragestellung ist und die Arbeit eine (kausale, hierarchische, logische …) Gedankenführung bekommt, die für den Leser jederzeit transparent ist. Meist formuliert eine Einleitung das Erkenntnisinteresse und ggf. den Forschungsstand, ein großer ‚Hauptteil' (der in der konkreten Arbeit nicht diese Überschrift tragen sollte) beantwortet die gestellte Frage und ein Abschluss resümiert und reflektiert die Ergebnisse, bietet einen verallgemeinernden oder einschränkenden Ausblick oder hält offene Fragen und Aufgaben (sog. *Desiderate*) für weitere Forschungen fest.

6. Für die *Niederschrift* wird es sinnvoll sein, die Exzerptnotizen auf die einzelnen Kapitel und Unterkapitel zu ‚verteilen' (etwa aus den Exzerptdateien in verschiedene Kapiteldateien zu kopieren), so dass jeweils die Grundlage, von der aus man argumentiert, zur Hand ist und Verweise schnell eingefügt werden können.

7. Ein gerne unterschätzter letzter Schritt ist die mehrmalige genaue *Durchsicht* der Arbeit nach Stringenz und Stimmigkeit, Einhaltung wissenschaftlicher Standards, formaler Einheitlichkeit, aber auch Sprache und Stil (an die gerade in philologischen Fächern zu Recht ein hoher Anspruch gerichtet wird) sowie typographischer Korrektheit (Tippfehler, Satzkonventionen).

Niederschrift

Mehrmalige Durchsicht

Zu den wissenschaftlichen Standards wurde oben schon Wesentliches gesagt. Eine besondere Bedeutung kommt hier dem Umgang mit fremden Erkenntnissen zu. Generell ist jeder fremde Gedanke (ausgenommen Allgemeinwissen) als solcher zu kennzeichnen und so mit Quellenangabe zu versehen, dass er vom Leser des Aufsatzes ohne großen Aufwand in der Originalpublikation zu finden ist. Korrekte Verweise haben beispielsweise folgende Form:

Zitieren und Verweisen

► Bei Monographien:
  Verfasser: *Titel des Buchs. Untertitel.* Ersch.ort: Verlag ^Auflage^Jahr (Reihentitel, Nummer), zitierte Seite(n).
  Z. B. Thomas Taterka: *Dante deutsch. Studien zur Lagerliteratur.* Berlin: Erich Schmidt 1999 (Philologische Studien und Quellen, 153), 155.
► Bei Aufsätzen in Sammelbänden und Lexika:
  Verfasser: Aufsatztitel, in: Herausg. (Hg.), *Titel des Buchs. Untertitel.* Ersch.ort: Verlag ^Auflage^Jahr, Seite(Anf)–Seite(End), hier zitierte Seite(n).
  Z. B. Siegfried Jüttner: Heuristisches Erzählen. Zur Analyse des *Jacques le Fataliste et son Maître* von Diderot, in: Jochen Schlobach (Hg.), *Denis Diderot.* Darmstadt: Wiss. Buchgesellschaft 1992, 274–306, hier 298f.
► Bei Zeitschriftenartikeln:
  Verfasser: Aufsatztitel, *Name der Zeitschrift* Nummer/Jahrgang, Seite(Anf)– Seite(End), hier zitierte Seite(n).
  Z. B. Thomas C. Spear, Céline and ‚Autofictional' First-Person Narration, *Studies in the Novel* 23/1991, 357–370, hier 360.
► Bei Online-Quellen:
  Verfasser, Aufsatztitel, *URL* (Konsultationsdatum).
  Z. B. Jörg Dünne, Forschungsüberblick „Raumtheorie", *www.raumtheorie. lmu.de/Forschungsbericht4.pdf* (07.02.07).

Sekundärliteraturverweise

‚Verfasser' meint bei Sekundärtexten den Verfasser der zitierten Stelle. Das bedeutet: Der Verweis auf einen Sammelband- oder Lexikonartikel trägt den Namen des Artikelautors (nicht des Herausgebers), der Verweis auf die Einleitung oder das Nachwort einer Primärtextausgabe den Namen des Verfassers dieser Einleitung oder dieses Nachworts, also in der Regel eines Literaturwissenschaftlers (nicht des Schriftstellers). Der Verweis erfolgt entweder in Fußnoten (beim ersten Mal ausführlich, ab dann kurz, z. B.: Spear: 1991, 360) oder im Fließtext (in Klammern, nur kurz). Alle zitierten Titel (und *nur* diese) werden am Ende der Abhandlung alphabetisch und nach Primär- und Sekundärliteratur getrennt im Literaturverzeichnis aufgeführt. Es gibt verschiedene, z. T. durch Herausgeber oder, im Falle der Hausarbeit, möglicherweise durch Dozenten vorgegebene Zitierformen; wichtig ist vor allem, dass *eine* Form konsequent durchgehalten wird. Hilfestellung in Sachen Zitieren und Verweisen bietet das *Arbeitsbuch Literaturwissenschaft* der Germanisten Burkhard Moennighoff und Eckhardt Meyer-Krentler (München: Fink [12]2005, dort die Kap. 5 und 6).

Typographisches   Auch für die typographischen Vorgaben (Schriftstile, Interpunktionszeichen etc.) ist es empfehlenswert, sich einmal genau eine neuere Fachpublikation anzusehen. Grundlegendes ist der Zusammenstellung von Christoph Bier unter *www.zvisionwelt.de/typokurz.pdf* zu entnehmen.

Zusammenfassung   Das Bachelor-Studium hat das Ziel, grundlegende Kompetenzen zu vermitteln, die dank der internationalen Harmonisierung der Studienabschlüsse den Zugang zu einem der vielen geisteswissenschaftlichen Masterstudiengänge in Europa, aber auch zu zahlreichen außerakademischen Berufsfeldern öffnen. Die Qualifikation frankoromanistischer Bachelor-Absolventen liegt in der vertieften Kenntnis der französischen und frankophonen Kultur(en) und der Fähigkeit, sie insbesondere anhand von Sprache und Literatur wissenschaftlich zu beschreiben, aber auch in der allgemeinen Fähigkeit zu kritischer Erschließung gedanklicher Sachverhalte und deren adäquater (fremd-)sprachlicher Präsentation im Mündlichen wie Schriftlichen. Für den wissenschaftlichen Austausch über Phänomene wie Literatur sind fachbezogene Hilfsmittel und Arbeitstechniken erforderlich, unter ihnen insbesondere die systematische Ermittlung von Forschungsergebnissen anhand von Bibliographien und die Präsentation eigener Befunde im Rahmen einer wissenschaftlichen Abhandlung.

Literatur

Philipp Eckart: *Der Bologna-Prozess. Entstehung, Strukturen und Ziele der europäischen Hochschulpolitik.* Norderstedt: Books on Demand 2005.

Soeren Kjoerup: *Humanities – Geisteswissenschaften – Sciences humaines.* Stuttgart/Weimar: J. B. Metzler 2001.

Rainer A. Müller: *Geschichte der Universität. Von der mittelalterlichen Universitas zur deutschen Hochschule.* Hamburg: Nikol 1996.

Grundlagen der Textanalyse am Beispiel Lyrik

Dieses Kapitel macht Sie mit verschiedenen Zugängen zu literarischen Texten im Allgemeinen vertraut, von denen der hier wichtigste derjenige der Strukturanalyse ist. Er bildet die Grundlage interpretatorischer Ansätze, die Sie ab Einheit 10 kennen lernen werden. Es werden die verschiedenen Ebenen und die praktische Vorgehensweise bei einer Strukturanalyse sowie sachliche und terminologische Grundlagen zur Beschreibung lyrischer Texte vorgestellt.

Überblick

4.1 | Verstehen – Analysieren – Interpretieren

Verstehen in den Geisteswissenschaften

Geisteswissenschaften unterscheiden sich, wie wir im vorigen Kapitel sahen, vor allem insofern von den Naturwissenschaften, als subjektives menschliches Verstehen ihr zentrales Moment ist, und dies in mehrfacher Hinsicht: Der Geisteswissenschaftler ist um eigenes Verstehen bemüht, nimmt bei der Arbeit vom eigenen Verstehen seinen Ausgang und hat im menschlichen Verstehen selbst seinen Untersuchungsgegenstand, denn Literatur beispielsweise ist entscheidend durch den Prozess des Verstehens geprägt: Erstens werden Texte normalerweise für ein um Verstehen bemühtes Publikum geschrieben, so dass Texte immer schon den Verstehensvorgang zu steuern versuchen – sei es mit dem Ziel der Erleichterung oder der Irritation; zweitens reagieren Schriftsteller stets auf vorherige Texte, die sie selbst verstanden haben, so dass die subjektive Aufnahme von Literatur Teil späterer Texte und damit der Literaturgeschichte wird. Diesen Zusammenhang hat die Konstanzer rezeptionsästhetische Schule systematisiert, von der in Einheit 11.2.2 die Rede sein wird. Wie aber vollzieht sich das Verstehen eines Textes?

Hermeneutik als Theorie des Verstehens

Diese Frage ist Gegenstand der philosophischen Hermeneutik. Der Begriff bezeichnete von alters her zunächst die Ermittlung des ‚wahren‘ Schriftsinns insbesondere der Bibel und diente u. a. dazu, nicht mehr verständliche kanonische Texte wieder lesbar zu machen, mithin zu ‚übersetzen‘ und so die Kontinuität der Tradition zu gewährleisten. Seit dem Ende des 18. Jh. entwickelte sich Hermeneutik dann in einem ausgedehnteren Sinne zur Theorie menschlichen Verstehens noch vor jeglichem gezielten methodischen Zugriff, wobei das Augenmerk verstärkt dem verstehenden Subjekt und seiner Beteiligung am Sinnentstehungsprozess galt. Die Bedeutung eines Textes, so stellte man fest, wird nicht wie in einem Behälter vom Autor zum Leser transportiert und von diesem dann unverändert ‚entnommen‘, sondern Bedeutung entsteht erst im Leseakt, indem Signale des Textes auf das Wissen, die Erwartungen und die Fragen (den ‚Horizont‘) des jeweiligen Lesers treffen (vgl. Einheit 11.2.2). Menschliches Verstehen zielt generell auf die Erzeugung von Kohärenz, Widerspruchsfreiheit in einem Gesamtverständnis, das allen Teilen ihre Bedeutung zuweist. Stellen Sie sich vor, Sie beginnen einen Text zu lesen. In aller Regel wird der erste Satz, isoliert betrachtet, für Sie im Grunde kaum verstehbar sein: Wird beispielsweise ein Eigenname erwähnt, bleibt dieser Verweis völlig leer, da Sie über die fiktive Person, die sich dahinter verbirgt, zunächst keinerlei Informationen haben. Ähnliches gilt etwa für eine einsetzende Handlung, über deren Motivation, Kontext, Folgen, Ziel, Situation Sie noch nichts wissen. Wenn Sie dennoch bei den meisten Texten den Eindruck haben zu verstehen, dann liegt das daran, dass Sie diese ersten Sätze auf einen vermuteten Gesamtsinn des Textes beziehen und all das, was nicht in der Bedeutung der Einzelwörter liegt, aus diesem Gesamtverständnis heraus ‚auffüllen‘. Im Bestreben zu verstehen – und das gilt nicht nur für Texte, sondern für Verstehen schlechthin – bilden wir permanent Hypothesen, die wir in der Begegnung mit dem Einzelnen überprüfen. Am Beginn einer Lektüre wird die Bedeutungshypothese nicht dem Text entspringen, den Sie ja noch nicht kennen, sondern Ihrem allgemeinen Weltverständnis, Ihrem kulturellen Hintergrund, Ihrer Biographie und Ihrer Leseerfahrung. Im Laufe der Lektüre wird sich dieses Verständnis ändern, nämlich dann, wenn der Text Informationen liefert, die nicht in Ihr momentanes Gesamtverständnis passen und eine Modifikation, vielleicht auch radikale Umkehrung desselben erforderlich machen. Geschieht dies, so werden Sie nicht nur die folgenden Einzelheiten des Textes anders verstehen, sondern Sie werden auch rückblickend das bereits Gelesene neu bewerten, manches als irrelevant erkennen, was Ihnen zunächst bedeutsam schien, und umgekehrt sowie neue Zusammenhänge herstellen. Verstehen ist kein linearer Vorgang, der sich vom ersten bis zum letzten Satz vollzieht, sondern ein ständiges Hin- und Hergehen zwischen einem vorläufigen Gesamtverständnis, das der Leser permanent, dabei meist unbewusst, konstruiert, und den Einzelheiten, d. h. einzelnen Sätzen, Motiven, Figuren, Handlungsepisoden, die nur innerhalb eines solchen Gesamtverständnisses verstehbar sind. Dieses Modell nennt man den *hermeneutischen Zirkel*. Dieser ist prinzipiell unabschließbar: Ein ‚absolutes' Verständnis von Literatur gibt es nicht, da Texte niemals den Sinn vollständig festlegen, sondern auch bei wiederholter Lektüre ein zwar durch den Text mitgestaltetes, aber immer auch subjektiv bestimmtes Gesamtverständnis besteht. Diese Wirkungsweise von Literatur zu begreifen ist von grundlegender Bedeutung, da sich zeigt, dass ein literarisches Werk eigentlich erst im Dialog mit dem Leser und seinem subjektiven Welt- und Textvorverständnis entsteht. Hier liegt der Grund dafür, dass auch Texte längst vergangener Epochen dem heutigen Leser ‚etwas sagen' können, da er sie im Verstehensakt ein Stück weit in seinen persönlichen Horizont integriert.

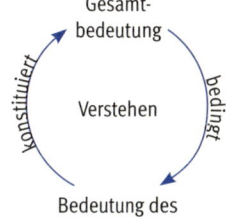

Abb. 4.1

Der hermeneutische Zirkel als Kreismodell

Die Kehrseite des hermeneutischen Zirkels und der Wiederaneignung von Texten durch die Leser ist der Umstand, dass es damit keinen ein für allemal geschlossenen Textsinn gibt, an den man sich annähern könnte, sondern die Subjektivität des jeweiligen Betrachters unhintergehbarer Bestandteil des literaturwissenschaftlichen Objekts ist. Anders formuliert: In den auf Verstehen gründenden Geisteswissenschaften ist der Untersuchende immer Teil dessen, was er untersucht – es ist beispielsweise schlichtweg nicht möglich, restlos den ‚Sinn' zu ermitteln, den ein Text zum Zeitpunkt seiner Entstehung gehabt hat, da die damaligen subjektiven Verstehensbedingungen (wessen überhaupt?) nicht vollständig ermittelbar sind und wir jeden Text notwendigerweise vom Standpunkt eines heutigen Betrachters aus wahrnehmen. Zwischen früheren Rezeptionen und heutigen sowie zwischen diesen und künftigen Lesarten liegt eine hermeneutische Differenz, die interpretatorisch

Unhintergehbare Subjektivität

Hermeneutische Differenz

annähernd beschrieben (siehe Einheit 11.2.2), aber nicht aufgelöst werden kann.

Ansatzpunkte der Objektivierung

Der Natur literarischer Kommunikation Rechnung zu tragen heißt indes nicht, der Beliebigkeit Tür und Tor zu öffnen und das Ziel einer überindividuellen Verständigung über Literatur ins Reich der Utopie zu verbannen. Wenngleich es absolute Objektivität nicht geben kann, so stehen uns doch an beiden Polen des hermeneutischen Zirkels Ansatzpunkte für eine *Objektivierung* zur Verfügung:

1) Der Text ist, sobald durch kritische Edition eine gesicherte Textgrundlage erarbeitet wurde, objektiv gegeben.
2) Der hermeneutische Hintergrund, vor dem ein Text verstanden wird, kann seinerseits annähernd transparent gemacht und entsubjektiviert und der Weg (gr. *methodos*, also die Methode) zur jeweiligen Ermittlung des Textsinns systematisiert und begründet werden.

Strukturanalyse

Eine auf den erstgenannten Ansatzpunkt bezogene Herangehensweise an literarische Texte ist die *Strukturanalyse*. ‚Struktur‘ bedeutet allgemein die Gesamtheit aller Teile eines Ganzen und ihre Beziehung untereinander (siehe Einheit 12.1.1). Der Begriff ‚Analyse‘ geht in dieselbe Richtung: Er bezeichnet in der Philosophie die logische Auflösung, Zerlegung eines Begriffes in seine Merkmale, eines Bewusstseinsinhalts in seine Elemente; in Naturwissenschaften wie der Chemie etwa die Bestimmung der Einzelbestandteile eines Stoffs. Im Gegensatz zu letzterer kann eine literaturwissenschaftliche Strukturanalyse nicht bei den ermittelten Bestandteilen stehen bleiben, sondern besteht, um mit der *Struktur* die Beziehung der Teile zueinander deutlich zu machen, aus einer Zerlegung und Wieder-Zusammenfügung, was im Übrigen dem hermeneutischen Wechselspiel von Teil und Ganzem entspricht. Ziel einer Strukturanalyse ist es, ein Modell herauszuarbeiten, das zeigt, wie der Text ‚funktioniert‘, wie er unterteilt ist, mit welchen sprachlichen und formalen Mitteln er Bedeutung erzeugt. Der Versuch, Strukturen eines Textes aufzudecken, ist nicht frei von Subjektivität, da es beispielsweise von der Fragestellung und dem Interesse des Betrachters abhängt, was als ‚relevanter‘ Bestandteil im Hinblick auf die Gesamtbedeutung gelten kann und welche Strukturen man überhaupt erkennt; man erreicht aber größtmögliche Objektivität, wenn zwei Prinzipien befolgt werden:

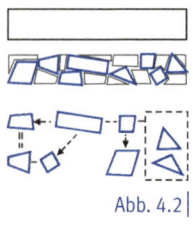

Abb. 4.2

Strukturanalyse (Schritt 1 und 2)

Abstraktes Modell textinterner Funktionen

Prinzipien der Strukturanalyse

1) Die Analyse von Textstrukturen sollte *textimmanent* bleiben, d.h. von allem Außertextuellen wie Autor, Realitätsbezug usw., sofern nicht innerhalb des Textes explizit darauf verwiesen wird, absehen. Hinsichtlich der Inhaltsebene beschränkt sie sich auf nachweisbare (etwa in Wörterbüchern verzeichnete) Wortbedeutungen und Konnotationen (Nebenbedeutungen).

2) Eine Strukturanalyse sollte interpretatorische Offenheit bewahren, also ein notwendiges anfängliches Leseverständnis nicht als zu erreichenden Zielpunkt setzen, sondern anhand der Sinn- und Formstrukturen des Textes kritisch hinterfragen und auch eine mögliche Widersprüchlichkeit oder Mehrdeutigkeit des Textes in Rechnung stellen.

Eine solche Ermittlung der Textstrukturen ist Grundgerüst und Vorbereitung einer *Interpretation*. Dieses Objektivierungsverfahren bezieht sich vor allem auf den zweiten der oben genannten Ansatzpunkte der Objektivierung: die Offenlegung des ‚hermeneutischen Hintergrunds‘ sowie der spezifischen Methode. Dahinter steckt der Gedanke, dass ich mein Textverständnis objektivieren und damit wissenschaftlich validieren (gültig machen) kann, wenn ich (a) eine nicht von meinem subjektiven Weltverständnis abhängende Grundlage angebe, also z. B. mein Textverständnis in der nachweisbaren Biographie des Autors (produktionsästhetisch) oder der Erwartungshaltung der Leserschaft (rezeptionsästhetisch) verankere, und (b) die Methode angebe, der ich beim Textverstehen gefolgt bin, so dass andere meine Vorgehensweise nachvollziehen und ggf. kritisieren können. Eine korrekte Strukturanalyse steckt den Bedeutungsspielraum ab, den anschließende Interpretationen haben, da sie offenkundigen Sinnstrukturen des Textes natürlich nicht widersprechen dürfen; oft aber erschließen sich literarische Texte nicht rein strukturell und textimmanent, so dass die Interpretation eine wichtige literaturwissenschaftliche Arbeitstechnik für ein adäquates Textverständnis darstellt. Wir werden in den Einheiten 10–12 näher darauf eingehen.

Analyse als erster Schritt zur Interpretation

? Grenzen Sie in Ihren eigenen Worten nochmals die Begriffe ‚Verstehen‘, ‚Analyse‘, ‚Interpretation‘ voneinander ab. Wie ist es zu begründen, dass trotz wissenschaftlicher Objektivität verschiedene und nicht selten konträre Interpretationen zu einem Text existieren? Können Sie sich Kriterien vorstellen, aufgrund derer man Interpretationen qualitativ beurteilen kann?

Aufgabe 4.1

Ebenen der Strukturanalyse

4.2

Sie haben im Zusammenhang mit der Medialität von Literatur als besondere Form geschriebener Sprache (Einheit 1) bereits Ferdinand de Saussures Gegenüberstellung von Ausdrucksseite (Signifikant) und Inhaltsseite (Signifikat) kennengelernt. Als Grundkomponenten jeglicher Art von Zeichen stecken diese beiden Begriffe natürlich Ebenen auch der literarischen Kommunikation und damit der Strukturanalyse literarischer Texte ab. Die Dichotomie von Ausdrucks- und Inhaltsseite ist, bezogen auf Einzelerscheinungen, keine absolute: Ein Element, sagen wir: das Konzept ‚Hund‘, ist der Inhalt (Signifikat) der frz. Zeichenfolge /ʃjɛ̃/ (Signifikant), kann aber zugleich als Ausdruck (Signi-

Ausdrucksseite vs. Inhaltsseite

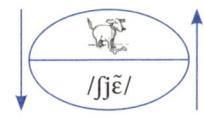

Abb. 4.3

Sprachzeichen: Ausdrucks- und Inhaltsseite

fikant) für andere Konzepte wie ‚Unterwürfigkeit‘, ‚Treue‘ u. ä. dienen. Hier zeichnet sich bereits ab, wie komplex sprachliche und insbesondere literarische Bedeutungsstrukturen sein können (und meistens auch sind). Bedenken wir dies mit, wenn wir im Sinne einer ersten Annäherung und eines Wegweisers für die Textbeschreibung dennoch sagen: Eine Strukturanalyse hat sich auf zwei Ebenen zu beziehen, die Ausdrucksebene mit der sprachlichen und gattungspoetischen Form und die Inhaltsebene mit dem Thema, den Motiven und Figuren, die ein Text entwickelt. Sehen wir uns das näher an.

Ausdrucksseite: sprachliche Realisierung vom Laut bis zu formalen Gattungsregeln

Sprachliche Äußerungen sind dadurch gekennzeichnet, dass sie eine begrenzte Zahl kleiner sprachlicher Einheiten (etwa Phoneme, also Laute) zu größeren (etwa Morpheme, d. h. Wörter bzw. ihre bedeutungtragenden Teile) kombinieren und diese wiederum zu noch größeren (Sätze, Texte), wobei die Zahl der verfügbaren Ausdrucksmittel jeweils exponentiell ansteigt. Eine Beschreibung der sprachlichen Form (Ausdrucksseite) eines Textes berücksichtigt idealerweise jede dieser Ebenen, wobei freilich nicht alle möglichen Befunde auch relevant für das Funktionieren des Textes sind, auf das wir ja hinauswollen. In umgekehrter Reihenfolge formuliert gilt das Interesse der Formbeschreibung also

- der Verknüpfung von Sätzen und Absätzen zum Gesamttext,
- dem Satzbau (Syntax), d. h. der Komposition von Satzteilen,
- der Wortwahl und Wortbildung (Lexik, Morphologie),
- der Lautung, die wegen der im Französischen stark abweichenden etymologischen Verschriftung sowie der großen Zahl möglicher Homophonien (Gleichklang bedeutungsverschiedener Ausdrücke) mit besonderer Aufmerksamkeit betrachtet werden muss: Man sollte Texte daher immer auch ‚mit den Ohren lesen‘.

Die antike Rhetorik (Theorie der Redekunst) hat zur Beschreibung und Vermittlung schmuckvoller Rede ein begriffliches Raster entwickelt, das als Hilfsmittel zur Beschreibung auch literarischer Texte als Sonderfall von ‚Rede‘ dienen kann und das Ihnen sicherlich teilweise bereits bekannt ist. Wenn wir an dieser Stelle ausführlicher auf dieses Raster eingehen, dann liegt dies nicht allein an der Notwendigkeit, sich innerhalb einer Fachwissenschaft terminologisch korrekt ausdrücken zu können, sondern auch daran, dass man erfahrungsgemäß leichter einen Sachverhalt *erkennt*, wenn man einen *Begriff* dafür hat.

Beschreibung der Ausdrucksseite

Die wichtigsten ausdrucksbezogenen rhetorischen Stilmittel – geordnet von der Laut- über die Wort- bis hin zur Satz(teil)ebene:

Rhetorische Stilmittel I: Gestaltung des Ausdrucks

Alliteration (*allitération, f.*): gleicher Anlaut aufeinanderfolgender Wörter. *Beispiel:* Pour qui sont ces serpents qui sifflent sur vos têtes ? (Racine)

Anapher (*anaphore, f.*): Wiederholung des gleichen Wortes oder mehrerer gleicher Wörter am Anfang mehrerer Sätze oder Satzteile (Gegenteil Epipher). *Beispiel:* Rome l'unique objet de mon ressentiment! / Rome, à qui vient ton bras d'immoler mon amant! / Rome, qui t'a vu naître, et que ton cœur adore! / Rome, enfin, que je hais parce qu'elle t'honore. (Corneille)

Assonanz (*assonance, f.*): Gleichklang von Vokalen, bedeutsam insbesondere am Versende als assonan- *~~Tonvokal reimt sich~~*
tischer Reim. *Beispiel:* Tout m'afflige et me nuit et conspire à me nuire. (Racine)

Homoioteleuton (*homéotéleute, m.*): Gleichklingender Wortauslaut (Vorform des Reims). *Beispiel:* Tiens, Polognard, soulard, bâtard, hussard, tartare, calard, cafard, mouchard, savoyard, communard. (Jarry)

Paronomasie (*paronomase, f.*): Zusammenstellung von gleich oder ähnlich klingenden Wörtern unterschiedlicher Bedeutung. *Beispiel:* Pâles membres de perle. (Valéry)

Onomatopöie (*onomatopée, f.*), adj. onomatopoetisch: Klangnachahmende, lautmalende Wörter. *Beispiele:* miam-miam, ronronner.

Anagramm (*anagramme, m.*): Buchstabenumstellung. *Beispiel:* chien / niche; semeur / mesure. Häufig bei Pseudonymen. *Beispiel:* Alcofribas Nasier (= François Rabelais).

Akkumulation (*accumulation, f.*): Worthäufung; Aufzählung mehrerer Unterbegriffe anstelle eines Oberbegriffs. *Beispiel:* Devant eux, sur de petites tables carrées ou rondes, des verres contenaient des liquides rouges, jaunes, verts, bruns, de toutes les nuances. (Maupassant)

Pleonasmus (*pléonasme, m.*): Übertriebene und unnütze (redundante) Anhäufung von Wörtern gleicher oder ähnlicher Bedeutung, die keine neuen Merkmale hinzufügen. *Beispiel:* Je l'ai vu, dis-je, vu, de mes propres yeux vu, / Ce qu'on appelle vu... (Molière)

Figura etymologica (*figure étymologique, f.*): Verbindung zweier oder mehrerer Wörter gleicher Wortherkunft (vgl. auch → Polyptoton). *Beispiel:* mourir de sa belle mort.

Polyptoton (*polyptote, m.*): Wiederholung desselben Wortes in verschiedenen Flexionsformen (Abart der → Figura etymologica). *Beispiel:* Tel est pris qui croyait prendre.

Chiasmus (*chiasme, m.*): Überkreuzstellung der Konstruktion zweier Sätze oder Verse: Im zweiten Satz oder Vers stehen die inhaltlich und/oder grammatikalisch dem ersten entsprechenden Wörter in umgekehrter Reihenfolge. *Beispiel:* La neige fait au nord ce qu'au sud fait le sable. (Hugo)

Parallelismus (*parallélisme, m.*): Wiederkehr der gleichen Wort- oder Satzteilreihenfolge. *Beispiel:* Dieu est l'auteur de la pièce; Satan est le directeur du théâtre. (Hugo)

Inversion (*inversion, f.*): Umstellung der regelmäßigen Wortfolge (Abart des → Hyperbatons). *Beispiel:* Mais si ce même enfant à tes ordres docile, / Doit être à tes desseins un instrument utile. (Racine)

Hyperbaton (*hyperbate, f.*): Sperrung, künstliche Trennung einer syntaktisch zusammengehörenden Wortgruppe (vgl. auch → Inversion). *Beispiel:* Et les Muses de moi, comme étranges, s'enfuient. (Du Bellay)

Anakoluth (*anacoluthe, f.*): Herausfallen aus der Satzkonstruktion. *Beispiel:* Le nez de Cléopâtre, s'il eût été plus court, toute la face de la terre aurait changé. (Pascal)

Ellipse (*ellipse, f.*): Auslassung eines Wortes oder Satzteiles; das Fehlende ist jedoch leicht ergänzbar. (vgl. auch → Aposiopese). *Beispiel:* Le mal peut être joie, et le poison parfum. (Hugo)

Aposiopese (*aposiopèse, f.*): Bewusstes Abbrechen der Rede vor der entscheidenden Aussage, wobei entweder die syntaktische Konstruktion abgebrochen oder der Gedanke (in einem vollständigen Satz) nicht zu Ende geführt wird (Abart der → Ellipse). *Beispiel:* Tu vas ouïr le comble des horreurs. / J'aime... À ce nom fatal, je tremble, je frissonne. (Racine)

Aufgabe 4.2 | **?** Ordnen Sie die genannten signifikantenbezogenen Figuren versuchsweise nach Wiederholungsfiguren, Umstellungsfiguren und Auslassungsfiguren, wobei Sie die Kategorien in verschiedenen Ecken eines Papierbogens zusammenstellen (nicht neben- oder untereinander schreiben) und evtl. farblich unterscheiden. Wiederholen Sie die Übung, ohne in obiger Zusammenstellung nachzusehen.

Aufgabe 4.3 | **?** Erfinden Sie frei deutsche Beispiele zu jeder der Figuren.

Inhaltsebene

Die zweite Hauptebene der Strukturanalyse ist die Inhaltsbeschreibung. Was aber ist ‚Inhalt‘? Sie würden wahrscheinlich sagen: Das, wovon der jeweilige Text spricht, das ‚Was‘ des Textes – im Gegensatz zum ‚Wie‘ der Darstellung, dem Ausdruck, um den es uns eben ging. Für das so Umschriebene gibt es

Makrostrukturell: Thema, Stoff

zunächst den Terminus *Thema* (zu Thema, Stoff, Motiv siehe auch Einheit 11.1.1). Analog zum alltäglichen Sprachgebrauch meint der Begriff den gedanklichen Kern, das Problem des Textes *innerhalb der Fiktion*. Davon zu unterscheiden ist das, was der Text vom *außerfiktionalen* Standpunkt aus behandelt, was er also beispielsweise für uns heute bedeutet – die Bedeutung oder *Signifikanz* eines Textes, die Sache der Interpretation ist und in diesen Zusammenhang gehört (siehe Einheiten 10–12). Ein Thema, das bereits vor dem untersuchten Text in weitgehend fixierter Form (mit bestimmter Handlung, Personen, Orten usw.) besteht, nennt man *Stoff*. Ein besonders altes und berühmtes Beispiel wäre der Ödipusstoff. Thema und Stoff betreffen Texte als ganze: Sie sind *makrostrukturelle* Kategorien. Unterhalb dieser Ebene, im

Mikrostrukturell: Motiv, Isotopie

Bereich der *Mikrostruktur*, haben wir mit den sog. *Motiven* zu tun. Damit sind in handlungsbetonten Texten einzelne Situationen oder Vorgänge und ihre Kausalverkettung (beispielsweise die Trennung der Liebenden, die Ankunft des Helden), in nichterzählenden Texten in Anlehnung an die Photographie bildhafte Vorstellungen gemeint. Diese Kategorien werden uns im Weiteren noch öfter beschäftigen, Handlungsanalyse in den Einheiten 6.5 (Drama) und 8.3.2 (Epik), Thema, Stoff und Motiv als diachrones (literarhistorisches) Forschungsfeld in Einheit 11.1.1.

Isotopie: mehrmaliges Auftreten von Bedeutungsmerkmalen

Wegen ihrer besonderen Relevanz hinsichtlich lyrischer Texte bereits hier zu vertiefen ist eine noch unterhalb des Motivs angesiedelte Ebene der Inhaltsstruktur: die *Isotopie*. Der auf den litauisch-französischen Strukturalisten Algirdas Julien Greimas zurückgehende Begriff bezeichnet das mehrmalige Auftreten von semantischen (d. h. Bedeutungs-)Merkmalen in einem Text. Eine Isotopie bilden alle Wörter eines Textes oder Textausschnitts, die mindestens ein gemeinsames Bedeutungsmerkmal (ein ‚Sem‘ in der Terminologie der Linguistik) besitzen. Dabei gibt es normalerweise immer mehrere solcher Isotopien, die sich auch überschneiden können, d. h. sich einzelne Wörter teilen. Ein Beispiel: Die Wortmenge „Reiter", „rachsüchtig", „Pferd", „Zofe",

„Marmor", „gefiedert", „Schwert", „lügen" weist die Isotopien ‚menschlich' (Reiter, rachsüchtig, Zofe, lügen) und ‚tierisch' (Pferd, gefiedert) auf, die zusammengenommen als Isotopie ‚belebt' der Isotopie ‚unbelebt' (Marmor, Schwert) gegenübergestellt werden können:

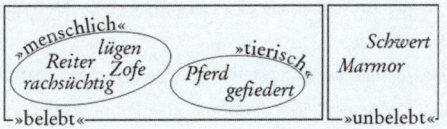

Abb. 4.4

Beispiel für Isotopien

Es wären weitere Isotopien, etwa ‚Rittertum' (Reiter, Pferd, Schwert), denkbar. Die Bedeutungsmerkmale sind zwar nicht willkürlich, sondern weitgehend vom Gehalt und Kontext der Wörter bedingt – aber die Isotopien zu konstruieren und ihre Relevanz zu beurteilen, obliegt dem Leser im Zuge seiner Analyse. Hierbei spielt, wie sich an unserem Beispiel andeutet, auch das Verhältnis der möglichen Isotopien untereinander eine Rolle. Die Isotopie ‚Rittertum' ist isoliert, während die Isotopien ‚belebt' und ‚unbelebt' sowie, eine Ebene tiefer, ‚menschlich' und ‚tierisch' einander gegenübergestellt werden können, *Oppositionen* bilden. Wie Sie sich erinnern, hatten wir oben Struktur als Gesamtheit aller Teile eines Ganzen und ihre Beziehung untereinander definiert; damit wird deutlich, dass diejenigen Isotopien eines Textes, die in Opposition zueinander treten können und damit eine sehr klare Beziehung aufweisen, grundsätzlich interessant für eine Strukturanalyse sind, wenngleich eine Letztentscheidung über die Bedeutung einer Isotopie freilich auch von ihrer Aussagekraft für das ermittelte Thema abhängt. Unser Beispiel zeigt, wie auf der untersten semantischen Ebene, nämlich anhand der Bedeutung einzelner Wörter, Strukturen ausgemacht werden können: Der Leitfaden ist hier die Suche nach Äquivalenzen und Gegensätzen. Dies kann auf größere Einheiten, etwa Sätze, ausgeweitet werden. Idealerweise treten so Sinnbezüge und ihre Entwicklung auch in Texten hervor, die auf den ersten Blick kaum Entwicklung, Handlung oder Kohärenz erkennen lassen, und machen sie ‚lesbar'. Von der praktischen Arbeit mit Isotopien und Oppositionen werden Sie in der nächsten Einheit anhand der Strukturanalyse lyrischer Texte einen Eindruck bekommen.

Natürlich hatte nicht erst die strukturalistische Sprach- und Literaturwissenschaft des 20. Jh. (vgl. Einheit 12.1) die Idee, inhaltliche Strukturen in Texten zu systematisieren, sondern auch die antike Rhetorik hat sich für die gedankliche Seite der Rede, die logischen Verbindungen zwischen Textteilen interessiert und wiederum ein terminologisches Raster entwickelt, das Sie nun als literaturwissenschaftliches Hilfsmittel in Grundzügen kennenlernen.

Die wichtigsten inhaltsbezogenen rhetorischen Stilmittel:

Opposition

Rhetorik und gedankliche Seite der Rede

67

Allegorie (*allégorie*): Veranschaulichung eines Begriffes durch ein rational fassbares Bild, oft in Form der → Personifikation. *Beispiel:* Nationalfigur Marianne für Frankreich.

Personifikation (*personnification*): Übertragung einer menschlichen Eigenschaft oder Tätigkeit auf eine Sache, ein nichtmenschliches Wesen. *Beispiel:* Vers le palais de Rosemonde au fond du Rêve / Mes rêveuses pensées pieds nus vont en soirée. (Apollinaire)

Periphrase (*périphrase, f.*): allg. Umschreibung eines Begriffs (vgl. auch → Antonomasie). *Beispiel:* Où le roi va tout seul (=Toilette).

Antonomasie (*antonomase, f.*): Umschreibung eines Eigennamens durch bestimmte Züge seines Trägers oder einen anderen Eigennamen (Sonderform der → Periphrase). *Beispiel:* Le Corse (für Napoleon), Le Virgile français (für Jean Racine).

Euphemismus (*euphémisme, m.*): Verhüllende Umschreibung (→ Periphrase) einer unangenehmen, anstößigen oder unheilbringenden Sache durch einen mildernden oder beschönigenden Ausdruck. *Beispiel:* Le troisième âge (für Alter).

Metapher (*métaphore, f.*): Übertragung. Das eigentlich gemeinte Wort wird ersetzt durch ein anderes, das eine sachliche oder gedankliche Ähnlichkeit oder dieselbe Bildstruktur aufweist. Quintilian definierte die Metapher als verkürzten Vergleich, bei dem die Vergleichspartikel weggefallen sei. Eine der wichtigsten und häufigsten Sinnfiguren überhaupt. *Beispiel:* Ma jeunesse ne fut qu'un ténébreux orage. (Baudelaire) – Es existiert eine große Bandbreite von metaphorischen Redeweisen, von konventionellen oder verblassten Metaphern, die durch häufigen Gebrauch kaum als solche wahrgenommen werden („au pied de la montagne"), bis zu sog. absoluten Metaphern, bei denen die Ähnlichkeitsbeziehung zwischen den Bildbereichen durch die Metapher selbst erst gesetzt ist. *Beispiel:* La Nature est un temple où de vivants piliers / Laissent parfois sortir de confuses paroles. (Baudelaire)

Metonymie (*métonymie*): Ersetzung des eigentlich gemeinten Wortes durch ein anderes, das in einer realen geistigen oder sachlichen Beziehung (wie räumliche Nachbarschaft, Urheberschaft usw.) zu ihm steht (→ Synekdoche). *Beispiel:* Sa main désespérée / M'a fait boire la mort dans la coupe sacrée [‚mort' für ‚poison mortel'] (Marmontel); Rome, aussi bien que moi, vous donne son suffrage [‚Rome' für ‚le peuple de Rome'] (Racine).

Synekdoche (*synecdoque, f.*): Ersetzung des eigentlichen Begriffes durch einen zu seinem Bedeutungsfeld gehörenden engeren oder weiteren Begriff, z. B. Teil für das Ganze (pars pro toto) oder umgekehrt (totum pro parte), die Art für die Gattung, Singular für Plural. Sonderform der → Metonymie. *Beispiel:* Si le Ciel en colère / Réserve à d'autres yeux la gloire de vous plaire [„Augen" für „Person"] (Racine).

Synästhesie (*synesthésie*): Verschmelzung verschiedenartiger Sinnesempfindungen. *Beispiel:* Il est des parfums frais comme des chairs d'enfants, / Doux comme les hautbois, verts comme les prairies. (Baudelaire)

Litotes (*litote, f.*): Abschwächung des Ausdrucks, die inhaltliche Verstärkung suggeriert, häufig durch Verneinung des Gegenteils. *Beispiel:* Va, je ne te hais point. [= je t'aime beaucoup] (Corneille)

Hyperbel (*hyperbole, f.*): Übertreibung. *Beispiel:* J'ai mille choses à vous dire.

Antithese (*antithèse, f.*): Pointierte Zusammenstellung entgegengesetzter Begriffe oder Aussagen. *Beispiel:* Paris est tout petit, c'est là sa vraie grandeur. (Prévert)

Klimax (*gradation*): Anordnung einer Wort- und Satzreihe nach stufenweiser Steigerung im Aussagein-halt. *Beispiel:* Ailleurs, bien loin d'ici, trop tard, *jamais* peut-être. (Baudelaire) – Entsprechend: Antiklimax (*dégradation*).

Oxymoron (*oxymore, m.*): Zusammenstellung zweier sich widersprechender Begriffe, die in pointierender Absicht eng miteinander verbunden werden. Liegt der Widerspruch im Beiwort, spricht man auch von **Contradictio in adiecto**. *Beispiel:* Le soleil noir de la mélancolie. (Nerval)

Hendiadyoin (*hendiadyn, m.*): Verbindung zweier inhaltlich benachbarter Begriffe zu einem Konzept (siehe auch → Pleonasmus). *Beispiel:* S'il faut qu'il désespère / d'avoir sa croix et son tombeau [gemeint: Kreuz *auf* dem Grab, also Tod] (Baudelaire). In der Antike oft Verbindung verschiedener Ausdrücke für einen Sachverhalt. *Beispiel:* timor et opinio (für: eingebildete Furcht).

Zeugma (*zeugma, zeugme, m.*): Zuordnung eines Wortes zu zwei semantisch oder syntaktisch verschie-denen Satzteilen, oft mit komischer Wirkung. *Beispiel:* Danièle est pulpeuse, sensuelle, protes-tante (Matzneff); Il croyait à son étoile et qu'un certain bonheur lui était dû (Gide).

Apostrophe (*apostrophe, f.*): Abwendung des Dichters vom Leser oder realen Publikum, (emphatische) Hinwendung zu anderen, meist abwesenden Personen, Gegenständen oder Abstrakta. *Beispiel:* Ô lac! rochers muets! (Lamartine)

Ekphrasis (*ecphrasis, f.*): Ausführliche, exkursartige Schilderung von etwas Sichtbarem. Im engeren Sinne: Beschreibung eines Bildkunstwerks im Text.

Rhetorische Frage (*question rhétorique / oratoire*): Frage, auf die keine Antwort erwartet wird. *Beispiel:* Quoi? tu veux qu'on se lie à demeurer au premier objet qui nous prend, qu'on renonce au monde pour lui, et qu'on n'ait d'yeux pour personne? (Molière)

Praeteritio, auch **Paralepsis** (*prétérition, paralipse, f.*): Ausdrückliche Übergehung eines Gegenstandes, der dabei jedoch gerade genannt und u. U. hervorgehoben wird. *Beispiel:* Ainsi donc, des mer-veilles de Bombay, il ne songeait à rien voir, ni l'hôtel de ville, ni la magnifique bibliothèque, ni les forts, ni les docks, ni le marché au coton, ni les bazars, ni les mosquées, ni les synagogues, ni les églises arméniennes, ni la splendide pagode de Malebar-Hill, ornée de deux tours polygones. (Verne)

? Versuchen Sie, die genannten inhaltsbezogenen rhetorischen Stilmittel zu Klassen zu ordnen. | Aufgabe 4.4

? Benennen Sie die unterstrichenen rhetorischen Figuren des Gedichts „Le dormeur du val" von Arthur Rimbaud, mit dem wir uns in der nächsten Einheit eingehender beschäftigen werden. | Aufgabe 4.5

> C'est un <u>trou</u> de verdure où <u>chante une rivière</u>,
> Accrochant <u>follement</u> aux herbes <u>des haillons</u>
> <u>D'argent</u>; où le soleil, de <u>la montagne fière</u>,
> Luit: c'est un petit val qui <u>mousse de rayons</u>.
> Un soldat <u>jeune, bouche ouverte, tête nue</u>,
> Et la nuque <u>baignant</u> dans le frais cresson bleu,
> Dort; il est étendu dans l'herbe, sous la nue,

Pâle dans son lit vert où la lumière pleut.
Les pieds dans les glaïeuls, il dort. Souriant comme
Sourirait un enfant malade, il fait un somme:
Nature, berce-le chaudement: il a froid.
Les parfums ne font pas frissonner sa narine;
Il dort dans le soleil, la main sur sa poitrine
Tranquille. Il a deux trous rouges au côté droit.
(Rimbaud: 1976, 32)

4.3 | Strukturanalyse: Vorgehensweise

Kein Patentrezept

Es gibt keine eindeutige und für die gesamte Breite literarischer Texte gleichermaßen anwendbare Vorgehensweise bei einer Strukturanalyse. Nicht nur, dass verschiedenartige Texte unter Umständen andere Anforderungen an die Strukturanalyse stellen, es spielt gemäß den Grundsätzen der Hermeneutik auch eine Rolle, was ich als Leser bereits verstehe, mit welchen Fragen ich an den Text herantrete. Hierin liegt der erste Schritt, auch bei einer Strukturanalyse, die textfundierte Objektivität anstrebt. Die folgende Vorgehensweise soll der allgemeinen Orientierung im Umgang mit Texten dienen. Sie ist zunächst nicht gattungsspezifisch; mögliche Besonderheiten im Umgang mit Lyrik kommen gleich im Anschluss zur Sprache.

Vorschlag: Vorgehensweise bei der Strukturanalyse

1. Lesen Sie den Text oder Textauszug mehrmals. Klären Sie dabei evtl. unbekannte Wortbedeutungen und markieren Sie, ohne jeden systematischen Anspruch, inhaltliche und formale Eigenheiten, die Ihnen auffallen.

Erste Beobachtungen
Lesehypothese

2. Formulieren Sie eine Hypothese zum Thema des Textes und stellen Sie (schriftlich oder gedanklich) die vorkommenden Motive zusammen. Wenn möglich, formulieren Sie den mutmaßlichen Inhalt des Textes, d.h. die dargestellten Vorgänge und/oder Zustände, wie Sie sie aus den ersten Lektüren entnehmen.

Inhaltsseite: Thema, Motive, Isotopien, Entwicklung

3. Untersuchen Sie, welche Teile des Textes (Motive, Wortbedeutungen) zu Ihren inhaltlichen Hypothesen passen und welche nicht. Lassen sich etwaige Widersprüche in einer modifizierten Hypothese aufheben?

Äquivalenzen, Oppositionen

4. Suchen Sie die Isotopien des Textes und ordnen Sie sie nach Relevanz (Häufigkeit des Vorkommens im Text, Bezug zum Thema). Wo gibt es Überschneidungen (Elemente, die zwei oder mehreren Isotopien zugehören), wo Brüche (Elemente, die die Isotopie wechseln, also eine andere Bedeutung annehmen)? Welche der Isotopien entsprechen einander (Äquivalenz), sei es durch lebensweltlichen Zusammenhang, sei es durch gemeinsame Elemente? Welche stehen zueinander in Gegensatz (Opposition)?

5. Teilen Sie, wenn möglich, den Text vor diesem Hintergrund in inhaltliche Etappen ein und/oder beschreiben Sie die Entwicklung des Themas/der Themen.

6. Ermitteln Sie die formalen Einschnitte auf makro- und mikrostruktureller Ebene (Kapitel, Absätze, Sätze, Verse).

7. Suchen Sie nach Wiederholungen, Äquivalenzen und Oppositionen auf den verschiedenen Ausdrucksebenen: Syntax (z. B. Satzwiederholungen oder Parallelismus), Lexik (z. B. Wortverknüpfungen, Wortlänge), Lautung (z. B. Reim, Paronomasien oder Lautoppositionen).

Ausdrucksseite: Einschnitte, Wiederholungen, Äquivalenzen, Oppositionen

8. Setzen Sie die formalen Betrachtungen in Beziehung zum Inhalt des Textes. Welche Inhalte werden durch formale Mittel aneinander gekoppelt (z. B. Reimwörter) oder einander gegenübergestellt? Stützen die formalen Eigenschaften die Befunde der Inhaltsanalyse oder stehen sie ihnen entgegen?

Zusammenführung von Inhalt und Ausdruck

9. Kehren Sie zu Ihrer Lesehypothese zurück. Lässt sich durch die ermittelte Struktur des Textes dieser Leseeindruck erklären? Wenn nötig, ergänzen oder korrigieren Sie die erste Beschreibung.

Rückkehr zur Lesehypothese

Gattung Lyrik

4.4

So sehr sich die Schritte für eine erste Strukturanalyse, die textintern bleibt und von historischen Faktoren, Werkzusammenhängen u. ä. absieht, bei verschiedenen Texten wiederholen: Die Unterscheidung von Gattungen ist auch hier relevant, denn die Kategorisierung von Texten in Form von Gattungszuordnung geschieht notwendigerweise auf der Basis wiederkehrender inhaltlicher oder formaler Eigenschaften (siehe Einheit 2.2). Diese bilden naturgemäß ein Orientierungsraster für die inhaltliche und formale Strukturanalyse und erfordern häufig ein in eine bestimmte Richtung verfeinertes terminologisches Instrumentarium der Textbeschreibung. Fragen wir uns also: Was ist für Lyrik kennzeichnend?

Rolle der Gattung für die Strukturanalyse

Es fehlt nicht an Versuchen, lyrische Texte oder gar eine hinter diesen stehende lyrische ‚Haltung' zu definieren. Goethe hatte, wie Sie in Text 2.7 sahen, Lyrik als die „enthusiastisch aufgeregte" Form bezeichnet. Tatsächlich deckte sich diese heutzutage vielleicht etwas merkwürdig anmutende Formulierung mit der immer noch typischen Vorstellung, Lyrik drücke *Innerlichkeit*, *Emotionen* aus: Die Praxis, die Geliebte mit Gedichten zu umwerben, mag heute nicht mehr verbreitet sein, fest steht, dass der Ausdruck von Gefühlen literarhistorisch das mit Abstand wichtigste Thema lyrischer Texte darstellt. Doch schon hier kommen Schwierigkeiten ins Blickfeld, die wir von der Diskussion des Literaturbegriffs in Einheit 1 her kennen, denn der Ausdruck von Emotionen ist nicht nur ‚das' lyrische, sondern ‚das' literarische Thema schlechthin und keineswegs nur in Gedichten präsent. Wie beim Literaturbegriff gibt es besonders typische Formen, die sich dann in Definitionen wie

Definitionen von ‚Lyrik'

Innerlichkeit

der Goethes wiederfinden, daneben jedoch eine Vielzahl von – je nach Epoche keineswegs randständigen – weniger typischen oder Mischformen: Auch Lyrik kann erzählen (etwa in der Untergattung Ballade), auch epische Texte wie Romane können eine Innerlichkeit des Sprechers ausdrücken (z. B. Briefroman), die einem Gelegenheitsgedicht völlig fehlt.

Poetizität und Strukturiertheit des Ausdrucks

Mehr Aussicht auf Stimmigkeit als die inhaltliche Bestimmung von Lyrik scheint indessen eine formbezogene Definition zu bieten. Wenn man ein Gedicht (frz. *poème*) etymologisch auf poetisches Sprechen/Schreiben und Poetizität zurückbezieht, dann wäre Lyrik mehr als andere literarische Gattungen durch einen besonderen Sprachgebrauch gekennzeichnet, welcher der Ausdrucksseite ebensoviel oder sogar mehr Bedeutung einräumt als dem ‚Inhalt' (siehe Einheit 1.1). In der Tat gehen lyrische Texte häufig neue Wege der Sprachverwendung – etwa weil komplexe Inhalte in meist kurzen Texten

Verdichtung

ausgedrückt und damit verdichtet werden –, streben bei teils sehr festgefügtem und konventionalisiertem Inhalt (z. B. dem Frauenlob in der Renaissance) gerade nach Originalität des Ausdrucks oder sind Schauplatz für Sprachexperimente (z. B. im Dadaismus, einer avantgardistischen Kunstbewegung, die die überkommene Literaturauffassung u. a. mit sinnentleerten Sprachgebilden infrage stellte). Leichter festzustellen – dieser Punkt wird Ihnen wahrscheinlich gleich als Merkmal von Gedichten eingefallen sein – ist freilich eine hochgradige Strukturiertheit des Ausdrucks im Vers und in Strophenformen.

Vers und Strophe

Auch Vers und Strophe sind weder notwendiges noch hinreichendes Kriterium für Lyrik: Das Drama der Klassik etwa ist normalerweise in Versen

Poème en prose

verfasst, während im 19. Jh. die Gattung des Prosagedichts (*poème en prose*) entwickelt wurde. Diese u. a. von Baudelaire sehr gepflegte Form zeichnet sich nicht mehr durch Verse, sondern durch eine weniger festgefügte, aber nachweisbare Strukturierung des Signifikanten und gedankliche Verdichtung aus. Wenn Lyrik also schwerlich über eindeutige Kriterien zu definieren ist, dann empfiehlt es sich, von typischen lyrischen Untergattungen und konventionellen Formen auszugehen. Zunächst einige wichtige feste Gedichtformen – zu Vers und Reim gleich mehr.

Feste Gedicht- und Strophenformen

1. Sonett (*sonnet*): Wichtigste Form des 16. Jh., aber etwa auch im 19. Jh. von zentraler Bedeutung. Ähnlichkeit mit der Kanzonenstrophe, aus der vermutlich das Sonett in Italien entwickelt wurde (zweigeteilter Aufgesang, zweigeteilter Abgesang): Zwei Quartette (= Oktave), zwei Terzette (= Sextine). Das Reimschema (bei dem sich reimende Verse mit dem gleichen Buchstaben bezeichnet werden) ist meist abba / abba – ccd / ede (*sonnet régulier*) oder ccd / eed. Ein Beispiel ist Text 1.1. In der folgenden Einheit wird das Sonett eingehender behandelt.

2. Ballade (*ballade*): Gedicht aus drei Strophen plus Widmungsstrophe (Geleit, frz. *envoi*) aus Acht- oder Zehnsilblern mit feststehendem Reimschema.

Meist haben die Strophen so viele Verse, wie der Vers Silben hat (also acht oder zehn). Das Geleit hat halb so viele Verse und beginnt mit einer Anrede (Titel oder Name). Im 14. und 15. Jh. beliebteste Gedichtform.

Einige wichtige Sonderformen:

3. Kanzone (*chanson*): zweigeteilte Strophe provenzalischer Herkunft, bestehend aus einem Aufgesang aus 4, selten 6 Versen (meist Kreuzreim) und einem freien Abgesang (oft Paarreime). Bezüglich der Versart, Reimanordnung sowie Strophenlänge bestanden keine Vorschriften. Kanzonen endeten oft mit einer Widmungsstrophe (Geleit, frz. *envoi*) mit Anrede einer Person oder des Gedichts selbst.
   Beispiel für eine kompliziertere Kanzonenstrophe (die tiefgestellten Zahlen geben die Silbenzahl des jeweiligen Verses an): $a_7 b_5 a_7 b_5 - c_2 c_5 d_3 d_5 e_7 e_7 f_{10} f_{10}$.

4. Ode (*ode*): Kunstvolle Form, die bis zum Ende des 18. Jh. hoch geschätzt war. Zehnzeilige Strophe, meist aus Achtsilblern. Übliche Reimanordnung: Kreuzreim – Paarreim – umschlingender Reim, also ababccdeed, manchmal auch Kreuzreim und umschlingender Reim vertauscht: abbaccdede. Zäsuren nach dem vierten und dem siebten Vers, also Aufteilung in eine Viergruppe und eine halbierte Sechsergruppe: abba – ccd / ede bzw. abab – ccd / eed.

? Versuchen Sie, die genannten Strophenformen vereinfacht graphisch darzustellen (z. B. Umrissform).

| Aufgabe 4.6

Auch jenseits solcherlei historisch herausgebildeter und fixierter Gedichtformen bedeutet die Verwendung von Versen und festen Strophenformen eine höhere Strukturierung des sprachlichen Signifikanten und schränkt die Ausdrucksmöglichkeiten durch eine Reihe von Zwängen ein. So ist – von experimentellen oder parodistischen Gedichten des 20. Jh. abgesehen – üblicherweise der Versanfang auch ein Wortanfang, das Versende zugleich Wortende mit betonter Silbe, meist auch Satzteilende – ist es das nicht, d. h. geht die Syntax über den Vers hinweg, handelt es sich um einen Sonderfall, für den eigens der Terminus ‚Enjambement' eingeführt wurde. Die Vers- und Strophenstruktur bildet also eine weitere Ebene in Form – und Inhalt, denn es kann eine entscheidende inhaltliche Rolle spielen, wo im Vers oder in der Strophe ein Wort steht. Die Kenntnis des Versbaus, der Metrik, ist daher sehr relevant für die Strukturanalyse von Verstexten. So ist etwa in dem Racine-Vers „Que je me perde ou non, je songe à me venger" die Rache doppelt hervorgehoben: erstens, weil der französische Vers insgesamt endbetont ist, und zweitens, weil „venger" bei genauer Betrachtung als einziges zweisilbiges Wort des Verses heraussticht. Die Relevanz metrischer Besonderheiten wird auch

Vers und Strophe als Form- und Sinnebene

in der nächsten Einheit bei der Analyse eines Gedichts von Arthur Rimbaud (Text 5.5) deutlich werden.

Romanischer Vers durch Silbenzahl bestimmt

In den romanischen Sprachen ist der Vers allein durch die Zahl seiner Silben bestimmt (*syllabierendes* oder *numerisches Prinzip*), es wird also nicht, wie in der Antike, zwischen langen und kurzen Silben (*quantitierendes Prinzip*) oder, wie etwa im Deutschen, zwischen Hebungen (betonte Silben) und Senkungen (unbetonte Silben) unterschieden (*akzentuierendes Prinzip*). Für den französischen Vers sind Betonungen lediglich festgelegt für das Versende und – bei längeren Versen – für die Silbe vor der Zäsur (Einschnitt im Vers). Durch diese metrisch weitgehend unverplante Umgebung bleibt hier im Gegensatz etwa zur germanischen Metrik ein ,freier Sprechrhythmus' erhalten, d. h. nicht jede Silbe ist charakterisiert. Zur Beschreibung des *Rhythmus*, nicht aber des Metrums, sind also antike Versmaßbegriffe wie Jambus oder Trochäus, die Ihnen wahrscheinlich bereits bekannt sind, durchaus verwendbar. Wie bestimmt man französische Verse?

Regeln der Versbestimmung

Grundregeln der Silbenzählung:

1. Jeder Vokal bildet eine Silbe. Dabei ist die *Aussprache* maßgeblich, nicht die Schreibung (z. B.: „Sceaux" ist einsilbig). Bei Doppelvokalen (Diphthongen) richtet sich die Silbenzahl meist nach der Zahl der dem Diphthong entsprechenden Silben beim lateinischen Herkunftswort. Beispiel: „jouer" ist zweisilbig wegen lat. „jocari" (sog. *Diärese,* Trennung der beiden Vokale), „bien" einsilbig wegen lat. „ben[e]" (sog. *Synärese,* Zusammenziehung der Vokale). Gelegentlich wird davon abgewichen und ein Diphthong ein- oder zweisilbig gewertet, je nachdem, welche Silbenzahl für den Bau des Verses nötig erscheint.

2. Für das unbetonte *e* (sog. *e caduc*) gelten besondere Regeln:
   2a. Unbetontes *e* vor oder nach Vokal wird nicht gezählt (sog. *Synalöphe*). Beispiel: „mille années" ist dreisilbig. Dies gilt auch bei syntaktischen Pausen: „ô rage! ô désespoir!" ist sechssilbig.
   Davon zu unterscheiden ist das Aufeinandertreffen eines anderen Auslautvokals mit einem Anlautvokal des folgenden Wortes (Beispiel: Où est-il?). Dieses Phänomen nennt man Hiat (*hiatus*, m.). Hier werden beide Vokale gezählt. Der Hiat war ab der Mitte des 16. Jh. bis in das 19. Jh. hinein verpönt und wurde vermieden.
   2b. Unbetontes *e* zwischen Konsonanten (*interkonsonantisch*) wird gesprochen und gezählt (Beispiel: „samedi" dreisilbig). Dies gilt auch zwischen Wörtern (Beispiel: „Rodrigue, qu'as-tu fait?" [Corneille, *Le Cid*] ist sechssilbig). Häufig liegt ein interkonsonantisches *e caduc* aufgrund nachfolgender Bindung vor, auch wenn diese in der Alltagssprache normalerweise nicht realisiert wird. Dieses *e caduc* wird ebenso gezählt

und auch gesprochen (Beispiel: „Qui suiv<u>ent</u>, indolents compagnons de voyage/Le navire glissant sur des gouff<u>res</u> amers" [Baudelaire, *L'Albatros*] jeweils zwölf Silben).

2c. Unbetontes *e* am Versausgang wird nicht gezählt.

3. Versarten

Die Bezeichnung der verschiedenen Versarten richtet sich allein nach der Zahl ihrer Silben. Man spricht von *vers de deux, trois* etc. *syllabes*, in der gehobenen Fachsprache auch in der altsprachlichen Terminologie: *monosyllabe* (1), *dissyllabe* (2), *tris-* (3), *tétra-* (4), *penta-* (5), *hexa-* (6), *hepta-* (7), *octo-* (8), *ennéa-* (9), *déca-* (10), *endéca-* (11), *dodécasyllabe* (12). Eine Ausnahme bildet der Zwölfsilbler, der seit dem Mittelalter bis heute *Alexandriner (alexandrin)* genannt wird und der meistverwendete Vers der französischen Literatur ist (zum Alexandriner siehe auch Einheit 6.3.1).

? Trennen Sie mit einem senkrechten Strich die Silben dieser Gedichtstrophe aus Baudelaires *Tableaux parisiens*:　　　　　　　　　　　| Aufgabe 4.7

> Ô fins d'automne, hivers, printemps trempés[1] de boue,
>
> Endormeuses saisons! Je vous aime et vous loue
>
> D'envelopper ainsi mon cœur et mon cerveau
>
> D'un linceul[2] vaporeux et d'un vague tombeau.

1 trempé *getränkt* – 2 le linceul *Leichentuch*

Verse stehen normalerweise nicht allein, sondern werden an andere Verse gekoppelt. Neben der Syntax, also der grammatischen Verbindung zweier oder mehrerer Verse zu einem Satz, ist hier vor allem der Reim (*la rime*) von Bedeutung. Darunter versteht man im Frz. wie im Dt. den Gleichklang zweier Wörter zumindest ab dem letzten betonten Vokal (Bsp.: peur – douleur). Ab dem 13. Jh. setzt sich der Reim in der französischen Dichtung durch, vorher war der Gleichklang nur des Tonvokals, nicht der folgenden Konsonanten üblich (sog. *Assonanz*). Während der Vers, mit der eingeschränkten Ausnahme des bereits erwähnten *poème en prose* als Charakteristikum der Lyrik gelten kann, ist der Reim nicht immer gegeben, v. a. nicht in der sehr alten und der modernen Lyrik.

Man unterscheidet zwischen weiblichem und männlichem Reim. Hierbei ist entscheidend, ob die am Reim beteiligten Verse auf dem Tonvokal enden (männlich: il dit) oder auf einem unbetonten *e* (weiblich: il parle; auch direkt nach dem Tonvokal: l'aimée). Von der Renaissance bis zur Mitte des 19. Jh. galt die Vorschrift, weiblichen und männlichen Reim ständig abzuwechseln (sog. *alternance des rimes*). Je nachdem, wie stark die Reimverse übereinstimmen, werden verschiedene Grade der Reimfülle unterschieden:

(Randnotizen rechts:) Reim

Assonanz

Weiblicher/männlicher Reim

Reimfülle

- *rime pauvre* (nur Tonvokal: *roi – moi*),
- *rime suffisante* (Tonvokal und nachfolgender Konsonant: *cheval – égal*, *arbre – marbre*),
- *rime riche* (Tonvokal und vorausgehender Konsonant: *perdu – vendu*, *crime – escrime*) und
- *rime superflue* (Übereinstimmung ab dem Vokal vor dem Tonvokal: *abonder – inonder*, *marine – narine*).

Zu guter Letzt werden in der Abfolge der Reimverse verschiedene Grundtypen unterschieden:

Reimfolge

- Paarreim (*rimes plates*): aabbcc… Häufigstes Reimschema im klassischen Alexandriner. Beispiel: Text 7.2.
- Umschlingender Reim (*rimes embrassées*): abba cddc… Beispiel: Text 5.1, Strophen 1 und 2.
- Kreuzreim (*rimes croisées*): abab cdcd… Beispiel: Text 5.3.

Zusammenfassung

In der zurückliegenden Einheit haben Sie zunächst die allgemeinen Grundlagen der Strukturanalyse kennengelernt. Wie jeder Zugang zur Literatur geht auch sie vom Vorgang des Verstehens aus, der sich nicht linear, sondern vielmehr in Form eines hermeneutischen Zirkels vollzieht, bei dem die Subjektivität des Verstehenden entscheidend mitwirkt. Die Strukturanalyse strebt eine Objektivierung an, indem sie sich auf überindividuelle Bedeutungs- und Formmerkmale des Textes konzentriert und die textinternen Funktionen aufzeigt, die Sinn generieren. Zur Beschreibung der Ausdrucks- und Inhaltsseite stehen Begrifflichkeiten der antiken Rhetorik, aber v. a. auch eigentlich literaturwissenschaftliche Termini wie Thema, Stoff, Motiv und Isotopie zur Verfügung. In einem abschließenden Schritt wurde eine Annäherung an die Definition von Lyrik versucht und es wurden spezielle Instrumente zur Analyse von Verstexten erarbeitet.

Aufgabe 4.8 | **?** Benennen Sie die Reimfülle jedes Reimpaares in Textauszug 7.2.

Aufgabe 4.9 | **?** Songtexte heißen auf englisch ‚lyrics'. Inwiefern passt dies zu unserer Bestimmung von Lyrik?

Literatur

Arthur Rimbaud: *Œuvres complètes*. Paris: Gallimard (Pléiade) 1976.

Wilhelm Theodor Elwert: *Französische Metrik*. Ismaning: Hueber ⁴1992.

Jürgen Schutte: *Einführung in die Literaturinterpretation*. Stuttgart/Weimar: Metzler ⁵2005.

Lyrik analysieren – Beispiele und Übungen

Nach der theoretischen Auseinandersetzung mit Textanalysen bietet diese Einheit konkrete Anregungen für die Strukturuntersuchung von Gedichten. Anhand exemplarischer Texte werden Musteranalysen vorgestellt und es wird die wissenschaftliche Herangehensweise an Lyrik eingeübt. Ein Schwerpunkt liegt hierbei auf der literarhistorisch besonders wichtigen Gattung des Sonetts und seinen strukturellen Besonderheiten.

Überblick

5.1 | Zwei Sonette der Renaissance

Abb. 5.1 |

Louise Labé
(1524?–1566)

Der erste Text, dem wir uns zuwenden wollen, stammt von einer der berühmtesten französischen Schriftstellerinnen. Berühmt wurde Louise Labé nicht zuletzt durch ihr für damalige Verhältnisse ungewöhnlich selbstbewusstes, anachronistisch formuliert: emanzipiertes Auftreten – in ihrem Lyoneser Salon, der ein intellektuelles Zentrum der damals führenden Kulturstadt Frankreichs war, wurden Fragen der Geschlechterrollen in Gesellschaft und Kunst diskutiert. Literarisch orientiert sie sich, wie ihre Dichterkollegen der sog. ‚Lyoneser Schule‘, an der beherrschenden petrarkistischen Liebeslyrik, die sie allerdings entgegen überkommener Modelle aus einer dezidiert weiblichen Position heraus gestaltet, die u. a. dadurch oft als authentisch verstanden wurde.

Definition

> Unter **Petrarkismus** versteht man die im 16. Jh. in ganz Europa verbreitete Nachahmung der Lyrik Francesco Petrarcas (1304–1374), insbesondere seines *Canzoniere*. Dieser Gedichtzyklus wird modellbildend im Hinblick auf die Thematik (Liebesdichtung mit Überhöhung der körperlichen und geistigen Erscheinung der Geliebten, unerfüllbare Liebe und durch sie ausgelöster Schmerz und Todessehnsucht bei ungebrochenem Verlangen), die Gattungen (Sonett und Kanzone) sowie die verwendeten Ausdrucksmittel (Antithese, Oxymoron, Hyperbel, Anapher).

Text 5.1 |

Louise Labé:
Sonnet VIII (1555)

1   Je vis, je meurs: je me brule et me noye.
    J'ay chaut estreme en endurant froidure:
    La vie m'est et trop molle et trop dure.
    J'ay grans ennuis entremeslez[1] de joye:

5   Tout à un coup je ris et je larmoye,
    Et en plaisir maint grief tourment[2] j'endure:
    Mon bien s'en va, et à jamais il dure:
    Tout en un coup je seiche[3] et je verdoye.

9   Ainsi Amour inconstamment me meine[3]:
    Et quand je pense avoir plus de douleur,
    Sans y penser je me treuve[4] hors de peine.

12   Puis quand je croy ma joye estre certeine,
    Et estre au haut de mon desiré heur[5],
    Il me remet en mon premier malheur.
    (Labé: 1983, 116)

1 entremeslez *nfrz. entremêlés* – 2 maint grief tourment *manch schwere Qual* – 3 seiche, meine *nfrz. sèche, mène* – 4 me treuve *nfrz. me trouve* – 5 heur *nfrz. bonheur*

Typisches Sonett der französischen Renaissance

Dieses sehr bekannte Sonett eignet sich in zweierlei Hinsicht für einen Einstieg in die Gedichtanalyse: Es veranschaulicht gut die Bauprinzipien der Gattung Sonett, der mit Abstand wichtigsten lyrischen Form der französischen Renaissance. Darüber hinaus kann es als literaturgeschichtliches Anschauungsmaterial dienen, da es sich in der thematischen Gestaltung als petrarkistisches Liebesgedicht *par excellence* zeigt. Das ohne weiteren Aufwand erkennbare Thema ist die Liebe, in der zweifachen Gestalt erlebter Liebe, die dem lyrischen Ich widerfährt, und personifizierter Liebe, die als bewusst handelnde Gottheit in Erscheinung tritt. In beiderlei Hinsicht ist sie zugleich mit Freude und Schmerz, Lust und Entsagung, Heil und (tödlicher) Verletzung assoziiert, wobei hier (und innerhalb dieser literarischen Strömung meistens) letztlich das Unheil die Oberhand behält, wie am vorliegenden Text bereits durch die Klammer vom ersten zum letzten Wort (je – malheur) suggeriert wird. Strukturell besonders auffallend und typisch für petrarkistische Liebeslyrik ist dementsprechend die Ausgestaltung der Ambivalenz der Liebe in Form von Antithesen. Sie findet sich in der Grundopposition von Leben und Sterben (vis – meurs, 1, über Pflanzenmetaphorik: seiche – verdoye, 8), der sehr konventionellen Metaphorik von Feuer und Eis bzw. Wasser (brule – noye, 1, chaut estreme – froidure, 2) und dem Wechsel von Freude und Leid (vie molle – dure, 3, ennuis – joye, 4, ris – larmoye, 5, plaisir – grief tourment, 6, douleur – hors de peine, 10f., heur – malheur, 13f.).

> Erlebte Liebe
>
> Personifizierte Liebe (Amor)
>
> Antithesen

Die strenge Bauform des Sonetts und seine klar abgegrenzten Teile (Zäsur nach Vers 8, Binnen-Zweiteilung der Blöcke) finden im Allgemeinen ihre Entsprechung in einer logischen gedanklichen Struktur, etwa einer Gegenüberstellung, einer Parallelisierung oder einem Vergleich der Inhalte der Oktave und der Sextine, oft aber auch in einem logischen Dreischritt aus Prämissen (Quartette 1 und 2) und pointierter Schlussfolgerung (Terzette). Das vorliegende Gedicht weist gemäß erstgenannter Möglichkeit eine *makrostrukturelle* (d. h. auf den gesamten Text bezogene) *Zweiteilung* auf, die im Übrigen auch dem bereits herausgearbeiteten *mikrostrukturellen* Grundmuster der Antithese eigen ist. Das Thema ambivalenter bzw. wechselnder Liebesempfindungen zieht sich zwar insgesamt durch den Text, wird jedoch aus verschiedenen Perspektiven dargestellt. So ist in den Quartetten das Subjekt im Mittelpunkt (anaphorisches „je", 1, 2, 4), die Liebe tritt in Gestalt ihrer Symptomatik (physische und psychische Wirkung) und damit subjektbezogen in Erscheinung, wobei die typischen Antithesen rasch innerhalb der Verse, zum Teil mehrfach (1), aufeinander folgen. Die Terzette bieten demgegenüber ein durch „Ainsi" (9) markiertes Resümee des im ersten Teil Gesagten mit einem dementsprechend höheren Grad an Abstraktion und nunmehr ohne Bezug zu den einzelnen Symptomen; die Rolle der ‚Hauptfigur' geht auf die Liebe selbst über, die hier als allegorische Figur Amor zum Handelnden wird, das lyrische Ich dagegen wird schon grammatikalisch verstärkt zu dessen Objekt. Mit dem inhaltlichen Wechsel ändert sich auch das Tempo der Darstellung: Weniger resümierende Antithesenpaare erhalten mehr Raum, stellen also Oppositionen zwischen Versen (10–11, 12/13–14) und nicht mehr innerhalb der Verse her. Die sonetttypische Zweiteilung wiederholt sich also:

> Sonettform und Inhalt

Memento Mori
Vanitas
Carpe diem

Zweiteilung

1. in der gedanklichen Struktur (konkret-detailbezogen vs. abstrakt-resümierend),
2. in der Perspektivierung der Liebe (subjekt-symptombezogen vs. allegorisch-urheberbezogen) und
3. im Grad der sprachlichen Verdichtung (Tempo) der Antithesen, die das epochentypische übergreifende Strukturmoment des Textes bilden.

Ronsard und die Pléiade

Der zweite Text stammt von einem jüngeren Zeitgenossen Labés, Pierre de Ronsard. Auch er steht in der Tradition petrarkistischer Liebeslyrik und wird einer ‚Schule‘ zugerechnet, der nach dem Siebengestirn der Plejaden und einer gleichnamigen Dichtergruppe der Antike benannten *Pléiade*. Sie ist mehr ‚Schule‘ als die ‚école lyonnaise‘, da sie mit sehr viel stärker modellbildendem Anspruch auftritt, was sich unter anderem an einem ausformulierten theoretischen Programm, Joachim du Bellays bereits in Einheit 2.1.4 erwähnter *Deffence et Illustration de la Langue Françoyse*, zeigt. In dichterischer Hinsicht vertritt die Pléiade eine verstärkte Nachahmung antiker und italienischer Formen, teils mit einer inhaltlichen Imitation, wie wir sie bereits oben im Zusammenhang mit dem Petrarkismus kennengelernt haben, teils aber auch mit einer selbstbewussten Verherrlichung der französischen Heimat oder sogar des eigenen dichterischen Schaffens. Das Sonett, das wir nun genauer betrachten werden, ist – wie häufig in der Renaissance – mit einem konkreten Ereignis verbunden und damit der Gelegenheitsdichtung nicht unähnlich, schöpft dabei aber aus einem Fundus überkommener literarischer Ausdrucksmittel – und will diese *Imitatio* auch gar nicht verleugnen.

Abb. 5.2 |

Pierre de Ronsard
(1524–1585)

Text 5.2 |

Pierre de Ronsard:
Sur la mort de Marie,
V (1578)

1 Comme on voit sur la branche au mois de May la rose
En sa belle jeunesse, en sa premiere fleur
Rendre le ciel jaloux de sa vive couleur,
Quand l'Aube de ses pleurs au poinct du jour l'arrose :

5 La grace dans sa fueille, & l'amour se repose,
Embasmant[1] les jardins et les arbres d'odeur :
Mais batue ou de pluye, ou d'excessive ardeur,
Languissante[2] elle meurt fueille à fueille déclose :

9 Ainsi en ta premiere & jeune nouveauté,
Quand la terre & le ciel honoroient ta beauté,
La Parque[3] t'a tuée, & cendre tu reposes[4].

12 Pour obseques[5] reçois mes larmes & mes pleurs,
Ce vase plein de laict, ce panier plein de fleurs,
Afin que vif, & mort, ton corps ne soit que roses.
(Ronsard: 1993, 254f.)

Handschriftliche Notizen am Rand:

Auch andere Frauen als Laura u. Hélène

Blume schließt sich Blatt für Blatt, stirbt

Gedicht auf Vanitas (Vergänglichkeit)

Schicksalsgöttin

→ Frau sehr schön, aber auch Hyperbolische Metaphorik

1 nfrz. embaumer *mit Duft erfüllen* – 2 languir *schmachten* – 3 dt. die Parze, pl. Parzen *antike Schicksalsgöttinnen, die die Lebenszeit der Sterblichen bestimmten* – 4 cendre *hier nicht Objekt, sondern latinisierende Apposition: als Asche ruhst du* – 5 obseques (f. pl.) *Begräbnis*

? Vergleichen Sie den Versbau dieses Gedichts mit Text 5.1. Welche Unterschiede fallen Ihnen auf?

Aufgabe 5.1

? Auch Ronsards Gedicht nutzt die Bauform des Sonetts, die Sie oben kennengelernt haben, für den gedanklichen Aufbau. Zeigen Sie dies im Detail, bevor Sie weiterlesen.

Aufgabe 5.2

Das vorliegende Sonett wurde wie der schmale Zyklus, zu dem es gehört, zu Ehren der 1574 früh verstorbenen Marie de Clèves, der Geliebten König Heinrichs III., verfasst. Es handelt sich also um eine Totenklage, wobei der individuelle Gehalt sehr hinter die literarische Tradition zurücktritt, die sich hier in Form des sog. *Vanitas-Motivs* zeigt. Darunter versteht man eine Darstellung der Vergänglichkeit und Nichtigkeit irdischen Seins, in Mittelalter und früher Neuzeit häufig in kontrastierender Verbindung mit einem mahnenden Hinweis auf die Ewigkeit Gottes. Im vorliegenden Gedicht wird das Motiv ohne christliche Moral, stattdessen mit antikisierend-heidnischen Anklängen in Form eines Vergleichs der besungenen Marie mit einer Rose aktualisiert, die, eben noch in prächtigster Blüte, durch höhere Kräfte rasch dem Leben entrissen wird.

Motiv der Vergänglichkeit (Vanitas)

Für diesen Vergleich wird hier die Bauform des Sonetts genutzt. Dass die beiden von der Gattung vorgegebenen Teile, die Oktave (1–8) und die durch Strophenbau und Reimschema von ihr abgesetzte Sextine (9–14), der inhaltlichen Struktur des Vergleichs entsprechen, wird durch die jeweils einleitenden und aufeinander bezogenen Adverbien „Comme" (1) und „Ainsi" (9) markiert. Die beiden Teile sind verbunden durch eine Reihe von Isotopien, d. h. semantisch gleichwertige Charakterisierungen der Rose und der besungenen Frau, die das sog. *tertium comparationis* bilden, die Menge jener Gemeinsamkeiten, die bestehen müssen, damit zwei Dinge überhaupt miteinander verglichen werden können. Im vorliegenden Gedicht sind dies, bezogen auf die Rose, zunächst ‚Schönheit' und ‚Jugend', die in Vers 2 über das rhetorische Ausdrucksmittel des Chiasmus (siehe Einheit 4.2, rhetorische Stilmittel I) miteinander verschränkt sind – „belle" ist semantisch assoziiert mit „fleur", „jeunesse" mit „premiere", wobei jeweils Wortart und syntaktische Stellung getauscht werden. Weitere vergleichsrelevante Isotopien sind die ‚Rührung der Götter', die sich in den Versen 3 und 4 auf zweierlei Art ausdrückt, sowie die Isotopie ‚Tod' (7/8). All diese Charakteristika werden im ersten Terzett aufgegriffen und auf Marie bezogen, teils wörtlich, teils in abgewandelter Form:

Vergleichsstruktur und Sonettform

„premiere & jeune nouveauté" (9) wiederholt wörtlich die Elemente der Isotopie ‚Jugend' aus dem ersten Teil, entsprechend „ta beauté" (10) die in Vers 2 ausgedrückte Schönheit; Neid und Ehrerbietung, die die Götter der Rose entgegenbringen, werden gesteigert zu einer Huldigung des Universums (10), nicht ohne den in Vers 3 eingeführten Himmel explizit zu wiederholen, und der Tod der Rose findet seine Entsprechung in der Tötung durch die (ebenfalls ‚überirdische') Parze sowie in der Asche. Diese eindeutigen Parallelen zwischen den durch Zäsur und inhaltlichen Bezug getrennten Teilen stellen den Vergleich her, wobei das erste Terzett, ähnlich wie bereits in Text 5.1, in nur drei Versen den wesentlichen Gehalt der Oktave aufgreift, also den Charakter eines Resümees und, da im Gegensatz zum ersten Textbeispiel kaum etwas abstrahiert oder weggelassen wird, einer Verdichtung und Beschleunigung besitzt.

Eine inhaltliche Pointierung bietet das nicht für den eigentlichen Vergleich genutzte Abschlussterzett. Es schildert eine Szene am Grab, in der das lyrische Ich die Verstorbene beweint und Milch und Blumen als Grabbeigaben überbringt, das Grab also benetzt und mit heidnischen Fruchtbarkeitssymbolen versieht. Damit wird der innerfiktionale Gehalt der Abschlussszene deutlich: Auf dem Grab soll eine Rose wachsen und damit über den Tod hinaus fortsetzen, was der Logik des Gedichts zufolge das Wesen Maries war. Hinsichtlich der inhaltlichen Struktur des Gedichts vollzieht sich hier der Übergang von einem bloßen Vergleich zu einer Metamorphose: Zuvor war die Besungene *wie eine Rose*, im Abschlussterzett *wird sie zur Rose*. Diese Verwandlung stellt eine für die Renaissance typische Imitation antiker Dichtung dar, nämlich einen Anklang an Ovids *Metamorphosen*, die Ronsard hier, ganz gemäß dem Programm der Pléiade, gewissermaßen (und in Bezug auf die verwandelte Marie buchstäblich) ‚auf französischen Boden holt'. Das Motiv der Tränen bindet das abschließende Terzett (Vers 12) an den ersten Teil des Gedichts (Vers 4) an, ist zugleich aber auch Teil eines Spiels mit Homonymen und Paronomasien (gleich und ähnlich klingenden Wörtern), das das Gedicht durchzieht und ihm zusätzliche Geschlossenheit verleiht: Wie bereits durch den identischen Reim aus den Versen 1 und 4 deutlich wird, ist der zweifach geschilderte Vorgang des Benetzens („arroser") durch die lautliche Ähnlichkeit (oder im Falle der Form „l'arrose": Gleichheit) mit dem Schlüsselobjekt „la rose" motiviert; im Falle von Vers 4 besteht darüber hinaus eine implizite (unausgesprochene) Paronomasie, denn die erwähnten Tränen der Morgenröte sind nichts anderes als eine Metapher für den Tau, französisch: *la rosée*.

Marginalien:
- Resümee-Schema: Pointierung I
- Metamorphose: Pointierung II
- Homonymie/ Paronomasie: la rose – l'arrose -- la rosée
- Zusammenfassung

Eine genaue Strukturanalyse zeigt also einen im Kontext des traditionellen Vergänglichkeits- oder *Vanitas-Motivs* stehenden Vergleich, der gemäß der zweigeteilten Sonettstruktur durchgeführt, im Abschlussterzett jedoch zur Metamorphose pointiert wird. Das Gedicht wird außer durch die thematischen Elemente zusammengehalten von einer wortspielerischen Variation des programmatischen Begriffs „la rose".

Romantik: Victor Hugo

Mit dem nächsten Textbeispiel vollziehen wir einen Sprung in eine weitere für die französische Lyrik besonders produktive Epoche, die Romantik. Insbesondere für die französische Literatur, die eine bis ins 18. Jh. reichende ausgeprägt klassische Phase mit rigiden poetologischen Normen durchlief, bedeutet die Romantik eine schöpferische Befreiung von Regelzwängen und dem Ideal der Imitation. In einer berühmten Formulierung aus der nicht minder berühmten Vorrede zu seinem Drama *Cromwell* (1827) fordert Victor Hugo, der unumstritten und in allen Gattungen herausragendste Literat der frühen Romantik, den „Liberalismus in der Kunst". Mit der Zurückweisung von klassischen poetologischen Zwängen wie der Stiltrennung, der Klarheit und Vernunft sowie der Nachahmung bricht sich eine Literaturauffassung Bahn, die einen neuen Schönheitsbegriff entwickelt, Heterogenes mischt und das schöpferische Individuum, das Genie, und die Originalität und Authentizität seines Ausdrucks zum Maßstab macht. War das Theater der vorrangige Schauplatz der literarischen Auseinandersetzungen zu Beginn der romantischen Bewegung, so hat diese neue Auffassung gerade im Bereich der Lyrik nachhaltig gewirkt, denn die heute durchaus noch landläufige Vorstellung von Gedichten als typischerweise gefühlszentriertem Ausdruck eines schreibenden Ichs entspringt der romantischen Poetik und war, wie Sie bereits anhand der Texte von Labé und Ronsard erahnen können, keineswegs immer die Norm. Victor Hugos *Feuilles d'automne* repräsentieren innerhalb seines monumentalen, über alle Gattungen reichenden Œuvres in diesem Sinne typisch romantische intimistische Dichtung, in der die Außenwelt – häufig Naturbetrachtungen – zum Anstoß für melancholische Reflexionen über Vergangenheit und Vergänglichkeit wird.

Romantik als „Liberalismus in der Literatur"

|Abb. 5.3

Auguste Rodin: *Victor Hugo*

1 Le soleil s'est couché ce soir dans les nuées;
  Demain viendra l'orage, et le soir, et la nuit;
  Puis l'aube, et ses clartés de vapeurs obstruées;
  Puis les nuits, puis les jours, pas du temps qui s'enfuit!

5 Tous ces jours passeront; ils passeront en foule
  Sur la face des mers, sur la face des monts,
  Sur les fleuves d'argent, sur les forêts où roule
  Comme un hymne confus des morts que nous aimons.

9 Et la face des eaux, et le front des montagnes,
  Ridés et non vieillis, et les bois toujours verts
  S'iront rajeunissant; le fleuve des campagnes
  Prendra sans cesse aux monts le flot qu'il donne aux mers.

13 Mais moi, sous chaque jour courbant plus bas ma tête,
   Je passe, et, refroidi sous ce soleil joyeux,

|Text 5.3

Victor Hugo: Soleils couchants (aus *Feuilles d'automne*), VI (1829)

Je m'en irai bientôt, au milieu de la fête,
Sans que rien manque au monde, immense et radieux!
(Hugo: 1964, 789)

Aufgabe 5.3

? Bereits der Titel ‚Sonnenuntergänge' weckt im allgemeinsprachlichen Sinne ‚romantische' Assoziationen. Löst der Text diese ein? Begründen Sie Ihre Antwort.

Aufgabe 5.4

? Arbeiten Sie das Strukturmoment der Wiederholung heraus. Welcher Zusammenhang besteht zum Inhalt des Gedichts?

Vergänglichkeit

Wir sind dem Motiv der Vergänglichkeit in lyrischen Texten bereits zweimal begegnet: Bei Baudelaires ‚Remords posthume' (Text 1.1) steht eine recht explizite Darstellung körperlichen Zerfalls im Zeichen des *carpe diem*, einer Aufforderung, das Leben zu genießen, und einer Warnung vor Enthaltsamkeit in der trügerischen Hoffnung auf jenseitigen Lohn. Ronsards eben behandeltes Gedicht ‚Sur la mort de Marie' (Text 5.2) kommt über den konventionellen Vergleich einer Frau mit einer Rose zur ebenfalls in literaturgeschichtlicher Tradition verwurzelten Erkenntnis der Vergänglichkeit des Schönen. Auch bei Victor Hugos ‚Soleils couchants' stehen sich Individuum (hier gemäß der romantischen Expressivität das lyrische Ich selbst) und Natur (hier die gesamte es umgebende Welt) gegenüber, allerdings in ganz anderer Weise. Die Natur nämlich, die das Individuum beobachtet, ist hier nicht Metapher der eigenen Sterblichkeit, sondern vielmehr das Gegenbild einer beständigen Existenz, die dem Ich die eigene Vergänglichkeit und damit Bedeutungslosigkeit angesichts des Ewigen vor Augen führt. Der Ausdruck dieser tief pessimistischen Einsicht beschränkt sich auf die vierte und letzte Strophe, die syntaktisch („Mais") wie inhaltlich von den ersten drei abgesetzt ist und die Gliederung des Gedichts bestimmt.

Inhaltliche Struktur: Isotopien

Mit der Opposition von lyrischem Ich und es umgebender Welt haben wir bereits einen ersten wichtigen Ansatzpunkt für die Inhaltsanalyse des Textes, von dem aus die Bedeutungsstrukturen weiter zu differenzieren sind. Die umgebende Welt zeigt sich, dem Titel ‚Soleils couchants' gemäß, zunächst in Gestalt der Tageszeit. Die Elemente dieser Isotopie finden sich insbesondere in der ersten und am Beginn der zweiten Strophe („soleil…couché", „soir" [Vers 1], „demain", „soir", „nuit" [2], „aube" [3], „nuits", „jours", „temps" [4], „jours" [5]). Das dominante semantische Merkmal dieser Isotopie ist die zyklische Wiederkehr – freilich eine naturgegebene Eigenschaft, die aber durch den Text zusätzlich besonders markiert wird: Die Wiederholung der Tageszeiten findet sich im ersten Teil des Gedichts strukturbildend auf der Ebene der Lexik („soir", „nuit(s)", „jours" je zweimal), der Syntax (durch gleiche Konjunktionen, Adverbien und Präpositionen eingeleitete parallele Satzteile:

Isotopie 1: Tageszeit

Zyklische Wiederkehr: Wiederholungen

Lexik

Syntax

„et…" [Vers 2], „puis…" [3f.], „sur…" [6f.]), des Rhythmus (Wiederholung Rhythmus
von Anapäst-Gruppen, also dreisilbigen endbetonten Einheiten: so in Vers 2
[„et le soir, et la nuit"], dann durchgehend vom zweiten *hémistiche* [Halbvers,
siehe 6.3.1] des Verses 3 bis zum ersten *hémistiche* des Verses 5, dann wieder
Vers 6 und erste Hälfte Vers 7) sowie der Lautung (Wiederholung des Diph- Lautung
thongs -ui- in Vers 4 sowie des Tonvokals -ou- in Vers 5, der hier zu einer
Überkreuzkonstruktion, einem lautlichen Chiasmus führt). Nicht nur inhaltlich, sondern auch auf der Ausdrucksseite des Textes wird der „pas du temps"
(4) dargestellt.

Die zweite Strophe bildet einen Übergang zur Isotopie ‚Natur', die wir Isotopie 2: Natur
bereits zu Beginn als Gegenüber des lyrischen Ichs genannt haben. Hier ist
ohne größeren Aufwand eine ähnlich lange Reihe von Elementen auszuma-
chen: zunächst alliterierend „mers", „monts" (6), „fleuves", „forêts" (7), dann
„eaux", „montagnes" (9), „bois" (10), „fleuve", „campagnes" (11), „monts"
und „mers" (12). Die Natur ist dem lyrischen Ich, das die dritte Instanz des Dritte Instanz:
lyrisches Ich
Gedichts verkörpert, nach der Darstellung des Textes durchaus ähnlich, da
ihr eine Reihe von Eigenschaften zukommt, die das semantische Merkmal
‚menschlich' tragen – so etwa „la face" (6, 9), eine Metapher, die wir auch im
Deutschen vom biblischen Ausdruck „Antlitz der Erde" her kennen, oder „le
front" (9). Hinsichtlich des Wesens aber täuscht diese Ähnlichkeit: Die Berge
sind wohl „ridés", nicht jedoch „vieillis" (10), die Wälder werden gar jünger
(10f.). Die angesichts der ausdrücklichen Parallelisierung mit dem menschlichen Körper paradox anmutende Beständigkeit der Natur bereitet die letzte
Strophe vor, die nur dann zur inhaltlichen ‚Pointe' werden kann, wenn die an Hinführung auf Pointe
der Schlussstrophe
sich selbstverständliche Einsicht in die menschliche Vergänglichkeit neu als
besonders schmerzlich akzentuiert wird.

Der Gegensatz zwischen Beständigkeit der Natur und Vergänglichkeit des Suche nach weiteren
Oppositionen
Ichs führt auf die Frage nach weiteren semantischen Merkmalen, die Oppo-
sitionen zwischen den ermittelten Isotopien herstellen. Bei genauer Lektüre
erweist sich Hugos Gedicht hier als Musterfall, da es jeder der drei Instanzen –
und jeweils nur ihr – ein bestimmtes Bedeutungsmerkmal zuweist und sie
damit in Gegensatz zu den beiden anderen bringt. Für die Isotopie ‚Natur'
hatten wir bereits die Beständigkeit genannt, der auf Seiten des Individuums
eine absolute Vergänglichkeit, auf Seiten der Isotopie ‚Tageszeit' eine relative,
weil zyklische Unbeständigkeit gegenübersteht. Letztere ist durch das Merkmal räumlicher Orientierung abgesetzt, denn die zu ihr gehörenden Elemente
situieren sich wiederholt über dem Rest der dargestellten Welt („Tous ces jours
passeront … *Sur* la face des mers, *sur* la face des monts, / *Sur* les fleuves d'argent,
sur les forêts", 5ff., „Mais moi, *sous* chaque jour courbant plus bas ma tête", 13).
Das lyrische Ich wiederum tritt durch das semantische Element der Trauer
und Kälte („courbant plus bas ma tête", 13, „refroidi", 14) in Opposition zu der
es umgebenden Welt, d.h. den beiden anderen, durch Freude und Wärme defi-

nierten Instanzen („soleil joyeux", 14, „fête", 15, „monde, immense et radieux", 16). Das Spiel der Bedeutungen in Text 5.3 ist also hochgradig durchgestaltet und bildet eine lückenlose Dreiecksstruktur, die sich wie folgt schematisieren lässt:

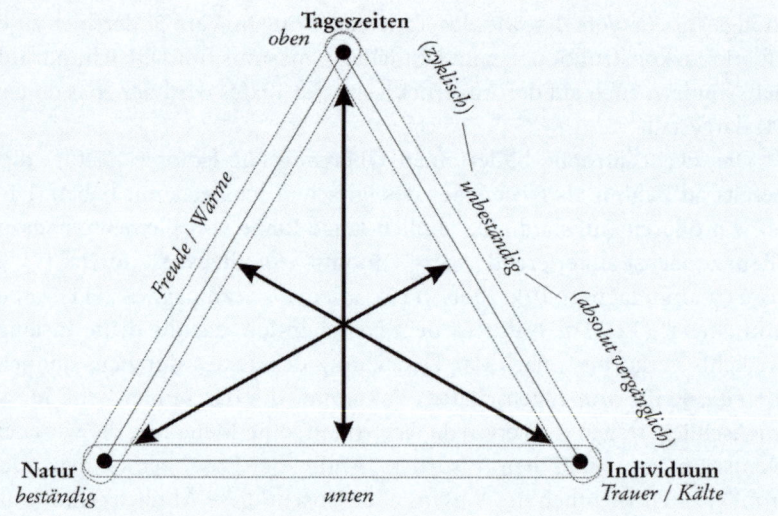

Abb. 5.4 |

Semantische Struktur in Hugos *Soleils couchants*, VI

Rückkehr zur ersten Lesehypothese

Das Schema der Bedeutungen, die mit Hilfe der Detailanalyse der verschiedenen Isotopien ermittelt werden kann, zeigt, wie Hugos Text funktioniert, und macht nun den ersten, intuitiven Leseeindruck eines zutiefst pessimistischen Textes erklärbar: Das lyrische Ich vereint in der triangulären Oppositionsstruktur als einzige Instanz alle negativ konnotierten Prädikate: traurig, unten, vergänglich.

5.3 | Auf dem Weg in die Moderne: Arthur Rimbaud

Symbolismus

Synästhesie
Dichter als Vorreiterfigur

Die zweite Hälfte des 19. Jh. markiert nach der Romantik eine weitere entscheidende Entwicklung der Lyrik, die sich in Frankreich mit dem Begriff ‚Symbolismus' verbindet. Ihre Aufgabe sieht diese eher als literarische Strömung denn als einheitliche Schule oder gar ‚Epoche' zu verstehende Bewegung darin, über die Literatur eine jenseits des Alltäglichen und Faktischen liegende, ‚hinter' die Wirklichkeit blickende Wahrnehmung darzustellen – also ein, vereinfacht gesagt, jeder Form von ‚Realismus' entgegengesetztes Dichtungsprogramm. Dabei werden z. T. bekannte, etwa romantische, Motive und Themen wie Natur, Sonnenuntergang, Einsamkeit und exotische Welten aufgegriffen, jedoch neuartig verbunden und durch den Filter einer verzerrten, antirealistischen Wahrnehmung dargeboten. Damit ist insbesondere der Ausdruck einer Erkenntnis gemeint, die ungeordnet und synästhetisch (siehe Einheit 4,

Rhetorische Stilmittel II) ist, d. h. verschiedene Sinneskanäle zu einer Gesamt-empfindung hin übersteigt. Der hierfür besonders befähigte Dichter vermag so Einsichten ‚hinter' die normale Realität zu bieten. Arthur Rimbauds in der erstaunlich kurzen Zeit von etwa fünf Jahren entstandenes Werk liegt zwar vor der eigentlichen Geburtsstunde des Symbolismus, der Publikation des *Manifeste symboliste* von Jean Moréas 1886; der Autor gehört aber zusammen mit Charles Baudelaire und Paul Verlaine zu seinen entscheidenden Wegbe-reitern, nicht zuletzt deshalb, weil er dieses literarische Programm in einem an seinen ehemaligen Lehrer gerichteten Brief vom Mai 1871 formuliert, der als sog. *Lettre du voyant* (Brief des Sehers) literarhistorische Berühmtheit erlangt hat:

| Abb. 5.5

Arthur Rimbaud
(1854–1891)

> Je veux être poète, et je travaille à me rendre *Voyant* : vous ne comprendrez pas du tout, et je ne saurais presque vous expliquer. Il s'agit d'arriver à l'inconnu par le dérèglement de *tous les sens*. Les souffrances sont énormes, mais il faut être fort, être né poète, et je me suis reconnu poète. Ce n'est pas du tout ma faute. (Rimbaud : 1976, 249)

| Text 5.4

Arthur Rimbaud: *Lettre du voyant* (Auszug)

? Welches Wesen und welche Rolle wird in diesen wenigen Zeilen der Person des Dich-ters zugewiesen? Belegen Sie Ihre Antwort.

| Aufgabe 5.5

Der Symbolismus kann als Eintritt in die ‚moderne' Lyrik im eigentlichen Sinne verstanden werden, weil sich mit ihm eine poetologische Neuerung verbindet, die – nicht nur in der Literatur – charakteristisch für die Moderne ist: der Eintritt in ein autonomistisches Kunstverständnis. Damit ist eine Auf-fassung gemeint, die der Kunst und mit ihr der Literatur die Freiheit einräumt, *autonom*, d. h. selbstbestimmt, ihre Aufgaben zu definieren. Diese Position ist keine Selbstverständlichkeit, auch wenn uns dies heute angesichts einer im bundesdeutschen Grundgesetz und den Verfassungen vieler anderer Länder garantierten Freiheit der Kunst so erscheinen mag, sondern ein Ergebnis der Moderne, die die Literatur gegen traditionelle poetologische Normen der Wirklichkeitstreue, der Sittlichkeit und Publikumsbildung oder der dichte-rischen Authentizität in Schutz genommen hat (siehe Einheit 2, Poetik). Erst unter dieser Voraussetzung werden beispielsweise in der bildenden Kunst entgegenständlichte Malerei und später Extremformen wie die in Einheit 1 bereits vorgestellte Objektkunst (*Ready-mades*) möglich. Dass etwa im Sym-bolismus die literarische Darstellung und die Zwecke, denen sie dient, einer autonomen Setzung des Autors entspringen, zeigt sich u. a. daran, dass (1) in den Texten ein neuer Begriff von ‚Ästhetik' umgesetzt wird, der in teils provo-kativ-rebellischer Abkehr von überkommenen Schönheitsidealen den Reiz des Hässlichen einbezieht – dieses von der Romantik und ihrer Öffnung hin zum Grotesken vorbereitete Merkmal hat Literaten wie Baudelaire paradoxerweise

Autonomistisches Kunstverständnis

Neue Auffassung von Schönheit

Metapoetizität

ausgerechnet den Vorwurf des ‚Realismus' eingebracht –, und (2) die Texte oft vor allem eine Aussage zur Kunst selbst artikulieren statt auf etwas anderes (‚Wirklichkeit', ‚Gefühle' etc.) zu referieren, also *metapoetisch* oder, wenn auf sich selbst bezogen, *autoreferenziell* zu lesen sind. Mitunter handelt es sich um – insbesondere auf der gegenständlichen Ebene – schwer lesbare Texte, bei denen ein strukturanalytischer Zugang auf eine Interpretation hin geöffnet werden muss, um überhaupt kohärenten Sinn zu ermitteln.

Inhaltliche Modernität in traditioneller Form

Unser nächster Beispieltext, eines der berühmtesten Gedichte Rimbauds, kann in vielerlei Hinsicht als Veranschaulichung der symbolistischen Literaturauffassung dienen, wie wir sie eben kennengelernt haben. Das im Aufbau des zweiten Quartetts leicht variierte Sonett bleibt aber durchaus an traditionelle Formen angelehnt – anders als spätere Lyrik, die teilweise Metrik und Strophenformen zugunsten freier Verse (*vers libres*) aufgelöst hat.

Text 5.5

Arthur Rimbaud:
Voyelles (1870/71)

Voyelles

1 A noir, E blanc, I rouge, U vert, O bleu: voyelles,
  Je dirai quelque jour vos naissances latentes:
  A, noir corset velu[1] des mouches éclatantes
  Qui bombinent[2] autour des puanteurs[3] cruelles,

5 Golfes d'ombre; E, candeurs des vapeurs et des tentes,
  Lances des glaciers fiers, rois blancs, frissons d'ombelles[4];
  I, pourpres, sang craché, rire des lèvres belles
  Dans la colère ou les ivresses pénitentes[5];

9 U, cycles, vibrements divins des mers virides[6],
  Paix des pâtis[7] semés d'animaux, paix des rides
  Que l'alchimie imprime aux grands fronts studieux;

12 Ô, suprême Clairon plein des strideurs[8] étranges,
  Silences traversés des Mondes et des Anges:
  – O l'Oméga, rayon violet de Ses Yeux!
  (Rimbaud: 1976, 53)

1 corset velu *behaarter Panzer* – 2 bombiner *schwirren* – 3 puanteur *Gestank* – 4 ombelle *Dolde (Blütenstand)* – 5 pénitent *reuig* – 6 viride *grünlich* – 7 pâtis *Weide* – 8 strideur *schriller Klang*

Irritation und Hermetik

Das Irritierende am vorliegenden Gedicht ist u. a. der Umstand, dass – selbst wenn das Vokabular bekannt ist – auf den ersten Blick kein gegenständlicher Zusammenhang erkennbar wird. Der Text zerfällt in Motive, die sich kaum mehr zu einer größeren Einheit, einer Situation oder gar ‚Handlung' verdichten lassen. Rimbauds Text ist ein Beispiel für die Hermetik, also die Verschlossenheit moderner Lyrik. Bei dem Bemühen, das ‚Unlesbare' lesbar zu machen, lautet eine erste Empfehlung, den jeweiligen Text nicht vorschnell als inhaltliche Gestalt zu lesen, sondern die mikrostrukturellen Elemente zusammenzutragen und auf mögliche Kohärenzen zu prüfen, aber auch die Möglichkeit einer bewussten Inkohärenz in Betracht zu ziehen.

Text als Text (noch nicht als Inhalt) lesen

? Arbeiten Sie im Sinne einer ersten Annäherung die Synästhesien in Text 5.5 heraus. Welche Sinnesempfindungen werden am häufigsten verbunden?

Aufgabe 5.6

? Bei Text 5.5 handelt es sich um ein Sonett. Vergleichen Sie seine Makrostruktur mit der für die Renaissance-Sonette in Kap. 5.1 festgestellten.

Aufgabe 5.7

Trotz aller beabsichtigten Schwierigkeit eines solchen Textes fällt es nicht schwer, eine erste, zugegebenermaßen noch nicht sehr weit reichende Lesehypothese aufzustellen, denn der Anfang des Sonetts ist in dieser Hinsicht eindeutig: Es geht um *Vokale*. Die genannten Vokale umfassen das Gedicht vollständig. Der erste Alexandrinervers führt in sechs zweisilbigen Schritten die fünf Vokale und den titelgebenden Sammelbegriff auf; in derselben Reihenfolge werden die Vokale im Verlauf des Gedichts abgehandelt, bis zum letzten Vers, der dem O gewidmet ist. Die Vokalreihe erstreckt sich also in horizontaler wie vertikaler Richtung über den Text. An der ‚offenen‘ Ecke des Gedichts steht das Y („Yeux", 14) als letzter (wenngleich üblicherweise nicht als solcher betrachteter) Vokal des Französischen und schließt das Rechteck.

Vokale umfassen die Gesamtheit

Formal-strukturell

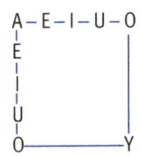

Abb. 5.6

Form des Voyelles-Sonetts

Nicht nur formal umfassen die Vokale die Gesamtheit – auch inhaltlich repräsentieren sie die Totalität. Wenn O und U in Rimbauds Text den Platz tauschen, dann offensichtlich deshalb, weil Alpha als erster und Omega als letzter Buchstabe des griechischen Alphabets als Ausdruck von Gesamtheit (Anfang und Ende) und Relevanz („das A und O") in den allgemeinen Sprachgebrauch eingegangen sind. Aber auch die mit den Vokalen eingangs assoziierten Farben repräsentieren Totalität: Physikalisch gesehen ist Schwarz das völlige Fehlen von Farbe (d. h. Licht), Weiß die Summe aller Farben und Rot, Grün und Blau die Grundfarben, aus denen sich additiv jede andere Farbe erzeugen lässt. Dass die Vokale und die Farben im Wortsinne *elementar* sind, zeigt sich nicht zuletzt an der metrischen Gestaltung von Vers 1, der jedem der Bestandteile genau eine Silbe des Alexandriners zugesteht.

Inhaltlich

Totalität in den Vokalen

Totalität in den assoziierten Farben

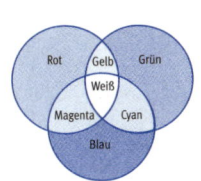

Abb. 5.7

Additive Farbmischung

Das Sonett widmet jedem der Vokale in der vorgegebenen Reihenfolge eine Beschreibung, deren Elemente mit der jeweils zugeordneten Farbe assoziiert sind (A schwarz: „noir corset" – „golfes d'ombre", E weiß: „candeurs" – „glaciers"–„rois blancs" usw.). Wie der Doppelpunkt am Ende des einleitenden Satzes (1f.) andeutet, stellen sie die Erläuterung der dort formulierten Ankündigung des lyrischen Ichs dar, die „latente" (also bestehende, aber noch nicht

Thema

offenkundige) „Geburt" der Vokale zu nennen. Das Thema des Gedichts – vorläufig und noch abstrakt – ist also eine Neuschaffung der Vokale, die noch nicht (oder nicht für jeden) erkennbar ist. Diese Latenz prägt gleich den folgenden Reim: „latentes"–„éclatantes" ist im Grunde ein identischer Reim (*rime identique*), da alle Phoneme des ersten Reimwortes („latentes") identisch im zweiten wiederholt werden („éc-latantes"), im Schriftbild hingegen findet bereits eine nicht hörbare, also ‚latente' Veränderung des Tonvokals statt (*en* zu *an*).

Dynamischer Aspekt: *naissance latente*

‚Latente' Vokaländerung im ersten Reimpaar

Vokalverschiebungen

Der Text inszeniert das Thema also gleich auf der Ebene des Ausdrucks. Liest man das Gedicht unter Absehung vom Inhalt und im Hinblick auf die lautliche Gestaltung, die ja bereits vom Titel her als relevant herausgestellt wird, fallen weitere Vokalverschiebungen auf. Denn es wird in den einzelnen Teilen nicht, wie man erwarten würde, der jeweils beschriebene Vokal auch auf lautlicher Ebene betont und wiederholt, sondern ein anderer, nämlich der vorangehende:

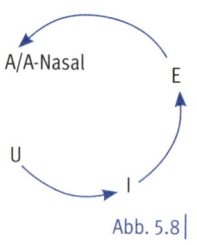

Abb. 5.8 |
Vokalverschiebung

E > A bzw. A-Nasal: c<u>a</u>ndeurs, v<u>a</u>peurs, t<u>e</u>ntes, l<u>a</u>nces, gl<u>a</u>ciers, bl<u>a</u>ncs
I > E: cr<u>a</u>ché, l<u>è</u>vres b<u>e</u>lles, col<u>è</u>re, ivr<u>e</u>sses p<u>é</u>nitentes
U > I bzw. I-Nasal: c<u>y</u>cles, v<u>i</u>brements d<u>i</u>v<u>i</u>ns, v<u>i</u>r<u>i</u>des, pât<u>i</u>s, an<u>i</u>maux, r<u>i</u>des, alch<u>i</u>m<u>ie</u> <u>i</u>mpr<u>i</u>me

Poetologische Lektüre

Dass die *naissance latente* der Vokale direkt im literarischen Text vorgeführt wird, Literatur also zum Schauplatz dieser Veränderung gewählt wird, legt es nahe, das Gedicht als Aussage über Literatur selbst, also poetologisch zu lesen. ‚Vokale' als Metonymie für ‚Literatur' selbst zu verstehen, ist keine willkürliche Assoziation, denn sie wird durch das Gedicht selbst motiviert: Das Spiel der Vokale ist für den Text wesentlich stärker strukturbildend als die inhaltsbezogene Frage, ob A eher schwarz oder nicht doch eventuell rot ist – die Verknüpfung der Vokale mit den Farben ist vom Autor autonom gesetzt und bildet keinen Sachverhalt in der realen Welt (Realismus) oder in der Innenwelt des lyrischen Ichs (Romantik) ab. Zudem repräsentieren Vokale hier durchaus die Sprache als ganze, da sie generell deren Ton tragender Bestandteil sind und in der Logik des Sonetts, wie wir oben sahen, ihr ‚A und O', die *Gesamtheit* umfassen.

Vokale als Metonymie der Dichtung selbst

‚Neue' Dichtung

Poetologisch gelesen inszeniert Rimbaud in seinem Text also nicht allein die Neuschaffung von Vokalen, sondern den Beginn einer neuen Literatur. In der Tat weist auch der Inhalt eine Reihe von Merkmalen auf, die einen Bruch mit der literarischen Tradition vor Baudelaire bedeuten, nämlich:

Ästhetik des Hässlichen

► die Ästhetik des Hässlichen, der die mit der jeweiligen Farbe assoziierten Objekte teilweise verpflichtet sind: „mouches éclatantes", „puanteurs cruelles", „sang craché", „strideurs étranges";

Synästhetische Empfindungsweise

► eine neue, die verschiedenen Sinne überbrückende, *synästhetische* Empfindungsweise. Die Vokale sind hier zugleich Farben und sprechen zudem, weniger systematisch, den Tastsinn („velu", 3, „glaciers", „frissons", 6, „vibrements", 9) sowie den Geruchssinn („puanteurs", 4) an. Die Vokale sind *sichtbar* – das gibt nicht nur der im Grunde doppeldeutige Titel zu verstehen (Voy-elles: *sieh sie!*), sondern auch das abschließende Wort „Yeux", das mit dem letzten Vokal (Y) die letzte Farbe (Violett als Ende des sichtbaren Farbspektrums) und – besonders eindeutig – den Gesichtssinn repräsentiert. Dass gerade das Sehen als Inbegriff dieser sinnesüberschreitenden Wahrnehmung fungiert, ist in einem poetologischen Text des *voyant* Rimbaud nur folgerichtig. Liest man mit der „Verwirrung aller Sinne", die Rimbaud im ‚Voyant'-Brief (Text 5.4) anmahnt, so kann man den ‚Seherdichter' sogar als Richtschnur dieses Sonetts an prominenter Stelle wiederfinden: „lire voyant" als Anagramm des „rayon violet", der den Text schließt.

_{,Sichtbare' Vokale}

? Stellen Sie resümierend diejenigen Befunde aus unserer Analyse von Text 5.5 zusammen, die typisch für die Poetik und das Selbstverständnis des Symbolismus sind, wie Sie sie im ersten Teil dieses Abschnitts kennengelernt haben.

Aufgabe 5.8

Sie haben sicherlich festgestellt, dass die vorliegende Analyse des ‚Voyelles'-Sonetts v. a. im poetologischen Bezug die Grenze zur Interpretation berührt und recht offensiv an den Text herangeht, aber gerade dadurch als Beispiel für den Umgang mit Herausforderungen dienen kann, die die moderne Lyrik stellt. Für die allgemeine Methodik der Textanalyse könnte man hier Folgendes festhalten:

Methodische Folgerungen aus der Analyse

► Eine oder ‚die' Sinndominante eines Textes kann in seiner Gestaltung als Text liegen. Die Ausdrucksseite sollte daher bei der Lektüre ernsthaft berücksichtigt werden (siehe auch Einheit 4.2), jedoch nicht als Selbstzweck, sondern mit Bezug zu einer Lesehypothese;

► Hinweise für die relevanten Ebenen der Strukturanalyse gibt der Text manchmal selbst vor. So wäre es hier sicherlich möglich und vielleicht aufschlussreich, die Motive von den Fliegen im dritten bis zu den Engeln im vorletzten Vers aufzuschlüsseln, aber angesichts des im Titel und den ersten beiden Versen formulierten Themas scheint es textadäquater, zuerst die Spur lautlicher Gestaltung zu verfolgen;

► selbst bei einer strikt auf Textimmanenz beschränkten Analyse kann poetologisches Hintergrundwissen natürlich den Blick für die Strukturen eines Textes schärfen.

In der zurückliegenden Einheit wurden die theoretischen Grundlagen der Lyrikanalyse anhand von vier Beispielgedichten konkretisiert. Das besondere Augenmerk galt hinsichtlich des Sonetts zunächst der Gattungsform und ihrer Beziehung zu inhaltlichem Bau und Logik. Die Texte von Louise Labé und Pierre de Ronsard setzen die gattungsspezifischen Zäsuren und die Pointierung in der gedanklichen Struktur in jeweils

Zusammenfassung

verschiedener Weise um. Die Analyse von Inhaltsstrukturen mit Hilfe des Isotopiekonzeptes wurde anhand eines Gedichts aus Victor Hugos *Feuilles d'automne* vorgeführt. Rimbauds symbolistisches Sonett schließlich bot einen Eindruck vom Zusammenwirken von Ausdrucks- und Inhaltsseite mit poetologischem Bezug. Die vorgestellten Gedichte erlaubten, gewissermaßen *en passant*, einen ersten orientierenden Blick auf drei wichtige Epochen der französischen Lyrik.

Aufgabe 5.9

? Lesen Sie das bereits aus Aufgabe 4.6 bekannte frühe Gedicht Rimbauds aus dem Kontext des deutsch-französischen Kriegs von 1870/71, gegen den der Autor verschiedentlich anschrieb. Beantworten Sie die anschließenden Leitfragen, die als Hilfestellung für eine Strukturanalyse dienen können.

Le dormeur du val

1 C'est un trou de verdure où chante une rivière
Accrochant follement aux herbes des haillons
D'argent ; où le soleil de la montagne fière,
Luit : C'est un petit val qui mousse de rayons.

5 Un soldat jeune, bouche ouverte, tête nue,
Et la nuque baignant dans le frais cresson bleu,
Dort ; il est étendu dans l'herbe, sous la nue,
Pâle dans son lit vert où la lumière pleut.

9 Les pieds dans les glaïeuls, il dort. Souriant comme
Sourirait un enfant malade, il fait un somme :
Nature, berce-le chaudement : il a froid.

12 Les parfums ne font pas frissonner sa narine ;
Il dort dans le soleil, la main sur sa poitrine
Tranquille. Il a deux trous rouges au côté droit.
(Rimbaud : 1976, 32)

Wie wird die idyllische Szenerie dargestellt? Rufen Sie sich die in Aufgabe 4.5 festgestellten rhetorischen Mittel in Erinnerung. Worin besteht die Pointe? Welche – bei der ersten Lektüre leicht zu übersehenden – Vorankündigungen signalisieren die makabre Wendung des Schlusses und lassen die Idylle früh ambivalent erscheinen?

Literatur

Victor Hugo: *Œuvres poétiques*. Band I. Paris: Gallimard (Pléiade) 1964.

Louise Labé: *Œuvres poétiques*. Paris: Gallimard 1983.

Arthur Rimbaud: *Œuvres complètes*. Paris: Gallimard (Pléiade) 1976.

Pierre de Ronsard: *Œuvres complètes*. Band I. Paris: Gallimard (Pléiade) 1993.

Dramenanalyse

Überblick

Als zweite Hauptgattung soll das Drama im Hinblick auf seine literaturwissenschaftliche Analyse betrachtet werden. Ein entscheidendes Merkmal des Dramas ist das Nebeneinander von Lese- und Aufführungspraxis. Insofern die Handlung erst aus dem Zusammenspiel der Figuren entsteht, müssen diese zunächst auf ihre Charakterisierung, auf ihre Beziehungskonstellation und auf die Formen der Rede oder sonstige Ausdrucksmöglichkeiten hin untersucht werden. Im Anschluss können Struktur und Aufbau der Handlung und Konzeptionen zur Wirkungsweise des Dramas erörtert werden. Die realisierte Aufführung eines Dramentextes eröffnet schließlich eine zusätzliche Dimension der Interpretation.

6.1 | Drama als Text und Aufführung

! Drama bedeutet
Handlung

Der Begriff ‚Drama' stammt aus dem Griechischen und bedeutet Handlung. Zum Ausdruck kommt dabei die Vorstellung, dass das Drama menschliches Handeln nachahmt oder darstellt. Die Figuren treten direkt auf die Bühne und können sogar mit dem Publikum eine wechselseitige Kommunikation aufnehmen. Die Präsenz der Figuren und ihre dialogische Rede steht somit im Gegensatz zur vermittelnden Erzählerfigur in der Epik. Nun liegen Dramen in der Regel in Form einer gedruckten Textvorlage vor, teilweise werden sie

Lesedrama
⌐🖰

sogar in erster Linie nur für ein Lesepublikum verfasst (Lesedrama, vgl. Alfred de Mussets *Lorenzaccio;* siehe www.bachelor-wissen.de). Auf der anderen Seite gibt es Theaterstücke, denen überhaupt keine Textgrundlage vorausgeht und die eventuell auch nachträglich niemals schriftlich fixiert werden. Hierzu zählen die verschiedenen Formen des Stegreiftheaters, in dem der detaillierte Handlungsverlauf nicht im Vorfeld geplant wird, sondern auf der Bühne aus dem spontanen Agieren der Schauspieler und Schauspielerinnen heraus entsteht. Die wichtigste literaturhistorische Vertreterin dieser Spielform ist die aus den mittelalterlichen Jahrmarktsspielen hervorgegangene *Commedia dell'arte*, die vor allem in der italienischen Renaissance eine Blütezeit erlebte und in Frankreich als *comédie italienne* gepflegt wurde. Auch heute bietet das

Abb. 6.1 |

Karel Dujardin:
Commedia dell'arte-
Aufführung (1657)

sog. Improvisations-Theater, wie es seit den 1970er Jahren einen Aufschwung erlebt hat, ein reiches Spektrum an offenen Schauspielformen an.

Zu den wichtigsten dramatischen Gattungen zählen:

Dramatische Gattungen

- ► die mittelalterliche *sottie*: ein spätmittelalterliches Narrenspiel, das von Narrengesellschaften veranstaltet wurde und von groben komischen Effekten gekennzeichnet war, aber eine gesellschaftskritische Stoßrichtung aufwies (Beispiel: *Jeu du Prince des Sots* von Pierre Gringore [1511])
- ► *farce*: meist kürzeres, derb-komisches Schauspiel (berühmt: *Farce de Maistre Pierre Pathelin* [anonym, ca. 1465])
- ► das Mysterienspiel (*mystère*): von Laienbruderschaften aufgeführtes geistliches Schauspiel v. a. des Mittelalters, das Episoden der Bibel oder von Heiligenviten aufgreift, etwa die Leidensgeschichte Christi (Passionsspiel; frz. *passion*; Beispiel: Eustache Marcadé: *Mystère de la Passion* aus dem 1. Drittel des 15. Jh.)
- ► die *Commedia dell'arte* (*comédie italienne*): in der italienischen Renaissance aufgekommene Stegreifkomödie, die von Berufsschauspielern nach grob skizzierten Plot-Vorlagen unter Darstellung feststehender Typen in Teilen improvisiert wurde (in Frankreich bis ins 18. Jh. präsent, einflussreich unter anderem für die frühen Komödien Molières)
- ► die Tragödie (*tragédie*): in Frankreich v. a. als *haute tragédie*, als Tragödie der Hochklassik von Bedeutung (siehe Einheit 2.1.5)
- ► die Komödie (*comédie*): Lustspiel mit einer meist auf Verwicklungen im Alltagsleben abzielenden komisch-persiflierenden Handlung, die ein glückliches Ende nimmt; die Handlungsträger entstammen in der Regel mittleren oder niederen sozialen Schichten
- ► die Tragikomödie (*tragicomédie*): ein Theaterstück, das zugleich Elemente der Tragödie wie auch der Komödie enthält, wobei zumeist die Handlung über tragische Verwicklungen zu einem glücklichen Ende kommt; wichtigstes Beispiel: Pierre Corneille: *Le Cid* (1637)
- ► das Melodrama (*mélodrame*): mit Musik untermalte bzw. mit Gesangs- oder Tanzeinlagen versehene pathetische Bühnenstücke; im 17. Jh. teilweise auch unter der Bezeichnung *tragédie lyrique*; zur Zeit der Französischen Revolution stark volkstümlich-bürgerlich ausgerichtet mit schematischer Handlungsführung und typenhaften Figuren (Vertreter: René Charles Guilbert de Pixérécourt [1773–1844])
- ► die *comédie-ballet*: Komödien mit kleineren Gesangs- und Tanzeinlagen, die in die Handlung mit einbezogen sind; als Höhepunkte gilt die Zusammenarbeit von Molière mit dem Komponisten Jean-Baptiste Lully, etwa in *Le bourgeois gentilhomme* (1670)

Fallhöhe ergreft uns eher bei Adeligen
Vorschrift des mittl. Helen: sollte nicht zu gut o. schlecht sein

- die *comédie larmoyante*: im bürgerlichen Milieu angesiedelte, stark moralisierende Rührstücke (wichtigster Vertreter: Pierre Claude Nivelle de la Chaussée [1692–1754])
- das Drama der Aufklärung: Prosastücke, die gleichermaßen von Pathos, Naivität und dem Bemühen um Natürlichkeit gezeichnet waren; die Stücke siedeln sich im bürgerlichen Milieu an und wollen auf ihr entsprechendes Publikum lehrreich wirken (Beispiel: Denis Diderot: *Le fils naturel*, 1757)
- das Boulevard-Theater (*théâtre de boulevard*): kommerzielles Unterhaltungstheater für das bürgerliche Publikum im Zweiten Kaiserreich (wichtiger Vertreter: Eugène Labiche [1815–1888])
- *vaudeville*: ursprünglich satirische Spottgesänge, ab dem späten 19. Jh. eine eigene Lustspiel-Gattung mit Figuren aus niederen sozialen Schichten, Situations- und Wortkomik sowie zahlreichen Liedeinlagen (*chansons*) (z. B. bei Georges Feydeau [1862–1921]: *On purge bébé* [1910])
- das epische Theater (*théâtre épique*): in erster Linie von Bertolt Brecht (1898–1956) ausgearbeitete dramatische Form, die erzählerische Elemente enthält; Effekte der Verfremdung verhindern die Illusionswirkung des Theaters, also eine unkritische Betrachtung der Handlung und der Figuren durch das Publikum; in Frankreich u. a. einflussreich bei Paul Claudel (1868–1955) oder Jean Anouilh (1910–1987)
- das absurde Theater (*théâtre de l'absurde*): gegen die aristotelischen Normen gerichtetes Avantgarde-Theater der Mitte des 20. Jh., das sich unter Verzicht auf psychologischen Realismus radikal von der bürgerlichen Ästhetik und den bürgerlichen Wertvorstellungen abwendet und groteske Züge trägt (so in den Stücken von Eugène Ionesco [1912–1994])

Abb. 6.2 |

Corneilles *Le Cid* als ‚Comic‘

Haupt- und Nebentext

Dramen liegen also in mindestens zweierlei medialen Kontexten vor, im Objekt Buch und in der individuellen Aufführung eines Stückes, welche noch ergänzt werden können durch die filmische Aufzeichnung einer Theaterinszenierung, weiterhin die eigentliche Verfilmung einer dramatischen Textvorlage, schließlich ihre mögliche Überarbeitung in Form eines Hörspiels oder Comics. Während sich die Literaturwissenschaft im Allgemeinen – aber nicht nur! – mit der Analyse des gedruckten Theaterstücktextes auseinandersetzt, ist die aus der Literaturwissenschaft hervorgegangene Theaterwissenschaft stärker mit den Aspekten der wechselnden Inszenierungen und der Aufführungspraxis befasst.

Der Unterscheidung von gedrucktem Text und Bühnenaufführung entspricht im gedruckten Text selbst gewissermaßen die Aufteilung in Haupt- und Nebentext. Der Haupttext umfasst dabei alle auf der Bühne geführten Redepassagen, d. h. in erster Linie die Dialogpartien und Monologe (s. 6.3.2). Der Nebentext hingegen enthält alle zusätzlichen Informationen, welche die Verfasserin oder der Verfasser des Stückes für die Inszenierung (oder aber für das Lesepublikum) vorgesehen hat, v. a. Bühnenanweisungen (auch: Regieanweisungen bzw. Didaskalien).

Zum Nebentext, der typographisch und im Layout vom Haupttext deutlich abgesondert wird, gehören:

► Titel
► evtl. Motto, Widmung, Inhaltsangabe
► ggf. Vorwort/Nachwort
► Angaben zum Schauplatz und Zeitpunkt der Handlung
► Personenverzeichnis
► Bezeichnung oder Nummerierung der Handlungsunterteilung in Akte, Szenen etc. (s. 6.5.1)
► Nennung der auftretenden Figuren, evtl. mit kurzer Beschreibung
► Bühnenanweisungen für die Gestaltung des Schauplatzes
► Bühnenanweisungen für das schauspielerische Agieren.

Als Beispiele können die ausführlichen Figurenbeschreibungen im Vorwort von Beaumarchais' *La folle journée ou Le mariage de Figaro* sowie ein kurzer Auszug aus der 8. Szene des I. Aktes dienen, in welcher die Zofe Suzanne den Besuch des Pagen Chérubin vor dem Grafen zu verheimlichen sucht, bis dieser selbst gezwungen wird, ein Versteck zu finden, um nicht bei der von ihm verehrten Suzanne entdeckt zu werden:

> Caractères et habillements de la pièce
>
> LE COMTE ALMAVIVA doit être joué très noblement, mais avec grâce et liberté. La corruption du cœur ne doit rien ôter au bon ton de ses manières. Dans les mœurs de ce temps-là, les grands traitaient en badinant[1] toute entreprise sur les femmes. […]
> Son vêtement du premier et second acte est un habit de chasse, avec des bottines à mi-jambe de l'ancien costume espagnol. Du troisième acte jusqu'à la fin, un habit superbe de ce costume. […]
>
> Acte I, scène VIII
> Suzanne, Le Comte, Chérubin caché.
> SUZANNE *aperçoit le comte:* Ah!... (*Elle s'approche du fauteuil pour masquer Chérubin.*)
> LE COMTE *s'avance:* Tu es émue, Suzon! tu parlais seule, et ton petit cœur paraît dans une agitation… bien pardonnable, au reste, un jour comme celui-ci.
> SUZANNE, *troublée:* Monseigneur, que me voulez-vous? Si l'on vous trouvait avec moi…
> LE COMTE: Je serais désolé qu'on m'y surprît; mais tu sais tout l'intérêt que je prends à toi. Bazile ne t'a pas laissé ignorer mon amour. Je n'ai rien qu'un instant pour t'expliquer mes vues[2]; écoute.

|Text 6.1

Pierre-Augustin Caron de Beaumarchais: *Le mariage de Figaro* (1784)

Il s'assied dans le fauteuil.

[…]

BAZILE *parle en dehors:* Il n'est pas chez lui, Monseigneur.

LE COMTE *se lève:* Quelle est cette voix?

SUZANNE: Que je suis malheureuse!

LE COMTE: Sors, pour qu'on n'entre pas.

SUZANNE, *troublée:* Que je vous laisse ici?

BAZILE *crie en dehors:* Monseigneur était chez Madame, il en est sorti: je vais voir.

LE COMTE: Et pas un lieu pour se cacher! ah! derrière ce fauteuil… assez mal; mais renvoie-le bien vite.

Suzanne lui barre le chemin; il la pousse doucement, elle recule, et se met ainsi entre lui et le petit page; mais pendant que le comte s'abaisse et prend sa place, Chérubin tourne et se jette effrayé sur le fauteuil à genoux, et s'y blottit[3]. Suzanne prend la robe qu'elle apportait, en couvre le page et se met devant le fauteuil.
(Beaumarchais: 1988, 378 u. 392f.)

1 badiner *scherzen* – 2 mes vues *meine Absichten* – 3 se blottir *sich kauern*

Vom Haupt- und Nebentext, den der Autor bzw. die Autorin aufgesetzt hat, sind sämtliche weiteren Texte, die eine gedruckte Ausgabe eines Bühnenstücks enthalten kann, zu unterscheiden, etwa die Einleitung oder das Nachwort eines Herausgebers, die von ihm erstellten Anmerkungen (in Fuß- oder Endnoten), Literaturhinweise, Angaben zur Rezeptions- oder Inszenierungsgeschichte oder die Kommentare, Zusammenfassungen und Schauspielerlisten in einem Programmheft.

Aufgabe 6.1 **?** Wieso gibt es im Drama (normalerweise) keinen Erzähler? Wer könnte auf dem Theater dennoch seine Funktion einnehmen?

Aufgabe 6.2 **?** Weshalb setzte sich die traditionelle Literaturwissenschaft mit gedruckten Dramentexten, selten jedoch mit deren einzelnen Aufführungen kritisch auseinander?

Aufgabe 6.3 **?** Überprüfen Sie anhand einer beliebigen Ausgabe, welche Informationen der Nebentext in Molières *Dom Juan ou Le festin de Pierre* (1665) bereithält.

6.2 | Figuren

Definition: Figur   Handlungsträger in einem Stück sind die Schauspieler, die als Darsteller historische oder fiktive Personen verkörpern. Sie spielen eine Rolle und werden auf der Bühne zu Figuren innerhalb eines Stückes, die vom Autor zumeist namentlich benannt werden (gerne spricht man aber auch von dramatischen Personen, wobei der Begriff ‚Person' jedoch auf das lateinische *persona* = ‚Maske' zurückgeht). Zu unterscheiden sind Neben- und Hauptfiguren (Protagonisten), eine Unterteilung, die sich aus der Anzahl und Länge ihrer Auftritte, evtl. abweichend davon aber auch durch ihre besondere Funktion innerhalb des Handlungszusammenhangs ergibt. Erste Hinweise auf die Anlage und Deutung der einzelnen Figuren kann die Leserschaft eines Stückes in den Angaben des Nebentextes erhalten, falls der Verfasser entsprechende Hinweise vorgesehen hat (und sei es nur die Beschreibung ihres Kostüms). Weitere Informationen liegen häufig in der für die Figuren gewählten Namensgebung vor: Eindeutig sind die Kontexte im Falle von historischen Persönlichkeiten mit bekannter Biographie; ähnlich verhält es sich mit sprechenden Namen, die aus Berufsbezeichnungen oder Funktionen/Rollen abgeleitet werden oder die eine metaphorische bzw. symbolische Auslegung ermöglichen, z. B. wenn in der oben erwähnten Beaumarchais-Komödie der Graf den auf sein sinnenfreudiges Temperament verweisenden Namen „Almaviva" trägt. Auch die Anonymität oder der alleinige Gebrauch von Vor- oder Nachnamen kann aussagekräftig sein.

Der Haupttext eines Stückes hält seinerseits in Form der Figurenrede wichtige Elemente für die Einschätzung der dargestellten Personen bereit: So sind es neben den Charakterisierungen aus dem Munde der anderen an der Handlung Beteiligten die Figuren selbst, die sich in Rede (z. B. Selbstreflexion im Monolog) und Handeln vorstellen. Beispielsweise kommt in Corneilles *Cid* (I,5) der gealterte Armeeführer Don Diègue, der von seinem ehrgeizigen Konkurrenten, dem Comte Don Gomès, durch eine Ohrfeige gedemütigt worden ist, zu dem Entschluss, sein Sohn Don Rodrigue müsse nun in einem Duell die Schmach wettmachen, auch wenn dieser zur Tochter des Widersachers in Liebe entbrannt ist.

> DON DIEGUE
>
> O rage! ô désespoir! ô vieillesse ennemie!
> N'ai-je donc tant vécu que pour cette infamie?
> Et ne suis-je blanchi dans les travaux guerriers
> Que pour voir en un jour flétrir tant de lauriers[1]?
> Mon bras, qu'avec respect toute l'Espagne admire,
> Mon bras, qui tant de fois a sauvé cet Empire,
> Tant de fois affermi le Trône de son Roi,
> Trahit donc ma querelle, et ne fait rien pour moi?
> O cruel souvenir de ma gloire passée!
> Œuvre de tant de jours en un jour effacée!
> Nouvelle dignité, fatale à mon bonheur!
> Précipice élevé d'où tombe mon honneur!
> Faut-il de votre éclat voir triompher le Comte,

Protagonist = Hauptfigur

Sprechende Namen

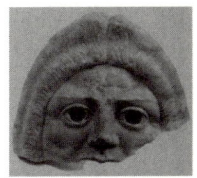

|Abb. 6.3
Antike Theatermaske

|Text 6.2
Pierre Corneille:
Le Cid (1636/37)

Et mourir sans vengeance, ou vivre dans la honte?
Comte, sois de mon prince à présent gouverneur[2]:
Ce haut rang n'admet point un homme sans honneur;
Et ton jaloux orgueil, par cet affront insigne,
Malgré le choix du Roi, m'en a su rendre indigne.
Et toi, de mes exploits glorieux instrument,
Mais d'un corps tout de glace inutile ornement,
Fer[3], jadis tant à craindre, et qui, dans cette offense,
M'a servi de parade, et non pas de défense,
Va, quitte désormais le dernier des humains,
Passe, pour me venger, en de meilleures mains.
Si Rodrigue est mon fils, il faut que l'amour cède,
Et qu'une ardeur plus haute à ses flammes succède,
Mon honneur est le sien, et le mortel affront
Qui tombe sur mon chef[4] rejaillit sur son front.
(Pierre Corneille: 1980, 718)

1 le laurier *der Lorbeer, hier: der Ruhm* – 2 *Don Diègue und Don Gomès konkurrieren um das Amt des Prinzenerziehers* – 3 le fer *hier: das Schwert* – 4 le chef *das Haupt*

Abb. 6.4 |
Die Figur des ‚dottore'
in der *Commedia
dell'arte*

Figuren als Funktionsträger im Handlungsgefüge

Zu den im Text erwähnten Hinweisen auf die Anlage der jeweiligen Figur kommen schließlich noch die Interpretation durch den Schauspieldirektor/ Regisseur (und in Abhängigkeit: durch den Kostümbildner und den Maskenbildner) sowie durch den Schauspieler selbst in Betracht. Festzuhalten bleibt, dass jede Figur im übergeordneten Zusammenhang der Dramenhandlung eine ganz bestimmte Funktion besitzt, die es in der Analyse zu benennen gilt. Dabei geht es im Allgemeinen um Kriterien wie ihre Charaktereigenschaften, ihre Handlungsmächtigkeit, ihr Recht oder Unrecht im Handeln, ihre Beziehung zu den anderen Figuren des Stücks (s. 6.4).

Die Anlage der Figuren ist nicht zuletzt im Hinblick auf ihre psychologische Komplexität und ihre Realität suggerierende Überzeugungskraft hin interessant. Zwei Pole rahmen die Bandbreite der Möglichkeiten: die schematische und einseitige Konzeption von Figuren als *Typen* oder aber ihre Ausgestaltung zu komplexer veranlagten *Charakteren*, die meist eine Verlagerung des dramatischen Konflikts auf die Ebene der Psyche der Protagonisten erlaubt. Damit einher geht zugleich die Frage nach der Individualität oder Entindividualisierung von Figuren, letzteres z. B. durch Masken.

Typen

Typen sind als festgelegte Rollen zu verstehen, denen ein ganz bestimmtes Charakterbild mit zugehörigen Verhaltensweisen, sozialem Status, spezifischem sprachlichen und gestischen Repertoire zugrunde liegen. Besonders die Rollen in der *Commedia dell'arte* sind zum größten Teil als festgelegte Typen definiert, z. B. der gewitzte Diener, der geschwätzige Gelehrte, der prahlsüchtige Soldat oder der geizige Kaufmann. Was das französische Theater im engeren Sinne angeht, so waren vor allem die Komödien des 17. und 18. Jh. dadurch gekennzeichnet, dass sie bestimmte Sozial- und Verhaltenstypen dem Gespött preisgaben.

Jedoch konnte bis zum ausgehenden 18. Jh. nicht beliebig mit den Figuren verfahren werden. Die aus der antiken Poetik tradierte und vor allem in der französischen Klassik wieder sehr stark in den Vordergrund tretende sog. Ständeklausel regelte das Figureninventar der Dramen hinsichtlich ihres sozialen Status. Der tragische Held blieb dem adligen Geblüt vorbehalten, denn seine Fallhöhe, das heißt der Umschwung vom Glück in die Katastrophe, verstärkte den tragischen Effekt in ganz besonderem Maße. Auch musste der tragische Held sich insgesamt betrachtet ethisch lauter verhalten, mit Ausnahme eines aus Verblendung und Überheblichkeit (Hybris) gegenüber den Göttern bzw. dem Schicksal begangenen schweren tragischen Fehlers (*hamartía*), der das Verhängnis nach sich zieht. Im Sinne des Aristoteles handelte es sich daher um einen ‚mittleren Helden‘, der weder zu edel noch zu schlecht angelegt war, z. B. die Figur Ödipus in Sophokles' (496–406 v. Chr.) Tragödie *König Ödipus* (ca. 429–425 v. Chr.).

Dem Gelächter durfte im Gegenzug nur das einfache Volk bzw. das sich formierende Bürgertum preisgegeben werden. Der sozialen Hierarchie entspricht insofern eine parallele Hierarchie der moralischen Qualitäten und zugleich eine Hierarchie der Gattungen, die sich bereits in der Aristotelischen Poetik abzeichnet. In ihr heißt es von Tragödie und Komödie: „Die eine ahmt edlere, die andere gemeinere Menschen nach, als sie in Wirklichkeit sind.“

Als besonders edel erweisen sich die ‚Helden‘ in den die Staatsraison verherrlichenden Dramen von Pierre Corneille, beispielsweise in *Horace* (1640). In der 4. Szene des II. Aktes sprechen sich die einstigen Freunde und ehemaligen Schwager in spe Horace und Curiace noch einmal, bevor sie stellvertretend für die verfeindeten Städte Rom und Alba gegeneinander kämpfen werden:

Ständeklausel

Tragische Fallhöhe

Hybris

Mittlerer Held

| Abb. 6.5
Pierre Corneille
(1606–1684)

HORACE
Si vous n'êtes romain, soyez digne de l'être,
Et si vous m'égalez, faites-le mieux paraître.
La solide vertu dont je fais vanité
N'admet point de faiblesse avec sa fermeté,
Et c'est mal de l'honneur entrer dans la carrière[1],
Que dès le premier pas regarder en arrière.
Notre malheur est grand, il est au plus haut point,
Je l'envisage entier, mais je n'en frémis[2] point.
Contre qui que ce soit que mon pays m'emploie,
J'accepte aveuglément cette gloire avec joie,
Celle de recevoir de tels commandements
Doit étouffer en nous tous autres sentiments;
Qui, près de le servir, considère autre chose,
A faire ce qu'il doit lâchement se dispose,

| Text 6.3
Pierre Corneille:
Horace (1640)

Ce droit saint et sacré rompt tout autre lien.
Rome a choisi mon bras, je n'examine rien,
Avec une allégresse aussi pleine et sincère,
Que j'épousai la sœur, je combattrai le frère,
Et pour trancher enfin ce discours superflus,
Albe[3] vous a nommé, je ne vous connais plus.
(Corneille: 1980, 860)

1 carrière *hier: Kampfplatz* – 2 frémir de *zittern vor* – 3 Albe *die verfeindete Stadt Alba*

Aufgabe 6.4 | **?** Worin berühren und worin unterscheiden sich der Vortrag (die Deklamation) von Lyrik und das auf einem dramatischen Text beruhende Schauspiel?

Aufgabe 6.5 |

LE TARTVFFE

? In Molières Komödie *Tartuffe* wird ein heuchlerischer Frömmler (*un dévot*) und die von ihm genarrte Umwelt zur Zielscheibe der Satire. Welchen Kunstkniff musste Molière Ihrer Meinung nach anwenden, damit ein frommer Christ als Hauptfigur in einer Komödie auftreten konnte?

|Abb. 6.6

Molières *Tartuffe*
(1664)

Aufgabe 6.6 | **?** Welchen Vorteil könnte es aus Sicht des Autors/der Autorin haben, in einem Drama historische Persönlichkeiten als Figur auftreten zu lassen?

6.3 | Figurenrede

Die Handlung entwickelt sich in der abendländischen Tradition des Sprechtheaters vornehmlich aus der Rede der Figuren. Ihnen stehen mehrere Möglichkeiten des Ausdrucks zur Verfügung, die im Weiteren um die nicht-sprachlichen Kommunikationsweisen (Gestik, Mimik) ergänzt werden. Grundsätzlich kann zwischen gebundener und ungebundener Sprache, also zwischen Vers und Prosa, unterschieden werden. So war in der französischen Hochklassik der Alexandriner das charakteristische Versmaß der Tragödie. Eine kurze Passage aus der 4. Szene des IV. Aktes von Jean Racines (1639–1699) *Britannicus* kann einige Besonderheiten dieses Versmaßes veranschaulichen. Narcisse, der Berater Nérons, versucht diesen von seiner Versöhnung mit dem möglichen Thron-Konkurrenten Britannicus wieder abzubringen und erinnert an den ursprünglich von Néron gehegten Attentatsplan:

NARCISSE

Seigneur, j'ai tout prévu pour une mort si juste.

Le poison est tout prêt. La fameuse Locuste[1]

A redoublé pour moi ses soins officieux[2].

Elle a fait expirer[3] un Esclave à mes yeux;

Et le fer est moins prompt pour trancher une vie

Que le nouveau poison que sa main me confie.

NÉRON

Narcisse, c'est assez, je reconnais ce soin,

Et ne souhaite pas que vous alliez plus loin.

NARCISSE

Quoi pour Britannicus votre haine affaiblie

Me défend…

NÉRON

Oui, Narcisse, on nous réconcilie[4].

NARCISSE

Je me garderai bien de vous en détourner,

Seigneur. Mais il s'est vu tantôt emprisonner.

Cette offense en son cœur sera longtemps nouvelle.

Il n'est point de secrets que le temps ne révèle,

Il saura que ma main lui devait présenter

Un poison, que votre ordre avait fait apprêter[5].

Les Dieux de ce dessein puissent-ils le distraire!

Mais peut-être il fera ce que vous n'osez faire.

(Racine: 1999, 424f.)

1 Locuste *römische Giftmischerin* – 2 officieux *beflissen* – 3 expirer *sterben (liter.)* – 4 on nous réconcilie *nfrz. nous nous réconcilions* – 5 apprêter *zubereiten*

| Text 6.4

Jean Racine:
Britannicus (1669)

Exkurs: Der klassizistische Alexandriner

| 6.3.1

Alexandriner

Der Alexandriner ist als zwölfsilbiger Vers definiert. Dabei ist zu beachten, dass er aus genau 12 (gesprochenen) Silben besteht, wenn er auf der stets einen Akzent tragenden (‚männlichen') 12. Silbe endet, aber eine (nicht gesprochene) 13. Silbe umfasst, wenn eine nicht akzentuierte (‚weibliche') Silbe den Abschluss bildet. Auch der erste Halbvers endet in der Regel auf eine Akzent tragende 6. Silbe. Ungewohnt für heutige Sprecher ist, wie in Einheit 4.4 beschrieben, die Behandlung des sog. *e caduc* bei der Silbenzählung (Bsp.: „[…] pour un<u>e</u> mort si juste"). Häufig wird etwa das auslautende ‚stumme' -e mit einem nachfolgenden anlautenden Vokal zu einer einzigen Silbe verschliffen (Bsp.: „Ell<u>e a</u> fait expirer/un Esclav<u>e à</u> mes yeux").

Zäsur und *hémistiches*

Der Vers wird durch eine Zäsur in syntaktische Einheiten untergliedert; im regelmäßigen Alexandriner liegt sie nach der 6., den Akzent tragenden Silbe und teilt den Vers wie im eben angeführten Beispiel in zwei gleich große Halbverse (*hémistiches*).

Erfolgt ein Redewechsel zwischen den Figuren innerhalb einer einzigen Verszeile, so spricht man von einem Zeilensprung (vgl. in obigem Zitat den Redewechsel von Narcisse zu Néron). Die nächste zu beachtende Grenze bildet das Versende; nur selten verläuft der syntaktische und inhaltliche Zusammenhang so eng über die Versgrenze hinweg, dass er den Vers mit dem unmittelbar

Enjambement

nachfolgenden Vers verbindet. Man spricht in diesem Fall von einem Enjambement (vgl. im obigen Beispiel: „Il saura que ma main lui devait présenter/Un poison"). Zur Charakteristik des Alexandriners gehört weiterhin die Verwendung von Paarreimen als Reimschema. Sog. männliche (auf betonter Silbe

‚Männliche' und ‚weibliche' Endungen

endend) und weibliche Reimpaare (auf unbetonter Silbe endend) wechseln sich ab (*alternance de la rime*).

Aufgabe 6.7

? Versuchen Sie die Silben in den Versen des folgenden Auszuges aus Racines *Britannicus* (I,3) zu bestimmen! Welche Silben tragen einen Akzent und wo liegen die Zäsuren? Beschreiben Sie die Reimfülle.

Text 6.5

Jean Racine: *Britannicus* (1669)

AGRIPPINE

Ah, Prince! où courez-vous ? Quelle ardeur inquiète
Parmi vos ennemis en aveugle vous jette ?
Que venez-vous chercher ?

BRITANNICUS

                    Ce que je cherche ? Ah, Dieux !
Tout ce que j'ai perdu, Madame, est en ces lieux.
De mille affreux Soldats Junie environnée
S'est vue en ce palais indignement traînée.
Hélas ! de quelle horreur ses timides esprits
A ce nouveau spectacle auront été surpris !
Enfin on me l'enlève. Une loi trop sévère
Va séparer deux cœurs qu'assemblait leur misère.
Sans doute on ne veut pas que mêlant nos douleurs
Nous nous aidions l'un l'autre à porter nos malheurs.
(Racine : 1999, 385f.)

6.3.2 | Redeformen im Drama

Ungeachtet der diversen Untergattungen und Typen des Dramas stehen den Figuren verschiedene Formen der Rede zur Verfügung.

► Dialog

Der weitaus größte Teil der dramatischen Produktionen ist durch Dialoge gekennzeichnet, welche von mindestens zwei Personen auf der Bühne gehalten werden. In Anlehnung an die antike Theaterkunst erlaubte die klassizistische Normpoetik (von Komparsen einmal abgesehen) sogar nur maximal drei gleichzeitig auf der Bühne präsente Handlungsträger, die einen Wortwechsel führen konnten. Unabhängig von der Anzahl der Dialogpartner ist es interessant zu verfolgen, welche Figur wieviel Anteil an dem Dialog erhält und wie Handeln und Sprechen im Stück miteinander verwoben werden (vor allem die Inszenierungspraxis durch einen Regisseur findet hier großen Spielraum). Ist der Dramentext in gebundener Rede verfasst, beispielsweise in der Versart Alexandriner, können Sprecherwechsel auch in rascher Folge stattfinden, wobei der Redeanteil der einzelnen Figuren auf einen oder zwei (maximal vier) Verse begrenzt ist. Dieses Verfahren, das sich vor allem zur Gestaltung einer erregten Wechselrede eignet, nennt man Stichomythie (frz. *stychomythie*). Sie kann sich sogar auf die Verkürzung der Figurenrede zu Halbversen erstrecken (vgl. im obigen Beispiel den Sprecherwechsel von Agrippine zu Britannicus).

Im Gegensatz dazu kann der Redeanteil eines Dialogpartners einen Umfang erreichen, der einem längeren Monolog ähnelt; hierbei spricht man von einer Tirade (frz. *tirade*).

Dreipersonenregel

Stichomythie

► Monolog

Der Monolog wird als längere zusammenhängende Redepartie von einer einzelnen Figur im Sinne eines Selbstgesprächs gehalten. Die Figur befindet sich zumeist alleine auf der Bühne oder aber isoliert am Rande einer den Hintergrund oder Rahmen der Szenerie bildenden Gruppe bzw. in Gegenwart einer stumm verharrenden Nebenfigur. Berühmtheit erlangte beispielsweise der Monolog des Figaro in Pierre-Augustin Caron de Beaumarchais' (1732–1799) Komödie *La folle journée ou Le mariage de Figaro* (1784), in dem die Hauptfigur Figaro ausführlich die sozialen Ungerechtigkeiten des Feudalsystems kritisiert (V,2).

Wichtigste Funktion des Monologs ist es, dem Publikum einen Einblick in die Gedanken und Gefühle der Figur zu verschaffen, die für sich selbst formuliert, was sie im Inneren bewegt. Abgesehen davon kann ein solches Selbstgespräch als verknüpfendes Element die nächste Szene oder den nächsten Akt vorbereiten (Szenenverknüpfung im klassizistischen Theater).

Gedankenmonolog

► Beiseite-Sprechen (Aparte; frz. *à part*)

Wendet sich die Figur nur kurz von den anderen Darstellern auf der Bühne ab, um eine meist witzige und an das Publikum gerichtete Bemerkung ‚beiseite' zu sprechen, so durchbricht sie für einen Moment die Illusion des Schauspiels und

Rollenbruch

macht das Publikum zu komplizenhaften Mitwissern ihrer Gedanken (z. B. in Molières Stück *Ecole des femmes* aus dem Jahre 1662, in dem die Hauptfigur Arnolphe immer wieder *à part* spricht).

▶ Botenbericht und Mauerschau

Die im Vergleich zum Film sehr eingeschränkten Möglichkeiten des Bühnenraums zur Darstellung von Ereignissen haben zwei Techniken hervorgebracht, die es erlauben, in der erzählenden Rede von Figuren ein für die Zuschauer nicht sichtbares Geschehen zu beschreiben. Der Botenbericht dient der nachträglichen Bekanntgabe eines vergangenen und sich eventuell in weiterer Entfernung zugetragenen Geschehens, über das die auf der Bühne anwesenden Figuren in Kenntnis gesetzt werden. Gerne werden im Botenbericht wichtige Auskünfte im Hinblick auf das Schicksal des Protagonisten mitgeteilt, so dass er an strategischen Punkten der Dramenhandlung (Schürzung oder Lösung des dramatischen Knotens, Höhepunkt der Handlung, s. u.) eingesetzt werden kann. Spielt sich das erzählte Geschehen hingegen gleichzeitig zur Bühnenhandlung ab, kann oder soll aber nicht auf der Bühne dargestellt werden (z. B. aus Gründen der Schicklichkeit), so gestattet die sog. Mauerschau (Teichoskopie) einer Figur, den anderen wie auch dem Publikum das nur von ihr Gesehene zu beschreiben. (Als ein berühmtes Textbeispiel kann der sog. *Récit de Théramène* aus Jean Racines *Phèdre* (V,6) angeführt werden. Diesen Text und Zusatzmaterial finden Sie auf www.bachelor-wissen.de.)

Botenbericht (Randnotiz)

Mauerschau (Randnotiz)

Aufgabe 6.8 | **?** Untersuchen Sie am Beispiel des nachstehenden Textausschnitts aus Marivaux' Prosakomödie *Les fausses confidences* (1737) die Funktion des Dialogs im Hinblick auf die Figurencharakterisierung und die Handlungsentwicklung! Was erfahren wir über Arlequin? Welche Funktion erfüllt Marton in dieser Dialogszene? Auf welche andere Art und Weise hätten die Zuschauer etwas über Arlequin erfahren können?

Text 6.6 |
Pierre Carlet de Chamblain de Marivaux: *Les fausses confidences* (1737)

Acte I, Scène VIII

Araminte, Dorante, Marton, Arlequin, un domestique

ARLEQUIN. Me voilà, Madame.

ARAMINTE. Arlequin, vous êtes à présent à Monsieur ; vous le servirez ; je vous donne à lui.

ARLEQUIN. Comment, Madame, vous me donnez à lui ! Est-ce que je ne serai plus à moi ? Ma personne ne m'appartiendra donc plus ?

MARTON. Quel benêt[1] !

ARAMINTE. J'entends qu'au lieu de me servir, ce sera lui que tu serviras.

ARLEQUIN, *comme pleurant.* Je ne sais pas pourquoi Madame me donne mon congé[2] : je n'ai pas mérité ce traitement ; je l'ai toujours servie à faire plaisir.

ARAMINTE. Je ne te donne point ton congé, je te payerai pour être à Monsieur.

ARLEQUIN. Je représente à Madame que cela ne serait pas juste : je ne donnerai pas ma peine d'un côté, pendant que l'argent me viendra d'un autre. Il faut que vous ayez mon service, puisque j'aurai vos gages[3], autrement je friponnerais[4] Madame.

ARAMINTE. Je désespère de lui faire entendre raison.

MARTON. Tu es bien sot ! Quand je t'envoie quelque part ou que je te dis : Fais telle ou telle chose, n'obéis-tu pas ?

ARLEQUIN. Toujours.

MARTON. Eh bien, ce sera Monsieur qui te le dira comme moi, et ce sera à la place de Madame et par son ordre.

ARLEQUIN. Ah ! c'est une autre affaire. C'est Madame qui donnera ordre à Monsieur de souffrir mon service, que je lui prêterai par le commandement de Madame.

MARTON. Voilà ce que c'est.

ARLEQUIN. Vous voyez bien que cela méritait explication.

(Marivaux : 1994, 350f.)

1 le benêt *Dummkopf* – 2 donner congé *entlassen* – 3 les gages (m.) *Lohn* – 4 friponner *betrügen*

Figurenkonstellation

| **6.4**

Konstellationsschema

Die Charakteranlage der Figuren, handele es sich nun um individuelle Charaktere oder schematisch gezeichnete Typen, gewinnt ihre Bedeutung für die Handlung des Stücks aus dem Zusammenspiel mit den anderen Figuren. Dabei entsteht ein Beziehungsgeflecht, das von Gemeinsamkeiten und Gegensätzen, von Allianzen, erwiderter oder einseitiger Liebe, Konkurrenz oder offener Auseinandersetzung gekennzeichnet ist. Die Figuren treten zueinander in eine Konstellation, aus deren Mitte sich der dramatische Konflikt (ob Haupt- oder ein Nebenkonflikt) entwickelt.

Bevor die genaue Analyse erfolgen kann, sollte deswegen zunächst ein Überblick über die Gesamtkonstellation der Figuren in einem Drama geschaffen werden (bisweilen auch als ‚Konfiguration' bezeichnet). Als sehr hilfreich erweist sich hierfür eine Skizzierung der Beziehungen zwischen den Figuren, die je nach Zugehörigkeit gruppiert werden. Den Helden eines Stücks stehen in der Regel Freunde, Vertraute, Berater oder Verbündete zur Seite, ihnen gegenüber finden sich die Widersacher, die ihrerseits Nebenfiguren um sich sammeln.

Im Falle von Molières *L'Avare* (1668) sähe diese Skizze wie folgt aus:

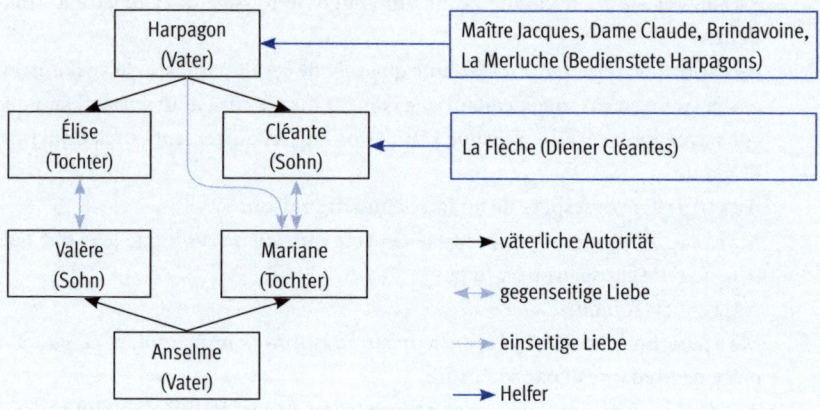

Abb. 6.7 |

Die Figuren-
konstellation in
Molières *L'Avare*
(1668)

Aufgabe 6.9 |

? In einfachen Fällen ergibt sich im gedruckten Drama die Figurenkonstellation zu Beginn des Stücks bereits aus dem die Figuren vorstellenden Nebentext. Für Pierre Corneilles Komödie *Mélite ou les fausses lettres* (1629) lautet dieser wie folgt:

> Les Acteurs
> ÉRASTE, amoureux de Mélite.
> TIRCIS, ami d'Éraste.
> PHILANDRE, amant de Cloris.
> MÉLITE, maîtresse d'Éraste et de Tircis.
> CLORIS, sœur de Tircis.
> LISIS, ami de Tircis.
> LA NOURRICE de Mélite.
> CLITON, voisin de Mélite.
> (Corneille: 1980, 8)

Erstellen Sie eine Skizze der Figurenkonstellation nach dem Muster in Abb. 6.7.

6.5 | Handlung

Aus der Chrakteranlage der Figuren, aus ihrer Motivation und aus ihrer Einbindung in ein Beziehungsgefüge mit anderen Figuren entwickelt sich die dramatische Handlung. Die Gattungsbezeichnung gibt hierbei einen ersten Hinweis auf ihren Verlauf: Tragödie, Komödie, Tragikomödie oder absurdes Theater geben bereits grundlegende Tendenzen vor.

Im Zentrum der dramatischen Handlung steht in den meisten Fällen ein Konflikt oder eine Gemengelage aus eher zentralen und eher randständigen Konflikten (eine Ausnahme bildet z. B. das absurde Theater). Konflikte entstehen entweder aus der Auseinandersetzung zweier Figuren oder zweier

Parteien im Sinne von Figurengruppen (Parteienkonflikt = äußerer Konflikt). Oder der dramatische Konflikt entzündet sich an zwei sich widersprechenden Wertvorstellungen, über die ein entscheidendes Urteil gefällt werden muss (Urteilskonflikt, als äußerer Konflikt von zwei Parteien repräsentiert) und die sich auch in der Psyche einzelner Figuren selbst gegenüberstehen (innerer Konflikt). Kann es sich bei Letzterem auch um einen Gegensatz von Pflicht und Neigung handeln, so sind gerade in der Tragödie widersprüchliche und dadurch unlösbare Konflikte zwischen unterschiedlichen Pflichtauffassungen möglich.

Parteienkonflikt

Urteilskonflikt

Innerer Konflikt

In Albert Camus' *Les justes* (1950) wird die Hauptfigur Kaliayev, ein russischer Anarchist, der gegen die Despotie des Zaren rebelliert, im entscheidenden Moment eines Attentatsversuchs durch ein unlösbares Dilemma in seinem Handeln gelähmt. Hatte er sich zuvor noch freiwillig dafür gemeldet, den Großherzog mit einer Bombe in die Luft zu sprengen, so gerät er beim Vorbeifahren von dessen Kutsche in einen tragischen Konflikt zwischen der Notwendigkeit, den Tyrannen zu töten, und dem Skrupel, zugleich den Tod der beiden mitfahrenden Kinder des Großherzogs in Kauf zu nehmen. Nach dem gescheiterten Attentat trifft er auf seine Mitverschwörer:

KALIAYEV

Text 6.7

Regardez-moi, frères, regarde-moi, Boria, je ne suis pas un lâche, je n'ai pas reculé. Je ne les attendais pas. Tout s'est passé trop vite. Ces deux petits visages sérieux et dans ma main, ce poids terrible. C'est sur eux qu'il fallait le lancer. Ainsi. Tout droit. Oh non! Je n'ai pas pu. (*Il tourne son regard de l'un à l'autre.*) Autrefois, quand je conduisais la voiture, chez nous, en Ukraine, j'allais comme le vent, je n'avais peur de rien. De rien au monde, sinon de renverser un enfant. J'imaginais le choc, cette tête frêle frappant la route, à la volée… (*Il se tait.*) Aidez-moi… (*Silence.*) Je voulais me tuer. Je suis revenu parce que je pensais que je vous devais des comptes, que vous étiez mes seuls juges, que vous me diriez si j'avais tort ou raison, que vous ne pouviez pas vous tromper. Mais vous ne dites rien. (Camus: 1962, 333)

Albert Camus: *Les justes* (1950)

? Mit welchen sprachlichen Mitteln gestaltet der Autor im obigen Textauszug den inneren Konflikt Kaliayevs aus? Wie ist seine Argumentation inhaltlich aufgebaut?

Aufgabe 6.10

Von der Anlage eines Stücks her betrachtet, kann im Weiteren zwischen dem Konfliktdrama, das den obigen Ausführungen entsprechend aus der Entwicklung eines Konfliktes heraus entsteht, und dem analytischen Drama (auch: Urteilsdrama) unterschieden werden. Das analytische Drama setzt mit einer problematischen Situation ein, deren Entstehung nachträglich aufgedeckt wird. Klassisches Beispiel für diesen Dramentyp ist *König Ödipus* von Sophokles, in dem der Protagonist – im Gegensatz zu den Zuschauern – erst allmäh-

Anagnorisis

lich von seinem tragischen Los erfährt, das ihn dazu brachte, den Vater zu töten und die Mutter zu heiraten. Die Erkenntnis (Anagnorisis; ursprünglich ein ‚Wiedererkennen' einer verloren geglaubten Person) fällt hier in eins mit dem Höhe- und Wendepunkt des Dramas, von dem aus das Leben von Ödipus unwiderruflich auf den tragischen Ausgang (Katastrophe) zusteuert.

6.5.1 | Aufbau und Untergliederung

Gewöhnlich weisen längere szenische Darbietungen eine innere Untergliederung auf, die Handlungseinheiten zusammenfasst. Sieht man einmal von der Sonderform des Einakters oder anderer kurzer Schauspielnummern ab, so orientierte sich der Großteil der dramatischen Texte an der bereits in der Antike angelegten Einteilung des Stückes in Akte, die voneinander durch Auftritte des Chors abgetrennt werden. Teilweise wurden zwischen Renaissance und Klassik derartige Akteinteilungen von den Herausgebern und Überarbeitern älterer Stücke sogar nachträglich eingefügt.

! In der antiken Tragödie begleitete der Chor als Gruppe von Schauspielern, Tänzern und Sängern die Handlung

Ein Akt ist demnach ein in sich geschlossener Handlungsabschnitt, der in sich noch einmal in Szenen untergliedert werden kann. Häufig entspricht den Aktgrenzen ein Schauplatzwechsel, der ggf. hinter einem heruntergelassenen Vorhang als Umbau des szenischen Dekors vorgenommen werden kann. Auch entsprechen Akte oftmals eigenen Schwerpunkten in der Figurenkonstellation eines Dramas, so dass im Verlauf des Stückes in den einzelnen Akten unterschiedliche Konfrontationen durchgespielt werden. Üblich für die an der Antike orientierten Dramenformen sind Einteilungen in drei oder fünf Akte, wobei die Komödie vorzugsweise drei Akte, die Tragödie fünf Akte umfasst. Die Abfolge der Akte entspricht schließlich der Entwicklung des Handlungsverlaufs. Im Fünfaktschema ist der erste Akt der Exposition vorbehalten, in der die wichtigsten Figuren (zumindest mündlich durch anwesende Figuren) vorgestellt werden und der Konflikt sich bereits abzeichnet. Im zweiten Akt erhält dieser Konflikt sodann seine eindeutige Form und wird entfaltet (‚Schürzung' des dramatischen ‚Knotens'), wonach er im dritten Akt auf seinen Höhepunkt zusteuert. Bereits hier kann die *Peripetie*, das jähe Umschlagen der Handlung, einsetzen. Normalerweise aber erhält der vierte Akt diese Funktion, wobei sog. retardierende Momente den Ausgang der Handlung noch hinauszögern. Im fünften Akt erfolgt schließlich die Lösung des Konflikts (bzw. des Knotens), in der Tragödie in Form eines tragischen Ausgangs (der Katastrophe). Entsprechend gerafft stellt sich die Handlungsentwicklung nach dem Dreiaktschema dar: Der erste Akt führt in den Konflikt ein, der zweite Akt zeigt den Höhepunkt der Verwicklung, der dritte Akt ist der Lösung gewidmet.

Akte und Szenen als traditionelle Untergliederung der Handlung

Fünfaktschema/ Dreiaktschema

Peripetie

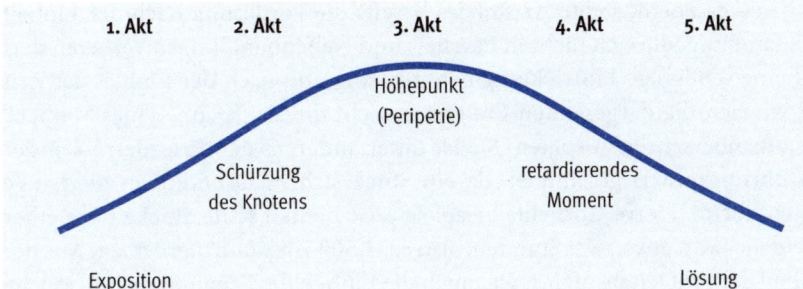

|Abb. 6.8

Handlungsentwicklung
der klassizistischen
Tragödie als Kurven-
diagramm

Die Handlungsentwicklung verläuft allerdings nicht so schematisch, wie die obige, an Gustav Freytags *Technik des Dramas* (1863) angelehnte Skizze suggeriert: In der Realität setzt sie sich vielmehr aus einer ganzen Reihe ‚kleinerer‘ Peripetien zusammen, die für einen kontinuierlichen Wechsel der dramatischen Spannung sorgen.

Die Szene (auch: der ‚Auftritt‘) als untergeordnete dramaturgische Einheit wird einerseits durch den Auftritt oder Abgang einer Figur begrenzt, kann aber zusätzlich auch durch einen Ortswechsel motiviert werden. In der französischen Klassik galt für ihre Gestaltung die bereits oben erwähnte Vorgabe der sog. Dreipersonenregel, welche nicht mehr als drei Handlungsträger gleichzeitig auf der Bühne duldete. Was die Verknüpfung der Szenenabfolge anbelangt, so wurde andererseits ein Verbot der leeren Bühne verfügt, d. h. zwischen einzelnen Szenen (nicht zwischen Akten) durften nicht alle Figuren gleichzeitig den Schauplatz des Geschehens verlassen. Dadurch werden Übergangsauftritte erforderlich, bei denen die Abgehenden und die Hinzukommenden für kurze Zeit vereint sind (*liaison des scènes*).

Szenenverknüpfung

‚Offene‘ und ‚geschlossene‘ Form des Dramas

|6.5.2

Die klassizistische Regelpoetik verdichtete im französischen Drama Strukturmerkmale der antiken Dramen und erhob eine auf ‚Geschlossenheit‘ und Symmetrie beruhende Bauform des Stückes zum Ideal, wie sie sich vor allem in der Tragödie verwirklichte. Hier sollte die Handlung nicht nur den Ansprüchen der Wahrscheinlichkeit und Schicklichkeit entsprechen, sondern sie sollte ein in sich geschlossenes Gesamtbild bieten.

Dazu bedarf es eines ausgewogenen Dramenaufbaus mit Exposition, Höhepunkt und Lösung des Konflikts, einer überschaubaren und durchgängigen Figurenkonstellation, einer übergeordneten thematischen Einheitlichkeit des Stückes sowie seiner sprachlichen Stimmigkeit. Hinzu kommen grundlegende Vorschriften, die als Lehre von den drei aristotelischen Einheiten ihren festen Platz in der Theatergeschichte eingenommen haben.

*Die drei Einheiten:
Handlung, Ort und Zeit*

In seiner Poetik stellte Aristoteles bereits die Forderung nach der Einheit der Handlung, die sich nicht in Parallel- und Nebenhandlungen verlieren darf und eine schlüssige Entwicklung nehmen soll, und nach der Einheit der Zeit auf, wonach die dargestellten Ereignisse nicht die Zeitspanne eines Sonnenumlaufs überschreiten sollten. Sie ist unter anderem den Erfordernissen der Aufführungspraxis geschuldet, da ein Stück sich nicht endlos in die Länge ziehen durfte. Pierre Corneille beispielsweise bemaß seine Stücke nach einer Spieldauer von etwa zwei Stunden, also ca. 1.500 Alexandrinerversen. Aus der Einheit der Zeit leitete man später auch die Einheit des Schauplatzes ab, welche dem festen Bühnenstandort entspricht und somit – wie die beiden anderen Einheiten – der Wahrscheinlichkeit des Dargestellten entgegenkommt. In der Theaterpraxis späterer Epochen genügte es jedoch oftmals, verschiedene Schauplätze innerhalb ein und derselben Stadt als Wahrung der Einheit des Ortes zu betrachten.

Pierre Corneille führt in seinem *Discours des trois unités* (1660) das Ideal der französischen Klassik noch näher aus: „La représentation dure deux heures et ressemblerait parfaitement, si l'action qu'elle représente n'en demandait pas davantage pour sa réalité."

| Aufgabe 6.11 | **?** Welchen Effekt ruft die Wahrung der Einheiten von Ort, Zeit und Handlung in den modernen Medien Film und Fernsehen hervor? |

Tektonischer und atektonischer Bau

Den Gegensatz zur ‚geschlossenen' Form, die wegen ihres fest gefügten Charakters auch als ‚tektonischer' Aufbau bezeichnet wird, bildet die ‚offene' Form bzw. der ‚atektonische' Aufbau. Hier stehen die einzelnen Teile des Stückes nur in einem lockeren Zusammenhang, nicht in einem zwingenden Entwicklungsverlauf. Die strenge Abfolge der Akte und Verknüpfung der Szenen wird durchbrochen, die Handlung zerfällt in einzelne Fragmente und wird nicht mehr von einer grundlegenden Figurenkonstellation und Konfliktsituation getragen, der Dramenausgang bleibt offen. Auch die Hauptfiguren erhalten nur noch bedingt eine Kontinuität innerhalb des Stückes aufrecht, da ihre Handlungsmotive und stilistischen Ausdrucksmittel wechseln können, wobei ohnehin auf die strenge metrische Form verzichtet wird.

Als Modellbeispiel kann die lose Handlungsfolge des sog. absurden Theaters angeführt werden, etwa in Eugène Ionescos (1912–1994) *La cantatrice chauve* von 1950; hier werden die Handlungselemente nur noch lose durch eine Gesprächssituation zwischen den Figuren verbunden, fügen sich aber nicht mehr zu einer sich logisch entwickelnden Szenenverkettung.

| Aufgabe 6.12 | **?** Sind Einakter durch einen tektonischen oder atektonischen Aufbau gekennzeichnet? |

Die Wirkung des Dramas

| 6.6

Publikumswirksamkeit
der theatralischen
Darstellung

Wenn von der Wirkung eines Dramas die Rede ist, so handelt es sich in erster Linie um eine Betrachtung des aufgeführten Bühnenstückes. Lastet auf der Literatur spätestens seit Platon der ausdrückliche Verdacht, sie könne einen schlechten Einfluss auf die Menschen ausüben, so muss das Theaterspiel, das sich meistens an einen größeren Zuschauerkreis richtet und diesen über die Identifikation mit den dargestellten Bühnenhelden mit einbezieht, als besonders effektvolle Gattung angesehen werden, gerade auch dank der verwendeten rhetorischen Mittel und Techniken. Früh setzten daher Überlegungen ein, wie man das Theater zu pädagogischen Zwecken nützen und somit einen erzieherischen Auftrag am Publikum erfüllen könne. Die mittelalterlichen Mysterienspiele geben nur eines von vielen Beispielen dafür ab.

? Überlegen Sie, welche Wirkung der Besuch eines Theaterspiels während und nach der Aufführung auf Sie hat. Versuchen Sie, diese Wirkung in allgemeinen Kategorien zu formulieren (z. B. ‚Unterhaltung').

|Aufgabe 6.13

? Die Manipulation von größeren Zuschauermassen durch bedenkliche Inhalte und die suggestive Wirkung öffentlicher Inszenierungen wird gemeinhin als ‚Propaganda' bezeichnet. Kennen Sie historische Beispiele für ein so beschaffenes Propaganda-Theater? Welche Argumente können Sie vorbringen, die unter den gegenwärtigen Bedingungen für Sie selbst eine erfolgreiche propagandistische Manipulation für unwahrscheinlich oder ausgeschlossen erscheinen lassen?

|Aufgabe 6.14

Aristoteles, der gegen Platons Vorbehalt Stellung bezieht und die Literatur in Schutz nimmt, misst dem Theater sogar einen herausragenden Wert bei, da es entweder das Vorbild überdurchschnittlich edler oder die Negativ-Modelle überdurchschnittlich schlechter Menschen auf die Bühne bringe. Speziell die Tragödie könne aber einen noch tiefer gehenden psychologischen Effekt bei den Zuschauern erzielen: Indem sie die tragische Heldin oder den tragischen Helden bemitleiden und von seinem Schicksal erschüttert werden, durchlaufen sie während der Aufführung ‚Jammer' und ‚Schauder' (*eleos* und *phobos*; in einer älteren Eindeutschung auch: Mitleid und Furcht; *pitié et crainte*). Diese heftige emotionale Einbindung in das Bühnengeschehen übt laut Aristoteles auf die Psyche der Betrachter eine läuternde Wirkung aus: Sie durchlaufen eine Reinigung (*katharsis*) von ihren Affekten, d. h. die angestaute emotionale Erregung wird abgeführt (‚Affektabfuhr') und das Publikum kann das Theater innerlich gelöster wieder verlassen: „Die Tragödie ist Nachahmung einer guten und in sich geschlossenen Handlung von bestimmter Größe, in anziehend geformter Sprache [...] Nachahmung von Handelnden und nicht durch

Jammer und
Schaudern

Katharsis

Bericht, die Jammer und Schaudern hervorruft und hierdurch eine Reinigung von derartigen Erregungszuständen bewirkt". (Aristoteles: 1994, 19)

In der weiteren theatergeschichtlichen Entwicklung wurden den Dramen immer wieder anders akzentuierte Wirkungen im Hinblick auf das Publikum zugeschrieben. Die mittelalterlichen religiösen Spiele betonten von einer mora-

Moralische Vorbilder lisierenden Warte aus den Vorbildcharakter der dargestellten gottgefälligen Handlungsweisen, während Jahrmarktsspiele auf Unterhaltung und in Satire eingekleidete Sozialkritik ausgerichtet waren. Der Renaissance-Humanismus knüpfte in Teilen an die schematische Vorbildfunktion der Protagonisten an, betonte aber deren stoische Gelassenheit gegenüber Schicksalsschlägen, die bei der Zuschauerschaft eher Bewunderung und Furcht auslösten. Das französische Drama der Hochklassik beeindruckte im Idealfall durch eine präzise psychologische Ausgestaltung der dargestellten Charaktere (auch in der Komödie, trotz aller typenhafter Anteile), die gefallen und rühren soll-

Plaire et toucher ten (*plaire et toucher*). Sie standen somit in grobem Gegensatz zu den auf
Rührung Komikeffekte ausgelegten Stücken der *Commedia dell'arte*. Im 18. Jh. trat das rührende Element in der *comédie larmoyante* (eine ‚rührende Komödie') in den Vordergrund, in der die Ständeklausel außer Kraft gesetzt wurde. Die hier
Kritik einsetzende Kritik an Staat und Gesellschaftsform, im weiteren Sinne an der Einbindung des Individuums in übergeordnete politische, soziale, wirtschaftliche und kulturelle Systeme, erlangte von nun an in einem bis zum heutigen Tage andauernden Prozess in allen dramatischen Gattungen (also nicht mehr einseitig in der Komödie) immer größere Bedeutung. Seine Höhepunkte lie-
Aufbegehren gen in den gegen alle Zwänge rebellierenden Stücken der Romantik, in den anklagenden Schilderungen von sozialen Missständen des naturalistischen Theaters und in den auf eine politische Bewusstseinsbildung ausgerichteten
Engagement Dramen des ‚engagierten Theaters' vor. Daneben bringen die Bühnenwerke des ‚absurden Theaters' einen Verlust jeglicher politischer, sozialer, kulturel-ler Werte zum Ausdruck, der bei den Zuschauern nichts als den Eindruck
Sinnverlust der Desillusion zurücklässt. Dies gilt beispielsweise für Ionescos *Rhinocéros* (1960), ein Stück, in dem der Protagonist Bérenger zum Schluss seine Freunde ebenso wie die Hoffnung verloren hat, etwas könne sich der Allgewalt der dumm-aggressiven Nashörner entgegenstellen, in die sich die Menschen am Handlungsort allesamt verwandelt haben.

Illusionswirkung und Alle genannten Wirkungsweisen setzen allerdings voraus, dass die Reprä-
Bruch der Illusion sentation auf der Bühne für die Zeit der Aufführung die *Illusion* erzeugt, es handle sich um die tatsächliche Aktion von Personen, nicht um das Rollen-spiel von Figuren. Wie jedoch das Beispiel des ‚Beiseite-Sprechens' illustriert, kann ein Kunstmittel des Theaterspiels gerade im kurzzeitigen Bruch dieser Illusionswirkung liegen. Seit Beginn des 20. Jh. erlangte dieser Illusionsbruch für die Dramatiker und Dramatikerinnen einen immer größeren Eigenwert und konnte für eigene Gattungstypen des Dramas bestimmend werden (z. B.

das ‚epische Theater', das vor allem durch Bertolt Brecht konsequent ausgeformt wurde, in Frankreich aber auch Analogien in Stücken von Paul Claudel oder Jean Anouilh findet).

Inszenierung und Regie

| 6.7

Wie eingangs erläutert, wird die Textvorlage eines Stückes in jeder Bühnenaufführung neu realisiert. Die Inszenierung umfasst die Gesamtheit der hierfür eingesetzten Mittel: Schauspiel, Kostüme und Maske, Bühnenbild, Beleuchtung und sonstige Technik, schließlich Musik. Während in früheren Jahrhunderten in erster Linie das Können oder gar die Brillanz der Schauspieler den Aufführungen einen individuellen Charakter verlieh, beanspruchten seit dem anbrechenden 20. Jh. die Regisseure immer stärker den Vorrang bei der Interpretation des Dramentextes. Das sog. Regietheater beschränkt sich nicht auf die (Wieder-)Aufführung einer literarischen Vorlage, sondern möchte ihr in der jeweiligen Inszenierung, d. h. Bühnenfassung, eine eigene Note verleihen. Wurden stets schon die Texte für ihre Bühnenversion gekürzt, umgestellt, ergänzt, sprachlich oder inhaltlich überarbeitet, so unterlegt die moderne Regie der Aufführung eine eigene Konzeption, eine zentrale Idee, die oftmals das Stück auf innovative Art neu gestalten möchte und dabei den Anspruch einer eigenständigen künstlerischen Leistung – analog zur schauspielerischen Interpretation einer Rolle – vollbringen möchte.

Regietheater

In Abhängigkeit vom Erwartungshorizont, den ein Stück hervorzurufen weiß, und dem Innovationswillen der Regisseurin/des Regisseurs, ergeben sich mehrere Möglichkeiten der Inszenierung:

Interpretation und Innovation

- die sog. werkgetreue Inszenierung, die sich in der Umsetzung des Stoffes nach der vermuteten Aufführungsabsicht des Autors/der Autorin richtet; siedelt sie sich zudem in einer möglichst großen Nähe zur Uraufführung des Stückes an, so spricht man von einer historisierenden Inszenierung;
- die konsequente Aktualisierung bzw. Modernisierung der Aufführung, in welcher die Textvorlage in Sprache, schauspielerischem Gestus, Bühnendekor, Kostümen und teilweise in inhaltlicher Hinsicht an die Erfahrungswirklichkeit des Gegenwartspublikums angepasst wird;
- das eigentliche Regietheater, das bestimmte, im Stück bereits angelegte Aspekte betont und auf ihnen eine neuartige Interpretation des Sinngehaltes des Dramas anstrebt.

? Überlegen Sie, ob Sie bereits als Zuschauer eine Inszenierung besucht haben, die Ihrer Meinung nach modernisierend oder interpretierend den ihr zugrunde liegenden Dramentext ausgestaltete.

| Aufgabe 6.15

Zusammenfassung

Da das Drama in erster Linie als Aufführungspraxis anzusehen ist, gibt die gedruckte Fassung eines Stückes aufgrund der ihr eigenen medialen Beschränkung die Vielschichtigkeit einer Inszenierung nur ungenügend wieder. Nebentexte können in dieser Hinsicht die Intentionen des Autors andeuten. Die Konzeption der Figuren, des Handlungsverlaufs oder die Inszenierung unterliegen epochenbedingten Konventionen, wie sie etwa in poetologische Schriften eingegangen sind (vgl. Einheit 2.1). Vor allem das Theater der Klassik versuchte über die Ständeklausel oder die Regel der drei Einheiten der Bühnenkunst ein hohes Niveau zu sichern. Die Durchformung der Bühnenrede, v. a. in der sorgfältigen Ausgestaltung der verwendeten Verse, muss in diesem Zusammenhang besonders beachtet werden.

Die Handlung eines Dramas – sofern sie nicht bewusst wie im sog. absurden Theater aufgebrochen wird – beruht auf der Anlage der Figuren und ihrem Zusammenspiel im Rahmen des dramatischen Konflikts. Zu beachten sind in diesem Zusammenhang die Frage der Gattung (Komödie, Tragödie, Tragikomödie etc.) und der gewählten ‚offenen' oder ‚geschlossenen' Form des Stückes, die ihrerseits dazu beitragen, dass es eine bestimmte dramatische Wirkung auf der Bühne entfalten kann, welche durch die interpretierende Leistung des Regisseurs und der Schauspieler noch weiter ausgestaltet wird.

Literatur

Pierre-Augustin Caron de Beaumarchais: *La folle journée ou Le mariage de Figaro*, in: Ders., *Œuvres*. Paris: Gallimard (Pléiade) 1988, 353–489.

Albert Camus: *Les Justes*, in: Ders., *Théâtre, Récits, Nouvelles*. Paris: Gallimard (Pléiade) 1962, 301–393.

Pierre Corneille: *Le Cid*, in: Ders., *Œuvres complètes*. Band I. Paris: Gallimard (Pléiade) 1980, 691–778.

Pierre Corneille: *Horace*, in: Ders., *Œuvres complètes*. Band I. Paris: Gallimard (Pléiade) 1980, 831–901.

Pierre Corneille: *Mélite ou les Fausses lettres*, in: Ders., *Œuvres complètes*. Band I. Paris: Gallimard (Pléiade) 1980, 1–89.

Pierre Carlet de Marivaux: *Les fausses confidences*, in: Ders., *Théâtre complet*. Band II. Paris: Gallimard (Pléiade) 1994, 341–401.

Jean Racine: *Britannicus*, in: Ders., *Œuvres complètes*. Band I. Paris: Gallimard (Pléiade) 1999, 369–438.

Jean Racine: *Phèdre et Hippolyte*, in: Ders., *Œuvres complètes*. Band I. Paris: Gallimard (Pléiade) 1999, 814–876.

Übungen zur Dramenanalyse am Beispiel von Jean Racine: *Phèdre*

Die in Einheit 6 vorgestellten Kriterien der Dramenanalyse wurden bereits an zahlreichen Textbeispielen illustriert und in einer Folge von Übungsaufgaben aufgegriffen. Daher wird diese Einheit sich auf die exemplarische Analyse eines einzelnen Dramas konzentrieren, das aufgrund seiner literarhistorischen Bedeutung besondere Aufmerksamkeit verdient. Eine weitere, analog angelegte Analyse findet sich am Beispiel eines zentralen Dramas der Romantik, Alfred de Mussets *Lorenzaccio*, auf www.bachelorwissen.de

Überblick

7.1 | Kurzporträt des Autors

Jean Racine wurde 1639 in La Ferté-Milon in bescheidenen Verhältnissen geboren. Bereits im Alter von drei Jahren war er eine Vollwaise. Seine Schulbildung erfuhr er im Kloster Port-Royal, dem Zentrum des Jansenismus, der sich als pietistische Strömung gegen die Verweltlichung der Religion wandte und neben die Innenschau des Gläubigen die Überzeugung von der Vorbestimmtheit des Schicksals stellte, weshalb nicht Werkgerechtigkeit, sondern nur die unergründbare göttliche Gnade den Einzelnen aus seiner Schuldhaftigkeit und Verdammnis erretten könne. Das früh zu Tage tretende Talent Racines verhalf zu seiner Einführung bei Hofe 1663. Zu seinen Freunden zählte neben dem einflussreichen Sprachrichter Nicolas Boileau unter anderem Molière, mit dem er sich jedoch alsbald dauerhaft überwarf, als er Molières Schauspieltruppe jäh den Rücken kehrte und zum konkurrierenden Theaterensemble des Hôtel de Bourgogne überwechselte. Racine gilt neben Pierre Corneille als der bedeutendste Autor der französischen klassischen Tragödie. Berühmt wurden seine Werke für die ebenso kunst- wie maßvolle Sprache, die zum Inbegriff der klassischen Dämpfung avancierte; drastische Worte werden vermieden, und das Gefühlsleben der Protagonisten findet seinen Ausdruck in einer hochartifiziellen Metaphorik. Die Liebesleidenschaft ist daher nicht allein „amour", sondern wird als „feu" oder „flamme" angeführt; das Kampfinstrument Schwert wird in Form einer Metonymie als „fer" bezeichnet etc. Zugleich ist Racine ein Meister des Alexandriners, des Dramenaufbaus wie auch der drei aristotelischen Einheiten. Im Zentrum der Tragödien Racines steht ein die Protagonisten überwältigender innerer Konflikt, der sich als Widerstreit der Gefühle zwischen Pflicht und Leidenschaft entzündet. Nicht die Bewunderung des Willens heldenhafter Tatmenschen, wie bei Corneille, sondern die Erschütterung des Publikums durch die psychologisch feinfühlig gezeichneten Charaktere sind Zielpunkt der Dramenaufführung.

Margin notes:

Einfluss des Jansenismus

Abb. 7.1 |
Jean Racine
(1639–1699)

Klassische Dämpfung

Verinnerlichung des tragischen Konflikts

7.2 | Inhalt

Mit dem 1677 uraufgeführten Stück *Phèdre et Hippolyte* steht Racines Meisterschaft auf dem Höhepunkt, nachdem er eine Serie von Theatererfolgen für sich verbuchen konnte, u. a. *Andromaque* (1667), *Britannicus* (1669), *Bérénice* (1671), *Bajazet* (1672), *Mithridate* (1673) und *Iphigénie* (1674), die ihm – wie auch nicht zuletzt die persönliche Unterstützung durch Madame de Montespan, die Mätresse Ludwigs XIV. – eine königliche Pension eintrugen. Bei *Phèdre* handelt es sich zugleich um das letzte weltliche Drama Racines, der sich in der Folge seinem neuen Amt als Königlicher Geschichtsschreiber widmete und unter erneutem Einfluss von Port-Royal nur noch gelegentlich religiös inspirierte Stücke verfasste. In *Phèdre* findet sich noch einmal das Motiv der zerstörerischen Macht der Liebesleidenschaft, die trotz kurzzeitiger Besinnung unaufhaltsam in die Katastrophe führt. Das dadurch problematisch werdende Verhältnis zwischen Mann und Frau verläuft hierbei parallel zu einer Kluft zwischen der Elterngeneration und ihren zu jungen Erwachsenen gewordenen Kindern. Die Tugend der jugendlichen Liebenden Hippolyte und Aricie wird dabei in die Rolle des ohnmächtigen Opfers gedrängt. Und doch ist die Gegenseite, jene der verbrecherischen Leidenschaft, die Phèdre verkörpert, nicht minder ein Opfer eines fatalen von den Göttern verhängten Schicksals. Die Verinnerlichung des tragischen Konfliktes bei gleichzeitiger sprachlicher und struktureller Formvollendung macht *Phèdre* zu einem Musterbeispiel der französischen klassischen Tragödie.

Liebe als zerstörerische Leidenschaft

|Abb. 7.2

Alexandre Cabanel:
Phèdre, Ausschnitt
(1880)

Die fünfaktige Tragödie spielt am Hofe des Thésée und seiner Gemahlin Phèdre in Trézène (Troizen). Hippolyte, Sohn des Thésée aus erster Ehe und Stiefsohn der später geheirateten Phèdre, fasst den Entschluss aufzubrechen, um den seit einem halben Jahr ohne Kunde verschwundenen Vater zu suchen, jedoch zugleich, um der verbotenen Liebe zu Aricie, dem Sproß eines konkurrierenden Geschlechts um den Thron von Athen, zu entfliehen (I,1). Phèdre bekennt in einem Gespräch mit ihrer Vertrauten, der Amme Œnone, dass sie den Stiefsohn nicht, wie alle Welt meint, verabscheut, sondern im Gegenteil eine ehebrecherische Leidenschaft zu ihm hegt und deswegen den Tod sucht (I,3). Die Nachricht vom vermeintlichen Tod Thésées (I,4) lässt eine Liebe zu Hippolyte in den Augen der Amme unverhofft wieder möglich erscheinen (I,5). Aricie wiederum schöpft Hoffnung, aus ihrer Gefangenschaft entlassen zu werden. Sie gesteht ihrer Vertrauten Ismène die Liebe zu Hippolyte

Zusammenfassung der Handlung

(II,1). Hippolyte erscheint und schenkt Aricie die Freiheit, möchte ihr auch den Thron von Athen zurückgeben, gesteht ihr seine Liebe (II,2). Kurz darauf eröffnet Phèdre Hippolyte ihre Leidenschaft, stößt jedoch auf Entsetzen (II,5). Hippolyte beschließt daraufhin den skandalösen ‚aveu' geheim zu halten und will fliehen (II,6). Phèdre ist verzweifelt, glaubt aber noch, Hippolyte für sich gewinnen zu können (III,1). Da erreicht sie die Nachricht von Thésées Rückkehr. Die Amme schlägt ihr vor, die Offensive zu ergreifen und den Stiefsohn des versuchten Ehebruchs zu bezichtigen (III,3). Thésée selbst ist sofort über das undurchsichtige Verhalten Phèdres und Hippolytes irritiert (III, 4 und 5). Als er von Œnone von dem angeblichen Vergewaltigungsversuch seines Sohnes erfährt und dessen zurückgelassenes Schwert als Schuldbeweis ansieht, will er ihn zur Rede stellen (IV,1). Hippolyte beteuert seine Unschuld, verschweigt aber das wahre Geschehen, woraufhin Thésée den Gott Neptune zur Rache aufruft (IV,2). Die von ihrem Gewissen gepeinigte Phèdre möchte ihren Gatten gnädig stimmen, bricht den Versuch indes jäh ab, als sie erfährt, dass Hippolyte Aricie liebt (IV,4), und kann ihr tragisches Schicksal nicht verwinden (IV,6). Im fünften Akt beschließen Hippolyte und Aricie gemeinsam zu fliehen (V,1). Aricie sät in Thésées Herz den ersten Zweifel an Hippolytes Schuld (V,3). Als er seinen Sohn noch einmal zur Rede stellen möchte, überbringt Théramène die Nachricht von seinem grausigen, von Neptun veranlassten Tod (V,6). Die sterbende Phèdre gesteht die Wahrheit, woraufhin Thésée dem letzten Wunsch seines Sohnes entsprechend Aricie unter seinen Schutz stellt (V,7).

7.3 | Figurenkonstellation

Griechische Götterwelt

Abb. 7.3 |

Theseus im Kampf mit dem Minotaurus, Bronze von 1843

Verständlich wird die Tragik des Geschehens erst, wenn sein mythologischer Hintergrund, der dem zeitgenössischen Publikum wohlvertraut war, in die Interpretation mit einbezogen wird. Racine beschneidet die Willens- und Handlungsfreiheit des Menschen durch das Eingreifen von Gottheiten, die sich seiner Kontrolle entziehen. Das Handeln der Figuren und ihre Position in einem irdisch-politischen Machtspiel wird somit auf einer zweiten Ebene überlagert von der Einbindung in die Kräfteverhältnisse innerhalb der antiken Götterwelt.

Thésée wird die Abstammung von Neptune nachgesagt (eigtl. von Poseidon, aber Racine vermengt unterschiedslos griechische und römische Götterwelt, so auch im Falle der Vénus-Aphrodite), der im Stück an zentraler Stelle von Thésée als Schutzgott angerufen wird. Phèdre stammt vom Sonnengott Hélios ab, der das geheime Verhältnis der Vénus mit dem Kriegsgott Mars ans Licht brachte, weshalb Hélios' Nachkommen von der Liebesgöttin verfolgt und mit Liebes-Verirrungen bestraft werden. So erging es auch der Mutter Phèdres, Pasiphaé, die von einem Stier das Monstrum Minotaurus gebar. Ihr eigener Vater, Minos, verleiht als gefürchteter Richter der Verstorbenen in der Unterwelt ihrer Figur eine zusätzliche unheilvolle Komponente. Hippolyte, der ‚Pferdefreund', rückt über seinen Vater in die Nähe zu Neptune, zumal von diesem die Kunst des Reitens herrühren soll. In erster Linie aber unterstellt sich Hippolyte, der von der Frauenwelt abgewandt als Einzelgänger die Wälder durchstreift, der Jagdgöttin Diane, welcher auch seine leibliche Mutter, eine Amazonenkönigin, nahestand. Seine ursprüngliche Verschmähung der Liebe, für die die Göttin Vénus als Antipodin zur keuschen Diane steht, kann als Ursache dafür angesehen werden, dass Hippolytes unvermutete Hinwendung zu Aricie unter keinem guten Stern steht. Aricie, eine von Racine eingeführte Figur ohne mythologisch verankerten Hintergrund, könnte ebenfalls der Diane zugeordnet werden, da sie und Hippolyte in einem ihrer Tempel sich das Treueversprechen geben wollen.

Die Ausgangslage der Figuren- (und Götter-) Konstellation der Tragödie kann wie folgt dargestellt werden:

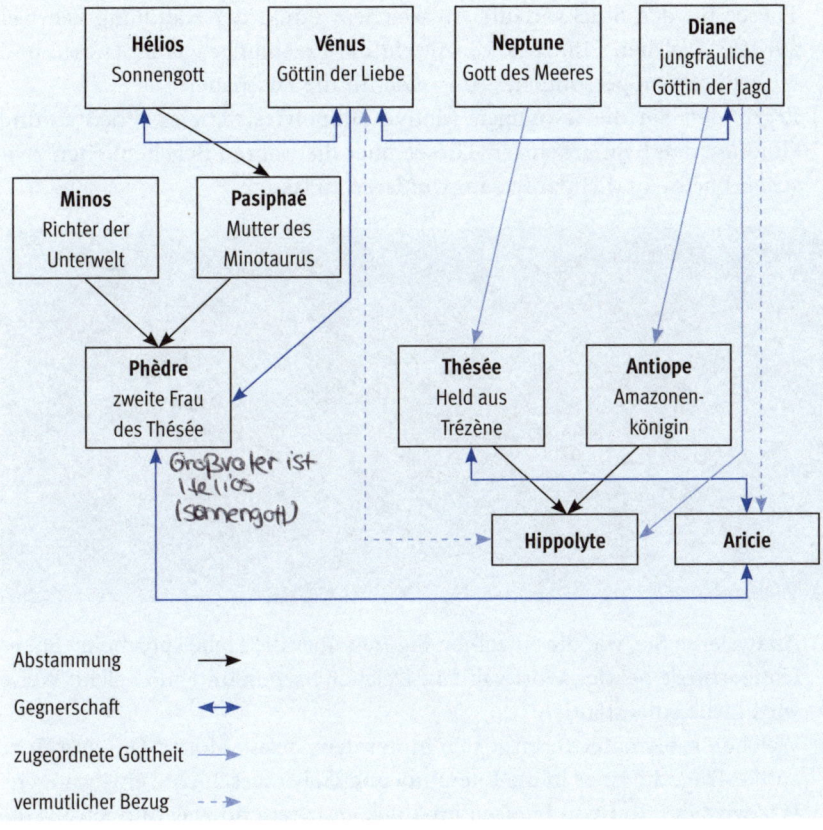

|Abb. 7.4

Figurenkonstellation in Racines *Phèdre* (1677)

7.4 | Lektüreleitfaden

Die folgende Auswahl an Leitfragen ist als Orientierungshilfe für die eigene Lektüre des Stückes gedacht. Bei aufmerksamer Betrachtung des Textes können sie selbständig geklärt werden. Als Ausgabe wird der von Georges Forestier herausgegebene Bd. 1 von Jean Racines *Œuvres complètes* in der *Bibliothèque de la Pléiade* (Paris: Gallimard 1999) empfohlen, es können aber natürlich auch die zahlreichen preiswerteren Editionen herangezogen werden.

1) Stellen Sie fest, in welchen Szenen der Tragödie sich Exposition, Peripetie, Anagnorisis, beschleunigende und retardierende Momente und die Katastrophe finden.
2) Untersuchen und vergleichen Sie das Verhältnis zwischen Hauptfiguren und ihren Vertrauten bei Hippolyte/Théramène, Phèdre/Œnone, Aricie/Ismène.
3) Welche Rolle spielt die Abwesenheit und spätere Rückkehr des Vaters Thésée für den Stückverlauf? An welchem Punkt der Handlung kehrt er zurück? Welchen Eindruck vermitteln die Erzählungen über Thésée und schließlich sein persönliches Auftreten für die Zuschauer?
4) Ergründen Sie die jeweiligen Motive Hippolytes, Aricies, Phèdres und Œnones, den heimgekehrten Thésée über die wahren Begebenheiten zwischen Phèdre und Hippolyte im Unklaren zu lassen.

Abb. 7.5 |

Phèdre und Hippolyte,
Frontseite eines
Marmorsarkophags
(ca. 290 v. Chr.)

5) Analysieren Sie, wie die einzelnen Figuren über die Liebe sprechen. Gibt es Unterschiede bei der Wortwahl? In welchen Szenen und auf welche Weise wird Liebe eingestanden?
6) Welche Problematik verbirgt sich hinter dem Inzest-Motiv? Durch welche antike Tragödie ist es in die Literatur- und Geistesgeschichte eingegangen?
7) Wie wird der Tod von Figuren im Stück gestaltet und was sind jeweils die Gründe für die gewählte Darstellung?

8) Inwieweit wird im Stück die Handlungsebene der tragischen Liebe mit der Handlungsebene des politischen Konflikts verwoben?

9) Welche Götter werden im Verlauf der Tragödie handlungsbestimmend?

10) Wie steht es um die Willensfreiheit der Hauptfiguren?

Analyse ausgewählter Passagen |7.5

Im Gegensatz zu den genannten übergeordneten Fragen an das Stück sollen die nachfolgenden Arbeitsaufgaben eine intensive Textarbeit an punktuell herausgegriffenen Passagen auf der Grundlage des bisher Erarbeiteten ermöglichen.

Phèdres *aveu* (II,5) |7.5.1

Als Thésée wegen seiner brutalen Beseitigung des mit ihm um den Thron von Athen konkurrierenden Geschlechts der Pallantiden für ein Jahr in seine Heimat Trézène verbannt wird, folgt ihm Phèdre nicht zuletzt aus geheimer Leidenschaft zu seinem Sohn Hippolyte. Die verbotene Liebe verbirgt sie hinter einer rüden Behandlung des Stiefsohns, so dass niemand Verdacht schöpfen kann. Sobald der Tod Thésées gemeldet wird, keimt Hoffnung in Phèdre auf, nunmehr die Zuneigung des Jünglings erringen zu können. Als sie ihn in einem doppeldeutigen Gespräch auf ihre Leidenschaft hinweist, reagiert er indes auf den ungeahnten Sinneswandel seiner Stiefmutter passiv-abwehrend. Die desillusionierte Phèdre kann nun ihre Passion erst recht nicht mehr zügeln.

PHÈDRE

> Ah! Cruel, tu m'as trop entendue.
> Je t'en ai dit assez pour te tirer d'erreur.
> Hé bien! Connais donc Phèdre, et toute sa fureur.
> J'aime. Ne pense pas qu'au moment que je t'aime,
> Innocente à mes yeux je m'approuve moi-même,
> Ni que du fol amour qui trouble ma raison
> Ma lâche complaisance[1] ait nourri le poison.
> Objet infortuné des vengeances célestes,
> Je m'abhorre encor plus que tu ne me détestes.
> Les dieux m'en sont témoins, ces dieux qui dans mon flanc[2]
> Ont allumé le feu fatal à tout mon sang,
> Ces dieux qui se sont fait une gloire cruelle
> De séduire le cœur d'une faible Mortelle.
> Toi-même en ton esprit rappelle le passé.
> C'est peu de t'avoir fui, Cruel, je t'ai chassé.
> J'ai voulu te paraître odieuse, inhumaine.
> Pour mieux te résister, j'ai recherché ta haine.

|Text 7.1

Phèdres *aveu* (II,5)

! Der *aveu* bricht mit dem Tabu der unschicklichen Leidenschaft

123

De quoi m'ont profité mes inutiles soins ?
Tu me haïssais plus, je ne t'aimais pas moins.
Tes malheurs te prêtaient encor de nouveaux charmes.

! Eine Tirade ist eine
längere Einzelrede im
Drama

J'ai langui[3], j'ai séché, dans les feux, dans les larmes.
Il suffit de tes yeux pour t'en persuader,
Si tes yeux un moment pouvaient me regarder.
Que dis-je ? Cet aveu que je te viens de faire,
Cet aveu si honteux, le crois-tu volontaire ?
Tremblante pour un Fils[4] que je n'osais trahir,
Je te venais prier de ne le point haïr.
Faibles projets d'un cœur trop plein de ce qu'il aime !
Hélas ! je ne t'ai pu parler que de toi-même.
Venge-toi, punis-moi d'un odieux amour.
Digne Fils du Héros qui t'a donné le jour,
Délivre l'Univers d'un Monstre qui t'irrite.
La Veuve de Thésée ose aimer Hippolyte ?
Crois-moi, ce Monstre affreux ne doit point t'échapper.
Voilà mon cœur. C'est là que ta main doit frapper.
Impatient déjà d'expier son offense
Au-devant de ton bras je le sens qui s'avance.
Frappe. Ou si tu le crois indigne de tes coups,
Si ta haine m'envie un supplice si doux,
Ou si d'un sang trop vil ta main serait trempée,
Au défaut de ton bras prête-moi ton épée[5].
Donne.

ŒNONE

      Que faites-vous, madame ? Justes dieux !
Mais on vient. Evitez des témoins odieux,
Venez, rentrez, fuyez une honte certaine.
(Racine : 1999, 844f.)

1 la complaisance *hier: Willensschwäche* – 2 le flanc *die Seite, hier im Sinne von: Brust* – 3 languir *schmachten* – 4 *Hippolytes Stiefbruder* – 5 une épée *Schwert*

Aufgabe 7.1 | **?** Wie wird die Liebe aus der Sicht Phèdres dargestellt? Analysieren Sie den inhaltlichen Aufbau der Tirade. Welche Schlüsselwörter kennzeichnen den seelischen Zustand der enttäuschten Liebenden?

7.5.2 | Der Zorn Thésées (IV,1)

Als Thésée nach einer halbjährigen Abwesenheit von seiner Abenteuerfahrt und Gefangenschaft zurückkehrt, findet er Ehefrau und Sohn verstört vor, kann die Zeichen, die auf ein ihm vorenthaltenes Geheimnis hinweisen, jedoch nicht deuten. Als er von der intriganten Œnone erfährt, Hippolyte habe sich mit Waffengewalt an seiner Stiefmutter vergreifen wollen, gerät er in Rage. Am Ende der Begegnung mit seinem Sohn wird er diesen verstoßen und seinen Schutzgott Neptune mit der Bitte anrufen, an seiner Stelle den vermeintlich monströs Missratenen zu richten.

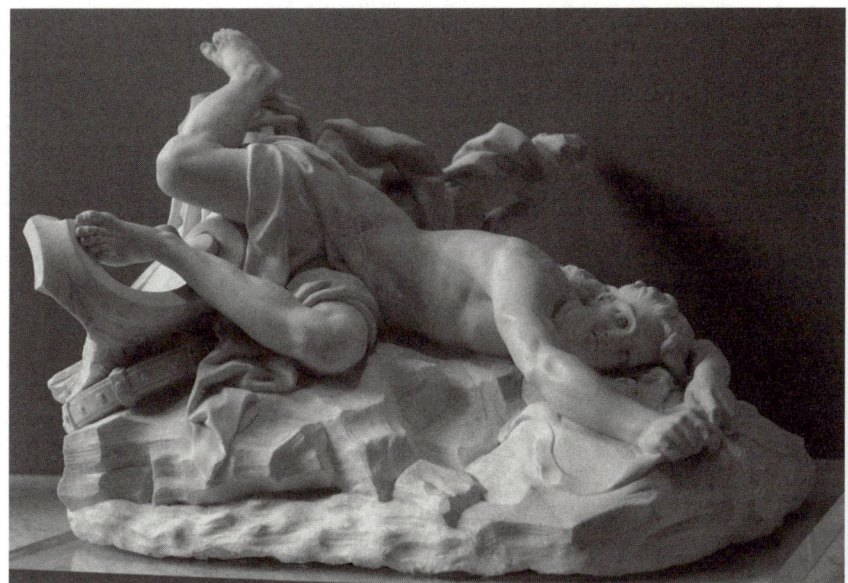

Abb. 7.6

Jean-Baptiste Lemoyne d. Ä.: *Hippolytes Tod* (1715)

THÉSÉE
Ah! Qu'est-ce que j'entends! Un Traître, un Téméraire[1]
Préparait cet outrage à l'honneur de son père?
Avec quelle rigueur, Destin, tu me poursuis!
Je ne sais où je vais, je ne sais où je suis.
Ô tendresse! Ô bonté trop mal récompensée!
Projet audacieux! Détestable pensée!
Pour parvenir au but de ses noires amours
L'insolent de la force empruntait le secours.
J'ai reconnu le fer, instrument de sa rage;
Ce fer dont je l'armai pour un plus noble usage.
Tous les liens du sang n'ont pu le retenir?
Et Phèdre différait[2] à le faire punir?
Le silence de Phèdre épargnait le Coupable?
ŒNONE
Phèdre épargnait plutôt un père déplorable.
Honteuse du dessein d'un amant furieux,

Text 7.2

Der Zorn Thésées
(IV,1)

Et du feu criminel qu'il a pris dans ses yeux,
Phèdre mourait, Seigneur, et sa main meurtrière
Eteignait de ses yeux l'innocente lumière.
J'ai vu lever le bras, j'ai couru la sauver.
Moi seule à votre amour j'ai su la conserver.
Et plaignant à la fois son trouble et vos alarmes,
J'ai servi malgré moi d'interprète à ses larmes.
THÉSÉE
Le Perfide[3]! Il n'a pu s'empêcher de pâlir.
De crainte en m'abordant je l'ai vu tressaillir[4].
Je me suis étonné de son peu d'allégresse.
Ses froids embrassements ont glacé ma tendresse.
Mais ce coupable amour dont il est dévoré,
Dans Athènes déjà s'était-il déclaré?
ŒNONE
Seigneur, souvenez-vous des plaintes de la Reine.
Un amour criminel causa toute sa haine.
THÉSÉE
Et ce feu dans Trézène a donc recommencé?
ŒNONE
Je vous ai dit, Seigneur, tout ce qui s'est passé.
C'est trop laisser la Reine à sa douleur mortelle.
Souffrez que je vous quitte et me range auprès d'elle.
(Racine: 1999, 855f.)

1 le Téméraire *der Vermessene* – 2 différer *hinauszögern* – 3 le Perfide *der Schamlose* – 4 tressaillir *erzittern*

<table>
<tr><td>Aufgabe 7.2</td><td>**?** Analysieren Sie den Auszug unter formalen Gesichtspunkten: Bestimmen sie in den ersten zehn Versen (von „Ah!" bis „usage") die zu zählenden Silben. Suchen Sie in der gesamten Passage nach den wichtigsten Stilmitteln und beschreiben Sie die Reimfülle.</td></tr>
</table>

7.5.3 | Die Verstoßung Œnones (IV,6)

Als Œnone am Ende des Stückes abermals die verbrecherische Leidenschaft ihrer Herrin in Schutz nimmt und sie ermutigt, weiter auf Kosten Hippolytes ihre frevelhafte Liebe hinter einer Lüge zu kaschieren, besinnt sich Phèdre und verstößt ihre Ratgeberin, deren Einfluss sie bislang willig duldete.

<table>
<tr><td>Text 7.3

Die Verstoßung
Œnones (IV,6)</td><td>PHÈDRE
Qu'entends-je? Quels conseils ose-t-on me donner?
Ainsi donc jusqu'au bout tu veux m'empoisonner,
Malheureuse? Voilà comme tu m'as perdue.</td></tr>
</table>

Au jour que je fuyais c'est toi qui m'as rendue.
Tes prières m'ont fait oublier mon devoir.
J'évitais Hippolyte, et tu me l'as fait voir.
De quoi te chargeais-tu ? Pourquoi ta bouche impie[1]
A-t-elle, en l'accusant osé noircir sa vie ?
Il en mourra peut-être, et d'un Père insensé
Le sacrilège[2] vœu peut-être est exaucé[3].
Je ne t'écoute plus. Va-t'en, monstre exécrable[4].
Va, laisse-moi le soin de mon sort déplorable.
Puisse le juste ciel dignement te payer.
Et puisse ton supplice[5] à jamais effrayer
Tous ceux qui comme toi, par de lâches adresses[6],
Des Princes malheureux nourrissent les faiblesses,
Les poussent au penchant où leur cœur est enclin,
Et leur osent du Crime aplanir le chemin ;
Détestables Flatteurs[7], Présent le plus funeste
Que puisse faire aux Rois la colère céleste !

ŒNONE, *seule.*
Ah, Dieux ! Pour la servir j'ai tout fait, tout quitté.
Et j'en reçois ce prix ? Je l'ai bien mérité.
(Racine : 1999, 865f.)

1 impie *gottlos* – 2 sacrilège *gotteslästerlich* – 3 exaucer *erhören* – 4 exécrable
miserabel – 5 le supplice *Qual* – 6 l'adresse (f.) *Geschicklichkeit* – 7 le flatteur
Schmeichler

? Untersuchen Sie den Textausschnitt auf wichtige rhetorische Mittel! | Aufgabe 7.3
Wie werden Phèdre selbst und die Amme Œnone in dieser Passage dargestellt?
Welche Funktion erhält die Verdammung Œnones für Autor und Publikum?
Vergleichen Sie abschließend die Selbstbeschreibung Phèdres mit der oben ange-
führten Stelle aus II,5!

Racines *Phèdre* zeigt in einer für die französische Hochklassik exemplarischen Weise, | Zusammenfassung
wie sehr der inhaltliche Aufbau des Stücks, die Charakterzeichnung der Figuren und
ihr sprachlicher Ausdruck von einem strengen ästhetischen Willen zur in sich geschlossenen und vollendeten Form gekennzeichnet sind. Der einzelne Mensch tritt dabei in
seinen seelischen Nöten bereits als komplex angelegtes Individuum in Erscheinung, ist
aber zugleich einem durch die antike Götterwelt verkörperten Schicksal unterworfen,
das sich in seiner nicht zu verdrängenden Leidenschaft Bahn bricht.

Literatur

Jean Racine: *Phèdre et Hippolyte*, in: Ders.,
    Œuvres complètes. Band I. Paris: Galli-
    mard (Pléiade) 1999, 814–876.

Epik und Erzähltextanalyse

Diese Einheit befasst sich neben einem Überblick über die epischen Textformen mit den spezifischen Merkmalen, die diese gegenüber den bereits behandelten Gattungen Lyrik und Dramatik auszeichnen. Davon ausgehend wird das terminologische und sachliche Instrumentarium für die Analyse von Erzähltexten sowohl hinsichtlich ihrer Darstellung durch die Erzählerinstanz als auch der dargestellten Welt, des Inhalts von Erzählungen, erarbeitet und seine Verwendung eingeübt.

Überblick

8.1 | Gattung Epik

,Epik' vom Wort her

Der naheliegende Ansatz, dass es auf der Suche nach der Definition eines Begriffs sinnvoll ist, ihn von seinem Wortursprung her zu betrachten, führt bei den bereits behandelten Gattungen zu durchaus informativen Ergebnissen: Die Lyra, die Leier, zu der in der griechischen Antike gesungen wurde, weist auf den musikalischen Kontext und die Präsenz einer individuellen Stimme in der Lyrik hin; die Dramatik ihrerseits erhält ihren Namen vom griechischen Wort für ,Handlung' – zu Recht, denn dramatische Texte werden durch das Spiel von meist mehreren Akteuren (hier wiederholt sich, auf Lateinisch, die Handlung) getragen. Gehen wir nun entsprechend vor, so finden wir das *Epos*

Epos

als Grundform der Epik. In der Tat ist das Epos nicht nur die älteste, sondern (was wohl damit zu tun hat) auch lange Zeit die prestigeträchtigste epische Form der europäischen Literatur. Es handelt sich hierbei um eine für den mündlichen Vortrag bestimmte Verserzählung von beträchtlicher Länge, die

Definition

Heldentaten von nationalhistorischer und -mythischer Bedeutung schildert. Das erste und zugleich berühmteste antike Beispiel ist die *Odyssee* Homers. Der erste französische Repräsentant der Gattung ist das um 1100 entstandene

Rolandslied

Rolandslied (*Chanson de Roland*), das in rund 4.000 Versen, geordnet zu 290 assonierend gereimten Strophen (sog. Laissen), den Kampf Rolands schildert, der im Jahre 778 mit der Nachhut des Heers Karls des Großen, seines Onkels, in den Pyrenäen von Mauren, mit denen sich sein abtrünniger Stiefvater Ganelon verbündet hat, angegriffen wird und den Heldentod stirbt. Ein realhistorisches Ereignis – Karls Rückkehr aus dem damals maurisch beherrschten Spanien nach Aachen – wird so über 300 Jahre später im Sinne des nationalen und religiösen Sendungsbewusstseins fiktionalisiert, rekontextualisiert und überhöht: Die tatsächlichen Angreifer waren nicht Mauren, das Hauptfeindbild des christlichen Europas zur Zeit der Kreuzzüge, sondern christliche Basken, und der im zweiten Teil des Epos ausführlich beschriebene siegreiche Rachefeldzug Karls gegen die spanischen Mauren hat nie wirklich stattgefunden.

Neuere epische Formen

Gehen wir zur Literaturgeschichte nachmittelalterlicher Zeit über, stellen wir fest, dass das ,älteste' Verständnis eines Begriffs wie ,Epik' doch nicht im allgemeinen Sinne das sachdienlichste ist, denn die vielfältigen epischen Formen weisen nur wenige der genannten epenspezifischen Merkmale auf:

Summarischer Überblick Roman:

▶ Der *Roman* ist die wichtigste neuzeitliche epische Form. Als *höfischer*

Höfischer Roman

Roman des Hochmittelalters (z. B. Chrétien de Troyes, *Cligès*, um 1170) ist er noch eng mit dem Epos und der Welt des Rittertums verbunden, bietet jedoch einen anderen situativen Hintergrund (Aventure, also Abenteuer des Einzelnen anstelle von Schlachtenszenerie) und eine veränderte Versstruktur. Im 16. und 17. Jh. wird er in Prosa verfasst, entbehrt allerdings

Roman comique

zunächst als *groteske* und *komisch-satirische* (François Rabelais, *Gargantua*,

1534, im 17. Jh. u. a. als ‚roman comique') oder *idyllisch-utopische* Textsorte (*Schäferroman*, z. B. Honoré d'Urfé, *Astrée*, 1607–27) mit z. T. kaum mehr lektüretauglichem Umfang nach heutigen Begriffen jeder Glaubwürdigkeit und ähnelt mitunter populären Kleinformen wie dem Märchen. Im modernen Sinne ‚realistisches' Schreiben wird gegen Ende des 17. Jh. die Sache des Romans, zunächst vorzugsweise auf *individuell-psychologischer* Ebene (z. B. Madame de la Fayette, *La princesse de Clèves*, 1678). Im 18. Jh beginnt die auch poetologische Aufwertung des bis dahin zwar viel gelesenen, aber offiziell als minderwertig geltenden Genres, mit einer stetigen Ausweitung der Themen (etwa *philosophische Problemlagen*, die hier im Gegensatz zum Essay und Traktat vielfach spielerisch und in ihrer lebenspraktischen Relevanz erörtert werden, z. B. Denis Diderot, *Jacques le fataliste et son maître*, entst. 1773–75) und Formen (etwa der *Briefroman*, der Briefe fiktiver Figuren und ihren Austausch als Erzählmittel benutzt und damit verschiedene Stile und Perspektiven einbeziehen kann, z. B. Montesquieu, *Lettres persanes*, 1721). Der Roman des 19. Jh. legt die Grundlage für seine bis heute hinsichtlich des Produktionsaufkommens und der Rezeption ungebrochene Stellung an der Spitze der Gattungen. Dies geschieht zunächst mit dem Erfolg des *historischen Romans*, der als fiktionalisierendes Gegenstück zur sich herausbildenden wissenschaftlichen Geschichtsschreibung fungiert (z. B. Alexandre Dumas père, *Les trois mousquetaires*, 1844), dann mit dem auf Abbildung psychischer wie gesellschaftlicher Wirklichkeit zielenden *realistischen* (z. B. Honoré de Balzac, *La comédie humaine*, 1829–50) und *naturalistischen Roman* bzw. *Romanzyklen* (z. B. Emile Zola, *Les Rougon-Macquart*, 1871–93). Verbreitet werden viele dieser Texte nunmehr in Form von Fortsetzungsepisoden in Zeitungen (*Feuilletonroman*). Die Auflösung poetologischer Zwänge wird ab der Jahrhundertwende erreicht, in der der Roman sich – wie dies auch für die Lyrik zu beobachten ist (siehe Einheit 5.3) – zunehmend selbst thematisiert (z. B. André Gide, *Les faux-monnayeurs*, 1925) und im sog. *Nouveau roman* (z. B. Alain Robbe-Grillet, *La jalousie*, 1957) bis dato als konstitutiv geltende Merkmale (‚Held' als Identifikationsfigur, kohärente Erzählung, Gesellschaftsbezug u. ä.) zugunsten einer autonomistischen Poetik zurückweist.

Abgesehen von zahlreichen weiteren Untergattungen (Kriminalroman, Schauerroman usw.) bestanden und bestehen viele der genannten Romantypen mit ihren Formen und Themen bis heute weiter – ob Utopie, Fantastik, Realismus oder historischer Roman – und tragen dazu bei, den Roman zur reichsten epischen Form zu machen.

▶ Eine seit dem 18. Jh. produktive Gattung ist die *Autobiographie*, also der Bericht eines Autors über sein Leben und die Herausbildung seiner Persönlichkeit, die normalerweise referenziellen Anspruch erhebt, also, wenngleich in der Gestaltung dem Roman durchaus ähnlich, nicht-fiktional ist

Marginalien:
Schäferroman

Früher psychologischer Roman

Roman philosophique

Briefroman

Historischer Roman

Realistischer Roman
Naturalistischer Roman

Feuilletonroman

Selbstreflexivität
Nouveau roman

Autobiographie

Biographie

(z. B. Jean-Jacques Rousseau, *Les confessions*, 1782/89). Ähnlich, aber als Gattung weniger bedeutsam ist die literarische *Biographie* (z. B. Jean-Paul Sartre, *L'idiot de la famille*, 1971/72).

Novelle

► Die *Novelle* ist eine fiktionale Kurzform, die sich meist auf einen thematischen Kern (eine ‚neue‘ Begebenheit) und wenige Figuren beschränkt, jedoch insbesondere in der frühen Neuzeit häufig innerhalb eines Novellenzyklus (z. B. Marguerite de Navarre, *L'Heptaméron*, veröff. 1558/59) an einer komplexen Gesamtstruktur teilhat. Auch im 19. Jh. wurde die Novelle sehr geschätzt (z. B. Guy de Maupassant, *Boule de suif*, 1880).

Märchen

Conte

► Der Novelle nicht unähnlich, aber meist formal wie inhaltlich schlichter gebaut und mit fantastischen Elementen durchzogen ist die ursprünglich volkstümliche und mündlich überlieferte Gattung *Märchen*. Zusammen mit der Novelle und dem, was wir heute ‚Kurzgeschichte‘ nennen würden, wird es häufig unter den französischen Begriff *conte* gebracht (Charles Perrault, *Contes de ma mère l'oye*, 1697).

Essay

► Der *Essay* ist eine Art kurzer Prosa-Abhandlung zu einem moralischen, philosophischen, politischen o. ä. Problem, ohne die Methodik und terminologische Strenge einer wissenschaftlichen Arbeit, stattdessen mit dem Ziel, Reflexion im Fortschritt und Nachvollzug des Lesers zu erreichen. Der Begründer dieser zu allen Zeiten bis heute (Feuilletons!) lebendigen Textsorte ist Michel de Montaigne (*Essais*, 1580).

Prosa als Kennzeichen von Epik?

Worin besteht angesichts einer solchen (keineswegs erschöpfenden) Aufzählung epischer Formen das Merkmal, das sie von anderen Gattungen unterscheidet? Die besondere Länge des Textes, die sich angesichts des Epos sowie der sprichwörtlich gewordenen „epischen Breite" als Kriterium aufdrängt, ist kein Kennzeichen der Novelle und anderer ‚kleiner Formen‘. Da wir in Einheit 4 die Lyrik in Ermangelung eines besseren Kriteriums über Vers und Strophe identifizierten, kommt für die Epik *Prosa* in Betracht. Tatsächlich wird ‚Prosa‘ nicht selten als Gattungsbegriff gebraucht, obwohl es lediglich nicht-gebundene Sprache bezeichnet. Selbst wenn wir ignorieren, dass eben noch mit dem Epos eine Verstextsorte als Urform der Epik vorgestellt wurde, und umgekehrt die lyrische Gattung des *poème en prose* als Ausnahme sehen, die die Regel bestätigt, bleibt das Problem, dass die Mehrheit der Dramen seit dem 18. Jh. auch in Prosa verfasst sind. Tatsächlich bietet ein Vergleich mit dem Drama einen Blick auf die grundsätzliche strukturelle Eigenheit epischer Texte.

Abgrenzung zum Drama

Raymond Queneau (1903–76): *Exercices de style* (1947)

Sehen wir uns zwei einschlägige Kapitel aus Raymond Queneaus *Exercices de style* an, ein Buch, in dem dieselbe Alltagsszene in 99 verschiedenen ‚Stilen‘ geschildert wird – was hier sowohl sprachliche Register im engeren Sinne als auch Sprachspiele und literarische Verfahren beinhaltet, mit denen wir uns im Folgenden noch beschäftigen werden. Unter diesen Versionen finden sich in der Tat eine dramatisierte („Comédie") und eine epische („Récit") Version.

Comédie

Acte premier

Scène I

(Sur la plate-forme arrière d'un autobus S, un jour, vers midi.)

LE RECEVEUR. – La monnaie, s'iou plaît.

(Des voyageurs lui passent la monnaie.)

Scène II

(L'autobus s'arrête.)

LE RECEVEUR. – Laissons descendre. Priorités? Une priorité! C'est complet.
Drelin, drelin, drelin[1].

Acte second

Scène I

(Même décor.)

PREMIER VOYAGEUR (jeune, long cou, une tresse autour du chapeau). – On
dirait, monsieur, que vous le faites exprès de me marcher sur les pieds chaque
fois qu'il passe des gens.

SECOND VOYAGEUR (hausse les épaules).

Scène II

(Un troisième voyageur descend.)

PREMIER VOYAGEUR (s'adressant au public) – Chouette! une place libre! J'y
cours. (Il se précipite dessus et l'occupe.)

Acte troisième

Scène I

(La Cour de Rome.)

UN JEUNE ÉLÉGANT (au premier voyageur, maintenant piéton). – L'échancrure[2] de ton pardessus est trop large. Tu devrais la fermer un peu en faisant
remonter le bouton du haut.

Scène II

(À bord d'un autobus S passant devant la Cour de Rome.)

QUATRIÈME VOYAGEUR. – Tiens, le type qui se trouvait tout à l'heure avec moi
dans l'autobus et qui s'engueulait avec un bonhomme. Curieuse rencontre. J'en
ferai une comédie en trois actes et en prose. (Queneau: 1947, 67–69)

1 drelin *Lautmalerei: Klingeln* – 2 échancrure *Kragenöffnung, Dekolleté*

| Text 8.1

Raymond Queneau:
Exercices de style
(1947), Comédie

Récit

Un jour vers midi du côté du parc Monceau, sur la plate-forme arrière d'un
autobus à peu près complet de la ligne S (aujourd'hui 84), j'aperçus un personnage au cou fort long qui portait un feutre[1] mou entouré d'un galon tressé[2] au

| Text 8.2

Raymond Queneau:
Exercices de style
(1947), Récit

lieu de ruban³. Cet individu interpella⁴ tout à coup son voisin en prétendant que celui-ci faisait exprès de lui marcher sur les pieds chaque fois qu'il montait ou descendait des voyageurs. Il abandonna d'ailleurs rapidement la discussion pour se jeter sur une place devenue libre.

Deux heures plus tard, je le revis devant la gare Saint-Lazare en grande conversation avec un ami qui lui conseillait de diminuer l'échancrure de son pardessus en en faisant remonter le bouton supérieur par quelque tailleur compétent. (Queneau: 1947, 27)

1 feutre *hier: Filzhut* – 2 galon tressé *geflochtene Kordel* – 3 ruban *Band* – 4 interpeller *zur Rede stellen*

<table>
<tr><td>Kommunikations-
theoretische
Unterschiede</td><td>Versuchen wir, von Queneaus amüsantem parodistischen Ton abzusehen und den kommunikationstheoretischen Unterschied zwischen diesen beiden Darstellungen derselben Szene genau zu fassen. Text 8.1 lässt verschiedene Figuren auftreten und agieren: Wie beim Drama üblich, ist eine körperliche Präsenz von Akteuren in einer Aufführung intendiert, in der sich der Text auf die direkte Rede der Figuren beschränkt. Die Szene *läuft* also gleichsam *ab*: Dass sie zum Anschauen bestimmt ist und nicht für die Lektüre, werden Sie u. a. daran gemerkt haben, dass Text 8.1 nur gelesen kaum verständlich ist, bis man Text 8.2 kennt. Dort ‚spricht' auch jemand, aber nur eine Person, die wir als den vierten Passagier in Text 8.1 identifizieren können und die uns das Geschehen aus ihrer spezifischen Sicht erzählt und dabei – das ist für die Verständlichkeit entscheidend – ordnet. Die Abläufe und die Rede der anderen Figuren werden nicht direkt dargestellt, sondern mittelbar durch diese Erzählerfigur *berichtet*. Diesen ersten wichtigen Unterschied hat die Erzählforschung in verschiedenen gleichbedeutenden Begriffsoppositionen terminologisch erfasst: „Zeigen" vs. „Erzählen" bzw. „Showing" vs. „Telling", „Mimesis" (i. S. von Abbildung, Adj. mimetisch) vs. „Diegese" (Bericht, Adj. diegetisch) – oder gemäß der in Text 2.7 wiedergegebenen Formulierung Goethes „persönlich handelnde" vs. „klar erzählende" Form. Den gattungskonstitutiven Unterschied in der Vermittlung von Handlung hat bereits Aristoteles in seiner Poetik erkannt:</td></tr>
</table>

Zeigen vs. Erzählen

Text 8.3
Aristoteles: *Poetik*

Nun zum dritten Unterscheidungsmerkmal dieser Künste: zur Art und Weise, in der man alle Gegenstände nachahmen kann. Denn es ist möglich, mit Hilfe derselben Mittel dieselben Gegenstände nachzuahmen, hierbei jedoch entweder zu berichten – in der Rolle eines anderen, wie Homer dichtet, oder so, daß man unwandelbar als derselbe spricht – oder alle Figuren als handelnde und in Tätigkeit befindliche auftreten zu lassen. (Aristoteles: 1994, 9)

Erzählerinstanz

Der letztgenannte Fall ist freilich das Drama, der erste die Epik, wobei Aristoteles zwischen den Möglichkeiten unterscheidet, entweder als Dichter direkt oder „in der Rolle eines anderen" zu sprechen. Man erkennt bereits an der etwas unbeholfenen Formulierung, dass dem antiken Theoretiker hier eine wichtige, heute geläufige Kategorie fehlt: der *Erzähler*.

Der **Erzähler** ist die innerfiktionale Instanz, die das Geschehen in einem epischen Text berichtend wiedergibt. Sie kann als Figur bis zur scheinbaren Abwesenheit hinter das Geschehen zurücktreten, ist jedoch auch in diesen Fällen vom realen Autor zu unterscheiden, da der Bericht eines epischen Texts nicht mit den Meinungen, dem Wissen oder dem Blickwinkel des Autors übereinstimmen muss, der Erzähler außerdem innerhalb der fiktiven Welt auftreten, seine Funktion an eine andere Figur abgeben kann usw.

Definition

Es zeichnet sich jetzt das entscheidende Gattungsmerkmal der Epik ab: Das Geschehen eines epischen Textes wird durch eine Erzählerinstanz vermittelt, epische Texte sind durch *Mittelbarkeit* bestimmt. Wenn eine Handlung, wenn Figuren nicht unmittelbar gezeigt werden, dann besteht ein gewisser Spielraum in der Art der Vermittlung – ein Spielraum, der beispielsweise von den 99 verschiedenen Versionen einer Geschichte umrissen (dabei aber längst nicht erschöpft) wird, die Raymond Queneau vorlegt. Damit wird die Notwendigkeit deutlich, bei Erzähltexten zwischen der

Mittelbarkeit als Gattungsmerkmal

histoire: dem ‚Erzählten‘, d.h. den handlungsrelevanten Teilen der fiktiven Welt in ihrem chronologischen, örtlichen und kausalen Zusammenhang,

histoire vs. *discours*

und dem

discours: dem ‚Erzählen‘, d.h. der spezifischen Präsentation der *histoire* durch die jeweilige(n) Erzählerfigur(en)

zu unterscheiden. Die Beschreibung der Strukturen auf jeder der Ebenen und des Verhältnisses der beiden zueinander ist die zentrale Aufgabe der Erzähltheorie oder *Narratologie*. Ein besonders flexibler und nicht nur im französischen Sprachraum populärer Ansatz ist der von Gérard Genette (1983), den die nun folgenden Erläuterungen in den wichtigsten Zügen wiedergeben.

Narratologie

Erzählerische Gestaltung oder *discours* | **8.2**

Stimme | **8.2.1**

Es liegt nahe, für eine Beschreibung der spezifischen Präsentation der Geschichte durch einen Text zunächst an der Erzählerinstanz anzusetzen, die wir ja eben als das wichtigste Gattungsmerkmal epischer Texte herausgestellt haben. Manche Texte führen eine Erzählerfigur derart ein, dass sie für den Leser die Konturen einer Person bekommt, etwa weil sie über sich selbst

Erzähler als ‚Ursprung‘ der Erzählung

spricht. In anderen Texten erfahren wir nichts über den Erzähler. Dennoch ist klar, dass es selbst in diesen Fällen einen Erzähler gibt, denn die sprachlichen Äußerungen, die den epischen Text bilden, haben notwendigerweise einen Ursprung – schließlich gibt es, von Wahnzuständen einmal abgesehen, keine Rede ohne jemanden, der redet, und das gilt auch für solche Texte. Eine erste narratologische Frage gilt also diesem Ursprung: Wer spricht? Wer sagt ‚Ich‘ oder könnte ‚Ich‘ sagen?

Stimme: Wer spricht?

Abgesehen von möglichen Details zur Figur des Erzählers, die jeder Text beliebig setzen oder offen lassen kann, hat die Erzählforschung eine erste abstrakte Kategorisierung von Erzählertypen mit entsprechender Terminologie erarbeitet, die das Verhältnis des Erzählers zur erzählten Handlung erfasst. Es geht dabei zunächst um die Frage, wie sehr er an den Geschehnissen beteiligt ist. Folgende Möglichkeiten sind hier zu differenzieren:

Verhältnis des Erzählers zur erzählten Handlung

Abb. 8.1 |

Heterodiegetischer Erzähler

► *Heterodiegetischer Erzähler*: Der Erzähler ist nicht Teil der erzählten Welt. Das Geschehen wird also in der dritten Person geschildert, was allerdings nicht ausschließt, dass der Erzähler als ‚Ich‘ hervortritt, etwa um seine Meinung zum Verhalten der fiktiven Figuren kundzutun – nur gehört dieses ‚Ich‘ nicht zur selben Welt wie die anderen Figuren.

Abb. 8.2 |

Homodiegetischer Erzähler (Typ 1 und 2)

► *Homodiegetischer Erzähler*: Der Erzähler ist Teil der erzählten Welt. Hier sind verschiedene Abstufungen denkbar: Der Erzähler kann unbeteiligter Beobachter des Geschehens sein, er kann daran als Nebenfigur beteiligt sein oder die Hauptfigur der Geschichte darstellen. Diese Unterscheidung ist keine absolute; ein Erzähler kann beispielsweise am Beginn seiner Schilderung unbeteiligter Beobachter sein, im weiteren Verlauf die Rolle einer Nebenfigur annehmen und am Ende zur Hauptfigur werden. Für letztgenannten Fall existiert aufgrund seiner besonderen Relevanz ein eigener Terminus, nämlich

Abb. 8.3 |

Autodiegetischer Erzähler

Homodiegetischer vs. intradiegetischer Erzähler

► *Autodiegetischer Erzähler*: Der Erzähler ist Protagonist (Hauptfigur). Dies ist nicht nur in vielen Romanen, sondern typischerweise in autobiographischen Texten der Fall.

Ein homo- oder autodiegetischer Erzähler ist Teil der erzählten Welt, aber er wendet sich wie der heterodiegetische Erzähler an den Leser des Textes. Davon zu unterscheiden sind diejenigen Figuren innerhalb der Geschichte, die ihrerseits erzählen, sich aber an andere Figuren wenden. Dieser Fall ist eher die Regel als die Ausnahme: In vielen Texten ergreifen Figuren das Wort und berichten innerhalb der Geschichte von ihren Erlebnissen. Es kann also passieren, dass eine andere Figur die Erzählung leitet. Solche sog. *intradiegetischen* oder *Binnenerzählungen* situieren sich allerdings auf einer anderen Ebene als die *extradiegetische* oder *Rahmenerzählung*, da sie einschließlich ihrer Adressaten Teil der erzählten Welt sind. Normalerweise sind diese Ebenen strikt getrennt: Im Gegensatz zum extradiegetischen Erzähler ‚wissen‘

die intradiegetischen Erzähler wie alle anderen Figuren nicht, dass sie Teil einer (gedruckten) Geschichte sind, die ein anderer Erzähler erzählt und ein Leser liest. Dennoch bieten fiktionale Texte die Möglichkeit, diese kategoriale Grenze zu überschreiten und damit einen kalkulierten Bruch der Ebenen zu erzeugen, der häufig auf eine Zerstörung der Illusion oder spielerisch-parodistische Effekte abzielt. Eine solche *Metalepse* liegt beispielsweise vor, wenn eine Figur der Geschichte beschließt, den Roman zu schreiben, den der Leser gerade liest, wie das in den bereits erwähnten *Faux-monnayeurs* von André Gide der Fall ist, oder wenn der extradiegetische Erzähler die Zeit mit anderen Themen überbrücken muss, weil die Figuren seiner Geschichte gerade schlafen und er offenbar denselben Zeitrahmen teilt (Diderot, *Jacques le fataliste et son maître*).

Kategoriale Grenze zwischen Ebenen

Metalepse

Zeit

| 8.2.2

Diderots Kopplung der Zeit auf der Ebene des Erzählers an die der Figuren ist eine Metalepse, da die Erzählerinstanz, wie wir oben feststellten, normalerweise Freiheit in der Gestaltung des *discours* hat, also beispielsweise die *histoire* bei ihrer Präsentation ordnen, Teile weglassen oder resümieren kann. Sehen wir uns zunächst eine weitere Version aus den *Exercices de style* an.

Rétrograde

| Text 8.4

Raymond Queneau:
Exercices de style
(1947), Rétrograde

Tu devrais ajouter un bouton à ton pardessus, lui dit son ami. Je le rencontrai au milieu de la Cour de Rome, après l'avoir quitté se précipitant avec avidité sur une place assise. Il venait de protester contre la poussée d'un autre voyageur, qui, disait-il, le bousculait à chaque fois qu'il descendait quelqu'un. Ce jeune homme décharné était porteur d'un chapeau ridicule. Cela se passa sur la plate-forme de l'autobus S, complet ce midi-là. (Queneau: 1947, 12)

Auf das Spezifikum dieser Version gegenüber den beiden oben zitierten weist Queneau freundlicherweise explizit hin: Die erzählerische Darstellung der Ereignisse erfolgt hier rückwärts, d.h. ihre *Ordnung* ist gegenüber dem tatsächlichen Ablauf in der Geschichte umgekehrt. Es handelt sich hier um ein extremes und daher selten in weniger spielerischen Texten anzutreffendes Beispiel für die Freiheit des Erzählers, die Reihenfolge der Darstellung zu wählen. Relativ häufig hingegen sind Teilumstellungen erzählter Episoden, wie Sie sie vermutlich zumindest vom Film her als ‚Rückblende‘ bereits kennen. Für sie haben sich die folgenden Termini eingebürgert:

Ordnung

► *Anachronie*: Oberbegriff für den Bruch der chronologischen (also den realen Abläufen innerhalb der Geschichte entsprechenden) Ordnung. Man unterscheidet weiter zwischen

Formen achronologischen Erzählens

   ► *Analepse*: ‚Rückblende‘, nächträgliche Darstellung des Früheren (also bspw. B–C–A–D), und

► *Prolepse*: Vorschau, erzählerische Vorwegnahme des Späteren (also bspw. A–B–D–C).

Wie unterscheiden sich nun die beiden erstzitierten Versionen (Texte 8.1 und 8.2) hinsichtlich der Zeit? Die Chronologie der erzählten Ereignisse wird im Gegensatz zu Text 8.4 bei beiden respektiert; jedoch zeigt bereits ein flüchtiger Blick auf den jeweiligen Text, dass der *discours* der narrativen Fassung kürzer ausfällt als derjenige der dramatischen Version. Der in beiden Fällen gleichen Zeit, die die Ereignisse der erzählten Welt für ihren Ablauf benötigen (sog. *erzählte Zeit*), entsprechen unterschiedlich große Zeiträume, die der Vorgang des Erzählens bzw. Lesens in Anspruch nimmt (sog. *Erzählzeit*). Geht man davon aus, dass dramatische Darstellungen grundsätzlich die Echtzeit abbilden und damit die Erzählzeit gleich der erzählten Zeit ist (im vorliegenden Fall mit Ausnahme der Zeit, die zwischen den ‚Akten' 2 und 3, im sog. *entr'acte*, vergeht), dann erweist sich Text 8.2 als geraffte erzählerische Darstellung, da die Erzählzeit kürzer als die erzählte Zeit ist.

Erzählte Zeit vs. Erzählzeit

Für das Verhältnis von Erzählzeit (die man angesichts unterschiedlicher individueller Lesegeschwindigkeiten objektiv nach dem Seiten- bzw. Wortumfang eines *discours* bemisst) und erzählter Zeit bestehen fünf terminologisch unterschiedene Möglichkeiten:

Verhältnis der Zeiten

Abb. 8.4|

Möglichkeiten des Zeitverhältnisses

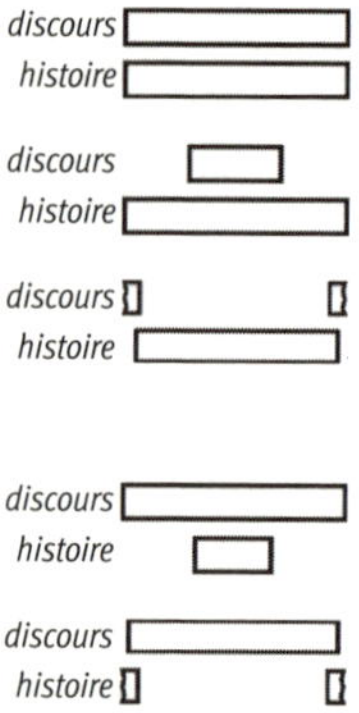

► *Zeitdeckendes Erzählen* liegt vor, wenn, wie etwa in der dramatisch-dialogischen Darstellung, Erzählzeit und erzählte Zeit übereinstimmen.

► Ist die Erzählzeit, wie in Text 8.2, kürzer als in einer zeitdeckenden Erzählung, so spricht man von einer *Raffung*.

► Im Extremfall wird die Erzählzeit so verkürzt, dass Vorgänge der erzählten Welt nicht mehr wiedergegeben, sondern übersprungen werden. Man spricht hier von einer *Ellipse* (Auslassung).

► Ist die Erzählzeit länger als in einer zeitdeckenden Erzählung, liegt eine narrative *Dehnung* vor.

► Der Extremfall ist hier eine Erzählerrede, die keine Vorgänge der erzählten Welt mehr beschreibt, d.h. der Ablauf auf der Ebene der *histoire* steht gleichsam still. Dieser Fall heißt daher *Pause*.

Aufgabe 8.1|

? Wie könnten Ihrer Meinung nach konkret erzählerische Mittel aussehen, die zu einer Raffung, einer Dehnung und einer Pause führen?

8.2.3| **Distanz**

Reduktion der Mittelbarkeit

Oben wurde bereits die Möglichkeit erwähnt, dass der Erzähler bis zur scheinbaren Abwesenheit hinter die erzählte Geschichte zurücktritt: In der Tat kann eine längere Passage eines Erzähltextes das Gespräch zweier oder mehrerer Figuren in direkter Rede wiedergeben, ohne dass irgendeine erkennbare

Intervention seitens eines Erzählers erfolgt. Die für epische Texte charakteristische Mittelbarkeit ist in solchen Fällen aufgehoben, der Text geht zum *dramatischen Modus* über, *stellt* wie in einem Theaterstück *dar*, statt im eigentlichen Sinne zu *berichten*. Es sind also verschiedene Grade von Mittelbarkeit möglich, je nachdem, wie präsent der Erzähler ist und wie stark er die Darstellung kontrolliert. Dieser Grad der Mittelbarkeit heißt *Distanz*.

Dramatischer Modus

Distanz als Grad der Mittelbarkeit

Minimale Distanz liegt also im dramatischen Modus vor. Sie nimmt zu, je mehr der Text die Präsenz des Erzählers markiert. Dies ist beispielsweise der Fall, wenn der Erzähler als ‚Ich' auftritt, eventuell Einzelheiten zu seiner Person erkennen lässt oder gar die narrative Situation selbst thematisiert, sei es explizit durch Kommentare zu seiner Erzählerrede, sei es implizit, etwa indem er die Hauptfigur als „unseren Helden" bezeichnet und so nicht nur auf die Fiktionalität des Erzählten, sondern auch auf die Kommunikation mit dem Leser hinweist. Verhältnismäßig leicht zu ermitteln ist die Distanz indes anhand der *Figurenrede*, für deren erzählerische Präsentation ein breites Spektrum an Ausdrucksmöglichkeiten besteht. Die direkte Rede ohne Einleitung entspricht dem dramatischen Modus und stellt die unmittelbarste Form der Redewiedergabe dar. Sie kann aber auch stärker durch den Erzähler, also mit größerer Distanz, geleistet werden.

Verfahren der Distanzierung

Figurenrede

? Unterbrechen Sie hier für einen Moment die Lektüre und versuchen Sie, die kurze Rede des ‚Jeune Élégant' aus Text 8.1 mit größerer Distanz, also mit mehr Steuerung durch den Erzähler wiederzugeben.

Aufgabe 8.2

Die Präsenz des Erzählers wird stärker, wenn die Figurenrede nicht mehr direkt ‚gehört', sondern ‚aus zweiter Hand' wiedergegeben wird. Dies ist zunächst der Fall bei Formen der indirekten Redewiedergabe, schließlich bei resümierender Präsentation, die den Wortlaut der ursprünglichen Rede nicht mehr erkennen lässt. Das Gespräch mit dem ‚Jeune Élégant' könnte z.B. auf folgende Weise erzählt werden:

Direkte – indirekte – resümierte Rede

1) „L'échancrure de ton pardessus est trop large. Tu devrais la fermer un peu en faisant remonter le bouton du haut."

2) Un jeune élegant lui parlait. Ne trouvait-il pas l'échancrure de ce pardessus trop large? Il valait mieux la fermer un peu en faisant remonter le bouton du haut.

3) Un jeune élégant lui disait que l'échancrure de son pardessus était trop large et lui conseillait de la fermer un peu en faisant remonter le bouton du haut.

4) Un jeune élégant lui donnait des conseils vestimentaires.

5) Un jeune élégant lui parlait.

Text 8.5

Narrative Varianten der Szene III,1 aus Text 8.1

139

Direkte Rede

Erlebte Rede

Indirekte Rede
Resümierende Rede

Zunahme der Distanz

Beispiel 1) entspricht der direkten Rede des Originals aus Text 8.1, also dem unmittelbaren dramatischen Modus. Die Versionen 2) und 3) sind Formen indirekter Redewiedergabe, wobei 2) ein Beispiel der sog. *erlebten Rede* darstellt, einer Form von Erzählerbericht (hier erkennbar durch 3. Person sowie Vergangenheitstempus), in dem die direkte Rede durch Satzbau (hier Frage ohne Redeeinleitung) und Deixis (Zeigeperspektive, hier „ce", das auf den Standort des ‚Jeune Élégant' bezogen ist) noch spürbar ist; bei 3) handelt es sich um gewöhnliche indirekte Rede im Erzählerbericht. Die Beispiele 4) und 5) geben die Rede in unterschiedlich hohem Maße resümierend wieder – der genaue Wortlaut ist nicht mehr zu erahnen. Die Präsenz des Erzählers nimmt innerhalb unserer Beispiele zu, und mit ihr die Distanz. Diese unterschiedlichen Verfahren der Redewiedergabe und damit Distanzierung sind freilich nicht nur für Gesprochenes, sondern ganz analog auch für Gedanken (also ‚unausgesprochene' Rede) möglich.

Aufgabe 8.3 |

> **?** Wiederholen Sie nun die Aufgabe: Wenden Sie die unterschiedlichen Verfahren der Redewiedergabe, die Sie kennengelernt haben, auf die Tirade des ‚Premier Voyageur' aus Text 8.1, Akt II, Szene 1 an.

8.2.4 | Fokalisierung

Blickwinkel ≠
Sprecherposition

Mit den Kategorien Stimme und Distanz haben wir uns bislang mit dem Standort des Erzählers und seiner Präsenz in der Erzählung befasst. Im Gegensatz zur realen Welt ist in der Fiktion damit aber noch nicht alles über den *Blickwinkel* gesagt, aus dem ein Geschehen berichtet wird: Der Einblick in und das Wissen um die Vorgänge in der erzählten Welt sind nicht zwangsläufig identisch mit dem ‚natürlichen' Kenntnisstand der erzählenden Person. Auch wenn es in der literarischen Praxis oft der Fall ist, dass ein außerhalb der erzählten Welt stehender, also heterodiegetischer Erzähler alles weiß, also etwa in die Köpfe der Figuren sehen kann, ist das dennoch nicht zwangsläufig der Fall, ebensowenig wie eine in der ersten Person erzählende Figur der erzählten Welt (homodiegetischer Erzähler) notwendigerweise auf ihren Standpunkt festgelegt ist: Es spricht nichts dagegen, dass sie im Unterschied zu den Möglichkeiten der realen Welt genauen Einblick in das Innenleben der übrigen Figuren hat. Von der Frage, wer spricht, ist also die Frage nach dem Wissenshorizont oder dem Blickwinkel zu unterscheiden:

Wer sieht?

Fokalisierung

Wer sieht?

Um die Spielarten der *Fokalisierung*, die als narratologische Kategorie auf diese Frage antwortet, genauer zu umreißen, sehen wir uns wiederum verschiedene mögliche erzählerische Versionen unserer Ausgangsszene in Queneaus überfülltem Bus an.

1) Un jour vers midi, sur la plate-forme arrière d'un autobus à peu près complet de la ligne S, il y avait un personnage au cou fort long qui portait un feutre mou entouré d'un galon tressé au lieu de ruban. Cet individu interpella tout à coup son voisin en prétendant que celui-ci faisait exprès de lui marcher sur les pieds chaque fois qu'il montait ou descendait des voyageurs. Il abandonna d'ailleurs rapidement la discussion pour se jeter sur une place devenue libre.

2) Il était vers midi et autour de lui, les gens se pressaient dans l'autobus de la ligne S. Ce type à droite, ne pouvait-il pas faire attention ? C'était énervant. Il faisait sûrement exprès de lui marcher sur les pieds chaque fois qu'il montait ou descendait des voyageurs. Quand il aperçut une place devenue libre, il se sauva.

3) Un jour vers midi, sur la plate-forme arrière d'un autobus à peu près complet de la ligne S, il y avait un personnage au cou fort long qui portait un feutre mou entouré d'un galon tressé au lieu de ruban. Il était sûr que son voisin faisait exprès de lui marcher sur les pieds chaque fois qu'on montait ou descendait. Pourtant, celui-ci ne s'en rendait même pas compte, ni les autres voyageurs. Après l'avoir grossièrement repris, l'autre s'assit sur une place devenue libre.

|Text 8.6

Narrative Varianten zu Text 8.2, erster Absatz

Die drei Fassungen gleichen sich hinsichtlich der Stimme – es spricht eine nicht näher lokalisierbare Figur, die aber jedenfalls nicht der Protagonist des Auszugs ist – sowie der Distanz, mit eingeschränkter Ausnahme der reduzierten Mittelbarkeit durch erlebte Rede in Beispiel 2). Sie unterscheiden sich aber durch den jeweiligen Einblick, das Wissen des Erzählers:

► Version 1) zeigt das Geschehen kameragleich ,von außen'. Wir erfahren nur, was die beteiligten Personen auch sehen und hören können, Bewusstseinsvorgänge werden ausgespart. Der Erzähler sagt also *weniger*, als jede einzelne Figur weiß. Diese erzählerische Einstellung nennt man *externe Fokalisierung*.

Externe Fokalisierung

► Version 2) schildert das Geschehen aus dem Blickwinkel und dem Wissenshorizont – nicht aber mit der Stimme (!) – einer der Figuren, nämlich des Protagonisten. Dies zeigt sich einerseits deutlich daran, dass wir seine Gedanken erfahren (erlebte Rede), wird aber auch durch die räumliche Orientierung der Schilderung („à droite") erkennbar, die klar diese Figur und nicht etwa die Position des Erzählers, über die wir im Übrigen nichts wissen, als Referenzpunkt wählt. Der Erzähler sagt hier *genau so viel*, wie eine der Figuren weiß. Diese erzählerische Einstellung nennt man *interne Fokalisierung*.

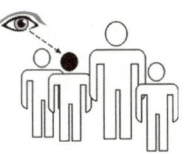

Interne Fokalisierung

► Version 3) schließlich bietet dem Leser nicht nur die äußeren Vorgänge, sondern auch die Gedanken des Protagonisten („Il était sûr…") sowie einen Einblick in die Wahrnehmung seines Nachbarn („celui-ci ne s'en rendait

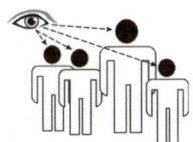

Nullfokalisierung

|Abb. 8.5

141

pas compte") und der anderen Umstehenden („ni les autres voyageurs"). Der Erzähler hat hier den Überblick, er weiß *mehr*, als jede Figur wissen kann. Er hat keinen Fokus, keine eingegrenzte Wahrnehmung. Man nennt diese Einstellung daher *Nullfokalisierung*.

Fokalisierungswechsel

Die Fokalisierung gibt *grosso modo* an, welcher Figur das Interesse des Erzählers gilt, und steuert die Wahrnehmung und Bedeutungskonstruktion des Lesers. Anders als bei der Kategorie Stimme ist ein Wechsel der Fokalisierung insbesondere innerhalb längerer Texte durchaus häufig. Die Kategorien Stimme, Distanz und Fokalisierung sind die wesentlichen Merkmale narrativer Präsentation im *discours*, sie bestimmen die sog. *Erzählsituation*, ihre Entwicklung im Laufe eines Textes das sog. *Erzählprofil*. Bestimmte Erzählsituationen können typisch für literarische Epochen und Strömungen werden. Wir werden dies in Einheit 9 am Beispiel sehen.

Erzählsituation
Erzählprofil

8.3 | Struktur des Erzählten oder *histoire*

Inhaltsanalyse bei epischen und dramatischen Texten

Auf der Ebene des erzählten Inhalts besteht kein grundsätzlicher Unterschied zwischen epischen und dramatischen Texten – das sie unterscheidende Merkmal ist ja, wie wir oben sahen, das der Vermittlung, also der *discours*. Daher stellt auch die Strukturanalyse der Inhaltsseite epischer Texte ähnliche Fragen und benutzt vergleichbare Verfahren wie die Dramenanalyse. Die hier dargestellten Ansätze sind also nicht nur für Erzähltexte, sondern auch für Theaterstücke verwendbar und umgekehrt (siehe Einheit 6). Auch hier ist Aufgabe einer Strukturanalyse, wie bereits in den Grundüberlegungen in Einheit 4 skizziert wurde, die Teile des Erzählten zu ermitteln und ihre Beziehung zueinander herauszuarbeiten. Dies ermöglicht, von der nacherzählbaren ,Textoberfläche' zu einer Beschreibung der abstrakten Funktionen zu gelangen. Die offensichtlichen und wichtigsten Teile eines Erzähltextes sind die Figuren/Personen und die Handlung/Ereignisse.

8.3.1 | Figuren

Fiktive Personen

Unter Figuren versteht man die fiktiven Personen, d.h. Menschen oder vermenschlichte Wesen (etwa die Tiere in Fabeln), die in einem Text auftreten und die Handlung tragen. In aller Regel liegt diesen Figuren ein mehr oder weniger kohärentes Muster von Handlungsweisen und Eigenschaften zugrunde, das man in Analogie zu demjenigen realer Menschen ihren Charakter nennen kann. Für eine Figurenanalyse ist eine Charakterisierung ein möglicher erster Schritt. Sie kann sich, besonders häufig etwa im realistischen Roman des 19. Jh., auf explizite Kommentare des Erzählers stützen, der seine Figuren eigens in die Geschichte ,einführt', oder aber den impliziten Weg einer Rekonstruktion aus dem Verhalten einer Figur in der fiktiven Welt gehen. Je nach Fall

Charakterisierung

Explizit
Implizit

kommt unter Umständen auch ein Blick auf die Stoffgeschichte in Betracht, wenn es sich nämlich um eine Figur handelt, die nicht nur im vorliegenden Text entwickelt wird, sondern eine literarhistorische Vergangenheit hat. Dies ist beispielsweise bei der in Einheit 7 behandelten Phèdre, aber auch bei weniger altehrwürdigen Gestalten wie dem Commissaire Maigret aus Georges Simenons (1903–1989) Krimis der Fall, dessen Charakter im ersten Roman der Reihe, *Pietr-le-Letton* (1931), etabliert, ab dann für jeden weiteren Text vorausgesetzt (und evtl. um den einen oder anderen Zug ergänzt) wird. Insbesondere solche über einen einzelnen Text hinausgehenden Figuren scheinen ein Eigenleben zu entwickeln und machen einen Hinweis vonnöten, der bei der Charakterisierung fiktiver Figuren grundsätzlich beachtet werden sollte:

Stoffgeschichte

► Literarische Figuren sind nicht Menschen aus Fleisch und Blut, sondern Zeichensysteme innerhalb eines Textes und auf diesen beschränkt. Die Konstruktion eines Charakters, einer ‚Psyche' wird, mit einer gewissen Steuerung durch den Text, vom Leser geleistet, in einer Weise, die im Idealfall wissenschaftlich zu beschreiben ist. Eine Charakteranalyse überschreitet aber die Grenze zu unzulässiger Spekulation, wenn Aussagen über die ‚Psyche' ohne Textgrundlage („Maigret fühlt sich dadurch wahrscheinlich gedemütigt …") oder ‚nach' dem Text (z. B. zukünftiges Weiterleben) getroffen werden, denn *es gibt* – im Falle fiktiver Figuren – *nur den Text*.

! Hinweis: Gefahr der Psychologisierung fiktiver Figuren

Für ein Verständnis der Struktur der erzählten Welt ist es zentral zu wissen, welche Funktion und ggf. symbolische Bedeutung eine Figur im System der Figuren hat. Hierbei spielt u. U. die Charakterisierung eine wichtige Rolle, weil sie die Handlungsmöglichkeiten und -motivationen vorgibt, es geht hier aber um eine *abstraktere* und *relationale* Beschreibung einer Figur. Der Weg dorthin führt normalerweise über die Personenkonstellation (siehe Einheit 6.4), einer (beispielsweise graphischen) Übersicht über die Figuren und ihre Konflikte und Allianzen, bei der die folgenden Fragen als Leitfaden dienen können:

Figurenkonstellation

► Welche Figuren gibt es im Text?
► Auf welchen Ebenen (emotional, rechtlich, wirtschaftlich …) stehen sie in Beziehung zueinander? (Hier werden bei komplexen Geschichten ggf. mehrere Schemata vonnöten sein.)
► Sind sie eigenständig oder treten sie nur mit anderen Figuren auf?
► Wo bestehen – auf den verschiedenen Interaktionsebenen – Oppositionen zwischen den Figuren?
► Beruhen die jeweiligen Beziehungen auf Gegenseitigkeit oder bestehen sie nur in einer Richtung?
► Welchen Wert hat eine Figur für die andere?
► Welche anderen beeinflusst jede Figur im Lauf der Handlung?

Leitfragen für die Erstellung einer graphischen Personenkonstellation

Greimas'
Aktantenschema

Eine Übersicht über die Personenkonstellation kann den Platz einer Figur im System und damit ihre Funktion für das Geschehen verdeutlichen. Diese und die symbolische Bedeutung sind je nach Text und erzählter Welt verschieden; es gibt aber Ansätze, um solche Funktionen ganz abstrakt zu beschreiben. So hat der Strukturalist Algirdas Julien Greimas, von dem auch der Isotopie-Begriff stammt (siehe Einheit 4.2), vorgeschlagen, die sog. ‚Tiefenstruktur' von Erzähltexten mit Hilfe von 6 Aktantenkategorien zu beschreiben, die in drei Oppositionspaare gegliedert sind und die jeweils eine Funktion in der Handlung definieren: Subjekt (Held) vs. Objekt, Adressant (Sender) vs. Adressat (Empfänger), Adjuvant (Helfer) vs. Opponent (Gegenspieler). Eine Figur kann dabei im Laufe der Handlung verschiedene Aktanten realisieren (beispielsweise vom Opponenten zum Adjuvanten werden) oder ein Aktant kann von mehreren Figuren (oder aber durch Nichtpersonales oder Abstrakta wie die Natur, u. U. auch gar nicht) realisiert werden. So könnte im Falle der Phèdre aus Racines Drama, das Sie in Einheit 7 kennengelernt haben, Phèdre als Subjekt, Hippolyte als Objekt, Thésée und Aricie als Opponenten, Œnone als Adjuvant, Phèdres (abstammungs- oder götterbedingte) Triebstruktur als Adressant, Phèdre selbst als Adressat formalisiert werden. Greimas' sehr allgemeines, weil für die Analyse aller Arten von Erzähltexten bestimmtes Modell kann und muss sicherlich für den Einzelfall angepasst oder durch alternative Kategorien ergänzt werden; es zeigt aber, wie prinzipiell eine von der Textoberfläche abstrahierende Strukturanalyse aussehen kann, die die Charakterisierung der Figuren erhellt und umgekehrt.

8.3.2 | Handlung, Geschehen und ‚Plot'

Motiv als
‚Mini-Ereignis'

Folgt man dem Programm der Strukturanalyse und zerlegt die Handlung bis zu ihren kleinsten Bestandteilen, also gewissermaßen den Atomen der Geschichte, hat man es mit Mikroereignissen zu tun, die wir in Kapitel 4.2 bereits unter dem Begriff *Motiv* eingeführt haben. Im Grunde ist jeder Satz, der einen (absichtsvollen oder sich von selbst vollziehenden) Vorgang beschreibt, ein solches Motiv. (Die Motivgeschichte allerdings verwendet den Begriff nur für größere Kontexte, siehe 11.1.1.) Eine Handlung setzt sich aus diesen Motiven zusammen, aber allein die Summe der Motive macht noch nicht die Handlung aus. Der zweite Teil des Strukturanalyse-Programms besteht, wie Sie sich erinnern, darin, die Beziehung der ermittelten Teile eines Ganzen zu klären. Die Beziehung zwischen Motiven ist zunächst natürlich eine *chronologische*: Die Vorgänge eines Erzählstrangs (von dem es mehrere geben kann) folgen in der Zeit der erzählten Welt aufeinander. Die Motive in ihrer zeitlichen Ordnung nennt man *Geschehen*. Die meist wichtigere Art von Beziehung zwischen Motiven ist jedoch die *kausale*: Bestimmte Motive folgen nicht nur zeitlich auf frühere, sondern gehen auch ursächlich auf sie zurück,

! Geschehen:
chronologische
Abfolge der Motive

werden von ihnen ausgelöst, sind *verknüpft*. Andere, die sog. *freien* Motive, hängen kausal nicht mit anderen zusammen, sie dienen allein der Gestaltung der erzählten Welt und ihrer Figuren, können beispielsweise deren Plausibilität erhöhen, dienen mit den Worten Roland Barthes' dem ‚Realitätseffekt'. Innerhalb des Geschehens gibt es nun eine oder mehrere Ketten von Ereignissen, die zueinander in einem Verhältnis von Ursache und Wirkung stehen. Diese Ketten nennen wir *Plot*.

Freie Motive und ‚Realitätseffekt' (Barthes)

! Plot: kausale Abfolge von Motiven

Eine Strukturanalyse der Handlungsebene wird in aller Regel darauf abzielen, den oder die Plots eines Erzähltextes herauszuarbeiten. Hier sind – wiederum analog zur Dramenanalyse – folgende Fragen interessant:

Strukturanalyse der Handlung

▶ Wie ist die Gesamtgestalt des Plots: linear, zirkulär, episodisch, …?
▶ Wenn es mehrere Handlungslinien gibt: Sind die Plots unabhängig voneinander oder interferieren sie? Auf welche Weise?
▶ Wo liegen die Wendepunkte eines Plots? – das heißt:
▶ Wo verändert sich der Konflikt (steigert oder entspannt sich)?
▶ Wo verändert sich die Personenkonstellation? Wo nehmen die Figuren etwa neue Aktantenrollen an?

Leitfragen für die Plotbeschreibung

Für die Suche nach den entscheidenden Ereignissen innerhalb eines Plots kann der Ansatz des estnischen Strukturalisten Jurij M. Lotman (1993) hilfreich sein, der abschließend skizziert werden soll. Er geht davon aus, dass die entscheidenden Ereignisse eines Plots diejenigen sind, bei denen eine Grenze überschritten wird – streng genommen macht für Lotman diese Grenzüberschreitung erst den Gehalt (das ‚Sujet') eines Erzähltextes aus, sind seine notwendige Bedingung, im Unterschied etwa zu Empfindungslyrik. Die Grenze ist dann relevant, wenn sie die erzählte Welt in zwei Teilräume (evtl. bei mehreren Grenzen mehr als zwei Teilräume) teilt, die einander in verschiedener Hinsicht entgegengesetzt sind: Sie sind als Räume, d.h. *topographisch* (z.B. Wald vs. Zivilisation) und ggf. *topologisch* (z.B. links vs. rechts), aber vor allem auch *semantisch* getrennt, also mit bestimmten gegensätzlichen Bedeutungen assoziiert (z.B. gut vs. böse):

Ereignis und Grenzüberschreitung (Jurij M. Lotman)

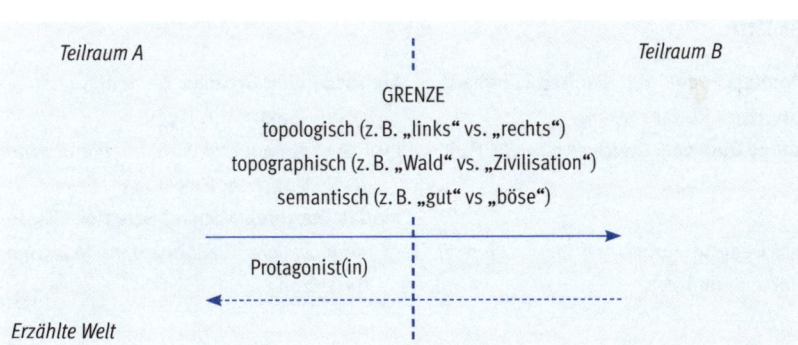

|Abb. 8.6

Grenzüberschreitung in Erzähltexten nach Lotman

Unüberschreitbarkeit der Grenze

Entscheidend für die Handlung ist, dass diese Grenze von der betreffenden Figur (in der Regel dem Helden) normalerweise nicht überschritten werden kann. Der oder die zentralen Momente eines Erzähltextes sind die versuchten oder geglückten Übergänge zwischen den Teilräumen. Für Lotman wäre demnach Queneaus Text sujetlos und kein Erzähltext im eigentlichen Sinne; dem kann man zustimmen, und etwas anderes wäre im Rahmen einer Stilübung ja auch gar nicht Queneaus Ziel. In jedem Fall weist Lotmans Ansatz darauf hin, dass die Frage der Räume innerhalb fiktiver Welten und ihre Beziehung zur Handlung von entscheidender Bedeutung sein können, wenn es darum geht zu beschreiben, wovon ein Text eigentlich ‚handelt‘.

Bedeutung des erzählten Raums

Aufgabe 8.4 |

? Wählen Sie, wie die frühen Strukturalisten, einen ihnen bekannten einfachen Text (etwa Perraults Conte *Le petit chaperon rouge* oder entsprechend das Grimmsche *Rotkäppchen*), und versuchen Sie ihn mithilfe der Greimasschen Aktantenkategorien und der Lotmanschen Sujettheorie zu beschreiben.

Zusammenfassung

Die vielfältigen Formen epischer Texte sind im Unterschied zu Dramen durch die Mittelbarkeit der von einem Erzähler getragenen Darstellung bestimmt. Der Erzähler ordnet, rafft oder dehnt die Erzählung in zeitlicher Hinsicht. Er steht zum Geschehen in einem bestimmten Beteiligungsverhältnis, das durch die narratologische Kategorie der Stimme beschrieben wird. Seine Präsenz schafft eine mehr oder minder große Distanz des Lesers zum Geschehen, die sich besonders deutlich an Formen der Redewiedergabe ablesen lässt. Die Darstellung kann unabhängig vom Standort des Erzählers auf unterschiedliche Wissenshorizonte ausgerichtet, d. h. fokalisiert sein. Die Beschreibung der Inhaltsseite von Erzähltexten hat v. a. die Charakterisierung, Aktantenrolle und Konstellation der Figuren sowie die entscheidenden Momente der Handlungsentwicklung, Wendepunkte des Plots zum Gegenstand. Strukturalistische Ansätze wie diejenigen Greimas' und Lotmans bieten Kategorien für eine funktionsbezogene, abstrakte Beschreibung erzählter Personen und Handlungen.

Literatur

Aristoteles: *Poetik*. Hg. Manfred Fuhrmann. Stuttgart: Reclam ²1994.

Raymond Queneau: *Exercices de style*. Paris: Gallimard 1947.

Gérard Genette: *Nouveau discours du récit*. Paris: Seuil 1983.

Algirdas Julien Greimas: *Sémantique structurale*. Paris: P.U.F. ²1995.

Jurij M. Lotman: *Die Struktur literarischer Texte*. München: Fink ⁴1993.

Matias Martinez/Michael Scheffel: *Einführung in die Erzähltheorie*. München: Beck ⁴2003.

Epik analysieren – Beispiele und Übungen

Wie schon bei den Gattungen Lyrik und Dramatik hat diese zweite Einheit zur Epik und Erzählanalyse das Ziel, die Konzepte und Hilfsmittel aus der zurückliegenden theoretischen Einführung in ihrer Anwendung zu zeigen und ihre Relevanz für das Verständnis epischer Texte zu verdeutlichen. Die Fülle epischer Texte macht hier erneut ein exemplarisches Vorgehen notwendig. Wir konzentrieren uns daher auf die bis heute wichtigste epische Gattung, den Roman, und hier wiederum auf die entscheidende Entwicklungsphase auf dem Weg zu seiner modernen Form, das 19. Jahrhundert. Es werden Analysebeispiele auf makrostruktureller (Ganztext-)Ebene auf der Grundlage von Inhaltsangaben sowie mikrostrukturelle Analysen anhand von Textauszügen demonstriert und in Übungen vertieft.

Überblick

9.1 | Balzac und die *Comédie humaine*

9.1.1 | Kontext eines literarischen Projekts

Zur Person

Abb. 9.1 |
Honoré de Balzac
(1799–1850)

Der ursprünglich aus Tours stammende, trotz des vermeintlichen Adelsprädikats „de" keineswegs adlige Balzac schlug zunächst auf Druck der auf sozialen Aufstieg bedachten Familie eine juristische Laufbahn ein. Bereits zum Zeitpunkt des ersten Studienabschlusses war das Interesse für die Schriftstellerei ebenso groß wie der Abscheu vor einer Tätigkeit in einer Kanzlei. Die prekäre finanzielle Lage seiner Familie machte ein Leben als Literat nur bei entsprechendem kommerziellem Erfolg überhaupt denkbar; der Zwang, gegen die Schulden und das finanzielle Aus anzuschreiben, blieb auch nach seinem Durchbruch als Autor ein zentraler Antrieb seines Schaffens und erklärt nicht zuletzt die gewaltigen Dimensionen seines innerhalb von 30 Jahren entstandenen, mehrere zehntausend Seiten umfassenden Gesamtwerks. Nach anfänglichen Auftragsarbeiten und Romanen, die er selbst als minderwertig ansah und die allein am Geschmack eines möglichst breiten Publikums orientiert waren, entwickelte er einen Romantyp, der sich der systematischen Schilderung der zeitgenössischen Gesellschaft und ihrer Prinzipien annahm. Den ersten wirklichen Erfolg in der Literaturszene wie beim breiten Publikum erreichte er 1831 mit *La peau de chagrin*, einem Roman, der den Auftakt zu seinem Lebensprojekt, der *Comédie humaine*, bildete. Diesem Romanzyklus widmete er sich erfolgreich bis zu seinem Tod im Jahr 1850. Die zuletzt etwa 90 Romane wurden international rezipiert und gelten bis heute als das monumentalste Werk des französischen Realismus. Dem Autor blieb dennoch dauerhafte wirtschaftliche Sicherheit ebenso verwehrt wie die Anerkennung durch die *Académie française*.

Die *Comédie humaine*

Nehmen wir uns etwas Zeit für eine Skizzierung der *Comédie humaine*, die für die Befunde der Strukturanalyse und die Beurteilung ihrer Relevanz hilfreich ist. Das Werk ist nicht nur aufgrund seiner Dimensionen ein Novum. In Anlehnung an Dantes *Divina Commedia* (1304–1321?), die nicht eine „Komödie" im dramaturgischen Sinne, sondern eine Gesamtschau der göttlichen, also jenseitigen Welt bieten will, strebt Balzacs Romanzyklus eine Darstellung der Totalität der menschlichen Welt an, wie sie ihm und seinen Lesern zugänglich ist, also der Gesellschaft der ersten Hälfte des 19. Jahrhunderts. Realismus ist ein überzeitliches literarisches Phänomen; wenn Balzac mit der *Comédie humaine* ein Modell realistischen Schreibens *par excellence* schafft, das ‚Realismus' zu einem Epochenbegriff macht, dann liegt das einerseits sicherlich an dem angestrebten umfassenden Wirklichkeitsbezug dieser Romane, teilweise auch an der Thematisierung der Unterschicht, an die der Begriff damals häufig geknüpft wurde, andererseits aber an der Erzähltechnik, denn:

Realismus des
19. Jahrhunderts

Definition

Der Begriff ‚Realismus' verweist an sich weniger auf einen exakten Wirklichkeitsbezug – denn die realistischen Texte sind doch nahezu immer *fiktional* und nicht im strengen Sinne realitätsbezogen – als auf eine spezifische *Darstellungsweise,* die eine ‚Als-ob-Situation' erzeugt und über die Fiktivität der Gegenstände hinwegtäuscht, etwa durch besonders detaillierte Beschreibungen, Übereinstimmung mit den Gesetzmäßigkeiten der empirischen Welt u. ä.

Modell des modernen Romans

Über den Realismus hinaus sind die Texte der *Comédie humaine* zu Prototypen des modernen Romans schlechthin geworden, der nicht mehr, wie noch in der Klassik, an bestimmte Plots und Sujets gebunden ist, sondern auf andere Formen und sogar Medien übergreifen kann und über großen poetologischen Spielraum verfügt. Das ist bis heute so. Bei Balzac sind andere Gattungen (etwa Verszitate) ebenso in den Text integriert wie Essays zu anderen Kunstformen, über die sich der Autor nachweislich vor der Abfassung genau informierte.

Programm im Vorwort der *Comédie humaine*: Zoologie als Modell

Das inhaltliche Prinzip und Erkenntnisinteresse des Romanzyklus stammt indes aus der Naturwissenschaft. Im Gesamtvorwort bezieht sich Balzac auf den Zoologen Geoffroy Saint-Hilaire, dessen Herleitung der zoologischen Arten (*espèces zoologiques*) er zum Modell einer Beschreibung der sozialen Arten (*espèces sociales*) macht: In Natur wie Gesellschaft bewirke der Einfluss

Espèces zoologiques – espèces sociales

verschiedener Umgebungen die Herausbildung vielfältiger Arten aus der einen, eigentlich gleichen Lebenssubstanz. Das Ziel dieses literarischen Mammutprojekts ist also eine klassifizierende Beschreibung der gesellschaftlichen Typen, ähnlich der, die der Naturforscher Georges-Louis de Buffon, ein weiterer Gewährsmann Balzacs, in seiner *Histoire naturelle générale et particulière* (1749ff.) vorgelegt hatte. Prinzipiell vergleichbar, lediglich komplexer sei die gesellschaftliche Klassifikation durch eine im Tierreich nicht bestehende Durchlässigkeit der Artengrenzen sowie insbesondere durch die Rolle der Kultur.

Abb. 9.2
Etienne Geoffroy Saint-Hilaire (1772–1844)

Der literarische ‚Trick' bei der Darstellung dieser *espèces sociales* liegt in der – die riesige *Comédie humaine* erst zusammenhaltenden – Technik der wiederkehrenden Figuren. Viele der fiktiven Gestalten treten in mehreren Romanen auf – über 50 von ihnen haben eine in z.T. zwanzig Romanen entwickelte Biographie –, was Balzac erlaubt, die ihm so wichtige Herausbildung und Entwicklung der sozialen Gruppen, die sie repräsentieren, im zeitlichen Verlauf darzustellen. Balzac schreibt damit gewissermaßen die – von der offiziellen Historiographie nicht wahrgenommene – Geschichte seiner Zeit im Privaten und entwickelt einen frühen soziologischen Blick. Die untersuchte Zeit ist die des bürgerlichen Zeitalters nach der Revolution von 1789, der Motor der Umbrüche, die diesen Blick erst interessant machen, ist das *Geld,* das eine neue Ordnung quer zu den Standesgrenzen begründet. Es wird das Leitmotiv der *Comédie humaine.*

Wiederkehrende Figuren

Entwicklung der *espèces sociales*

Geld

9.1.2 | *Le Père Goriot*

Als Anschauungsmaterial für die Romananalyse soll nun einer der bekanntesten Romane Balzacs dienen, *Le Père Goriot* (1834). In ihm wendet Balzac erstmals das Prinzip der wiederkehrenden Figuren an und begründet damit in gewisser Weise die *Comédie humaine*.

Inhaltsangabe zu
Le Père Goriot

Eugène de Rastignac, ein junger, nach gesellschaftlichem Aufstieg strebender Jurastudent aus der Provinz, hat sich in der schäbigen Pariser Pension der Witwe Vauquer in der Rue Neuve-Sainte-Geneviève eingemietet. Zu den übrigen Bewohnern zählen unter anderem der zwielichtige Vautrin, die von ihrem reichen Vater verstoßene Victorine Taillefer sowie Père Goriot (der ‚alte Goriot‘), ein ehemaliger Nudelfabrikant und Revolutionsgewinnler. Durch die Hilfe seiner Cousine, der Vicomtesse de Beauséant, erlangt Rastignac ersten Zugang zu den hohen gesellschaftlichen Kreisen des Faubourg Saint-Germain. Dort trifft er auf die Gräfin Anastasie de Restaud sowie die Baronin und Bankiersfrau Delphine de Nucingen, die, wie er von seiner Cousine erfährt, die durch Heirat in Adelskreise aufgestiegenen Töchter des Père Goriot (also ‚Vater‘ Goriot) sind. Dieser hat aus abgöttischer Liebe nahezu sein gesamtes Vermögen für sie hergegeben; sie vermeiden es ihrerseits, mit ihm noch in Verbindung gebracht zu werden. Vautrin erklärt dem schockierten Rastignac, solcherlei Egoismus und Rücksichtslosigkeit seien das Gesetz der Pariser Gesellschaft, und schlägt ihm einen entsprechenden Plan für seinen eigenen Aufstieg vor: Er solle die ihm zugeneigte Victorine zur Frau nehmen, die nach einer von Vautrin eingefädelten Ermordung des Bruders als nunmehr einziges verbleibendes Kind von ihrem Vater notgedrungen als Alleinerbin eingesetzt werde und Rastignac so ohne weiteren Aufwand zu einem Vermögen verhelfe. Rastignac schreckt vor diesem Plan zurück und beschließt stattdessen, eine Liaison mit Delphine de Nucingen anzustreben, was ihm auch gelingt. Vautrin wird unterdessen überraschend als gesuchter Verbrecher identifiziert und verhaftet. Anastasie und Delphine verlangen unter dem Druck ihrer Ehemänner von ihrem längst völlig mittellosen Vater weitere finanzielle Zuwendungen. Als dieser im Sterben liegt, bleiben beide Töchter jedoch fern, allein Rastignac und sein Freund, der Medizinstudent Bianchon, begleiten Goriot im Todeskampf und nehmen als einzige an seinem Begräbnis teil. Noch auf dem Friedhof Père-Lachaise beschließt Rastignac, die Gesellschaft, deren Regeln er nun kennt, zu erobern.

Aufgabe 9.1 | **?** Wenden Sie das Aktantenmodell von Greimas auf den Roman, soweit Sie ihn nun kennen, an. Wie stellt sich Ihrer Meinung nach die Personenkonstellation dar?

Aufgabe 9.2 | **?** Beschreiben Sie in Kenntnis des Lotmanschen Ansatzes die Raumstruktur der erzählten Welt.

Die inhaltliche Makrostruktur des Textes entspricht dem Modell des sog. Bildungsromans (*roman de formation*). Diese Untergattung ist inhaltlich bestimmt durch die Darstellung eines jugendlichen Individuums, das die ersten eigenständigen Erfahrungen in der Welt macht und seinen sozialen Platz sucht, häufig im Sinne eines Strebens nach Aufstieg und Erfolg. Im vorliegenden Fall schöpft sich dieses Streben aus dem ehrgeizigen Naturell des Protagonisten, aber auch aus dem abschreckenden Beispiel Goriots, der infolge eines zu schwach ausgeprägten Egoismus in dieser Gesellschaft untergeht. Unterstützt wird er von seiner bereits arrivierten Cousine, seinem Mitbewohner Bianchon sowie dem Verbrecher Vautrin, der allerdings insofern ambivalent erscheint, als die Radikalität seines Plans eine Bedrohung für die Moral selbst des kompromissbereiten und ehrgeizigen Rastignac bedeutet. Die Ambivalenz von Vautrins Funktion für den Protagonisten entspricht dabei seiner Janusköpfigkeit als Charakter: Er ist der Verbrecher und entflohene Häftling, der in der Pension als Biedermann untertaucht. Zielpunkt Rastignacs ist Delphine de Nucingen und die gesellschaftliche Oberschicht, in der er mit ihrer Hilfe Fuß fassen will. Mit Greimas ließe sich die Konstellation der Hauptfiguren in etwa folgendermaßen veranschaulichen:

Bildungsroman

Bedeutung der Figuren für den Protagonisten

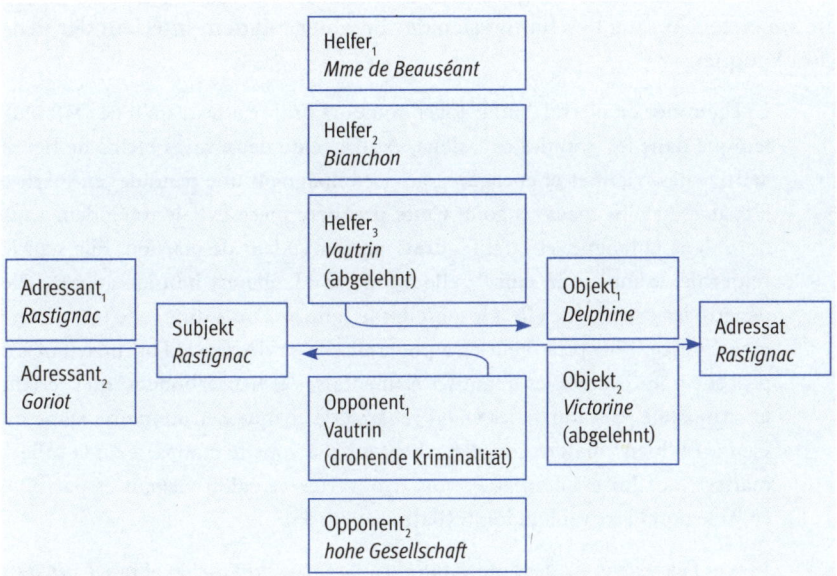

| Abb. 9.3

Mögliches Aktantenmodell zu Balzacs *Le Père Goriot* (1834)

Das Sujet des Textes, der bereits skizzierte Bildungsprozess des Protagonisten und sein Eintritt in die *haute volée*, lässt sich sehr plastisch an der räumlichen Struktur der erzählten Welt ablesen. Ausgangspunkt Rastignacs ist die Rue Neuve-Sainte-Geneviève, in der die Pension liegt, Zielpunkt der Faubourg Saint-Germain mit seinen Salons. Dieser *topographische* Gegensatz

Raumstruktur

Opposition von Teilräumen

deckt sich mit einem (in unserer Zusammenfassung nicht erwähnten) *topologischen* Gegensatz zwischen der oben gelegenen Montagne Sainte-Geneviève und dem unten gelegenen Viertel links der Seine sowie, und das ist freilich entscheidend, dem *semantischen* Gegensatz zwischen der Trostlosigkeit der bürgerlichen Pension und dem Prunk von Finanzbürgertum und -aristokratie. Ein ähnlicher, für den Roman weniger sujetbildender Gegensatz besteht zwischen dem dezentralen und moralisch intakten Raum der Provinz, aus der der Protagonist stammt, und dem zentralen und moralisch durch und durch verkommenen Paris, in das er kommt (ohne sogleich und vollständig dessen Werte zu übernehmen). Die Grenzüberschreitung ist zwar nicht prinzipiell unmöglich, wie es Lotmans Ansatz als Bedingung für das ‚Ereignis‘ vorsieht, aber doch nur gegen großen Widerstand realisierbar: Innerhalb der erstgenannten Opposition handelt es sich um die Immunisierung der oberen Gesellschaftsschichten und die relative Mittellosigkeit Rastignacs, dem also zunächst der ‚Schlüssel‘ für den Grenzübertritt fehlt, in der zweiten Gegenüberstellung um die – im Zusammenhang mit Vautrins Plan, aber auch mit Goriots Ende erkennbare – Bindung des Protagonisten an moralische Mindeststandards seines Ursprungsmilieus.

Grenzüberschreitung

Hemmnisse

Sehen wir uns nun Passagen des Textes für exemplarische Mikroanalysen an. Im ersten Auszug beschäftigt sich der Erzähler mit dem Intérieur der Pension Vauquer.

Text 9.1

Le Père Goriot (Auszug)

La cheminée en pierre, dont le foyer[1] toujours propre atteste qu'il ne s'y fait de feu que dans les grandes occasions, est ornée de deux vases pleins de fleurs artificielles, vieillies et encagées, qui accompagnent une pendule[2] en marbre bleuâtre du plus mauvais goût. Cette première pièce exhale une odeur sans nom dans la langue, et qu'il faudrait appeler l'*odeur* de pension. Elle sent le renfermé, le moisi[3], le rance[4]; elle donne froid, elle est humide au nez, elle pénètre les vêtements; elle a le goût d'une salle où l'on a dîné; elle pue[5] le service, l'office, l'hospice. Peut-être pourrait-elle se décrire si l'on inventait un procédé pour évaluer les quantités élémentaires et nauséabondes[6] qu'y jettent les atmosphères[7] catarrhales et *sui generis*[8] de chaque pensionnaire, jeune ou vieux. Eh bien! malgré ces plates horreurs, si vous le compariez à la salle à manger, qui lui est contiguë[9], vous trouveriez ce salon élégant et parfumé comme doit l'être un boudoir[10]. (Balzac 1976: 53)

1 foyer *Feuerstelle* – 2 pendule *Standuhr* – 3 moisi *schimmelig* – 4 rance *ranzig* – 5 puer *stinken nach* – 6 nauséabond *übel, ekelerregend* – 7 atmosphère *hier: Ausdünstungen* – 8 sui generis *von ganz eigener Art* – 9 être contigu, uë *angrenzen* – 10 boudoir *kleiner Salon, Damenzimmer*

? Wie stellt sich die Erzählsituation hinsichtlich der Distanz dar? Begründen Sie Ihre Antwort. | Aufgabe 9.3

Wir haben es im vorliegenden Auszug mit einer klassischen narrativen Pause (vgl. Einheit 8.2.2) zu tun: Während der erzählerische *discours* voranschreitet, steht die Zeit innerhalb der *histoire* still. Diese Pause ist Teil der Exposition des Romans, also der Einführung in die fiktive Welt, und wird für eine ausführliche Beschreibung der Örtlichkeiten genutzt, wie sie für Balzac typisch ist und als Beispiel für jenen Stil gelten kann, der Balzac mitunter als „weitschweifig" vorgeworfen wurde. | Narrative Pause für Beschreibung

Der Detailreichtum wird angemessener gewürdigt, wenn man ihn als literarisches Verfahren mit dem Realismus in Verbindung bringt, wie er oben in Abschnitt 9.1.1 definiert wurde. Die beschriebenen Gegenstände und Eindrücke haben als Teil der Fiktion nicht nur keine Entsprechung in der Realität – Realismus bedeutet, um das erneut zu betonen, nicht in erster Linie Wirklichkeitsabbildung –, sondern noch nicht einmal kausale Relevanz für den weiteren Verlauf der Geschichte: Es spielt keine Rolle, ob auf dem Kamin seit Jahren die gleichen künstlichen Blumen stehen, wenn man davon absieht, dass dieser Umstand Teil der Schäbigkeit der Pension Vauquer ist und diese, wie wir im vorigen Abschnitt anhand der Makroanalyse der *histoire* sahen, natürlich ihrerseits sehr bedeutsam für das Sujet des Romans ist. Für sich genommen handelt es sich um *freie Motive*, deren Aufgabe es ist, einfach ‚da zu sein' und damit die Dichte der realen Welt zu suggerieren. Dieser ‚Realitätseffekt' wurde bereits in der zurückliegenden Einheit erwähnt. Zum Detailreichtum der realistischen Schilderung gehört nicht nur die Vielzahl der wahrgenommenen Eindrücke, sondern auch der Kanäle, durch die diese Wahrnehmung sich vollzieht: | ‚Realistisches' Verfahren 1: Detailreichtum · Freie Motive · Realitätseffekt

visuell –	foyer propre, ornée de deux vases, fleurs artificielles, viellies et encagées, marbre bleuâtre, (als Gegensatz:) élégant
auditiv –	pendule
taktil –	froid, humide, pénètre les vêtements
olfaktorisch –	exhale une odeur, odeur, sentir le renfermé, moisi, rance, goût (de dîner), pue, nauséabond, atmosphères catarrhales, (als Gegensatz:) parfumé
übergreifend –	plates horreurs

‚Realistisches' Verfahren 2: Multisensorialität

Auffallend ist dabei das hohe Maß an rhetorischer Gestaltung, das der Erzähler insbesondere der dominanten Isotopie ‚Geruch' widmet, in Form eines als Parallelismus wiederkehrenden Dreischritt-Schemas: | Rhetorische Gestaltung

Parallele Dreischritt-Struktur		1.	2.	3.
	a) Elle sent	le renfermé,	le moisi,	le rance;
	b) elle	donne le froid,	est humide au nez,	pénètre les vêtements;
	c) elle a	le goût	d'une salle	où l'on a dîné;
	d) elle pue	le service,	l'office,	l'hospice.

Homoioteleuton

Assonanz

Die Aufzählung schließt markant mit einem Homoioteleuton (gleichklingender Wortauslaut, d.h. Reim aufeinanderfolgender Wörter, vgl. Einheit 4.2) in d), innerhalb dieses Satzes zudem mit einer Assonanz (*office–hospice*) – ein Beispiel für ‚poetische' Sprachverwendung in Prosa und auch in einem inhaltlich, von der literarischen Tradition aus gesehen, ganz und gar ‚unpoetischen' Kontext. Was jedoch mit fortschreitender Literaturgeschichte alles ‚poetisch' werden kann, haben wir bereits in Einheit 5.3 gesehen.

‚Realistisches' Verfahren 3: Fingierte Unabhängigkeit der fiktiven Welt vom Text

Zum ‚Realismus' der Textpassage trägt indes noch ein drittes Verfahren bei, das darin besteht, dem Leser virtuell die Möglichkeit einzuräumen, die fiktive Welt selbst in Augenschein zu nehmen, als sei sie kein durch den Text gesteuertes imaginäres Konstrukt: „[S]i vous le compariez à la salle à manger […], vous trouveriez ce salon élégant". Hier wird die Unabhängigkeit der erzählten Welt vom Erzählvorgang fingiert und damit bewusst jener Leserillusion Vorschub geleistet, auf die wir in Einheit 8.3.1 im Zusammenhang mit der Psychologisierung fiktiver Figuren hingewiesen haben.

Große Distanz

Hinsichtlich der erzählerischen Gestaltung des *discours* ist die für Balzac typische große Distanz festzuhalten – die, wie man hier sieht, nicht prinzipiell zu einer gleichzeitigen großen Detailschärfe im Widerspruch steht. Die hierfür Ausschlag gebende Präsenz des Erzählers wird im vorliegenden Auszug v.a. dadurch erreicht, dass der Vorgang des Erzählens selbst thematisiert,

Markierter Erzählvorgang

problematisiert und damit besonders markiert wird. So spricht der Erzähler die Schwierigkeit an, einen Geruchseindruck in Worte zu fassen („une odeur sans nom dans la langue") und schlägt eine Behelfsformulierung vor („qu'il faudrait appeler l'*odeur* de pension") bzw. nennt die Voraussetzungen, unter denen eine authentische Erzählung möglich wäre („Peut-être pourrait-elle se décrire si l'on inventait un procédé…"). Zudem wird, wie bereits erwähnt, der Leser im Text angesprochen, also der Adressat der Erzählung, und mit ihm wiederum der Erzählvorgang und die Mittelbarkeit der Darstellung. Man sieht hier, dass die narrative Distanzierung zwar meist, wie in Einheit 8 dargelegt, über die Präsenz des Erzählers gesteuert wird, mitunter aber auch den Umweg über den Akt des Erzählens oder sogar den Leser nehmen kann.

Aufgabe 9.4

? Lesen Sie mit Ihrer Kenntnis des Balzacschen Projekts und mancher seiner Verfahren den folgenden zweiten Auszug und beantworten Sie die anschließenden Leitfragen.

Généralement les pensionnaires externes ne s'abonnaient qu'au dîner, qui coûtait trente francs par mois. A l'époque où cette histoire commence, les internes étaient au nombre de sept. Le premier étage contenait les deux meilleurs appartements de la maison. Madame Vauquer habitait le moins considérable, et l'autre appartenait à madame Couture, veuve d'un Commissaire-Ordonnateur[1] de la République française. Elle avait avec elle une très jeune personne, nommée Victorine Taillefer, à qui elle servait de mère. La pension de ces deux dames montait à dix-huit cents francs. Les deux appartements du second étaient occupés, l'un par un vieillard nommé Poiret ; l'autre, par un homme âgé d'environ quarante ans, qui portait une perruque noire, se teignait les favoris[2], se disait ancien négociant, et s'appelait monsieur Vautrin. Le troisième étage se composait de quatre chambres, dont deux étaient louées, l'une par une vieille fille nommée mademoiselle Michonneau, l'autre par un ancien fabricant de vermicelles[3], de pâtes d'Italie et d'amidon[4], qui se laissait nommer le père Goriot. Les deux autres chambres étaient destinées aux oiseaux de passage, à ces infortunés étudiants qui, comme le père Goriot et mademoiselle Michonneau, ne pouvaient mettre que quarante-cinq francs par mois à leur nourriture et à leur logement ; mais madame Vauquer souhaitait peu leur présence et ne les prenait que quand elle ne trouvait pas mieux : ils mangeaient trop de pain. En ce moment, l'une de ces deux chambres appartenait à un jeune homme venu des environs d'Angoulême à Paris pour y faire son Droit, et dont la nombreuse famille se soumettait aux plus dures privations afin de lui envoyer douze cents francs par an. Eugène de Rastignac, ainsi se nommait-il, était un de ces jeunes gens façonnés au travail par le malheur, qui comprennent dès le jeune âge les espérances que leurs parents placent en eux, et qui se préparent une belle destinée en calculant déjà la portée de leurs études, et, les adaptant par avance au mouvement futur de la société, pour être les premiers à la pressurer[5]. Sans ses observations curieuses et l'adresse avec laquelle il sut se produire dans les salons de Paris, ce récit n'eût pas été coloré des tons vrais qu'il devra sans doute à son esprit sagace et à son désir de pénétrer les mystères d'une situation épouvantable, aussi soigneusement cachée par ceux qui l'avaient créée que par celui qui la subissait. (Balzac 1976 : 55f.)

|**Text 9.2**

Le Père Goriot (Auszug)

1 Commissaire-Ordonnateur *bevollmächtigter Finanzbeamter* – 2 se teindre les favoris *sich die Koteletten färben* – 3 vermicelles *Fadennudeln* – 4 amidon *Stärke* – 5 pressurer *ausbeuten*

Anhand welcher Kriterien werden die Figuren zueinander in Beziehung gesetzt? Stellen Sie einen Bezug zur *Comédie humaine* her.

Wo wird erkennbar, dass die Darstellung der *espèces sociales*, der durch das Umfeld herausgebildeten Menschentypen, Gegenstand auch dieses Romans ist?

Wo ist der Ort des Erzählers (Kategorie Stimme)? Begründen Sie Ihre Antwort.

9.2 | Flaubert und der unsichtbare Erzähler

Zur Person

Abb. 9.4 |

Eugène Giraud:
Gustave Flaubert
(1821–1880)

Stilideal und
Autonomismus

„*Un livre sur rien*"

Inhaltsangabe zu
Madame Bovary

Ähnlich wie der Autor der *Comédie humaine* sollte auch der aus Rouen stammende Arztsohn Gustave Flaubert eine juristische Laufbahn einschlagen, brach aber das Studium in Paris wegen eines Nervenleidens ab und widmete sich ganz der Schriftstellerei, die er bereits seit seinem dreizehnten Lebensjahr betrieb. Im Unterschied zu Balzac ermöglichte ihm die finanzielle Situation seiner Familie, sich ohne die zwingende Notwendigkeit kommerziellen Erfolgs zurückzuziehen und völlig auf die Erarbeitung einer eigenen Romankonzeption zu konzentrieren. Beides ist kennzeichnend für Flauberts Schaffen: Der quasi-asketische Rückzug aus der Gesellschaft, der im Dienst einer absolut und als Selbstzweck verstandenen Literatur und des ihr zugrunde liegenden Stilideals steht. Eine Unterwerfung unter den Geschmack eines möglichst breiten Publikums, wie sie Balzac aus der Not heraus in den ersten Werken betreibt, ist Flaubert völlig fern, ebenso wie eine derart rasche Produktion. Dies gilt bereits für die frühen Texte, aber auch für seine wichtigsten Romane, *Madame Bovary* (1857) und *L'éducation sentimentale* (1869), die beim Publikum zunächst auf Unverständnis stoßen und im ersten Fall anfangs eher durch den ausgelösten Skandal – einen Prozess wegen Verletzung der guten Sitten – bekannt werden, aber durch ihre Neuerungen umso einschneidender die Entwicklung des Romans im 19. und 20. Jh. beeinflussen. Erklärtes Ziel Flauberts ist eine allein durch den Stil, die sprachliche Darstellung getragene und nicht der inhaltlichen Strukturierung (etwa im Sinne von ‚Spannung') oder einer gesellschaftskritischen Mission verpflichtete Literatur; in einem der vielen Briefe an die Schriftstellerin Louise Colet schreibt er am 16. Januar 1852: „Ce qui me semble beau, ce que je voudrais faire, c'est un livre sur rien, un livre sans attache extérieure, qui se tiendrait de lui-même par la force interne de son style" (Flaubert: 1980, 31). Das bedeutet freilich nicht, dass es keinen Gesellschaftsbezug geben darf – die banale Existenz des Bürgertums ist Flauberts zentrales Sujet, und für ihre Darstellung nutzt er die im Zitat angesprochene Inhaltslosigkeit mitunter geradezu –, aber er ist nicht unabdingbar und insbesondere nicht ausschlaggebend für literarischen Wert.

Für die exemplarische Analyse im Rahmen dieser Einheit werfen wir einen Blick auf *Madame Bovary*.

Der gutmütige, aber linkische und unbedarfte Charles Bovary hat es zum Landarzt in der nordfranzösischen Provinz gebracht. Während eines Krankenbesuchs bei einem reichen Bauern begegnet er dessen Tochter Emma. Er beginnt, sich für sie zu interessieren und hält bald nach dem Tod seiner ersten Frau, die ihn einer despotischen Kontrolle unterworfen hatte, um die Hand Emmas an. Diese willigt ein – nicht aus Zuneigung, sondern in der Annahme, durch die Heirat ließe sich jenes glanzvolle, romantische Leben erreichen, das ihr die vielen während ihrer monotonen Jugendzeit in einem Kloster gelesenen sentimentalen

Romane vorführten. Bereits bei der Hochzeit werden ihre Erwartungen sowohl hinsichtlich der Feierlichkeiten als auch des Ehemanns enttäuscht. Es beginnt ein ereignis- und leidenschaftsloses Leben, mit dem Charles, sehr zu Emmas Unbehagen, offensichtlich zufrieden ist. Als der Marquis d'Andervilliers einen Ball im Schloss Vaubyessard gibt und Charles samt Gemahlin einlädt, bekommt Emma für einen Abend jene erträumte Welt als reale präsentiert, was sie kurzfristig ihrer deprimierenden Existenz entreißt, jedoch nach der Rückkehr eine umso größere Ernüchterung auslöst, zumal die erwarteten Folgeeinladungen des Marquis, auch über ein Jahr nach dem ersten Ball, ausbleiben. Erst ein Nervenzusammenbruch seiner Frau schreckt Charles auf; ohne den geringsten Einblick in die reale Verfassung Emmas meint er die Lösung in einem Umzug in das (nur wenig größere) Dorf Yonville-l'Abbaye zu finden. Zunächst scheint sich die Lage tatsächlich zu bessern: Sie lernt den Notariatsangestellten Léon Dupuis kennen, der sie zu verstehen scheint und, wie sie bald feststellt, begehrt; sie fühlt sich jedoch ihrer Rolle als tugendhafte Ehefrau und nunmehr Mutter einer kleinen Tochter verpflichtet. Die Abreise Léons, der in Paris das Jurastudium beenden will, konfrontiert sie erneut mit einer monotonen Existenz an der Seite des zunehmend von ihr gehassten und verachteten Charles. Als der Gutsherr Rodolphe Boulanger dem Ehepaar begegnet und mit dem sicheren Gespür des geübten Verführers die Situation Emmas durchschaut, hat er leichtes Spiel: Emma wird seine Geliebte und glaubt sich bei ihm am Ziel ihrer Träume, zumal Charles' auch berufliche Mittelmäßigkeit nach der missglückten experimentellen Operation eines Klumpfußes unter Beweis steht. Als Emma Rodolphe zu einer gemeinsamen Flucht drängt, willigt dieser zunächst zum Schein ein, beendet aber mit einem fingiert-melodramatischen Brief die Beziehung und verlässt Yonville. Emma erleidet einen Zusammenbruch und bleibt auch in der Folgezeit angeschlagen. Als Charles sie eines Abends zur Oper nach Rouen ausführt, treffen sie Léon wieder. Charles selbst schlägt vor, sie solle sich noch einen weiteren Tag in Rouen Abwechslung verschaffen, will seinerseits aber zurückfahren. Nach anfänglichem inneren Widerstand geht Emma eine Liaison mit Léon ein. Unter dem Vorwand, Klavierunterricht zu nehmen, begibt sie sich mit Charles' Einverständnis einmal wöchentlich nach Rouen. Nach und nach geht auch Léon auf Distanz, Emma ihrerseits gerät mehr und mehr wegen der Schulden unter Druck, die sie mittels einer Vollmacht Charles' angehäuft hat, um ihren zunehmend prunkvollen Lebensstil zu pflegen. Sie wird zudem vom Stoffhändler Lheureux, der um ihre Liaison weiß, erpresst. Als der Ruin feststeht, bettelt sie Léon und sogar Rodolphe um finanzielle Unterstützung an und wird von beiden zurückgewiesen. Emma kehrt nach Yonville zurück, beschafft sich gewaltsam Arsen und vergiftet sich. Sie stirbt nach einem qualvollen Todeskampf. Charles findet die Briefe, die ihm Gewissheit über die Untreue seiner Frau verschaffen, gibt die Schuld jedoch dem Schicksal. Tags darauf stirbt er.

Aufgabe 9.5 | **?** Wie lässt sich die inhaltliche Makrostruktur des Romans, soweit Sie ihn aus dieser Zusammenfassung ersehen, charakterisieren – linear, repetitiv, zirkulär, episodisch? Besteht ein Zusammenhang mit der Situation der Protagonistin?

Aufgabe 9.6 | **?** Welche Motive aus Balzacs *Père Goriot* werden hier aufgegriffen? Welche signifikanten Unterschiede bestehen in ihrer Kontextualisierung?

Den Stoff für dieses ‚Sittenbild aus der Provinz' (so der Untertitel des Romans) entnahm Flaubert einem sog. *fait divers*, einer Zeitungsnotiz über einen entsprechenden realen Fall von 1848. Nicht der im Grunde triviale Gegenstand des Romans ist für seine literarhistorische Stellung entscheidend, sondern – ganz gemäß der oben skizzierten Literaturauffassung (Autorpoetik) Flauberts – seine narrative Darstellung. Sehen wir uns einen Textauszug an.

Text 9.3 |
Madame Bovary,
1. Teil, Kap. 9 (Auszug)

Au fond de son âme, cependant, elle attendait un événement. Comme les matelots en détresse[1], elle promenait sur la solitude de sa vie des yeux désespérés, cherchant au loin quelque voile blanche dans les brumes de l'horizon. Elle ne savait pas quel serait ce hasard, le vent qui le pousserait jusqu'à elle, vers quel rivage il la mènerait, s'il était chaloupe[2] ou vaisseau[3] à trois ponts, chargé d'angoisses ou plein de félicités jusqu'aux sabords[4]. Mais, chaque matin, à son réveil, elle l'espérait pour la journée, et elle écoutait tous les bruits, se levait en sursaut, s'étonnait qu'il ne vînt pas ; puis, au coucher du soleil, toujours plus triste, désirait être au lendemain.

Le printemps reparut. Elle eut des étouffements aux premières chaleurs, quand les poiriers fleurirent.

Dès le commencement de juillet, elle compta sur ses doigts combien de semaines lui restaient pour arriver au mois d'octobre, pensant que le marquis d'Andervilliers, peut-être, donnerait encore un bal à la Vaubyessard. Mais tout septembre s'écoula sans lettres ni visites.

Après l'ennui de cette déception, son cœur de nouveau resta vide, et alors la série des mêmes journées recommença.

Elles allaient donc maintenant se suivre ainsi à la file, toujours pareilles, innombrables, et n'apportant rien ! Les autres existences, si plates qu'elles fussent, avaient du moins la chance d'un événement. Une aventure amenait parfois des péripéties à l'infini, et le décor changeait. Mais, pour elle, rien n'arrivait, Dieu l'avait voulu ! L'avenir était un corridor tout noir, et qui avait au fond sa porte bien fermée.

Elle abandonna la musique. Pourquoi jouer ? qui l'entendrait ? Puisqu'elle ne pourrait jamais, en robe de velours à manches courtes, sur un piano d'Erard[5], dans un concert, battant de ses doigts légers les touches d'ivoire, sentir, comme une brise, circuler autour d'elle un murmure d'extase, ce n'était pas la peine de s'ennuyer à étudier. Elle laissa dans l'armoire ses cartons à dessin et la tapisserie. A quoi bon? à quoi bon? La couture l'irritait.

– J'ai tout lu, se disait-elle.

Et elle restait à faire rougir les pincettes[6], ou regardant la pluie tomber.

Comme elle était triste le dimanche, quand on sonnait les vêpres[7]! Elle écoutait, dans un hébétement[8] attentif, tinter un à un les coups fêlés[9] de la cloche. Quelque chat sur les toits, marchant lentement, bombait son dos aux rayons pâles du soleil. Le vent, sur la grande route, soufflait des traînées de poussières. Au loin, parfois, un chien hurlait: et la cloche, à temps égaux, continuait sa sonnerie monotone qui se perdait dans la campagne. (Flaubert 1951: 348f.)

1 en détresse *in Not* – 2 chaloupe *Schaluppe, kleines Boot* – 3 vaisseau *Schiff* – 4 sabord *Luke* – 5 Erard *renommierter Klavierbauer* – 6 pincettes *Feuerzange (Kamin)* – 7 vêpres *die Vesper (Abendgebet)* – 8 hébétement *Stumpfheit, Apathie* – 9 fêlé *schrill, unrein (Klang)*

? Analysieren Sie die Erzählhaltung im vorliegenden Textauszug. Worin unterscheidet er sich von derjenigen in den Texten 9.1 und 9.2? | Aufgabe 9.7

Der Textauszug beschreibt die schrittweise Resignation der Protagonistin angesichts der Monotonie ihres provinziellen Daseins. Aufgrund ihrer Anlage (Charakterisierung, vgl. Einheit 8.3.1) ist sie unfähig, sich eigenständig durch persönliche Ziele zu bestätigen, sondern bedarf stets eines anderen, der ihr ihren Status verleiht – seien es die Partner oder eine spezifische Form der Öffentlichkeit, wie in diesem Auszug, wo sich mit dem Klavierspielen nur dann ein Wert für Emma verbindet, wenn die Aussicht auf eine – präzise vorgegebene – Fremdwahrnehmung besteht. | Monotonie

Das Leitmotiv der Monotonie tritt in Text 9.3 nicht nur als Isotopie auf der lexikalischen Ebene (*monotone, ennui, rester* etc., in Opposition bspw. zu *événement*), sondern auch auf grammatikalischer Ebene in Erscheinung: Das hier sehr häufig verwendete Imparfait drückt den Aspekt des Statischen bzw. der ‚Innenansicht' eines Vorgangs (und damit gerade nicht seine Ablösung durch etwas Neues, das ihm nachfolgt) sowie, bei perfektiven (punktuelle Vorgänge ausdrückenden) Verben wie *arriver*, der Wiederholung aus. Diese ist für den Roman auch in makrostruktureller (auf das Ganze bezogener) Hinsicht kennzeichnend, da sich die Ereignisabfolge von Flucht (zunächst durch Heirat, dann in den Affären) und Rückkehr in die Ernüchterung (Erkennen des Ehemanns, Zurückweisung durch Liebhaber) mehrfach wiederholt. In der vorliegenden Passage wird dieser Darstellungsmodus durch einen im Passé simple formulierten Abschnitt („Le printemps reparut…" bis „…la série des mêmes journées recommença") unterbrochen, der eine einmalige und auf einen | ‚Grammatikalisch' dargestellte Monotonie

Imparfait

Wiederholung

Punkt hinlaufende Hoffnung thematisiert: die erneute Einladung zum Ball. Als sie ausbleibt, kehrt der Text zur anfänglichen Präsentationsform zurück.

Erzählhaltung

Besonders charakteristisch ist die Erzählhaltung. Der *discours* ist auf Emma intern fokalisiert, und dies mit sehr geringer erzählerischer Distanz.

Erlebte Rede

Erreicht wird dies durch das Verfahren der *erlebten (Gedanken-)Rede*, die wir in Einheit 8.2.3 behandelt haben und die hier ab dem fünften Absatz („Elles allaient donc…") in sehr typischer Ausprägung vorliegt: als von der Erzählerstimme getragene und in das Tempus der Erzählung übernommene Rede der Figur, wie sie hier insbesondere an der Syntax (beibehaltene Ausrufe und Fragen) sichtbar wird. Diese – heute auch in der Trivialliteratur absolut gängige – Form der Redeerwähnung stellte zum Zeitpunkt der Publikation von *Madame Bovary* eine echte Innovation dar und steht im Zusammenhang mit Flauberts Forderung, sich als Autor (bzw. als die Stelle des Autors vertretender, sog. auktorialer Erzähler à la Balzac) nicht in die Erzählung einzubringen, sondern gleichmütig zurückzutreten:

Text 9.4

Brief Flauberts an Louise Colet vom 9. Dezember 1852 (Auszug)

L'auteur, dans son œuvre, doit être comme Dieu dans l'univers, présent partout, et visible nulle part. L'art étant une seconde nature, le créateur de cette nature-là doit agir par des procédés analogues: que l'on sente dans tous les atomes, a tous les aspects, une impassibilité[1] cachée et infinie. L'effet, pour le spectateur, doit être une espèce d'ébahissement[2]. (Flaubert 1980 : 204)

1 impassibilité *Gleichmut, emotionale Teilnahmslosigkeit* – 2 ébahissement *Verblüffung*

Flauberts Erzählerpoetik, die gerne mit der Begriffstrias *impersonnalité*, *impassibilité*, *impartialité* umrissen wird, führt zu einem narrativen *discours*, den der Erzähler nicht völlig abgibt (etwa durch reinen Dialog, wie dies etwa bei Diderot der Fall ist – er bleibt „présent partout"), der aber mitunter fragmentarisch Innenansichten und Perspektiven der Figuren aneinanderreiht, ohne durch Kommentare ein kohärentes Gesamtbild mit logischen Schlussfolgerungen oder gar moralischen Stellungnahmen zu erzeugen („visible nulle part"). Diese neue Erzählhaltung wurde vom unvorbereiteten Publikum als Zeichen besonderer Grausamkeit des Autors verstanden. Ein solcher Kurzschluss zwischen Erzähler und realem Autor ist, wie wir in der Definition des Erzählers in Einheit 8.1 festgehalten haben, meist unzulässig, lässt sich aber dadurch erklären, dass die Instanz des Erzählers vor ihrer Entdeckung durch die Literaturwissenschaft schlicht nicht bekannt war. Man sieht dies im Übrigen auch Flauberts poetologischen Aussagen an, in denen er, wie in Text 9.4, stets vom teilnahmslosen „Autor" spricht; an anderer Stelle jedoch betont er, offenbar ohne einen Widerspruch zu bemerken, die notwendige Einfühlung des Schreibenden in seinen Gegenstand, die freilich bei einem Buch wie diesem besonders zermürbend gewesen sein muss:

Abb. 9.5

Vermeintliche Grausamkeit des Autors: Flaubert seziert Emma Bovary (Karikatur von A. Lernot, 1869)

Unzulässiger Kurzschluss von Autor und Erzähler

Quand j'écrivais l'empoisonnement de Mme Bovary j'avais si bien le goût d'arsenic dans la bouche, j'étais si bien empoisonné moi-même que je me suis donné deux indigestions[1] coup sur coup, – deux indigestions réelles car j'ai vomi tout mon dîner. (Flaubert 1991 : 562)

Text 9.5

Brief Flauberts an Hippolyte Taine vom 20. November 1866 (Auszug)

1 indigestion *Magenverstimmung*

Nur vor dem Hintergrund der Gleichsetzung von Erzähler und Autor, von Erzählerhaltung und Autormeinung usw., wird überhaupt klar, wie wegen der Schilderung der fiktiven Figur Emma Bovary und ihres Lebenswandels der *Autor* der *Unmoral* angeklagt werden konnte. Im Übrigen ist dies ein schlagender Beweis dafür, dass literaturwissenschaftliche Kompetenz keineswegs, wie Sie gelegentlich vielleicht zu hören bekommen, fern der Lebenspraxis ist, sondern mitunter fundamentale juristische Relevanz besitzt.

Relevanz literaturwissenschaftlicher Kompetenz

[Q]uant à Flaubert, le principal coupable, c'est à lui que vous devez réserver vos sévérités ! […]

Je soutiens que le roman de « Madame Bovary », envisagé au point de vue philosophique, n'est point moral. […] Qui peut condamner cette femme dans le livre ? Personne. Telle est la conclusion. Il n'y a pas dans le livre un personnage qui puisse la condamner. Si vous y trouvez un personnage sage, si vous y trouvez un seul principe en vertu duquel[1] l'adultère[2] soit stigmatisé, j'ai tort. Donc, si, dans tout le livre, il n'y a pas un personnage qui puisse lui faire courber la tête, s'il n'y a pas une idée, une ligne en vertu de laquelle l'adultère soit flétri[3], c'est moi qui ai raison, le livre est immoral ! (Flaubert 1951 : 632f.)

Text 9.6

Anklagerede des Staatsanwalts im Prozess gegen Flaubert (Auszug)

1 en vertu duquel *auf dessen Grundlage* – 2 adultère *Ehebruch* – 3 flétrir *hier: brandmarken*

? Erläutern Sie, inwiefern die Position des Staatsanwalts die Erwartungen widerspiegelt, die ein durch Balzac und seinen Erzählstil geprägtes Publikum an den Roman stellte.

Aufgabe 9.8

Sehen wir uns zum Abschluss eine berühmte und narratologisch hochinteressante Passage aus Flauberts Roman an. Es handelt sich um die Szene, in der Rodolphe Emma verführt. Die beiden befinden sich allein im Sitzungssaal im ersten Stock des Rathauses von Yonville, während unten auf dem Dorfplatz die Landwirtschaftsausstellung mit der Prämierung der besten Erzeugnisse ihren Höhepunkt erreicht.

Rodolphe, avec Madame Bovary, causait rêves, pressentiments, magnétisme[1]. Remontant au berceau[2] des sociétés, l'orateur vous dépeignait ces temps farouches[3] où les hommes vivaient de glands[4], au fond des bois. Puis ils avaient quitté la dépouille[5] des bêtes, endossé le drap, creusé des sillons, planté la vigne.

Text 9.7

Madame Bovary, 2. Teil, Kap. 8 (Auszug)

Etait-ce un bien, et n'y avait-il pas dans cette découverte plus d'inconvénients que d'avantages? M. Derozerays se posait ce problème. Du magnétisme, peu à peu, Rodolphe en était venu aux affinités[6], et, tandis que M. le président citait Cincinnatus[7] à sa charrue, Dioclétien[7] plantant ses choux, et les empereurs de la Chine inaugurant l'année par des semailles[8], le jeune homme expliquait à la jeune femme que ces attractions irrésistibles tiraient leur cause de quelque existence antérieure.

– Ainsi, nous, disait-il, pourquoi nous sommes-nous connus? quel hasard l'a voulu? C'est qu'à travers l'éloignement, sans doute, comme deux fleuves qui coulent pour se rejoindre, nos pentes[9] particulières nous avaient poussés l'un vers l'autre.

Et il saisit sa main; elle ne la retira pas.

«Ensemble de bonnes cultures!» cria le président.

– Tantôt, par exemple, quand je suis venu chez vous.... .

«A M. Bizet, de Quincampoix.»

– Savais-je que je vous accompagnerais?

«Soixante et dix francs!»

– Cent fois même j'ai voulu partir, et je vous ai suivie, je suis resté.

«Fumiers.»[10]

– Comme je resterais ce soir, demain, les autres jours, toute ma vie!

«A M. Caron, d'Argueil, une médaille d'or!»

– Car jamais je n'ai trouvé dans la société de personne un charme aussi complet.

«A M. Bain, de Givry-Saint-Martin!»

– Aussi, moi, j'emporterai votre souvenir.

«Pour un bélier mérinos...»[11]

– Mais vous m'oublierez, j'aurai passé comme une ombre.

«A M. Belot, de Notre-Dame...»

– Oh! non, n'est-ce pas, je serai quelque chose dans votre pensée, dans votre vie?

«Race porcine, prix *ex æquo*[12]: à MM. Lehérissé et Cullembourg; soixante francs!»

Rodolphe lui serrait la main, et il la sentait toute chaude et frémissante comme une tourterelle[13] captive qui veut reprendre sa volée; mais, soit qu'elle essayât de la dégager ou bien qu'elle répondît à cette pression, elle fit un mouvement des doigts; il s'écria:

– Oh! merci! Vous ne me repoussez pas! Vous êtes bonne! Vous comprenez que je suis à vous! Laissez que je vous voie, que je vous contemple!

Un coup de vent qui arriva par les fenêtres fronça le tapis de la table, et, sur la place, en bas, tous les grands bonnets des paysannes se soulevèrent, comme des ailes de papillons blancs qui s'agitent.

«Emploi de tourteaux[14] de graines oléagineuses[15]», continua le président.

Il se hâtait:

«Engrais[16] flamand, – culture du lin, – drainage, – baux[17] à longs termes, – services de domestiques.»

Rodolphe ne parlait plus. Ils se regardaient. Un désir suprême faisait frissonner leurs lèvres sèches; et mollement, sans effort, leurs doigts se confondirent[18]. (Flaubert 1951: 426–428)

1 magnétisme *hier: magische Anziehungskraft* – 2 berceau *Wiege* – 3 farouche *hier: primitiv* – 4 gland *Eichel* – 5 dépouille *Tierhaut, Fell* – 6 affinité *Seelenverwandtschaft* – 7 Cincinnatus, Dioclétien *römische Herrscher* – 8 semailles *Aussaat* – 9 pente *Neigung* – 10 fumier *Mist* – 11 bélier mérinos *Merinowidder* – 12 ex æquo *gleich* – 13 tourterelle *Turteltaube* – 14 tourteaux *Trester (Pressrückstand beim Keltern)* – 15 oléagineux *ölhaltig* – 16 engrais *Dünger* – 17 les baux (sg. le bail) *Pachtvertrag* – 18 se confondre *hier: umschlingen*

? Nach welchem Strukturprinzip ist der erzählerische *discours* hier aufgebaut? Welcher Sachverhalt entspricht ihm auf der Ebene der *histoire*? Stellen Sie einen Bezug zu den medialen Bedingungen von Literatur (Einheit 1.2) her. | Aufgabe 9.9

? Wie ist die beherrschende Fokalisierung des Auszugs? Zeigen Sie, dass auch hier Flauberts Prinzip der *impersonnalité* Anwendung findet. Über welche Verfahren wird auch ohne wertendes Eingreifen des Erzählers eine Kommentierung des Geschehens erreicht? | Aufgabe 9.10

Auf www.bachelor-wissen.de steht Ihnen Zusatzmaterial zur Analyse von Marguerite Duras' Roman *Moderato cantabile* (1957) zur Verfügung.

Zusammenfassung

Der erste Gegenstand einer exemplarischen Epikanalyse, Balzacs *Comédie humaine* und im Einzelnen *Le père Goriot*, zeigte Themen und literarische Verfahren, die modellbildend für den französischen Realismus des 19. Jahrhunderts geworden sind. Hierzu gehört vor allem die intendierte systematische Gesamtdarstellung der zeitgenössischen Gesellschaft und der sie durchziehenden Prinzipien, wozu vor allem das Geld gehört, das bei Balzac zum Handlungsmotor und Kriterium der Personendifferenzierung wird. Auch die Erzählverfahren sind insofern ‚realistisch', als sie durch Detailreichtum, Multisensorialität und fingierte Eigenständigkeit der erzählten Welt vom Text über die literarische Fiktion hinwegtäuschen. Getragen wird der *discours* vom heterodiegetischen Erzähler, der mit großer Distanz die dargestellten *espèces sociales* kategorisiert und die erzählte Welt ordnet. Anders stellen sich die Erzählverfahren hingegen bei Flaubert dar, der gemäß dem Postulat der Unsichtbarkeit des Autors, die auch den Erzähler umfasst, eine geringe narrative Distanz einhält und die innere und äußere erzählte Wirklichkeit gewissermaßen sich selbst darstellen lässt, was ihm den Vorwurf fehlender Verurteilung des Lasters und der Unmoral einbrachte. Flaubert privilegiert den Stil gegenüber dem Inhalt und beschränkt sich in der Darstellung gesellschaftlicher Wirklichkeit auf das an seinen Idealen scheiternde Bürgertum. Flauberts *impartialité* wirkt in das 20. Jh. fort, etwa in der extern fokalisierten, verknappt-elliptischen Erzählweise Marguerite Duras'.

Literatur

Honoré de Balzac: *Le Père Goriot*, in: Ders., *La Comédie humaine*. Band III. Paris: Gallimard (Pléiade) 1976, 49–290.

Marguerite Duras: *Moderato cantabile*. Paris: Minuit 1958.

Gustave Flaubert: *Madame Bovary*, in: Ders., *Œuvres*. Band I. Paris: Gallimard (Pléiade) 1951, 291–683.

Gustave Flaubert: *Correspondance*. Band II. Paris: Gallimard (Pléiade) 1980.

Gustave Flaubert: *Correspondance*. Band III. Paris: Gallimard (Pléiade) 1991.

Text und Autorschaft

In diesem ersten Kapitel zu den literaturwissenschaftlichen Interpretationsmethoden lernen Sie Ansätze kennen, die literarische Texte im Hinblick auf ihren Entstehungskontext erklären. Literatur spiegelt, so die Prämisse, ihren Ursprung wider und bezieht aus ihm ihre Bedeutung, sei es auf individueller Ebene, wie biographistische und psychoanalytische Deutungen meinen, sei es auf überindividuell-gesellschaftlicher Ebene, wie die Literatursoziologie in ihren verschiedenen Ausprägungen annimmt, sei es schließlich in kultureller und geschlechtsspezifischer Hinsicht, der das Interesse der postkolonialen bzw. der feministischen Literaturtheorie und der *Gender Studies* gilt.

Überblick

10.1 | Literarische Kommunikation und Interpretationsansätze

Objektivierung von Verstehen

Will man sich über die Bedeutung von literarischen Texten verständigen, wie es eine der Aufgaben der Literaturwissenschaft ist, so bedarf es einer Objektivierung des prinzipiell subjektiven Verstehensprozesses. In Einheit 4 wurden zwei Ansatzpunkte für eine solche Objektivierung genannt. Der erste ist der Text als vorgegebene Menge sprachlicher Zeichen mit einem idealerweise auszumachenden überindividuellen Bedeutungsgehalt, wie er etwa in Wörterbüchern fixiert wird, sowie ihrer Beziehung untereinander. Auf diesen Ansatz-

Strukturanalyse

punkt stützt sich die Strukturanalyse, die ein Modell der Funktionsweise eines Textes zu erarbeiten und dabei weitestmöglich von textexternen Faktoren abzusehen versucht (siehe Einheit 4). Sie wurde in den zurückliegenden sechs Einheiten anhand der drei Großgattungen vorgeführt. Der zweite Ansatzpunkt der Objektivierung besteht darin, die theoretischen Voraussetzungen (Prämissen) und den Weg (Methode), die zu den jeweiligen Befunden geführt haben, offenzulegen und einer kritischen Überprüfung zugänglich zu machen. Eine Aussage über die Bedeutung des Textes, die diesen Ansprüchen genügt, heißt

Interpretation

Interpretation. Sie ist unabdingbar, um über das Potenzial und den literarhistorischen Stellenwert eines Textes zu urteilen, und stellt eines der zentralen Aufgabengebiete der Literaturwissenschaft dar.

Pluralität der Interpretationen

Die Bandbreite verschiedener, teilweise konträrer Interpretationen eines Textes rühren von den unterschiedlichen Prämissen und methodischen Zugängen her, die ihnen jeweils zugrunde liegen. Eine gültige Interpretation ist dann gegeben, wenn die Prämissen und der Wortlaut des interpretierten Werks schlüssig zu einer Feststellung über seine Bedeutung vereint werden. Die Prämissen aber werden erst vom jeweils Untersuchenden an den Gegenstand herangetragen; sie müssen ihrerseits natürlich plausibel sein, aber zwingend sind sie in aller Regel nicht. Aus diesem Grund gibt es zu einem bestimmten Zeitpunkt, insbesondere aber auch in verschiedenen Entwicklungsphasen der Literaturwissenschaft, mehrere unterschiedliche Annahmen darüber, worauf sich eine Textdeutung stützen sollte. Da im Gegenstandsbereich der Geisteswissenschaften der (auch ‚professionell') Verstehende mit seinen Fragen und Vorerwartungen stets an seinem Untersuchungsobjekt teilhat, können konträre Forschungsmeinungen nebeneinander bestehen und beide gleichermaßen ‚objektiv' und gültig sein (was nicht bedeutet, dass die jeweiligen Vertreter nicht auch energisch um ihre Thesen streiten). Die Vielfalt möglicher Ansätze, die sich im Laufe der Fachgeschichte herausgebildet haben, sollen in den nun folgenden Einheiten ein wenig umrissen werden. Da es sich nicht selten um recht komplexe Theoriegebäude und Methoden handelt, bleiben die Ausführungen notwendigerweise summarisch.

Literarische Kommunikation

Versteht man Literatur als einen Sonderfall sprachlicher Kommunikation, in der von einem Sender eine Botschaft auf einem Trägermedium über einen

Kanal an einen Empfänger übermittelt wird, der sich, wie wir im Zusammenhang mit der Hermeneutik bereits sahen, dialogisch mit der Botschaft auseinandersetzt und sie mitgestaltet, so zeigen sich eine Reihe möglicher Faktoren, die eine Interpretationsmethode in den Mittelpunkt rücken kann.

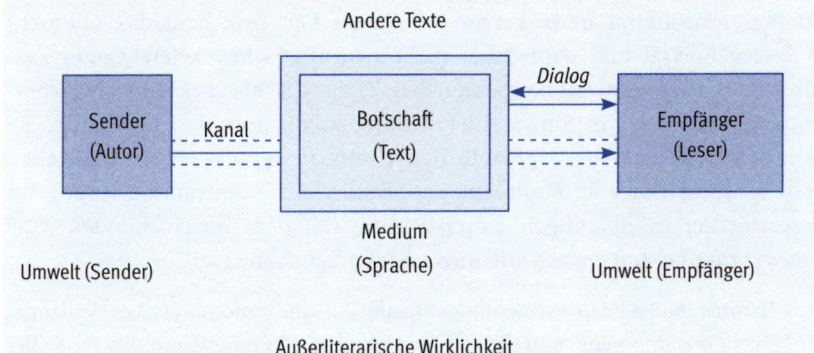

Andere Texte

Sender (Autor) — Kanal — Botschaft (Text) — *Dialog* — Empfänger (Leser)

Medium (Sprache)

Umwelt (Sender)   Umwelt (Empfänger)

Außerliterarische Wirklichkeit

Abb. 10.1

Vereinfachtes Modell literarischer Kommunikation

Eine auf den Text bezogene, also textimmanente Herangehensweise haben Sie bereits mit der Strukturanalyse in Theorie und Praxis kennengelernt. Da jegliche Interpretation sich zwangsläufig auf den Text bezieht, dieser also immer im Fokus liegt, bildet die Strukturanalyse auch eine sinnvolle Vorarbeit für Textinterpretation allgemein. Interessiert man sich nicht nur für eine sprachliche Äußerung als solche, liegt es wohl am nächsten, nach ihrem Urheber zu fragen – schließlich gilt ihm auch im Alltag oft der erste Blick, etwa bei einem Brief, den man bekommt, oder beim Stöbern in einer Buchhandlung. Eine fachgeschichtlich besonders frühe Frage ist daher die nach dem Autor. *Produktionsorientierte Interpretationsmodelle*, die also von der Prämisse ausgehen, dass es für den Sinn und die Relevanz eines Textes entscheidend ist, von wem und aus welchem Kontext heraus er verfasst wurde, haben, in sehr unterschiedlicher Ausprägung und mit wechselnder Konjunktur, bis heute ihren Platz im literaturwissenschaftlichen Instrumentarium.

Autorschaft als Interesse der Interpretation: Produktionsorientierte Interpretationsmodelle

Biographismus, *L'homme et l'œuvre*, Positivismus

| 10.2

Geht man davon aus, dass mit der Abfassung eines Textes auch dessen Bedeutung erzeugt wird, dann liegt die Prämisse einer untrennbaren Verbindung zwischen Text und Autor nahe. Ein literarisches Werk kann so verstanden werden als Teil der Biographie eines Autors sowie Ausdruck seiner Persönlichkeit, und je mehr man über diese weiß, desto besser versteht man das Werk und umgekehrt. Eine solche biographistische Herangehensweise an Literatur dominiert, in verschiedenen Schattierungen, bis zur Mitte des 20. Jh. die Interpretationspraxis und wird in Ansätzen auch heute noch gelegentlich ver-

Text als Teil und Ausdruck der Autorbiographie: Biographismus

Abb. 10.2 |

Charles Augustin
Sainte-Beuve
(1804–1869)
Subjektive Intuition
ohne normativen
Anspruch

treten; im schulischen Literaturunterricht, zumal in Frankreich, spielt sie bis in die Gegenwart eine relativ große Rolle.

Für Charles Augustin Sainte-Beuve, den Begründer einer biographistischen Betrachtung der französischen Literatur, besteht der Weg zu einer solchen nicht-normativen Beschreibung von Texten in der über das Werk vermittelten ‚Einfühlung‘ in die Person des Autors. Der Text dient als Dokument für dessen Porträt und wird daher nicht als ästhetisches Artefakt oder Zeichensystem mit Eigenwert betrachtet. Sein Zugang ist also gerade nicht ‚literaturwissenschaftlich‘ im Sinne einer Methodik, die intuitive Leseeindrücke objektiviert, stattdessen setzt Sainte-Beuve implizit beim Leser einen gleichen Verstehenshorizont und damit eine potenziell gleiche Einfühlung voraus. Im Vorwort einer zweibändigen Untersuchung mit dem bezeichnenden Titel *Chateaubriand et son groupe littéraire* schreibt Sainte-Beuve:

Text 10.1 |

Charles Augustin
Sainte-Beuve:
*Chateaubriand et son
groupe littéraire* (1861),
Vorwort

> L'année 1848 a été une année folle et fatale. Puisque le monde était en démence[1], j'ai saisi ce moment aussi de faire mes folies; et mes folies à moi, ç'a été d'aller dans un pays ami vivre toute une année avec les illustres et aimables morts, Villehardouin, Joinville, Froissart, Commynes, Montaigne, tous en foule et à la fois, jusqu'à Buffon et Chateaubriand; de les accueillir en moi, de les entendre, de les interpréter, de me mêler[2] plus intimement que jamais à eux, et d'oublier, s'il se pouvait, dans leur commerce[3], les sottises[4] et les misères du présent. (Sainte-Beuve 1861: 14)
>
> 1 en démence *verrückt* – 2 se mêler à *sich mischen unter* – 3 commerce *hier: Umgang* – 4 sottise *Dummheit*

Aufgabe 10.1 |

? Wo zeigt sich Sainte-Beuves eben skizziertes Verständnis von Interpretation in diesem Auszug?

L'homme et l'œuvre

Die Gleichsetzung von Mensch und Werk – die entsprechende französische Formel *L'homme et l'œuvre* wird später die Sammelbezeichnung für biographistische Interpretationsansätze – ist in der von Sainte-Beuve vertretenen Form nicht nur nicht objektiviert, sie birgt auch die Gefahr eines Zirkelschlusses, da insbesondere bei älteren Autoren häufig die Biographie nur bruchstückhaft überliefert ist und so vorrangig aus den literarischen Werken selbst erschlossen wird, dann aber ihrerseits dazu dient, das Werk zu erklären.

Gefahr des Zirkel-
schlusses zwischen
Werk und Biographie

Positivismus: Objek-
tivität der Fakten

Eine autororientierte Herangehensweise, die Objektivität nach dem Vorbild der Naturwissenschaften anstrebt, ist der *Positivismus*, der sich in Frankreich mit dem Namen Hippolyte Taine, im deutschsprachigen Raum mit Wilhelm Scherer (1841–1886) verbindet. Der bereits in den 1830er Jahren entwickelte Begriff leitet sich ab von der programmatischen Beschränkung auf ‚positive‘, d.h. beobachtbare Fakten. Diese sind für Taine in der Literatur *race, milieu* und *moment*: *Race* bezeichnet im Unterschied zu den unguten Konnota-

*Race, milieu,
moment*

tionen des Begriffs im Deutschen nicht nur Ererbtes, sondern auch soviel wie ‚Nationalcharakter', *moment* den geschichtlichen Zeitpunkt einer kulturellen Erscheinung bzw. ihres Urhebers, *milieu* als der wichtigste Terminus deren soziale Ursprungsumgebung. Als *literarisches* Konzept hat Taines Positivismus sich v. a. im Naturalismus des 19. Jh., etwa bei Emile Zola (1840–1902), niedergeschlagen. Als *literaturwissenschaftlicher* Zugang ist der Positivismus in dieser Form aus heutiger Sicht unhaltbar, da er etwa Einsichten der Hermeneutik in die Eigengesetzlichkeit kultureller Untersuchungsgegenstände und damit der Geisteswissenschaften (siehe Einheit 3.3) nicht berücksichtigt – was dazu geführt hat, dass der Begriff spätestens seit den 1960er Jahren mithin eher als Schimpfwort für theoretisch unbedarfte und unkritische Faktensammlung gebraucht wird. Der Positivismus ist insbesondere aus zwei Gründen dennoch bedeutsam:

|Abb. 10.3

Hippolyte Taine (1828–1893)

Problematik des Positivismus

► Er hat mit der Berücksichtigung des Milieus der produktionsorientierten Literaturinterpretation, die sich wie bei Sainte-Beuve sehr auf Individuen konzentrierte, eine wichtige Kategorie hinzugefügt. Sie wird zwar bei Taine entgegen seinem Anspruch nicht ‚objektiv' genutzt, sondern bleibt spekulativ, u. a. weil die Soziologie noch nicht weit genug entwickelt war, wird aber später von der Literatursoziologie (siehe Einheit 10.4) in methodisch reflektierter Form und mit Erkenntnisgewinn aufgegriffen.

Leistungen positivistischer Literaturwissenschaft

► Er hat gegen Ende des 19. Jh. zu einem Quellen- und Faktenstudium geführt, durch das zahllose Texte genau erschlossen und ediert wurden – eine wertvolle Forschungsleistung, auf der vielfach noch heutige Textausgaben und andere Hilfsmittel beruhen.

Die typische Ausprägung einer *L'homme-et-l'œuvre*-Philologie, wie sie bis heute in Arbeiten zur französischen Literatur, insbesondere solchen mit didaktischer Zielsetzung, nachwirkt, geht zurück auf Gustave Lanson (1857–1934). Er verbindet insofern die Ansätze Sainte-Beuves und des Positivismus, als er den ersten Zugang zu literarischen Texten im subjektiv-impressionistischen Verstehen erkennt, diese Intuition aber anschließend durch ‚positive' Fakten validiert und erklärt. Letztere gewinnt Lanson sowohl durch genaue textimmanente Stilstudien als auch durch biographische und historische Forschungen zum Entstehungskontext. Sie führen im Idealfall zu einem ‚Höchstmaß' an Verständnis der Autorintention, das gesichert ist und prinzipiell nur durch neue Fakten, nicht durch neue Rezeptionsbedingungen, verändert wird – wiederum eine Annahme, die durch die Einsichten der Hermeneutik klar in Frage gestellt wird. Die Vorbemerkung zu Lansons Voltaire-Monographie von 1906 gibt einen Eindruck von den Ansprüchen und Zielen, die für Generationen von Literaturwissenschaftlern modellbildend wurden:

Lanson und die historisch-positivistische Methode

Text 10.2|

Gustave Lanson:
Voltaire (1902),
Avertissement

J'ai tâché dans ce petit ouvrage de parler de Voltaire exactement, histo-riquement, sans apothéose et sans caricature, sans regarder les préoccupations ni l'actualité contemporaines, en rapportant toujours l'idée ou l'expression de Voltaire des choses de son temps.

J'ai essayé de dégager les directions principales de sa mobile pensée. On se perd, dès qu'on lit cette œuvre éparse et multiple, dans toutes sortes de contradictions, qui se résolvent en partie, si l'on a soin de dater les textes et de chercher le sens propre, relatif, précis que chaque morceau reçoit des circons-tances de sa composition. [...] Il faut, dans les affirmations qui se contrarient, chercher ce qui est opinion de l'auteur [...]. (Lanson: 1902, 5f.)

Aufgabe 10.2|

? Rechtfertigen Sie anhand dieses Programms die Bezeichnung ‚historisch-positivis-tisch'.

Mitte des 20. Jh. wird der Glaube an einen derart objektiven Zugang zum Werk in seinem Ursprungskontext als naive Utopie („Lansonismus") kritisiert wer-den (siehe 10.4). Zunächst aber kommt Widerspruch von einer anderen Seite.

10.3| Psychoanalyse

Abb. 10.4|
Sigmund Freud
(1856–1939)
Psychische Qualitäten:
bewusst, vorbewusst,
unbewusst

Psychischer Apparat

Instanzen:
Ich–Es–Über-Ich

Mit der von Sigmund Freud etwa ab der Jahrhundertwende entwickelten und vertretenen Psychoanalyse wird das Bild vom Individuum und den psychischen Bedingungen seines – auch künstlerischen – Handelns revolutioniert. Identi-fizierte man bis dato ein Individuum in geistiger Hinsicht mit der Gesamtheit seiner aktuellen Bewusstseinsvorgänge (Gedanken, Absichten usw.) und Erin-nerungen, so bemerkte Freud in seiner klinischen Arbeit, dass die beobachte-ten ‚abnormen' psychischen Symptome und Verhaltensweisen sich nicht mit den bewussten, von den Patienten wahrnehmbaren Prozessen erklären ließen; sie rührten vielmehr von seelischen Strukturen und Kräften her, die sich dem Bewusstsein entziehen, *unbewusst* waren, im Gegensatz zu den *bewussten* Wahrnehmungen und Gedanken im jeweiligen Moment und denjenigen, die durch einen Aufwand des Individuums wieder bewusst werden können und die er *vorbewusst* nennt – wie etwa Erinnerungen. Freud postulierte die Exis-tenz unbewusster psychischer Prozesse nicht nur für diejenigen Fälle, wo sie zu behandlungsbedürftigen Verhaltensweisen führen, sondern in der mensch-lichen Psyche schlechthin, was eine differenzierte Darstellung des *psychischen Apparats* notwendig machte. Hier erkennt Freud drei sog. Instanzen:

▶ Den bisher mit der Psyche allein identifizierten Teil, der bewusst wahr-nimmt, fühlt, Bewegungen auslöst etc., nennt Freud das *Ich*.

▶ Die unbewussten Vorgänge, die manchen Handlungen des Ichs zugrunde liegen, haben ihren Ort im sog. *Es*. Darunter versteht Freud die Sphäre der ererbten, physiologischen Bedürfnisse, der *Triebe*. Sie ist der älteste, sozusagen ,primitivste' Teil des psychischen Apparats.

► Im Heranwachsen bildet sich durch den Einfluss der sozialen Umgebung, insbesondere der Eltern, eine innere Instanz der Normenkontrolle und des Verbots heraus, die *Über-Ich* genannt wird.

In der psychoanalytischen Theorie erweisen sich die Psyche eines Individuums und die auf ihr gründenden Handlungen also nicht als einheitliches und stimmiges Ganzes, sondern als Zusammenspiel mehrerer Instanzen mit radikal entgegengesetzten Zielen.

Psyche als Ort von Konflikten

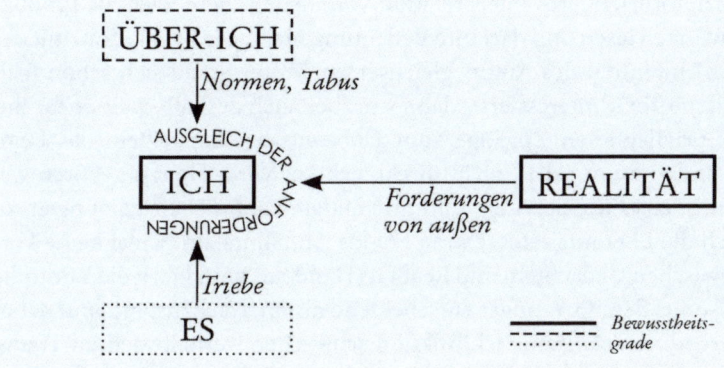

|Abb. 10.5

Psychischer Apparat nach Freud

Das Es fordert als unbewusste, vorrationale Sphäre die Befriedigung von Trieben, ohne Rücksicht auf Machbarkeit in der Realität und Anpassung an sittliche Normen; es folgt allein dem *Lustprinzip*. Unter den Trieben ist nach Freudscher Vorstellung der *Sexualtrieb* (die sog. *Libido*) der wichtigste. ,Sexuell' ist hier in einem weiten psychoanalytischen Sinne zu verstehen, denn die Quelle des Sexualtriebs sind nicht etwa immer die Genitalien, sondern auch andere erogene Zonen wie der Mund (weshalb die ,orale' Befriedigung eines lutschenden Säuglings ,sexuell' genannt wird, wenn sie nicht allein der Nahrungsaufnahme dient), und das Objekt ist meist variabel, also nicht etwa immer nur ein Sexualpartner, sondern evtl. ein beliebiges Ersatzobjekt. Die Ansprüche des Es stehen häufig in Konflikt mit den – teils unbewussten, teils vorbewussten – Normen und Tabus, deren Einhaltung das Über-Ich fortwährend einfordert. Dem Ich als dem bewussten und handelnden Teil der Psyche kommt die Aufgabe zu, zwischen den konträren Anforderungen zu vermitteln: zulässige Triebe (etwa Nahrungsaufnahme) zu befriedigen, verbotene zu *verdrängen*, also in unbewusstem Zustand zu halten, oder aber *maskiert*, d.h. durch Zensur unkenntlich gemacht oder auf akzeptable Ersatzbefriedigungen (darunter künstlerisches Schaffen) umgeleitet (*sublimiert*), zuzulassen. Zudem muss das Ich sein Handeln mit den Gegebenheiten der äußeren Umwelt abstimmen, ist also im Gegensatz zum Es dem *Realitätsprin-*

Es und Lustprinzip

Sexualtrieb

Über-Ich, Normen und Tabus

Verdrängung

Sublimation

Realitätsprinzip

zip verpflichtet. Es gibt gemäß der psychoanalytischen Theorie keine ruhende Psyche, kein absolut stimmiges Handeln – jede psychische Äußerung ist das

Kompromiss Ergebnis dynamischer Prozesse, ist potenziell spannungsreicher Kompromiss. Eine Handlung ist in diesem Sinne dann ‚korrekt‘, wenn sie den Ansprüchen des Über-Ichs und der Realität genügt, dabei verbotene Triebe auf akzeptablen Umwegen befriedigt und Triebverzicht und die daraus resultierende Unlustspannung in möglichst engen Grenzen hält.

Bezug zu Literatur Was hat all dies mit Literatur zu tun? Zunächst einmal ist die Psychoanalyse ihrem Anspruch nach eine Theorie über die mentale Seite des Menschen insgesamt und damit auch über die von ihm geschaffene Kunst. Demgemäß muss eine autororientierte Interpretation von Texten diese auch als Produkt des Unbewussten lesen und darf ihre Bedeutung nicht, wie bei Lanson, mit der (bewussten) Intention des Autors gleichsetzen. Wenn Freud sich schon früh für literarische Texte interessierte, dann v. a. aber auch deshalb, weil sie für ihn einen der privilegierten Zugänge zum Unbewussten darstellten, das beim gesunden Individuum i. d. R. nicht direkt sichtbar wird. Hierzu gehören v. a.

Literatur als Fantasie- der Traum, ebenso wie der Tagtraum und andere Fantasiebefriedigungen, zu
befriedigung im denen auch die Literatur zählt. Da, so Freuds Annahme, im Schlaf keine Ver-
abgekoppelten Raum bindung zwischen Gedachtem und Realität (Handeln) besteht, ist die Kontrolle der Impulse aus dem Es weniger entscheidend als im Wachzustand und daher die zensierend-verdrängende Ichfunktion schwächer, weshalb sich im Traum unbewusste Gedanken und Wünsche in maskierter Form artikulieren können. Tagtraum und künstlerische Aktivitäten vollziehen sich zwar im Wachzustand und unter ‚regulärer‘ Zensur, sie sind aber ebenfalls als Fantasien von der Realität abgekoppelt, haben keinen äußeren Nutzwert, sondern folgen dem Lustprinzip. Es besteht für Freud eine strukturelle Analogie zwischen Traum

Traum-Analogie und Kunstwerk, zwischen Traumentstehung und künstlerischer Produktion, wodurch Letztere mit den am Traum erprobten Methoden entschlüsselt, *interpretiert* werden kann.

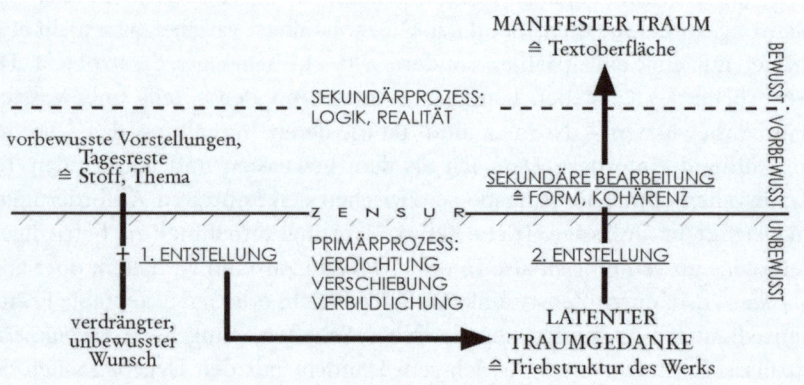

Abb. 10.6
Traumarbeit und
Kunstarbeit

Durch seine Beobachtungen an Patienten ging Freud davon aus, dass ein verdrängter, unbewusster Wunsch, der in das Bewusstsein gelangen will, sich zunächst mit vorbewussten Inhalten verknüpft – etwa jenen Erinnerungen an kürzlich oder am zurückliegenden Tag Erlebtes (Tagesreste), die erkennbar in Träumen wieder auftauchen. Dadurch entstellt (maskiert) sich der Wunsch ein erstes Mal. Er ist jetzt latenter Traumgedanke, jenes verbotene Substrat eines Traums, das die Traumanalyse aufzudecken sucht. Um die Zensurschranke, die das Ich infolge der Ansprüche des Über-Ichs errichtet, zum Bewusstsein hin passieren zu können, muss sich der latente Traumgedanke erneut entstellen, bis gewährleistet ist, dass das Bewusstsein den anstößigen Gehalt des Traums nicht mehr aus eigener Kraft zu entschlüsseln vermag. Beide Entstellungen vollziehen sich nach den alogischen Prinzipien des Unbewussten (Primärvorgang), insbesondere der *Verdichtung* (Zusammenführung mehrerer Wünsche oder Gedanken zu einem), *Verschiebung* (Übertragung der Triebintensität auf ein anderes, im Traum möglicherweise nebensächlich scheinendes Objekt) und *Verbildlichung* (Darstellung abstrakter Sachverhalte als Bild, etwa sexuelle Anziehung als Zug an einem Seil). Passiert der latente Traumgedanke die Zensur und erreicht die Qualität des Vorbewussten, wird er vom Ich noch nach den Regeln des Sekundärvorgangs (Realitätsprinzip), also gemäß der Logik, Chronologie usw. geordnet, bevor er vom Träumer als manifester Traum geträumt wird, von dem er berichten, den er aber nicht eigentlich verstehen kann. Beim literarischen Text verläuft der Weg analog, wobei die vorbewussten Inhalte seinem Stoff oder Thema entsprechen, der latente Traumgedanke dem unbewussten, durch das Werk befriedigten Wunsch, die sekundäre Bearbeitung der sprachlichen Gestaltung und Anpassung an Gattungsregeln (z. B. Verse, Erzählstruktur) und der manifeste Traum dem ‚manifesten Text', also der Textoberfläche, wie sie der Lektüre direkt zugänglich ist. Wie die psychoanalytische Traumdeutung mit Hilfe der Assoziationen des Patienten, seiner Reaktionen auf die Analysesituation und biographischer Informationen den Weg vom manifesten Traum zurück zum latenten Traumgedanken zu gehen versucht, verfolgt eine psychoanalytische Textdeutung das Ziel, die unbewussten Anteile des Werks herauszuarbeiten, mithin die verdrängten Wünsche, die der Autor mit dem jeweiligen Text zu befriedigen sucht, die Konflikte, aus denen er hervorgegangen ist – und die in der Psyche des Lesers wiederum entsprechende Abwehr- oder Befriedigungsreaktionen hervorrufen können. Sie kann daher ebenso zum Verständnis der Textentstehung wie der Bedeutungskonstitution oder der Rezeption (Wirkung) eines Werks beitragen.

Auf ein methodisches Problem ist hier kurz einzugehen, dessen von Charles Mauron (1899–1966) vorgeschlagene, klassisch gewordene Lösung zugleich als Beispiel für psychoanalytische Deutungsverfahren literarischer Texte dienen kann. Während der Analytiker den Patienten befragen und assoziieren lassen kann, um so Informationen über dessen psychische Strukturen, Kon-

Marginalien:
- Entstehung eines Traums nach Freud
- Erste Entstellung
- Latenter Traumgedanke
- Zweite Entstellung
- Sekundäre Bearbeitung
- Traumdeutung – Textinterpretation
- Problem der Deutung in Abwesenheit

flikte und Obsessionen zu erhalten, ist ein Text ein statisches Gebilde und, wenn der Autor nicht persönlich zur Verfügung steht, nicht in der gleichen Weise zu erschließen. Maurons *Psychocritique* ist im Unterschied zu Freuds eigenen Arbeiten ein im eigentlichen Sinne *literaturwissenschaftliches* Verfahren. Der Ersatz für die fehlende Interaktion mit dem Patienten ist bei Mauron die Aufdeckung von Strukturen im Gesamtwerk eines Autors:

1) Überlagerung (*superposition*) verschiedener Texte des fraglichen Autors. Sie zielt im Unterschied zu einem Vergleich nicht auf bewusste, beabsichtigte Eigenschaften ab, sondern deckt wiederkehrende latente, möglicherweise obsessionelle Strukturen der Texte auf, die bei Einzelbetrachtung nicht erkennbar wären. Beispiele aus Maurons Studien zu Racine wären etwa die ,Rückkehr des Vaters' oder die ,Bedrohung des Kindes'.

2) Das Verhältnis der verschiedenen rekurrenten Strukturen stellt den persönlichen Mythos (*mythe personnel*) des Autors dar, der dessen Unbewusstes, evtl. verschiedene Phasen seiner kindlichen Entwicklung und offen gebliebene Konflikte in der Literatur abbildet oder reinszeniert.

3) Schließlich wird versucht, den ermittelten *mythe personnel* anhand von biographischen Informationen zum Autor zu bestätigen. Die Biographie ist dabei Hilfsmittel zur Validierung der Textinterpretation, nicht Ziel des Verfahrens: Es geht um Textverständnis, nicht um ,Heilung' des Autors.

Aufgabe 10.3

? Mauron hat sein Verfahren an zahlreichen bedeutenden Texten der französischen Literatur mit Erfolg erprobt, unter anderem an der *Phèdre* Racines, die Sie aus Einheit 7 kennen. Lesen Sie den folgenden Einleitungsabschnitt seiner Interpretation. Welche Elemente psychoanalytischer Theorie im Allgemeinen und des Mauronschen Verfahrens im Besonderen werden hier deutlich? Konsultieren Sie ergänzend ein Standard-Nachschlagewerk oder Laplanche/Pontalis 1998 zum Stichwort „Ödipus-Komplex".

Text 10.3

Charles Mauron:
L'inconscient dans l'œuvre et la vie de Racine (1965)

Phèdre résume le théâtre de Racine. Dans une première partie, le père est absent, peut-être mort; le jeune couple virginal[1], Hippolyte-Aricie, placé sous le signe de Diane, subit l'assaut de la mère incestueuse et possessive, inspiré par Aphrodite; Hippolyte résiste. Sous d'importantes différences de tonalité, et, naturellement, d'intrigue, nous retrouvons la structure de *Bajazet*. Dans une seconde partie, le père revient: Thésée resurgit[2], exactement comme Mithridate, (qui suit Bajazet), pour découvrir et pour juger, dans sa maison, le même crime d'inceste. Trompé par une délation[3] infernale, il condamne l'innocent. L'arrêt de mort est prononcé contre le fils. Au moment où celui-ci s'avance vers l'autel nuptial[4], il est sacrifié par un monstre surgi de la mer (ou de la mère). Phèdre maudite, repoussée et jalouse, ayant ainsi fait tuer l'enfant par un père justicier[5], se suicide. (Mauron: 1965, 145)

1 virginal *jungfräulich* – 2 resurgir *wieder auftauchen* – 3 délation *Verrat, Verleumdung* – 4 autel nuptial *Hochzeitsaltar* – 5 justicier *Rächer*

Literatursoziologie

Maurons Arbeiten stehen im Kontext einer umfassenden Erneuerung der literaturwissenschaftlichen Theorie- und Methodenbildung in den 1960er Jahren. Sie hat zu einer kritischen Auseinandersetzung insbesondere mit der seit Lanson an den französischen Universitäten vielfach nahezu unverändert betriebenen historisch-positivistischen Forschung, in Deutschland mit der textimmanenten Literaturbetrachtung der Nachkriegszeit geführt. In einem grundlegenden Aufsatz fordert Roland Barthes, der mit Charles Mauron und anderen zur sog. *Nouvelle critique* gezählt wird und zu den bedeutendsten und facettenreichsten Vertretern (siehe Einheit 12.1) der neueren Literaturwissenschaft überhaupt gehört, die Literatur als in erster Linie gesellschaftliches Produkt in ihrer spezifischen *sozialen Funktion* zu betrachten:

> C'est donc au niveau des *fonctions* littéraires (production, communication, consommation) que l'histoire peut seulement se placer, et non au niveau des individus qui les ont exercées. Autrement dit, l'histoire littéraire n'est possible que si elle se fait sociologique, si elle s'intéresse aux activités et aux institutions, non aux individus. [...] Les écrivains n'y seraient considérés que comme les participants d'une activité institutionnelle qui les dépasse individuellement, exactement comme dans les sociétés dites primitives, le sorcier participe à la fonction magique; cette fonction, n'étant fixée dans aucune loi écrite, ne peut être saisie qu'à travers les individus qui l'exercent; c'est pourtant la fonction seule qui est objet de science. Il s'agit donc d'obtenir de l'histoire littéraire, telle que nous la connaissons, une conversion radicale [...]. Compléter nos chroniques littéraires par quelques ingrédients historiques nouveaux, ici une source inédite, là une biographie renouvelée, ne servirait à rien: c'est le cadre qui doit éclater, et l'objet se convertir. Amputer la littérature de l'individu!
> (Barthes: 1976, 156)

Die These der sozialen Bedingtheit literarischer Texte ist natürlich nichts Neues; auch die historisch-positivistische Methode hatte für sich in Anspruch genommen, den sozialen Entstehungskontext eines Werks mitzubedenken – etwa in Form der „circonstances de sa composition", von denen Lanson in Text 10.2 spricht. Was Barthes ihr u. a. vorwirft, ist die Beschränkung auf das biographische Detail und das Anekdotische, die den eigentlichen sozialen Ort der Literatur verdecke. Um ihn zu sehen, sei es indes erforderlich, sich nicht an die scheinbare Objektivität biographischer Fakten zu klammern, sondern eine theoretisch und methodisch begründete Gesamtperspektive einzunehmen. Gemeint sind hier genau jene zu Beginn dieser Einheit erwähnten interpretatorischen *Prämissen*; sie beinhalten zwar die Parteinahme zugunsten einer bestimmten ideologischen Position und die Einsicht in die Unmöglichkeit absoluter Objektivität, dafür aber auch eine kritisch reflektierte Antwort auf

---

| 10.4

Jenseits des individuellen Autorbewusstseins

Nouvelle critique: Heterogene Gruppe von Literaturwissenschaftlern, die mit neuen Methoden und Prämissen den Objektivitätsanspruch der *L'homme-et-l'œuvre*-Philologie bestritten

| Text 10.4

Roland Barthes, Histoire ou littérature? (1976)

‚Gesellschaft' in der Literatur

die Frage, was Gesellschaft ist und in welcher Beziehung zum Individuellen und insbesondere Geistigen (hier: dem literarischen Werk) sie steht.

10.4.1 | Marxistische Literaturwissenschaft

Marxismus

Ein solches Modell für eine kritische Literatursoziologie fand die neuere Literaturwissenschaft beim Marxismus. Karl Marx (1818–1883) hatte zwischen der ökonomischen *Basis* einer Gesellschaft, d.h. den miteinander verschränkten Produktionsverhältnissen (z. B. Arbeitsteilung, Entlohnung, Konsum) und Produktivkräften (z. B. den am Produktionsprozess beteiligten Menschen), und dem sog. *Überbau*, der ‚geistigen‘ Seite, der Ideologie und ihrer Bereiche (z. B. Recht, Religion, Kunst), unterschieden. Der Stand und die Entwicklung einer Gesellschaft sind für Marx bedingt durch das Wechselspiel (Dialektik) dieser beiden Pole, wobei letztlich die ökonomische Basis der bestimmende Faktor sei. So werden beispielsweise die materiellen Eigentumsverhältnisse in einer Gesellschaft durch die Gesetze geregelt, die ‚Eigentum‘ definieren, es vor bestimmten Formen der Aneignung (Diebstahl) schützen und seinen Transfer (Verkauf) ordnen; zugleich wird die Rechtsordnung einer Gesellschaft von den materiellen Machtverhältnissen an der Basis bestimmt – also, sehr vereinfacht gesagt, die Gesetze werden von denjenigen gemacht, die das Geld haben, was letztlich aus marxistischer Sicht der entscheidende Faktor ist. Der für die Literaturwissenschaft folgenreichste Aspekt dieses *dialektischen, basisbegründeten Determinismus* ist die These, dass Kunst als Überbauschicht – und damit auch Literatur – von der ökonomischen Basis bestimmt wird und diese widerspiegelt, wenn nicht in ihrer Gesamtheit, so doch ausschnittsweise (etwa je nach der Klasse, der der Autor zugehört, und ihrer Partizipation an den Produktionsmitteln): Ein Autor des Großbürgertums, so die Überlegung, reflektiert in seinen Werken die Basis anders als ein schreibender Proletarier und wählt hierfür andere Formen (Gattungen).

Dialektischer, basisbegründeter Determinismus

Die Prämisse einer weitgehenden Determination von Literatur durch die ökonomische Basis birgt insofern ein methodisches Problem, als in vielen literarischen Texten nicht direkt von Produktionsverhältnissen die Rede ist. Die Widerspiegelung lässt sich also häufig nicht, wie noch in den interpretatorischen Arbeiten von Georg Lukács, einem der Wegbereiter marxistischer Literaturbetrachtung, durch einen Blick auf den ideologischen Gehalt eines Textes und seine Übereinstimmung mit dem gesellschaftlichen Entwicklungsstand aufzeigen; vielmehr ist der Zusammenhang sehr viel vermittelter.

Vermittelte Widerspiegelung in Literatur

Ein Modell, das diesem Umstand Rechnung trägt, ist der ‚genetische Strukturalismus‘ Lucien Goldmanns (1913–1970). Er erkennt als Vermittelinstanz zwischen dem literarischen Werk einerseits und der materiellen Wirklichkeit (Basis) andererseits die *Weltanschauung* (*vision du monde*) einer bestimmten sozialen Gruppe, die als *transindividuelles Subjekt* (*sujet transindividuel*)

Abb. 10.7 |
Marxistisches Gesellschaftsmodell

BASIS ← ÜBERBAU (IDEOLOGIE)	
Kunst	
Religion	
Wissenschaft	
Recht	
Produktions-verhältnisse	Produktivkräfte

Abb. 10.8 |
Georg Lukács
(1885–1971)
Goldmanns ‚genetischer Strukturalismus‘

eigentlicher Träger gesellschaftlichen und künstlerischen Schaffens ist. ‚Weltanschauung' meint den Standpunkt einer Gruppe gegenüber der vielfältigen gesellschaftlichen Wirklichkeit zu einem bestimmten historischen Zeitpunkt sowie die Ziele und Bestrebungen, die die Mitglieder der Gruppe einen und von anderen Gruppen unterscheiden, also ein bestimmtes kollektives Bewusstsein. Dem einzelnen Autor kommt im Falle bedeutender Schöpfungen das Verdienst zu, die Weltanschauung seiner Gruppe mit einer *Kohärenz*, also einem Maße von Klarheit und Stimmigkeit auszudrücken, wie sie anderen Trägern nicht zugänglich, geschweige denn artikulierbar wäre. Dabei muss die individuelle Absicht des Autors nicht zwangsläufig mit der Weltanschauung des transindividuellen Subjekts übereinstimmen: Ein Autor kann, ohne es zu wollen, in einem literarischen Text die u. U. von seiner persönlichen Absicht oder Auffassung deutlich abweichende Weltanschauung seiner Gruppe artikulieren, in einer Stimmigkeit, die seinen Text nach Goldmann erst bedeutend macht.

Der ‚große' literarische Text – und darin ist Goldmann Marxist – wird unter Vermittlung durch die jeweilige Weltanschauung determiniert durch die Basis, d. h. im Falle einer sozialen Gruppe deren ökonomische Lage. Der zentrale Punkt hierbei ist aber, dass Basisausschnitt und Weltanschauung sich nicht inhaltlich (per Analogie), sondern *strukturell* (per ‚Homologie') entsprechen – im Sinne also einer abstrakten Struktur von Wirklichkeitserfahrung, die sich zu einem bestimmten historischen Moment herausbildet (daher ‚genetischer Strukturalismus'), nicht im Sinne konkreter Themen oder Inhalte. Ein Text kann also beispielsweise über antike Mythologie sprechen und dennoch zur Wirklichkeitserfahrung einer sozialen Gruppe im Frankreich des 17. Jh. strukturell homolog sein, wie Goldmann in *Le dieu caché* gezeigt hat.

TRANSINDIVIDUELLER ASPEKT (SUJET TRANSINDIVIDUEL)   **INDIVIDUELLER ASPEKT (AUTORSUBJEKT)**

materielle · · · · · · · Weltanschauung · · · · · · · ▸ **Lit. Werk** ◂ ─── Inhalte (Stoff, Thema)
Wirklichkeit - S T R U K T U R H O M O L O G I E -   Kohärenzstiftung

Der Romanist Erich Köhler (1924–1981) hat diesen Ansatz aufgegriffen und weiterentwickelt, indem er das Homologieprinzip auf *Gattungen* bezog. Der einzelne Text lässt sich nach Köhler nicht mit dem festen Goldmannschen Strukturbegriff fassen, denn hier ist nicht nur die Weltanschauung der Gruppe, sondern auch die Individualität des Autors entscheidend, dem Köhler eine wesentlich größere Freiheit bei der Gestaltung des – letztlich immer noch sozial bedingten – Kunstwerks zugesteht. Stattdessen besteht ein Abbildungsverhältnis zwischen Basis und Literatur auf der Ebene des *Gattungssystems*: Einzelne Gattungen haben einen spezifischen ‚Sitz im Leben', werden getragen von bestimmten Gruppen oder Klassen und repräsentieren deren Blick auf die Basis – aber nicht unmittelbar, sondern durch ihren Platz im System der Gat-

Randnotizen:

Vision du monde

Kohärenz der Weltanschauung im literarischen Werk

Strukturhomologie zwischen Basissituation, Weltanschauung und Werk

|Abb. 10.9

Genese des literarischen Textes nach Goldmann

Vermittlung durch Gattung

|Abb. 10.10

Erich Köhler (1924–1981)

tungen, das in seiner Gesamtheit dem gesellschaftlichen Leben homolog ist: Gesellschaftliche Rivalitäten und historische Veränderungen, insbesondere an Wendepunkten der Geschichte (Revolutionen etwa), zeigen sich nach Köhler also durch Umbesetzungen im Gattungssystem: Einzelne Gattungen sterben aus oder erfahren formale oder inhaltliche Modifikationen, wenn die sie tragenden Klassen bedeutungslos werden oder aber aufsteigen. Besondere Blütephasen führt Köhler, wiederum in Abgrenzung zu Goldmann, dabei weniger auf einzelne Gruppen als auf vorübergehende Allianzen rivalisierender sozialer Klassen zurück.

10.4.2 | Feldtheorie

Differenzierung: Gesellschaftliche Felder

Auch der Ansatz des Soziologen Pierre Bourdieu (1930–2002) beleuchtet den Zusammenhang zwischen sozialen Strukturen und kultureller Produktion, lehnt aber den Totalitätsanspruch einer letztlich die gesamte Gesellschaft bestimmenden ökonomischen Basis zugunsten eines differenzierteren Modells ab. Er greift hierfür auf die – in verschiedenen Ausprägungen auch bei anderen Soziologen wie Niklas Luhmann formulierte – Beobachtung zurück, dass sich die moderne Gesellschaft in verschiedene Bereiche untergliedert, die er ‚Felder‘ nennt: u. a. Ökonomie, Recht, Politik, aber auch Kunst und Literatur.

Kapital als Determinante

Innerhalb dieser Felder spielen durchaus Determinanten wie das *Kapital* eine Rolle; in Abgrenzung vom Materialismus marxistischer Ansätze betont Bourdieu allerdings, dass nicht allein ökonomisches Kapital (Geld), sondern auch andere Formen wie Prestige oder fachliche Autorität auschlaggebend

Symbolisches Kapital

Relative Autonomie der Felder

sind, die er unter dem Begriff des *symbolischen Kapitals* zusammenfasst. Die Felder besitzen zwar Anknüpfungspunkte und geben sich gegenseitig Impulse – allein schon dadurch, dass jeder von uns notwendigerweise in mehreren Feldern agiert, aber auch durch institutionelle Verbindungen wie die zwischen Recht und Ökonomie –, müssen aber getrennt betrachtet werden, da sie *autonom* sind, also verschiedenen Regeln gehorchen und verschiedene Zustände kennen: Jemand, der innerhalb des Feldes der Politik eine dominante Position einnimmt (sagen wir: die Regierungschefin), ist dadurch innerhalb eines anderen Feldes (etwa der Kultur) nicht automatisch bedeutsam, verfügt dort nicht über vergleichbares Kapital (selbst wenn immer wieder der Versuch zu beobachten ist, die Dominanz innerhalb eines Feldes für den Erfolg in anderen, zumal im ökonomischen, nutzbar zu machen, etwa durch den Absatz von Politikermemoiren).

Konkurrenz innerhalb der Felder

Die Felder definieren nicht nur gesellschaftliche Teilräume, sondern sind Macht- und Konkurrenzbereiche, innerhalb derer die beteiligten Individuen und Gruppen rivalisieren. Ihr jeweiliges Kapital bestimmt die Position innerhalb eines feldinternen Koordinatensystems zwischen dominierendem und

Dominierender und dominierter Pol

dominiertem Pol, wobei der dominierende Pol sich dadurch auszeichnet, dass hier überwiegend die Normen und Zugangskriterien des Feldes definiert werden. Welche Form(en) von Kapital (ökonomisch, kulturell, symbolisch etc.) ausschlaggebend sind, hängt vom jeweiligen Feld ab: So ist im literarischen Feld der Besitz von ausschließlich ökonomischem Kapital (durch Absatz von ‚Bestsellern') eher ungünstig, das durch die Anerkennung kleinerer intellektueller Kreise (etwa Kritiker oder akademische Literaturwissenschaft) erlangte symbolische Kapital hingegen oft entscheidend für Aufstieg und Annäherung an den dominierenden Pol, auch (und u. U. gerade) ohne kommerziellen Erfolg. Hier zeigen sich für Bourdieu die Unzulänglichkeiten eines marxistischen Ansatzes, der die materielle Basis generell zum bestimmenden Faktor erhebt. Vielmehr steht Literatur in einem breiteren feldinternen institutionellen Kontext, bei dem neben kommerziellen Faktoren auch die durch Kritiker, Verlage, Wissenschaft, Autoren usw. vermittelte Anerkennung und das daraus bezogene symbolische Kapital zu berücksichtigen sind.

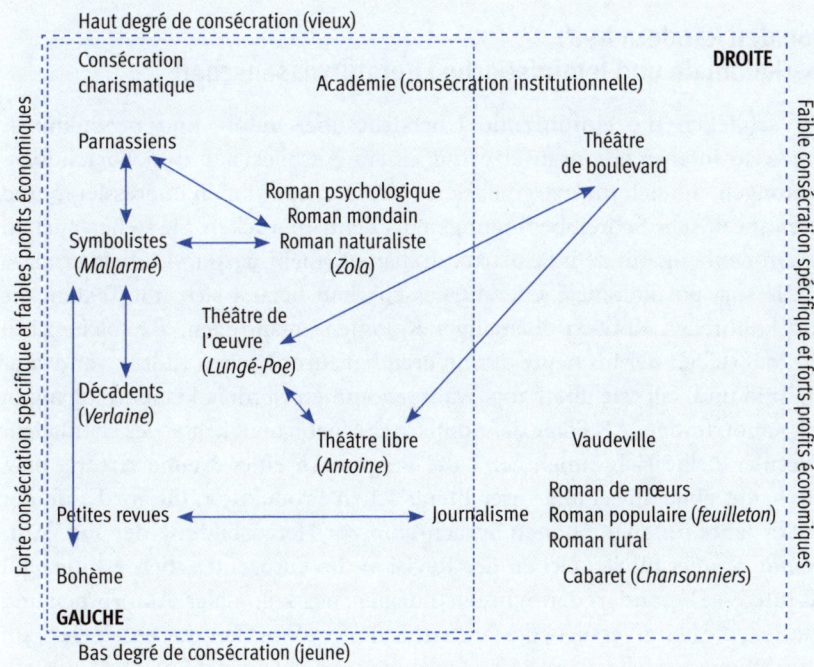

Abb. 10.11

Ausschnitt des literarischen Feldes in Frankreich am Ende des 19. Jh. (Bourdieu: 1992, 176)

Literarische Texte werden also auch mit Bourdieus Feldtheorie auf ihren sozialen Entstehungskontext hin untersucht, dabei aber innerhalb des – seit Mitte des 19. Jh. weitgehend eigengesetzlichen – literarischen Feldes mit seinen spezifischen Determinanten betrachtet. So sind beispielsweise nicht allein das Klassenbewusstsein eines Autors und die materielle Situation seiner sozialen Gruppe soziale Determinanten für Form (z. B. Gattung) und Inhalt seiner

Texte auf Position im literarischen Feld hin lesen

Werke, sondern die Situation im literarischen Feld: Ein junger, aufstrebender Autor wird v. a. die Genres und Inhalte meiden, die von etablierten, mit hohem Kapital ausgestatteten Literaten vertreten werden, und stattdessen die ‚Lücken‘ im Feld suchen, die er besetzen kann, die Möglichkeiten der Subversion und Innovation ausloten. Innerhalb dieser Möglichkeiten fließen dann die indivi-

Individueller Habitus duelle soziale Prägung, der im Herkunftsmilieu in anderen Feldern (etwa der Familie) erworbene ‚Stil‘ und die Wertigkeiten, die Bourdieu als den ‚Habitus‘ einer Person bezeichnet, durchaus in das einzelne Werk ein, sind aber nicht der maßgebliche Faktor. Die externen Impulse (wie Klassengegensätze) wer-den also im autonomen literarischen Feld nicht direkt wirksam, sondern rein-terpretiert.

Aufgabe 10.4 | **?** Betrachten Sie die schematische Darstellung des literarischen Feldes am Ende des 19. Jh. in Abb. 10.11. Welche Einsichten der Feldtheorie finden sich hier wieder?

10.5 | ‚Von den Rändern her‘: Postkoloniale und feministische Literaturwissenschaft

‚Marginalisierte‘ Produktionskontexte Wir schließen die einführende Übersicht über autor- und produktions-zentrierte Interpretationsansätze mit einem Ausblick auf zwei Forschungs-richtungen, die sich für marginalisierte Literaturtraditionen interessieren und deren spezifische Schreibbedingungen ins Zentrum rücken. Sie stehen auch in Zusammenhang mit dem Poststrukturalismus (mehr dazu in Einheit 12.2).

Postkoloniale Literaturwissenschaft Die sog. postkoloniale Literaturwissenschaft befasst sich mit Texten, die dem kulturellen Kontext ehemaliger Kolonien entspringen, als solche nach den Maßstäben der bis heute dominierenden europäischen Kultur ‚randstän-dig‘ sind und, falls sie überhaupt wahrgenommen werden, keinen Eingang in den Kanon finden. Als Folge der politischen Unabhängigkeit vieler ehemaliger Kolonien stellte sich zunehmend die Frage nach einer Neubewertung bzw. überhaupt einer Erhebung ihrer literarischen Produktion, die im Laufe der 1970er Jahre im anglophonen Sprachraum zur Herausbildung der sog. *Post-*

Kanonrevision *colonial Studies* führte. Neben der Revision des eurozentrischen Kanons gilt das Interesse besonders den Schreibstrategien ‚postkolonialer‘ Autorinnen und Autoren, die beim Versuch, die ‚andere‘ Kultur zu Wort kommen zu lassen, auf Vermittlungsmodelle, literarische Formen und nicht zuletzt Sprachen zurück-greifen (müssen), die der europäischen Kultur entstammen. Die Texte (wie u. U. ihre Autoren) sind daher mehr oder minder gekennzeichnet durch ein

Hybridität Neben- oder Gegeneinander zweier Kulturen, eine *Hybridität*, die idealerweise in eine Subversion dominanter europäischer und eine Entwicklung ‚eigener‘ Sinnstiftungsmodelle mündet – oder aber dazu geeignet ist, die überkommene Gegenüberstellung von Zentrum und Rand, von ‚normaler‘ und ‚anderer‘ Kultur zu dekonstruieren, d. h. diese Konzepte als vereindeutigende Sinnfixierungen grundsätzlich in Frage zu stellen (worin einer der Anknüpfungspunkte zum Poststrukturalismus liegt, siehe 12.2.4).

Der Fragestellung der *Postcolonial Studies* nicht unähnlich ist diejenige der *feministischen Literaturwissenschaft*, die als Teil der *Gender Studies* Kultur und Literatur im Kontext von Geschlechteroppositionen untersucht: Auch hier geht es um eine Hinterfragung vereinheitlichender Wertungen, in diesem Fall einer von Männern vorgenommenen und in sich spezifisch ‚männlichen' Definition von Schreiben, Literatur, Sinn etc., die im Laufe der langen Geschichte des abendländischen Patriarchats absoluten Geltungsanspruch erhoben und ‚weibliche' Konzepte als das ‚Andere' ausgeschlossen, aus der Wahrnehmung getilgt hat. Da dies freilich auch für die nicht weniger männlich geprägte Literaturwissenschaft gilt, stellt sich zuvorderst die Aufgabe einer kritischen Revision des bisherigen Kanons und der literaturgeschichtlichen Periodisierung (Epocheneinteilung) sowie einer (Wieder-)Entdeckung der von Frauen verfassten Literatur. Eines der anschließenden interpretatorischen Ziele ist, analog zum Fall ‚postkolonialer' Texte, die Traditionslinien von (verschlüsselten) Textstrategien aufzuzeigen, mit denen Frauen die dominanten männlichen ästhetischen und ethischen Konzepte durchkreuzen, umschreiben, und ihre Erfahrung als marginalisierte artikulieren – selbst (und teilweise gerade) indem sie auf ein konventionelles sprachliches und kulturelles System zurückgreifen, das von Männern etabliert wurde. Auf das literaturwissenschaftliche Konzept der *écriture féminine*, das solche Codes und literarischen Verfahren in einer nicht vorrangig autorzentrierten, d. h. auf Literatur ‚von Frauen' gerichteten Perspektive erfasst, wird in Einheit 12.2.3 eingegangen.

Feministische Literaturwissenschaft

Kanonrevision

> Literaturwissenschaftliche Interpretationsmethoden zielen auf objektiviertes Textverstehen ab, das erreicht werden kann, wenn der Erkenntnisweg (Methode) und die Prämissen (Vorannahmen über eine sinnvolle ‚Frage an den Text', über das bedeutungsrelevante Moment der literarischen Kommunikation) offengelegt und plausibel gemacht werden. Die jeweiligen Prämissen ermöglichen eine Klassifizierung von Interpretationsansätzen. Autor- und produktionsorientierte Ansätze gehören mit dem intuitiv-biographischen Verfahren Sainte-Beuves, dem als Reaktion hierauf zu verstehenden Positivismus Taines und der historisch-positivistischen Philologie Lansons zu den fachgeschichtlich ersten Interpretationsmodellen. Das durch Freuds Psychoanalyse radikal veränderte Bild vom Individuum führte zu Literaturauffassungen, die nunmehr weniger auf die bewusste als die unbewusste psychische Leistung des Autors abhoben. Freud sieht den künstlerischen Schaffensprozess analog zur Fantasiebefriedigung im Traum und postuliert die Übertragbarkeit entsprechender Deutungsmethoden auf den literarischen Text; Maurons psychokritisches Verfahren bietet hierfür ein im engeren Sinne literaturwissenschaftliches Instrument. Literatursoziologischen Ansätzen ist demgegenüber gemeinsam, dass sie Literatur als zwar durch ein

Zusammenfassung

Individuum realisiert, aber letztlich durch gesellschaftliche Gegebenheiten bedingt sehen. Die marxistische Literaturwissenschaft geht von einer letztinstanzlichen Determinierung des literarischen Textes durch die ökonomischen Grundlagen (Basis) aus. Bourdieus Feldtheorie engt demgegenüber den Fokus auf das weitgehend autonome literarische Feld ein, in dem sich ein Text und sein Autor positioniert. Postkoloniale und feministische Zugänge schließlich betreiben die Erforschung von aufgrund kultureller oder geschlechtsbezogener Differenz marginalisierten literarischen Traditionslinien.

Literatur

Roland Barthes: Histoire ou littérature, in: Ders., *Sur Racine*. Paris: Editions du Seuil 1976, 147–167.

Pierre Bourdieu: *Les règles de l'art. Genèse et structure du champ littéraire*. Paris: Seuil 1992.

Johannes Cremerius (Hg.): *Psychoanalytische Textinterpretation*. Hamburg: Hoffmann und Campe 1974.

Sigmund Freud: *Abriss der Psychoanalyse*. Frankfurt/Main: Fischer 1996.

Lucien Goldmann: *Le dieu caché. Etude sur la vision tragique dans les Pensées de Pascal et dans le théâtre de Racine*. Paris: Gallimard 1971.

Joseph Jurt: *Das literarische Feld. Das Konzept Pierre Bourdieus in Theorie und Praxis*. Darmstadt: Wiss. Buchgesellschaft 1995.

Erich Köhler: *Vermittlungen. Romanistische Beiträge zu einer historisch-soziologischen Literaturwissenschaft*. München: Fink 1976.

Renate Kroll/Margarete Zimmermann (Hg.): *Gender Studies in den romanischen Literaturen. Revisionen, Subversionen*. Frankfurt/Main: dipa 1999.

Gustave Lanson: *Voltaire*. Paris: Hachette 1906.

Jean Laplanche/Jean-Bertrand Pontalis: *Das Vokabular der Psychoanalyse*. Frankfurt/Main: Suhrkamp [16]2002.

Charles Mauron: *L'inconscient dans l'œuvre et la vie de Racine*. Aix-en-Provence: Faculté des Lettres [2]1965.

Charles Augustin Sainte-Beuve: *Chateaubriand et son groupe littéraire*. Band I. Paris: Garnier frères 1861.

Textvergleich und Textwirkung

Das Phänomen Literatur lässt sich bei weitem nicht allein von der Seite ihrer Hervorbringung durch einen Autor oder eine Autorin aus betrachten. In einem nächsten Schritt sollen daher theoretische Ansätze vorgestellt werden, die sich mit den literaturgeschichtlichen Wechselbeziehungen zwischen Texten, der Frage nach ihrer Vergleichbarkeit und der Wahrnehmung von Texten durch ihre Leserschaft (Rezeption) auseinandersetzen. Im Anschluss an das bereits in Einheit 2 betrachtete literaturgeschichtliche Text-Interesse kann als Ausgangspunkt die traditionsreiche Erforschung von Themen, Motiven und Stoffen genutzt werden.

Überblick

11.1 | Komparatistische Literaturwissenschaft

Bezüge zwischen Texten

Die Literaturgeschichte ist keine schier endlose Aneinanderreihung von Einzeltexten oder ein chronologisch geordnetes Inventar der AutorInnennamen (siehe Einheit 2.4). Einen übergeordneten Sinn erhalten die jeweiligen Informationen erst dann, wenn sie in einen Kontext eingebunden werden, der sie auf der Grundlage einer speziellen Fragestellung analysiert und zueinander in Beziehung setzt. Eine dieser werkübergreifenden Beziehungen liegt bereits in der Bildung literarischer Traditionen vor, wie sie sich etwa aus der Entwicklung der Gattungen oder Textsorten (siehe Einheit 2.2), bestimmter Stilarten oder aber inhaltlicher Aspekte und Elemente heraus ablesen lässt. So hat sich die Literatur unterschiedlicher Epochen und Strömungen durchaus einer Vielzahl von immer wiederkehrenden Fragestellungen, Problemen und Geschichten angenommen, die es wert erschienen, noch einmal aufs Neue gestaltet zu werden. Sie sind Gegenstand der Motiv-, Stoff- und Themenforschung, die nicht zuletzt auf die literaturgeschichtliche Erforschung von Volksmärchen zurückzuführen ist.

11.1.1 | Thema, Stoff, Motiv

Stoff

Die Abgrenzung zwischen den drei Begriffen Stoff, Motiv und Thema ist in der Forschung nicht in jedem Einzelfall einheitlich geregelt. Als Konsens lässt sich aber festhalten, dass der ‚Stoff‘ eine bereits in ihren wichtigsten Grundzügen bestehende Handlung bzw. einen Plot (siehe Einheit 8.3.2) mit seinem Figureninventar bezeichnet, wie er sich in der literarischen Überlieferung etabliert hat und z. B. in mythischen oder religiösen Erzählungen bzw. in den Legenden vorliegt, die bestimmte historische Persönlichkeiten umgeben. Beispiele hierfür wären der antike Antigone-Stoff, der u. a. im gleichnamigen Drama von Jean Anouilh wieder aufgegriffen wurde, die christliche Legende um den Heiligen Antonius, welche zu Gustave Flauberts *La tentation de Saint-Antoine* (drei Fassungen 1859, 1865, 1874) die Vorlage bildet, oder das Leben des Kaisers Nero, welches den Hintergrund zu Jean Racines *Britannicus* abgibt. Der Stoff ist stets eine charakteristische Kombination von Motiven, die mit den Personen und einer zugrunde liegenden Problematik eine Verbindung eingehen.

Motiv

Das Motiv selbst ist eine kleinere Einheit innerhalb des Handlungsgefüges, das mit anderen Motiven zusammen in den Gesamttext eingewoben ist und das Geschehen maßgeblich bestimmt oder in kondensierter Form enthält. Als Beispiele seien das Motiv vom ‚edlen Wilden‘, vom ‚Doppelgänger‘ oder der ‚Vater-Sohn-Konflikt‘ genannt. Relevante Motive für Alfred de Mussets Drama *Lorenzaccio* (1835) sind das Motiv der verlorenen Unschuld oder des Tyrannenmords (während der historische Lorenz(acci)o de' Medici die Stoffvorlage liefert; siehe hierzu: <u>www.bachelor-wissen.de</u>).

Das Thema wiederum formuliert in ganz grundlegender und abstrakter Weise den Sinngehalt des Textes, wie er aus der Verknüpfung von Motiven, Handlungseinheiten und Charakteren entsteht; im Thema wird die zentrale Idee des Textes erfasst, die oftmals auf einer Konfliktsituation beruht und die Entwicklung der Charaktere beeinflusst. Im Falle von Mussets *Lorenzaccio* wäre das Thema die Aussichtslosigkeit revolutionärer Ideale in Anbetracht der allgemeinen Verdorbenheit der Sitten. Für Racines *Phèdre* wiederum ergibt sich die tragische Ohnmacht des Menschen, der seinen Leidenschaften ebenso ausgeliefert ist wie dem undurchsichtigen Spiel der Götter, als zentraler Leitfaden des Stückes.

Thema

| Abb. 11.1

Vincenzo Camuccini:
Mort de César (1798)

Themen und Motive haben einen entscheidenden Einfluß auf das Netz textinterner Beziehungen: Sie koordinieren Handlungsverläufe, verknüpfen diskursive Beziehungen, in denen sich das Geschehen zuspitzt, und integrieren das Textfeld. Darüber hinaus erschließt das Themenstudium die wechselseitige Abhängigkeit von Figurenkonzeption, Motiven und Themen. Ersichtlich wird das Problem eines bisher wenig beachteten Funktionszusammenhangs: Themen und Motive bestimmen häufig wiederkehrende Grundmuster literarischer Werke, die Aufschluss geben über ein unausgesprochenes Regelsystem, das der individuellen Formgebung innerhalb einer unüberschaubaren literarischen Produktion zugrunde liegt. (Daemmrich: 1987, XIf.)

| Text 11.1

Das Zusammenspiel von Themen und Motiven

? Erstellen Sie ein Inventar wichtiger Motive in Victor Hugos ‚Soleils couchants‘ (Text 5.3).

| Aufgabe 11.1

? Untersuchen Sie den Textauszug aus *Phèdre* IV,1 (Text 7.2) auf hervorstechende Motive.

| Aufgabe 11.2

Aufgabe 11.3 | **?** Klären Sie anhand eines literaturwissenschaftlichen Nachschlagewerks den Begriff ,Leitmotiv'.

🖱 Zusatzmaterialien zu den Begriffen *thème* und *mythe* im Französischen finden Sie unter www.bachelor-wissen.de.

Nachschlagewerke
Für das Gebiet der Stoff- und Motivforschung liegen nützliche Nachschlagewerke vor, welche bei der Analyse eines entsprechenden Textes eine wertvolle Hilfestellung geben. Für den deutschen Sprachraum sind an erster Stelle Elisabeth Frenzels *Motive der Weltliteratur* und *Stoffe der Weltliteratur* zu nennen. Sie führen in die wesentlichen Elemente des jeweiligen Gegenstandes ein und verfolgen ihn über die Grenzen der Nationalliteraturen hinweg. Unter den französischsprachigen Kompendien sei noch einmal auf dasjenige von P. Brunel hingewiesen, welches vor allem in stofflichen Fragen detailliert Auskunft gibt (siehe auch Einheit 3.4).

Aufgabe 11.4 | **?** Überprüfen Sie anhand des erwähnten Bandes *Stoffe der Weltliteratur* (Stuttgart 2005) den Aufbau des Artikels „Cid". Welche Nationalliteraturen werden in die Darstellung einbezogen, inwieweit werden die genannten Texte zueinander in Beziehung gesetzt?

11.1.2 | Typologischer und genetischer Vergleich

Komparatistik
Die Vernetzung der Nationalliteraturen dank eines ihnen gemeinsamen Kulturguts (so der antiken Mythologie oder der christlichen Überlieferung) über gefestigte Stoffe, typische Motive und themenbildende Grundprobleme zeigt ihre mögliche Vergleichbarkeit, gleichzeitig verweist sie aber auch auf die Notwendigkeit, bei den jeweiligen Betrachtungen das Spezifische hervorzuheben. Die Beziehungen, Verwandtschaften, Gemeinsamkeiten und Unterschiede zwischen den Nationalliteraturen (bzw. Sprachbereichen oder gar Kulturkreisen) werden in diesem Sinne von einem Zweig der Literaturwissenschaft behandelt, der als Vergleichende Literaturwissenschaft oder Komparatistik inzwischen den Weg zur akademischen Institutionalisierung zurückgelegt hat (Einrichtung eigener Lehrstühle und Studiengänge). Voraussetzung für ein entsprechendes Vorhaben ist die fundierte Kenntnis der literatur- und kulturgeschichtlichen Entwicklung aller in den Vergleich einbezogenen Nationalliteraturen sowie die sichere Beherrschung der jeweiligen Sprachen. In diesem Zusammenhang spielt die Behandlung von Problemen bei der Übersetzung von Texten, vor allem aber bei der Rezeption von Literatur, die aus einem fremden kulturellen Kontext stammt, eine wichtige Rolle. Es versteht sich, dass sich die Komparatistik daher in verschiedener Hinsicht mit dem

Themenkomplex der Rezeption und der Intertextualität (siehe Einheit 11.2 bzw. 12.2.1) auseinandersetzt.

Um die Entstehung von literarischen Texten in einem größeren Zusammenhang nachvollziehbar zu machen, gilt es, sich die jeweiligen Einflüsse und Rahmenbedingungen zu vergegenwärtigen. Der Erforschung der direkten oder vermittelten, offen ersichtlichen oder verdeckten Einflüsse auf die Textentstehung durch andere Texte widmet sich der genetische Vergleich. Er zeigt die ausdrücklich erwähnten oder nachträglich rekonstruierbaren Bezüge zwischen dem untersuchten Text und anderen, von seinem Verfasser wahrgenommenen Texten auf. Im Vordergrund stehen die Lektüren oder anderweitigen Werk-Kontakte des Autors. Im Falle von Alfred de Musset stellt sich beispielsweise die Frage nach dem Einfluss der Werke Shakespeares und Schillers auf die Dramenkonzeption in *Lorenzaccio*. Ebenso lässt sich fragen, welche Bedeutung die persönliche Bekanntschaft mit dem Symbolisten Mallarmé für das Werk des Deutschen Dichters Stefan George hatte.

Genetischer Vergleich

|Abb. 11.2

Daniel Dumonstier:
Michel de Montaigne
(1533–1592)

Die Schwierigkeit besteht häufig darin, die wirksamen Bezüge aufzudecken und den Grad ihrer Vermitteltheit entsprechend plausibel zu machen. Ein Beispiel für die ganz offene Einbeziehung der Lesefrüchte in das eigene Schreiben liefert Michel de Montaigne in seinen *Essais* (1580/88). In der folgenden Passage (livre III, ch. XIII) meditiert er über die Hinfälligkeit seines alt gewordenen Körpers, dessen instabile gesundheitliche Verfassung jedoch nicht auf eine Zerrüttung durch schlechte Träume zurückgeführt werden kann:

|Text 11.2

Michel de Montaigne:
Essais (1580/88)

J'ai outrepassé tantôt de six ans le cinquantième[1], auquel des nations, non sans occasion, avaient prescrit une si juste fin à la vie qu'elles ne permettaient point qu'on l'excédât. Si ai-je encore des remises, quoique inconstantes et courtes, si nettes, qu'il y a peu à dire de la santé et indolence de ma jeunesse. Je ne parle pas de la vigueur[2] et allégresse ; ce n'est pas raison qu'elle me suive hors ses limites :

Non hoc amplius est liminis, aut aquo

    Coelestis, patiens latus.[3]

    [...]

Je n'ai point à me plaindre de mon imagination : j'ai eu peu de pensées en ma vie qui m'aient seulement interrompu le cours de mon sommeil, si elles n'ont été du désir, qui m'éveillât sans m'affliger, je songe peu souvent ; et lors c'est des choses fantastiques et des chimères produites communément de pensées plaisantes, plutôt ridicules que tristes. Et tiens qu'il est vrai que les songes sont loyaux interprètes de nos inclinations ; mais il y a de l'art à les assortir[4] et entendre.

    Res quae in vita usurpant homines, cogitant, curant, vident,

    Quaequs agunt vigilantes, agitantque, ea sicut cui in somno accidunt,

Minus mirandum est.[5]

Platon dit davantage que c'est l'office de la prudence d'en tirer des instruc-
tions divinatrices[6] pour l'avenir. Je ne vois rien à cela, sinon les merveilleuses
expériences que Socrate, Xénophon, Aristote en récitent, personnages d'autorité irréprochables. Les histoires disent que les Atlantes[7] ne songent jamais, qui
ne mangent aussi rien qui ait pris mort, ce que j'y ajoute, d'autant que c'est, à
l'aventure, l'occasion pourquoi ils ne songent point. Car Pythagoras ordonnait
certaine préparation de nourriture pour faire les songes à propos. Les miens
sont tendres et ne m'apportent aucune agitation de corps, ni expression de
voix. J'ai vu plusieurs de mon temps en être merveilleusement agités. Théon
le philosophe se promenait en songeant, et le valet de Péricles sur les tuiles
mêmes et faîte[8] de la maison. (Montaigne: 2002, 200ff.)

1 le cinquantième *das fünfzigste Lebensjahr* – 2 la vigueur *die Lebenskraft* –
3 Non hoc [...] *Désormais mes poumons ne me permettent plus de braver les
pluies du ciel sur le seuil d'une maîtresse.* [nach Horaz, *Oden*, III, 19] – 4 assortir *zusammenstellen* – 5 Res quae [...] *Que les hommes retrouvent en songe les
choses qui les occupent dans la vie et qu'ils méditent, qu'ils voient, qu'ils font
lorsqu'ils sont éveillés, il n'y a là rien d'étonnant!* [nach Cicero, *De divinatione*,
I, 22] – 6 divinateur, divinatrice *vorhersehend* – 7 l'Atlante *Einwohner von
Atlantis* – 8 le faîte *Dachfirst*

Aufgabe 11.5 | **? Auf welche Art und Weise bringt Montaigne seinen Lektüreschatz in den eigenen Text
mit ein? Welche Funktion erfüllen diese Bezüge?**

Typologischer
Vergleich

Eine zweite Möglichkeit des Vergleichs bietet die Untersuchung der nur mit-
telbar wirksamen (literatur-)geschichtlichen oder sozio-kulturellen Kontexte
auf die Entstehung von Werken, die nicht auf einen direkten (oder über Dritte
vermittelten) Kontakt mit Werken anderer Autoren zurückzuführen sind. So
können ähnliche Rahmenbedingungen in unterschiedlichen Nationalliteraturen wirksam werden, ohne dass die davon betroffenen Autorinnen oder
Autoren einander rezipiert hätten. Als typisches Beispiel kann das Motiv der
Großstadt angeführt werden, das vor allem im 19. und 20. Jh. mit der Problematisierung des Stadt-Land-Gegensatzes, der Vereinsamung des Einzelnen
in der Masse, den Arbeitsbedingungen in einer industrialisierten Gesellschaft
oder sozialen Gegensätzen verbunden wird. Bei diesem sog. typologischen
Vergleich stehen demnach Analogien im Vordergrund, die durch eine plausible
Auswahl der zu untersuchenden Texte, die in einem nicht zu weit gefassten
historisch-thematischen Rahmen stehen sollten, ablesbar werden. Zwei oder
mehrere literarische Texte unterschiedlicher Sprache können dann unter einer
genau festzulegenden Leitfrage einander gegenübergestellt werden. Auch die
bereits erläuterten stoff-, motiv- und themengeschichtlichen Bezüge gehören
in diesen Zusammenhang.

Als Beispiel kann eine Gegenüberstellung zweier Paris-Gedichte dienen, die unter jeweils eigenen Vorzeichen ein mit der Stadt assoziiertes Stimmungsbild geben.

Abb. 11.3

Camille Pissaro: *Le Boulevard Montmartre, effet de nuit* (1898)

Apollinaire: ‚Le Pont Mirabeau‘ (1912)	Ingeborg Bachmann: ‚Paris‘ (1957)
1 Sous le pont Mirabeau coule la Seine	Aufs Rad der Nacht geflochten,
Et nos amours	schlafen die Verlorenen
Faut-il qu'il m'en souvienne	in den donnernden Gängen unten,
La joie venait toujours après la peine	doch wo wir sind, ist Licht.
5 Vienne la nuit sonne l'heure	Wir haben die Arme voll Blumen,
Les jours s'en vont je demeure	Mimosen aus vielen Jahren;
7 Les mains dans les mains restons	Goldnes fällt von Brücke zu Brücke
face à face	atemlos in den Fluß.
Tandis que sous	Kalt ist das Licht,
Le pont de nos bras passe	noch kälter der Stein vor dem Tor,
Des éternels regards l'onde si lasse	und die Schalen der Brunnen
	sind schon zur Hälfte geleert.
11 Vienne la nuit sonne l'heure	
Les jours s'en vont je demeure	Was wird sein, wenn wir, vom
	Heimweh

Text 11.3

Großstadtgedichte

13 L'amour s'en va comme cette eau courante
   L'amour s'en va
      Comme la vie est lente
      Et comme l'Espérance est violente

17   Vienne la nuit sonne l'heure
        Les jours s'en vont je demeure

19 Passent les jours et passent les semaines
      Ni temps passé
      Ni les amours reviennent
    Sous le pont Mirabeau coule la Seine

23   Vienne la nuit sonne l'heure
       Les jours s'en vont je demeure
   (Apollinaire: 1965, 45)

benommen bis ans fliehende Haar,
hier bleiben und fragen: was wird sein,
wenn wir die Schönheit bestehen?

Auf den Wagen des Lichts gehoben,
wachend auch, sind wir verloren,
auf den Straßen der Genien oben,
doch wo wir nicht sind, ist Nacht.
(Bachmann: 1978, 33)

Aufgabe 11.6

? Formulieren Sie die thematischen Gemeinsamkeiten zwischen den beiden Gedichten. Welche unterschiedlichen Akzente werden dabei gesetzt? Welche formalen Mittel kommen in beiden Texten zum Einsatz, wo zeigen sich hingegen Eigenheiten?

Epochen und Gattungen

Im Hinblick auf die Auswahl der betrachteten Texte stellt sich nicht zuletzt die Frage nach ihrer Epochen- und Gattungszugehörigkeit (siehe Einheit 2.2 und 2.3) als weiterer typologischer Faktoren. Hier gilt es zu klären, ob die Texte auch in dieser Hinsicht eine gemeinsame Basis haben (Gehören sie einer ähnlichen literaturgeschichtlichen Strömung oder Epoche an? Gibt es parallele Gattungsmerkmale?) bzw. welche Folgerung man aus den entsprechenden Differenzen ziehen kann.

Medienwechsel

Ein entscheidendes Kriterium liegt schließlich in der Wahl der jeweils herangezogenen Medien vor. So befasst sich die Vergleichende Literaturwissenschaft in ihrem Grenzbereich mit der Adaptation von literarischen Texten in anderen Medien, z. B. im Hörspiel oder in einer Verfilmung (siehe Einheiten 1.2, 13.5 und 14.2).

11.1.3 | Exkurs: Allgemeine Literaturwissenschaft

Ausgehend von der Vergleichbarkeit literarischer Texte aus unterschiedlichen Sprachbereichen und den ihnen eigenen kulturellen Besonderheiten ist der Schritt zur theoretischen Ergründung allgemeiner übernationaler und überzeitlicher Eigenschaften von Literatur nicht weit. Der Komparatist Hugo Dyserinck bestimmt demgemäß als Aufgabenfeld einer „Allgemeinen Literaturwissenschaft":

Wir müssen uns in der Tat vergegenwärtigen, daß es über alle einzelphilologische Grundlagenforschung hinaus auch eine supranationale literaturwissenschaftliche Spezialforschung gibt, von der solche theoretischen und systematischen Probleme behandelt werden, die mehreren Nationalliteraturen gemeinsam sind und deren für mehrere Nationalphilologien relevante Lösung eben nur auf supranationaler Ebene erreicht werden kann. (Dyserinck: 1991, 150.)

Die Fragestellungen, die sich aus diesem Anspruch ergeben, sind vielgestaltig; zu ihnen zählen:

► die Ausarbeitung von Theorieansätzen, welche die Entstehungsbedingungen, charakteristischen Merkmale und die Wirkung von Literatur klären sollen;
► die Untersuchung von literarischen Formen und
► die Untersuchung literaturgeschichtlicher Strömungen, die über den Horizont der Nationalphilologien oder der Einzelsprachen hinaus wirksam sind;
► die kritische Erprobung geeigneter Methoden bei der Analyse unterschiedlicher Texte, beispielsweise des psychoanalytischen Ansatzes (s. Einheit 10.3).

In der Praxis der Textanalyse (wie auch in der institutionellen Verankerung) bleibt diese Allgemeine Literaturwissenschaft – zumindest im Bereich der deutschsprachigen Forschung – in der Regel eng an die Vergleichende Literaturwissenschaft gekoppelt, aus der sich ihre Ergebnisse ableiten.

Imagologie

Eine Sonderform der Vergleichenden Literaturwissenschaft widmet sich der Frage, wie Nationen oder Ethnien bzw. deren Angehörige aus der Sicht anderer Literaturen heraus wahrgenommen und beschrieben werden. Dabei rückt die kritische Sichtung vor allem der stereotypen Vorurteile, der Klischees über den Anderen, in den Mittelpunkt des Interesses. Diese ‚Bilder' vom Anderen (frz. *images*; für klischeehafte Zerrbilder findet sich auch der Begriff *mirages*) sind namensgebend für die Disziplin der Imagologie, die sich methodisch v. a. strukturalistischer oder semiotischer Ansätze bedient (siehe Einheit 12.1). Das erklärte Ziel dieser Richtung ist die Entlarvung bewusster oder unbewusster Klischees und die Ablösung des Vorurteils durch einen (ideologisch) unverstellten und offenen Blick auf die fremde Kultur.

Vor dem politischen Hintergrund des deutsch-französischen Krieges von 1870/71 ist die folgende Passage aus Guy de Maupassants Novelle *Boule de suif* zu lesen. Eine französische Reisegesellschaft unterschiedlichster Herkunft, zu der auch die Prostituierte Elisabeth Rousset, gennant ‚Boule de suif' (‚Fettklößchen'), gehört, hat das von den Deutschen besetzte Rouen verlassen. Auf dem weiteren Weg kommt es zu folgender Begegnung:

| Text 11.4

Bestimmung der Allgemeinen Literaturwisssenschaft

| 11.1.4

| Abb. 11.4

Französische Karikatur von Deutschland (1915)

Text 11.5

Guy de Maupassant:
Boule de suif (1880)

Abb. 11.5

Guy de Maupassant
(1850–1893)

[…] On entra dans le bourg, et devant l'hôtel du Commerce on s'arrêta.

La portière s'ouvrit. Un bruit bien connu fit tressaillir[1] tous les voyageurs: c'étaient les heurts d'un fourreau[2] de sabre sur le sol. Aussitôt la voix d'un Allemand cria quelque chose.

Bien que la diligence[3] fût immobile, personne ne descendait, comme si l'on se fût attendu à être massacré à la sortie. Alors le conducteur apparut, tenant à la main une de ses lanternes, qui éclaira subitement jusqu'au fond de la voiture les deux rangs de têtes effarées[4], dont les bouches étaient ouvertes et les yeux écarquillés[5] de surprise et d'épouvante[6].

A côté du cocher[7] se tenait, en pleine lumière, un officier allemand, un grand jeune homme excessivement mince et blond, serré dans son uniforme comme une fille en son corset, et portant sur le côté sa casquette plate et cirée qui le faisait ressembler au chasseur[8] d'un hôtel anglais. Sa moustache démesurée, à longs poils droits, s'amincissant indéfiniment de chaque côté et terminée par un seul fil blond, si mince qu'on n'en apercevait pas la fin, semblait peser sur les coins de sa bouche, et, tirant la joue, imprimait aux lèvres un pli tombant.

Il invita en français d'Alsacien les voyageurs à sortir, disant d'un ton raide : « Foulez-vous descendre, Messieurs et Dames ? »

Les deux bonnes sœurs obéirent les premières avec une docilité de saintes filles habituées à toutes les soumissions. Le comte et la comtesse parurent ensuite, suivis du manufacturier et de sa femme, puis de Loiseau poussant devant lui sa grande moitié. Celui-ci, en mettant pied à terre, dit à l'officier : « Bonjour, Monsieur », par un sentiment de prudence bien plus que de politesse. L'autre, insolent comme les gens tout-puissants, le regarda sans répondre.

Boule de suif et Cornudet, bien que près de la portière, descendirent les derniers, graves et hautains[9] devant l'ennemi. La grosse fille tâchait de se dominer et d'être calme : le démoc[10] tourmentait d'une main tragique et un peu tremblante sa longue barbe roussâtre[11]. Ils voulaient garder de la dignité, comprenant qu'en ces rencontres-là chacun représente un peu son pays; et, pareillement révoltés par la souplesse de leurs compagnons, elle tâchait de se montrer plus fière que ses voisines, les femmes honnêtes, tandis que lui, sentant bien qu'il devait l'exemple, continuait en toute son attitude sa mission de résistance commencée au défoncement[12] des routes.

On entra dans la vaste cuisine de l'auberge, et l'Allemand, s'étant fait présenter l'autorisation de départ signée par le général en chef et où étaient mentionnés les noms, le signalement et la profession de chaque voyageur, examina longuement tout ce monde, comparant les personnes aux renseignements écrits.

Puis il dit brusquement : « C'est pien », et il disparut. […] (Maupassant: 1974, 98f.)

1 tressaillir *erschaudern* – 2 le fourreau *Scheide* – 3 la diligence *die Reisekutsche* –
4 effaré *verstört* – 5 écarquillé *weit aufgerissen* – 6 l'épouvante (f.) *Entsetzen* –
7 le cocher *der Kutscher* – 8 le chasseur *hier: Page* – 9 hautain *hochmütig* – 10 le
démoc *abschätzig für: le démocrate* – 11 roussâtre *rötlich* – 12 le défoncement
Absenkung

? Auf welche Stereotypen des preußischen Soldaten greift Maupassant zurück? Wie
verläuft die Begegnung zwischen den Franzosen und dem Deutschen? Inwiefern ist
sie für die Charakterisierung der Hauptfigur – soweit an dieser Stelle ersichtlich – von
Bedeutung?

| Aufgabe 11.7

Die Rezeption literarischer Werke

| **11.2**

Gegen Ende der 1960er Jahre gewann die Erkenntnis zunehmend an Einfluss,
dass jegliche Bedeutungszuschreibung an einen Text nicht allein auf der Aussageabsicht des Autors/der Autorin oder den biographischen bzw. (literatur-)
geschichtlichen Bedingungen der Textentstehung beruht (produktionsästhe-
tische Deutung), auch nicht einseitig auf den formalen und inhaltlichen sinnstiftenden Bezügen im einzelnen Text selbst (werkimmanente Analyse), sondern
in besonderem Maße von der individuellen Wahrnehmung durch die Leserin
oder den Leser erst geschaffen wird. Damit rückten die Fragen in den Vordergrund, wer auf der Basis welcher Voraussetzungen was in einem literarischen
Text auf welche Art versteht. Ausgangspunkt dieser auf den Leser ausgerichteten
Theorie ist das bereits in Einheit 4.1 vorgestellte hermeneutische Grundprinzip,
welches Sinn immer nur aus dem Blickwinkel eines diesen Sinn stiftenden Subjekts begreift, das von spezifischen historischen Rahmenbedingungen geprägt
ist. Das heißt aber auch, dass es niemals eine endgültige Interpretation eines
Textes geben kann, sondern nur eine geschichtliche Abfolge (ebenso wie ein
zeitgleiches Nebeneinander) von unterschiedlichen Betrachtungsweisen, die auf
je unterschiedlichen Voraussetzungen beruhen. Damit verliert das Kunstwerk
seinen überzeitlichen Charakter; nicht seine unwandelbare, da formal-ästhe-
tisch oder ideell vollendete Einzigartigkeit gilt es von Seiten der Leserinnen und
Leser nachzuvollziehen und zu erläutern, sondern seine zeitgebundene einstige
wie auch davon abweichend gegenwärtige Bedeutung ist zu erschließen.

Wer versteht was
warum und wie?

Eine Illustration der zeitgeschichtlichen Bezogenheit von literarischen
Werken gibt Jean-Paul Sartre in seiner Abhandlung *Qu'est-ce que la littérature?*
von 1948:

On n'a pas assez remarqué, en effet, qu'un ouvrage de l'esprit est naturellement
allusif[1]. Même si le propos de l'auteur est de donner la représentation la plus
complète de son objet, il n'est jamais question qu'il raconte *tout*, il sait plus de
choses encore qu'il n'en dit. C'est que le langage est ellipse[2]. Si je veux signaler

| **Text 11.6**

J.-P. Sartre: *Qu'est-ce
que la littérature?*
(1948)

à mon voisin qu'une guêpe est entrée par la fenêtre, il n'y faut pas de longs discours. « Attention ! » ou « là » – un mot suffit, un geste – dès qu'il la voit, tout est fait. A supposer qu'un disque nous reproduisît sans commentaires les conversations quotidiennes d'un ménage de Provins ou d'Angoulême, nous n'y entendrions rien : il y manquerait le contexte, c'est-à-dire les souvenirs communs et les perceptions communes, la situation du couple et ses entreprises, bref le monde tel que chacun des interlocuteurs sait qu'il apparaît à l'autre. Ainsi de la lecture : les gens d'une même époque et d'une même collectivité, qui ont vécu les mêmes événements, qui se posent ou qui éludent[3] les mêmes questions, ont un même goût dans la bouche, ils ont les uns avec les autres une même complicité et il y a entre eux les mêmes cadavres. C'est pourquoi il ne faut pas tant écrire : il y a des mots-clés. Si je raconte l'occupation allemande à un public américain, il faudra beaucoup d'analyses et de précautions ; je perdrai vingt pages à dissiper des préventions, des préjugés, des légendes ; après il faudra que j'assure mes positions à chaque pas, que je cherche dans l'histoire des Etats-Unis des images et des symboles qui permettent de comprendre la nôtre, que je garde tout le temps présente à mon esprit la différence entre mon pessimisme de vieux et leur optimisme d'enfants. (Sartre : 1964, 88f.)

1 allusif *Anspielungen enthaltend* – 2 ellipse *siehe rhetor. Mittel, Einheit 4* – 3 éluder *ausweichen*

Aufgabe 11.8 | **?** Sartres Beispiel der Wespe verweist auf die referentielle, d. h. realitätsbezogene Funktion der Sprache. Welche Rolle schreibt er den „mots-clés" zu und aus was bestehen diese im Sinne des Textauszuges?

11.2.1 | Rezeptions- und Wirkungsgeschichte

Literaturgeschichtliche Quellen

Verfolgt man das von Sartre aufgegriffene Problem weiter, so ergibt sich daraus für die Literaturwissenschaft die Notwendigkeit, den historischen oder sozio-kulturellen Abstand zwischen dem eigenen Standpunkt und der Text-Wahrnehmung durch die zeitgenössische Leserschaft zu klären. Die Untersuchung von überlieferten Rezeptionszeugnissen (Fremdkommentare zu den oder Selbstkommentare der Autoren; Stellungnahmen der Literaturkritik; literaturgeschichtliche Darstellungen oder Aufbereitung in schulischen Lehrbüchern, Rezensionen) hat insofern innerhalb der allgemeinen Literaturgeschichtsschreibung einen festen Platz. Sie vergegenwärtigen die historische Abfolge der einzelnen Interpretationen von literarischen Texten und werfen ein Licht auf ihre Wirkung auf das jeweilige Publikum. Es versteht sich, dass aus wissenschaftlicher Sicht die zeitbedingten Wandlungen in den Rezeptionsvoraussetzungen in eine solche Betrachtung mit einbezogen werden müssen. Literaturgeschichtlich besonders eingängige Beispiele aus der Rezeptions- und

Wirkungsgeschichte liefern die zahlreichen französischen *querelles*, die (zumal von der Literaturkritik ausgetragenen) Auseinandersetzungen über den Wert oder Unwert literarischer Neuerungen.

Eines der wichtigsten Textzeugnisse über den Ausbruch der *Querelle du Cid* findet sich in der *Histoire de l'Académie française* von Paul Pellisson:

> [...] ce fut environ ce temps-là que Monsieur Corneille, qu'on avait considéré jusques alors comme un des premiers en ce genre d'écrire, ayant fait représenter son *Cid,* fut mis, du moins par l'opinion commune, infiniment au-dessus de tous les autres. Il est malaisé[1] de s'imaginer avec quelle approbation cette pièce fut reçue de la Cour[2] et du public. On ne se pouvait lasser[3] de la voir, on n'entendait autre chose dans les compagnies, chacun en savait quelque partie par cœur, on la faisait apprendre aux enfants, et en plusieurs endroits de la France, il était passé en proverbe de dire : *Cela est beau comme le Cid.* Il ne faut pas demander, si la gloire de cet auteur donna de la jalousie à ses concurrents ; plusieurs ont voulu croire que le Cardinal[4] lui-même n'en avait pas été exempt, et qu'encore qu'il[5] estimât fort Monsieur Corneille et qu'il lui donnât pension[6], il vit avec déplaisir le reste des travaux de cette nature, et surtout ceux où il avait quelque part, entièrement effacés[7] par celui-là. (Pellisson/Thoulier d'Olivet : 1989, 86)

> 1 il est malaisé de *es fällt schwer* – 2 la Cour *der königliche Hof* – 3 se lasser de *einer Sache überdrüssig werden* – 4 le Cardinal *Kardinal Richelieu* – 5 encore que *obwohl* – 6 donner pension *hier: eine finanzielle staatliche Unterstützung gewähren* – 7 effacer *hier: in den Schatten stellen*

Text 11.7
Paul Pellisson: *Histoire de l'Académie française* (1730)

Abb. 11.6
Paul Pellisson
(1624–1693)

? Welche Wirkung hatte der *Cid* laut Pellison auf das zeitgenössische Publikum? Auf welche Arten von Zeugnissen stützt Pellison sich seinerseits bei seiner Schilderung? Unter welchen rhetorischen Gesichtspunkten ist die zitierte Passage aufgebaut, und welche suggestive Wirkung übt sie ihrerseits auf ihre Leser aus?

Aufgabe 11.9

Im speziellen Sinn beschäftigt sich die Rezeptionsforschung mit der Aufnahme literarischer Texte, einer Autorin bzw. eines Autors oder einer literarischen Bewegung bei ihrem Publikum. Eine mögliche methodische Herangehensweise besteht zum Beispiel in der Form von Umfragen beim literarischen Publikum der Gegenwart. Hierbei können umfassende empirische Datenmengen erhoben werden, welche über die sozialen oder psychologisch-kognitiven Faktoren Aufschluss geben, auf welchen die Lektüre und Wirkung der Texte beruht. Wichtige Faktoren können in diesem Zusammenhang sein:

Empirische
Leserforschung

- ► Alter
- ► Geschlecht
- ► Beruf
- ► Bildungsstand

- konfessionelle Ausrichtung
- soziales Umfeld
- Medienzugriff und Art ihrer Nutzung.

Bestimmte Gattungen oder Gruppen literarischer Werke lassen sich besonders prägnant vor dem Hintergrund ihres vorrangigen Publikums definieren, etwa die in der Zeit nach dem I. Weltkrieg von Veteranen gelesenen Kriegsromane, die v.a. von einer weiblichen Leserschaft konsumierten Ärzteromane oder die Kinderliteratur, die eigenen rezeptions-ästhetischen Ansprüchen genügen muss.

Eine andere Zugriffsmöglichkeit bietet die Auswertung historischer Quellen, etwa der Benutzerverzeichnisse von Leihbüchereien, die es ermöglichen, das Publikum bestimmter Textsorten im Hinblick auf seine sozialen Voraussetzungen und seine Geschmacksbildung näher zu bestimmen.

11.2.2 | Rezeptionsästhetik

Der hermeneutische Zirkel

Neben das hier grob umrissene historisch-soziologische Interesse an der Leserschaft tritt die theoretische Betrachtung des Lesevorgangs an sich, d.h. als Prozess der Informationsverarbeitung und Bedeutungsbildung. Als Basis dient den entsprechenden literaturtheoretischen Ansätzen die Annahme, dass ein Text in seinem Sinngehalt nicht von vornherein vollständig vorliegt, sondern vielmehr durch ‚Leerstellen‘ bzw. eine charakteristische ‚Unbestimmtheit‘ gekennzeichnet ist: Sinn oder Bedeutung sind in der Regel gerade nicht explizit ausformuliert, sondern werden z.B. nur in Anspielungen, Symbolen, Auslassungen oder zu erstellenden Zusammenhängen erahnbar; dies zwingt die Lesenden, selbst aktiv zu werden, auf der Grundlage ihres augenblicklichen Verständnisses Hypothesen über die Deutung des Textes aufzustellen und sie mit Hilfe der weiteren Informationen des Textes zu überprüfen.

Diese Beobachtung lässt sich in Anlehnung an Hans-Georg Gadamer im Modell des hermeneutischen Zirkels aufgreifen, der bereits in Einheit 4.1 vorgestellt wurde und auf den wir an dieser Stelle noch einmal zurückkommen: Das Vorwissen, das ein Leser mit in seine Lektüre eines Textes hineinträgt, ermöglicht ihm erste Deutungsansätze in Bezug auf den Gesamttext. Dieses anfängliche Textverständnis ändert sich jedoch im Laufe der Lektüre, je mehr neue Informationen gewonnen werden. Erst nach Abschluss der Lektüre ergibt sich für den Leser ein mehr oder weniger kohärenter Gesamteindruck. Erst die mehrmalige Lektüre – und das kann nicht genügend betont werden! – ermöglicht als Vorverständnis (oder Teilverständnis) zweiten Grades, die zuvor oft nicht zufriedenstellend geklärten Textpartien sozusagen in einem neuen Lichte zu lesen. Doch damit ist die Spiralbewegung des anwachsenden Textverständnisses noch nicht abgeschlossen: Immer neue Lektüren führen zu einem immer stimmiger erscheinendem Gesamteindruck vom Text (oder

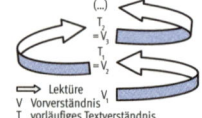

Abb. 11.7 |

Der hermeneutische Zirkel als Spiralmodell

aber zur Erkenntnis seiner nicht auflösbaren Unstimmigkeiten; siehe Einheit 12.2.4), ohne aber freilich jemals die Gewähr für eine ‚richtige' oder einzig plausible Interpretation geben zu können.

Abb. 11.8

Édouard Manet: *Portrait de Stéphane Mallarmé (1842–1898)*

Ganz offensichtlich aber wird eine solche Bedeutungssuche bei der Begegnung mit einem nur schwer verständlichen, in sich verschlossenen Textgebilde, wie es beispielsweise in der symbolistischen Lyrik Mallarmés vorliegt:

1 Quelle soie aux baumes de temps
    Où la Chimère s'exténue
    Vaut la torse et native nue
    Que, hors de ton miroir, tu tends !

5 Les trous de drapeaux méditants
    S'exaltent dans notre avenue :
    Moi, j'ai la chevelure nue
    Pour enfouir mes yeux contents.

9 Non ! La bouche ne sera sûre
    De rien goûter à sa morsure
    S'il ne fait, ton princier amant,

12 Dans la considérable touffe
    Expirer, comme un diamant,
    Le cri des Gloires qu'il étouffe.
    (Mallarmé : 1945, 75)

Text 11.8

Sonett von Stéphane Mallarmé (1842–1898)

Aufgabe 11.10 | **?** Versuchen Sie, ihr eigenes Nachdenken über die Verse des Sonetts zu beobachten. Welche Assoziationen rufen die einzelnen Worte bei Ihnen wach? Wie gehen Sie vor, um einen Sinn für die einzelnen Strophen und das gesamte Gedicht zu erstellen?

Rezeptionsästhetik

Den wichtigsten Beitrag zur Theorie der literarischen Rezeption von Seiten der deutschsprachigen Romanistik legte der Konstanzer Literaturwissenschaftler Hans-Robert Jauß (1921–1997) in der von ihm begründeten Rezeptionsästhetik vor. Ihr Augenmerk richtet sich auf die wechselseitige Bezogenheit von Geschichte, Werk und Leser im sinnbildenden Prozess der Lektüre. Von besonderer Bedeutung ist hierbei das von der Leserin oder dem Leser mit eingebrachte allgemeine Vorwissen bzw. sein Vorverständnis vom Text, das Jauß im Begriff des ‚Erwartungshorizonts‘ erfasst.

Erwartungshorizont

Der zeitgebundene Erwartungshorizont des Lesers leitet sich aus seinem objektivierbaren Vorwissen, seiner Leseerfahrung vor dem allgemeinen geschichtlichen Hintergrund ab:

► die Erfahrung des Lesers im Umgang mit literarischen Formen (etwa die adäquate Einschätzung von Fiktionalität) und Gattungen sowie seine Kenntnis von benachbarten Texten (evtl. vom betreffenden Autor selbst), zu denen sich inhaltliche oder formale Bezüge stiften lassen (literaturgeschichtliches Vorwissen);

► die sich daraus speisenden meist unbewussten Annahmen, die der Leser vor seinem kulturellen Hintergrund dem Text entgegenbringt, seine Erwartungshaltung gegenüber Form und Thematik (z. B. bezüglich des glücklichen Ausgangs einer Komödie oder der rhetorischen Gestaltung eines Renaissance-Sonetts);

► die in einer bestimmten Gesellschaft geltenden Konventionen und Normen, z. B. geteilte Auffassungen über Geschlechterrollen oder moralische Grundwerte.

Gemäß der Dynamik des hermeneutischen Zirkels wird der vom Text beim Leser zunächst aufgerufene Erwartungshorizont nur in Teilen im Verlauf der Lektüre bestätigt, in anderen Bereichen aber widerlegt oder modifiziert. Werden alle in einen Text gelegten Erwartungen des Publikums erfüllt, so ist dies für Jauß ein untrügliches Zeichen seiner Trivialität und eines nur geringfügigen ästhetischen Wertes. Denn die ästhetische Erfahrung, welche die Lesenden in ihrer Auseinandersetzung mit einem Text machen können, beruht genau auf seinem Anteil an unvermuteten Lösungen, seiner nicht-klischeehaften Neuerungskraft. Die Distanz zwischen dem Erwartungshorizont der Leserschaft und dem neuen Werk – die sog. ästhetische Distanz – spricht Jauß zufolge für seine künstlerische Qualität. Sollte sie sich als wegbereitend für eine Umorientierung des herrschenden literarischen Geschmacks bzw. der

Ästhetische Distanz

gültigen literarischen Normen erweisen, so kann ein regelrechter Horizont- Horizontwandel
wandel stattfinden, welcher den Erwartungshorizont des Publikums gegenüber den zukünftig erscheinenden Texten bedingt.

Der Erwartungshorizont ermöglicht es, dass der literarische Text im sel-
tensten Fall als eine hoffnungslose Ansammlung von Unbestimmtheits- oder
Leerstellen empfunden wird. Nicht zuletzt sorgt der Text selbst dafür, dass er
die Lektüre der Leserschaft in gewissem Maße lenkt. Seine sog. Appellstruktur
(Wolfgang Iser) plant die Mitarbeit der Lesenden an der Deutung von Leerstellen von vornherein mit ein, so dass bewusst gesetzte Textmerkmale die
Aufmerksamkeit kanalisieren helfen. In Form des fiktiven, also nur gedachten
impliziten Lesers baut der Text seinerseits eine Art Erwartungsprofil im Impliziter Leser
Hinblick auf sein vermutetes Publikum auf, indem er sich an dessen Erwartungshorizont anpasst, und suggeriert ihm fast unmerklich eine bestimmte
Leserrolle (z. B. die Rolle des absichtlich provozierten Lesers in Teilen der
surrealistischen Literatur).

Wie leicht sich der Erwartungshorizont der Leserinnen und Leser eines
Textes von diesem instrumentalisieren lässt, verdeutlicht der Roman *A l'ami
qui ne m'a pas sauvé la vie* (1990) von Hervé Guibert, der mit folgender Passage als erstem Kapitel beginnt:

> J'ai eu le sida[1] pendant trois mois. Plus exactement, j'ai cru pendant trois mois
> que j'étais condamné par cette maladie mortelle qu'on appelle le sida. Or je ne
> me faisais pas d'idées, j'étais réellement atteint, le test qui s'était avéré[2] positif
> en témoignait, ainsi que des analyses qui avaient démontré que mon sang amor-
> çait[3] un processus de faillite[4]. Mais, au bout de trois mois, un hasard extraordi-
> naire me fit croire, et me donna quasiment l'assurance que je pourrais échapper
> à cette maladie que tout le monde donnait encore pour incurable[5]. De même
> que je n'avais avoué à personne, sauf aux amis qui se comptent sur les doigts
> d'une main, que j'étais condamné, je n'avouai à personne, sauf à ces quelques
> amis, que j'allais m'en tirer[6], que je serais, par ce hasard extraordinaire, un des
> premiers survivants au monde de cette maladie inexorable[7]. (Guibert : 1990, 9)
>
> 1 le sida *AIDS* – 2 s'avérer *sich herausstellen als* – 3 amorcer *einleiten* – 4 la
> faillite *Scheitern/Untergang* – 5 incurable *unheilbar* – 6 s'en tirer *davonkom-
> men* – 7 inexorable *unerbittlich*

Text 11.9
Hervé Guibert: *A l'ami
qui ne m'a pas sauvé la
vie* (1990)

? An welches medizinische und literarische Vorwissen seines Publikums knüpft Gui- Aufgabe 11.11
bert in dem Zitat an? Auf welche Art und Weise spielt er mit diesem Erwartungshorizont
und wie versucht er ihn von Satz zu Satz zu verändern? Wie steuert die Passage die
Erwartungshaltung und die Aufmerksamkeit der Leserschaft im Hinblick auf den weiteren Verlauf des Romans?

Zusammenfassung

Die Rezeption literarischer Werke kann auf vielfältige Weise untersucht werden. Neben die Aufdeckung literaturgeschichtlicher Bezüge, die sich unter anderem am Umgang mit Motiven, Stoffen und Themen nachvollziehen lassen und die sich im komparatistischen Vergleich über die Grenzen der Einzelliteraturen hinaus verfolgen lassen, tritt das historisch-soziologische Interesse an der Leserschaft. Dabei wird deutlich, dass die Lektüre eines literarischen Werkes immer den Bedingungen eines geschichtlichen, sozio-kulturellen, literaturhistorischen, aber auch biographischen Kontextes unterliegt. Die genaue Untersuchung dieser Bedingungen ermöglicht daher eine wissenschaftliche Betrachtung von Literatur, die nicht aus für sich autonomen Texten besteht, sondern sich erst über die Rezeption durch Leser realisiert. Theoretische Betrachtungen des Leseprozesses können den beim Lesen durchlaufenen hermeneutischen Zirkel bewusst machen und die Sinnkonstruktion, die sich bei der Begegnung von Texten und ihren Lesern ereignet, erklären.

Literatur

Guillaume Apollinaire: Le Pont Mirabeau, in: Ders., *Œuvres poétiques*. Paris: Gallimard (Pléiade) 1965, 45.

Ingeborg Bachmann: Paris, in: Dies., *Werke*, I. München: Piper 1978, 33.

Hervé Guibert: *A l'ami qui ne m'a pas sauvé la vie*. Paris: Gallimard 1990.

Stéphane Mallarmé: Quelle soie aux baumes de temps, in: Ders., *Œuvres complètes*. Paris: Gallimard (Pléiade) 1945, 75.

Guy de Maupassant: *Boule de suif*, in: Ders., *Contes et nouvelles*. Paris: Gallimard (Pléiade) 1974, 83–121.

Michel de Montaigne: *Essais* (livre III, chap. XIII), zitiert nach: Sophie Rabau (Hg.): *L'intertextualité*. Paris: Flammarion 2002, 200ff.

Paul Pellisson/Pierre Joseph Thoulier d'Olivet: *Histoire de l'Académie Française*, I. Genève/Paris: Slatkine Reprints 1989.

Horst S. Daemmrich/Ingrid Daemmrich (Hg.): *Themen und Motive in der Literatur*. Tübingen: Francke/UTB ²1987.

Hugo Dyserinck: *Komparatistik. Eine Einführung*. Bonn: Bouvier ³1991.

Hans-Robert Jauß: *Literaturgeschichte als Provokation*. Frankfurt/Main: Suhrkamp 1970.

Jean-Paul Sartre: *Qu'est-ce que la littérature?* Paris: Gallimard 1964.

Raymond Trousson: *Le thème de Prométhée dans la littérature européenne*, I. Genève: Droz 1964.

Strukturalismus und Poststrukturalismus

Unter dem Einfluss des sog. *linguistic turn* verschiedener Wissenschaften, der in der Sprache ein grundlegendes Ordnungsmodell erblickte, fand im Laufe des 20. Jahrhunderts auch eine (teilweise) Umorientierung des literaturwissenschaftlichen Feldes statt. Hier wurde vor allem im Bereich der Theoriebildung versucht, die Erkenntnisse über den systembildenden Charakter der Sprache in die Analyse von sprachlichen Gebilden bzw. Texten einzubeziehen. Die sich hieraus ergebenden strukturalistischen Ansätze führten schließlich zu einer Ausweitung des Textbegriffs und einer allgemeinen Theorie der Intertextualität, welche auf die unüberschaubare Vielfalt der Sinnbezüge zwischen Texten verschiedenster medialer Form hinwies. Damit ging aber auch in der sog. poststrukturalistischen Phase der Theoriebildung eine Abkehr von der Erstellung systematischer Textmodelle einher; stattdessen erlaubte es die Vieldeutigkeit (Polysemie) des Textes, jegliche vereindeutigende Sinnfixierung in Frage zu stellen, sie zu dekonstruieren.

Überblick

12.1 | Strukturalismus

Immanente
Textbetrachtung

Den größten Widerhall innerhalb der internationalen Literaturwissenschaften des 20. Jahrhunderts fanden in literaturtheoretischer Hinsicht eine Reihe von Modellen und Methoden, die für gewöhnlich unter dem Sammelbegriff ‚Strukturalismus‘ zusammengefasst werden. Sie sind Teil einer *nouvelle critique*, welche sich von den geschichtlichen, biographischen, soziologischen Richtungen, zumal von dem ethischen Anspruch der (u. a. von Jean-Paul Sartre vertretenen) *littérature engagée* zu distanzieren suchte. Der Text sollte nunmehr nicht mehr in Abhängigkeit von äußeren Faktoren interpretiert werden (auch nicht der etwaigen Aussageabsicht des Autors), sondern als ein selbständiges Gebilde, dessen Bedeutung sich allein aus den in ihm selbst verankerten Elementen und ihrer Verknüpfung zu einem eine Ganzheit formenden System ergibt. Der Frage, wie genau eine solche Bedeutung zustande kommt, widmet sich die strukturalistische Analyse, welche der interpretatorischen Willkür einer subjektiven Textauslegung vorbeugen will.

Abb. 12.1 |

Ferdinand de Saussure
(1857–1913)

Der Vorstellung von Sprache und Text als einem in sich kohärenten System liegen unter anderem zwei Einsichten des Schweizer Sprachwissenschaftlers Ferdinand de Saussure (1857–1913) und seinem 1916 erschienenen *Cours de linguistique générale* zugrunde. Zum einen stellte er ein Zeichenmodell vor, in dem die lautliche Gestalt des Gesprochenen (der Signifikant; *le signifiant*) in einer willkürlichen (arbiträren), auf Konventionen beruhenden Beziehung zum inhaltlichen Konzept oder Vorstellungsbild (das Signifkat; *le signifié*) steht (siehe Einheiten 1.2 und 4.2). Zum anderen verweist Saussure auf den Unterschied zwischen einem abstrakten Gesamtsystem der Sprache (*la langue*), das von bestimmten sprachlichen Regeln definiert wird, und der individuellen Form (*la parole*), in der es beim Sprechen benutzt wird. In einer solchen konkreten Äußerung, also etwa dem gesprochenen oder geschriebenen Satz, beruht die Bedeutung auf der Stellung des einzelnen sprachlichen Zeichens innerhalb größerer Zusammenhänge, wie in der Nachfolge Saussures noch weiter ausgeführt wurde:

Paradigma

▶ auf der paradigmatischen Ebene wird ein Zeichen unter vielen gleichartigen Zeichen ausgewählt, wobei sich seine eigene Bedeutung erst aus der Abgrenzung zu den verwandten Zeichen derselben Gruppe, des Paradigmas, ergibt (ein vereinfachtes Beispiel: unter ‚Hut‘ verstehen wir etwas anderes als unter ‚Mütze‘ oder ‚Kappe‘, welche jeweils mögliche Bedeutungsunterschiede innerhalb des Oberbegriffs ‚Kopfbedeckung‘ angeben);

Syntagma

▶ auf der syntagmatischen Ebene wird das ausgewählte Zeichen in die syntaktische Struktur eingereiht, d. h. es tritt in Beziehung zu den anderen Bestandteilen des Satzes, welche unterschiedliche Funktionen tragen und erst in ihrer Gesamtheit die Satzaussage bilden.

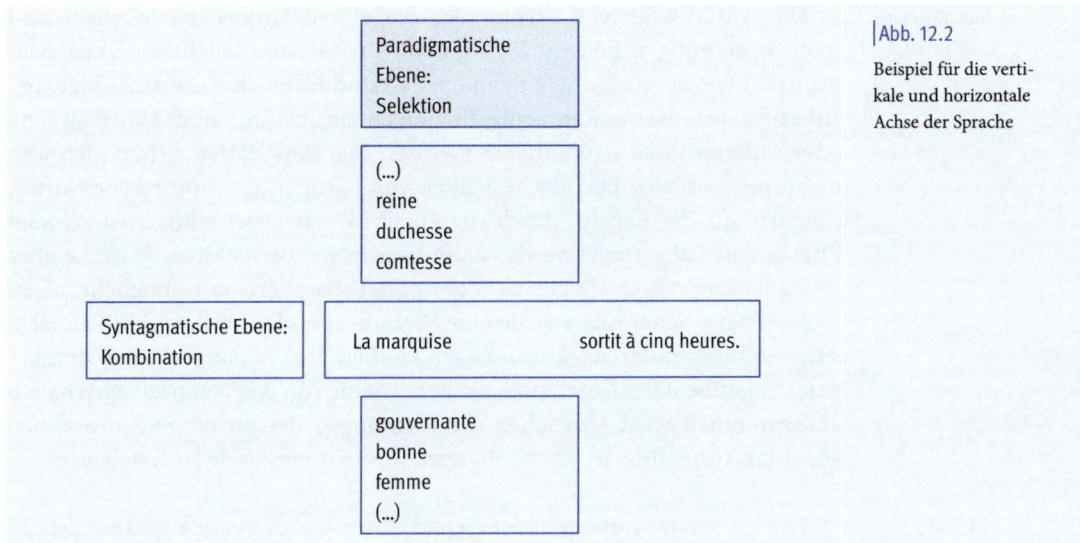

Abb. 12.2

Beispiel für die vertikale und horizontale Achse der Sprache

Aus diesen Grundannahmen leitet sich ab, dass sprachliche Zeichen (Laute, Wörter, Satzgebilde etc.) sich davon ‚emanzipiert' haben, lediglich als Verweis auf eine außersprachliche Wirklichkeit angesehen zu werden. Vielmehr erhält das Zeichen einen autonomen Status, der nur durch seine Stellung innerhalb des eigenen Systems definiert wird. Den sprachlichen Zeichen kann genau dann eine präzise Funktion zugeschrieben werden, wenn man ihre exakte Position innerhalb dieses übergeordneten Systems bestimmt: Sie müssen als Teil einer ‚Struktur' erkannt werden, welche allein die Bedeutung trägt.

Bedeutung als ‚relationaler' Begriff

Zum Begriff ‚Struktur'

| 12.1.1

Unter ‚Struktur' ist die rein formale Beziehung der Teile eines Ganzen zueinander zu verstehen (vgl. Einheit 4.1). Daher kann der Strukturbegriff auch von zahlreichen Wissenschaften auf ihre diversen Untersuchungsgegenstände angewandt werden, außer in den Naturwissenschaften etwa in der Sprachwissenschaft, der Philosophie, der Geschichtswissenschaft, der Ethnologie, der Psychoanalyse etc. Die Art und Weise, wie welche Einzelelemente miteinander verknüpft sind, verleiht ihnen im Rahmen des übergeordneten Ganzen ihre jeweiligen Funktionen. Ein festes Beziehungsgefüge von Funktionen ergibt eine Struktur, die sich wiederum innerhalb eines Gesamtsystems von Strukturen (z. B. der Sprache) eingliedert. Eine Struktur kann nicht unter Anwendung empirischer Verfahren ‚bewiesen' werden, sondern ist nur über die theoretische Modellbildung ableitbar, also ein Konstrukt des menschlichen Geistes, nicht aber eine quasi materielle Eigenheit des betrachteten Objekts.

Formalisierung

Die Aufdeckung von Strukturen, die einem Untersuchungsgegenstand seine Bedeutung verleihen, läuft darauf hinaus, von den inhaltlichen oder formalen Details abzusehen, denn letztere sind lediglich Ausdruck einer spezifischen, auf externe Rahmenbedingungen zurückführbaren Aktualisierung oder Füllung ihres strukturellen Gerüsts. Die Perspektive richtet sich also nicht mehr auf eine historische Vielfalt von Formen (diachrone Perspektive), sondern auf die Regeln, durch die ein Feld von gleichzeitig existierenden Phänomenen abgesteckt werden kann (synchrone Perspektive). Damit einher geht aber zugleich die Suche nach abstrakten Formeln, nach möglichst allgemeingültigen Schemata, welche eine Vielzahl von gleichartigen individuellen Ausgestaltungen der Struktur erfassen können. Im Anklang an die Formulierung fundamentaler Gesetzmäßigkeiten, wie sie von den Naturwissenschaften vorgenommen wird, versuchen die Richtungen des Strukturalismus daher, abstrakte, formalisierte Beschreibungen ihrer Gegenstände zu erstellen.

Aufgabe 12.1

? Betrachten wir zur Konkretisierung und gleichzeitig zur Übung als fiktives Beispiel folgenden Vorgang: Jemand möchte ein Medium an einer entsprechenden Leihstelle ausleihen. Dabei ist es im Prinzip unerheblich, ob es sich bei dem Medium um ein Buch, eine Zeitschrift, eine DVD, eine CD, eine Landkarte oder Ähnliches handelt. Auch macht es keinen grundlegenden Unterschied aus, ob er sein Medium einer kommunalen, kirchlichen oder universitären Einrichtung entnimmt oder ggf. von einer Videothek oder einem anderen spezialisierten Anbieter bezieht. Wie könnten Sie mit eigenen Worten die für das Entleihen nötigen Schritte beschreiben, so dass sie für alle möglichen Fälle zutreffen?

Ethnologischer Strukturalismus

Zu einem wichtigen Vorreiter des Strukturalismus auf wissenschaftlichem Gebiet wurde die strukturale Ethnologie von Claude Lévi-Strauss (geb. 1908). Er versuchte unter anderem über die Analyse der Verwandtschaftsverhältnisse, der Totenverehrung und der mythologischen Erzählungen von südamerikanischen Indianerstämmen deren kulturelles System zu erschließen. In den *Mythologiques* (4 Bde., 1964–1971) stellt er sog. Transformationsregeln auf, welche es erlauben sollen, aus einer gegebenen Mythe weitere Mythen zu entwerfen, und die belegen, dass die mythischen Erzählungen über eine streng geordnete, komplexe Struktur verfügen.

Aber dies ist nur ein Beispiel für die vielfältigen Untersuchungsfelder, die mit Hilfe strukturalistischer Ansätze erschlossen werden können. Ihnen allen gemeinsam ist ein Vorgehen, das Roland Barthes in einem berühmten Aufsatz wie folgt beschrieb:

Text 12.1

Roland Barthes:
L'activité structuraliste
(1963)

[...] On dira donc tout de suite que par rapport à *tous* ses usagers, le structuralisme est essentiellement une activité, c'est-à-dire la succession réglée d'un certain nombre d'opérations mentales : on pourrait parler d'activité structuraliste comme on a parlé d'activité surréaliste [...]

Le but de toute activité structuraliste, qu'elle soit réflexive ou poétique, est de reconstituer un „objet", de façon à manifester dans cette reconstitution les règles de fonctionnement (les „fonctions") de cet objet. La structure est donc en fait un *simulacre*[1] de l'objet, mais un simulacre dirigé, intéressé, puisque l'objet imité fait apparaître quelque chose qui restait invisible, ou si l'on préfère, inintelligible dans l'objet naturel. L'homme structural prend le réel, le décompose, puis le recompose; c'est en apparence fort peu de chose (ce qui fait dire à certains que le travail structuraliste est „insignifiant, inintéressant, inutile, etc."). Pourtant, d'un autre point de vue, ce peu de chose est décisif, car entre les deux objets, ou les deux temps de l'activité structuraliste, il se produit *du nouveau*, et ce nouveau n'est rien de moins que l'intelligible général: le simulacre, c'est l'intellect ajouté à l'objet, et cette addition a une valeur anthropologique, en ceci qu'elle est l'homme même, son histoire, sa situation, sa liberté et la résistance même que la nature oppose à son esprit.

On voit donc pourquoi il faut parler d'activité structuraliste: la création ou la réflexion ne sont pas ici „impression" originale du monde, mais fabrication véritable d'un monde qui ressemble au premier, non pour le copier mais pour le rendre intelligible. (Barthes: 1994, 1329f.)

1 simulacre *hier: Simulation*

|Abb. 12.3

Roland Barthes
(1915–1980)

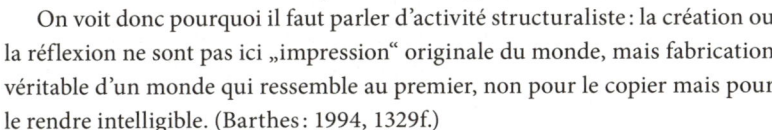

? Nach welchen Kriterien erfolgt laut Barthes das Zerlegen und die Rekonstruktion des Untersuchungsgegenstandes? Was ist das Ziel dieser beiden Operationen?

|Aufgabe 12.2

Der strukturalistische Umgang mit Texten

| 12.1.2

Die von Barthes vorgeschlagene Zergliederung und anschließende modellhafte Nachbildung eines Textes entspricht der in Einheit 4 eingeführten Strukturanalyse, wobei das ‚*objet*' oder ‚*simulacre*' bei Barthes dem entspricht, was wir als ‚Modell textinterner Funktionen' bezeichnet haben. Sie lässt sich prinzipiell auf jede Textsorte anwenden, doch verdienen gerade literarische Texte besonderes Interesse, denn sie zeichnen sich aus strukturalistischer Sicht durch eine spezielle Verwendung der Sprache aus (Literarizität bzw. Poetizität), welche sie von den Formen der Alltagssprache unterscheidet (vgl. hierzu Einheit 1.1). Literarische Texte verweisen häufig auf die gesteigerte Bedeutung ihres sprachlichen Materials und seiner Anordnung, indem auf den Ebenen des Lautes, des Satzbaus und der Konzepte (also auf der phonologischen, syntaktischen und inhaltlich-konzeptuellen Ebene) Strukturen ablesbar werden. Der Text soll in der Gesamtheit seiner bedeutungstragenden Strukturen erfasst werden. Aufschlussreich für die Textanalyse sind insofern vor allem:

Anordnung des
sprachlichen Materials

► Äquivalenzen (Entsprechungen, Ähnlichkeiten),
► Parallelen,

205

► Inversionen,
► Gegensätze (Oppositionen)

als mögliche Beziehungsmuster zwischen Textelementen im Gesamtzusammenhang. Wichtige strukturelle Beziehungen ergeben sich

► in der Gestaltung von Vers, Metrum, Rhythmus und
► im Aufbau und in der Anordnung der Strophen für die Lyrik;
► in Form von Stilmitteln und Tropen,
► als gemeinsamer semantischer Bezug einzelner Ausdrücke (die Bildung von Isotopieebenen; siehe Einheit 4.2),
► aus der Betrachtung von Handlungstypen, Figurentypen, Bewegungsrichtungen, örtlicher Lage, zeitlicher Abfolge und weiterer schematisierbarer Aspekte (vgl. Einheit 8.3).

Im Prinzip haben Sie das skizzierte Vorgehen bei der Textanalyse in einer grundlegenden Form bereits in Einheit 4 kennengelernt. Eine strukturalistische Analyse im engeren Sinne geht jedoch bei ihrer Textbeschreibung weit über die dort vorgestellten Standards hinaus.

Als Musterbeispiel einer strukturalistischen Gedichtanalyse gilt die von Roman Jakobson und Claude Lévi-Strauss gemeinsam vorgenommene Untersuchung des Sonetts „Les chats" von Charles Baudelaire.

Abb. 12.4 |

Charles Baudelaire
(1821–1867) in einer
Aufnahme von Félix
Nadar

Text 12.2 |

Charles Baudelaire:
Les chats aus den *Fleurs
du mal* (1857)

Les chats

1 Les amoureux fervents et les savants austères
  Aiment également, dans leur mûre saison,
  Les chats puissants et doux, orgueil de la maison,
  Qui comme eux sont frileux et comme eux sédentaires.

5 Amis de la science et de la volupté,
  Ils cherchent le silence et l'horreur des ténèbres;
  L'Erèbe[1] les eût pris pour ses coursiers funèbres,
  S'ils pouvaient au servage incliner leur fierté.

9 Ils prennent en songeant les nobles attitudes
  Des grands sphinx allongés au fond des solitudes,
  Qui semblent s'endormir dans un rêve sans fin ;

12 Leurs reins féconds sont pleins d'étincelles magiques,
  Et des parcelles d'or, ainsi qu'un sable fin,
  Etoilent vaguement leurs prunelles mystiques.
  (Zitiert nach : Delcroix/Geerts : 1986, 20)

1 l'Érèbe *Erebos; griech. mythische Figur, die das aus dem Chaos geborene Dunkel verkörpert, dabei mit der Nacht und der Hölle assoziiert ist*

Die Gedichtanalyse von Lévi-Strauss und Jakobson setzt mit einer präzisen Beschreibung der Reime des Sonetts ein (hochgestellte Zahlen vor dem zitierten Wort verweisen auf die Versnummer). Dessen Strophen werden in einem nächsten Schritt in ein Spannungsverhältnis eingeordnet, das unter anderem auf semantischen Aspekten der Wortwahl beruht:

L'aspect sémantique des sujets grammaticaux renforce ce parallélisme entre les deux quatrains d'une part, et entre les deux tercets de l'autre :

I) Quatrains	II) Tercets
1. Premier	*1. Premier*
2. Deuxième	*2. Deuxième*

| Text 12.3

Roman Jakobson/
Claude Lévi-Strauss:
„Les chats" de Charles
Baudelaire

Les sujets du premier quatrain et du premier tercet ne désignent que des êtres animés, tandis que l'un des deux sujets du deuxième quatrain, et tous les sujets grammaticaux du deuxième tercet, sont des substantifs inanimés : [7]*L'Érèbe,* [12]*Leurs reins,* [13]*des parcelles,* [13]*un sable.* En plus de ces correspondances pour ainsi dire horizontales, on observe une correspondance qu'on pourrait nommer verticale, et qui oppose l'ensemble des deux quatrains à l'ensemble des deux tercets. Tandis que tous les objets directs dans les deux tercets sont des substantifs inanimés ([9]*les nobles attitudes,* [14]*leurs prunelles*), le seul objet direct du premier quatrain est un substantif animé ([3]*Les chats*) et les objets du deuxième quatrain comprennent, à côté des substantifs inanimés ([6]*le silence et l'horreur*), le pronom *les,* qui se rapporte aux chats de la phrase précédente. Au point de vue du rapport entre le sujet et l'objet, le sonnet présente deux correspondances qu'on pourrait dire diagonales : une diagonale descendante unit les deux strophes extérieures (le quatrain initial et le tercet final) et les oppose à la diagonale ascendante qui, elle, lie les deux strophes intérieures. Dans les strophes extérieures, l'objet fait partie de la même classe sémantique que le sujet : ce sont des animés dans le premier quatrain (*amoureux, savants – chats*) et des inanimés dans le deuxième tercet (*reins, parcelles – prunelles*). En revanche, dans les strophes intérieures, l'objet appartient à une classe opposée à celle du sujet : dans le premier tercet l'objet inanimé s'oppose au sujet animé (*ils* [= chats] – *attitudes*), tandis que, dans le deuxième quatrain, le même rapport (*ils* [= chats] – *silence, horreur*) alterne avec celui de l'objet animé et du sujet inanimé (*Érèbe – les* [= chats]).

Ainsi, chacune des quatre strophes garde son individualité : le genre animé, qui est commun au sujet et à l'objet dans le premier quatrain, appartient uniquement au sujet dans le premier tercet ; dans le deuxième quatrain, ce genre caractérise ou bien le sujet, ou bien l'objet ; et, dans le deuxième tercet, ni l'un ni l'autre. (Zitiert nach : Delcroix/Geerts : 1986, 26).

| Aufgabe 12.3 | **?** Beschreiben Sie in eigenen Worten die charakteristischen Kennzeichen der hier aus-schnitthaft vorgestellten Baudelaire-Analyse von Jakobson und Lévi-Strauss! |

Das in obigem Beispiel zu „Les chats" ersichtliche streng-formale Verfahren strukturalistischer Textanalyse ist in Reinform allerdings nur selten befolgt worden. Seine konsequenteste Anwendung fand es bei der Untersuchung von Textsorten, die von vornherein über eine gewisse Geschlossenheit und sorgfältige Konstruktion verfügten, v. a. im Bereich der Lyrik.

Narratologie Daneben wurden besonders auf dem Gebiet der Analyse narrativer Texte Standards gesetzt (vgl. Einheit 8), denn die Zergliederung der Texte in ihre strukturbildenden Funktionszusammenhänge ermöglichte die Schaffung neuer Kategorien (z. B. ‚Distanz', ‚Fokalisierung' oder ‚Stimme' bei Genette) und mündete in eine neue Disziplin, die Narratologie. Der weitreichende Einfluss des strukturalistischen Ansatzes lässt sich schließlich darauf zurückführen, dass er zu einer neuen Systematisierung der Textanalyse führte, die eine intersubjektiv überprüfbare Interpretation ermöglicht und sich mittlerweile wieder einer ausgewogeneren Berücksichtigung außerliterarischer Kontexte geöffnet hat.

Unter www.bachelor-wissen.de finden Sie Zusatzmaterial zum Fachgebiet Semiotik.

12.2 | Poststrukturalistische Ansätze

Ohne der Bandbreite der strukturalistischen Ansätze gerecht werden zu können, kann festgehalten werden, dass mit der Zeit im Bereich der strukturalistischen Theoriebildung der Bezugsrahmen erweitert wurde und über den Einzeltext (oder das in sich geschlossene Zeichensystem) hinauswies. Indem der Referent (und damit letztlich außertextuelle Faktoren) erneut eine Rolle spielten, erfolgte eine Loslösung vom rein immanenten Vorgehen bei der Analyse. Je mehr das Gewicht dabei auf die Feststellung verlagert wurde, dass ein Zeichen eine schier unüberblickbare Vielfalt möglicher Bezüge und Bedeutungen umfassen kann, wurde auch die Vorstellung aufgegeben, man könne feste Bedeutung tragende Strukturen und präzise modellierbare Systeme ausmachen, die als ebenso objektive wie eindeutige Analyseergebnisse vorlägen. Der Akzent wurde stattdessen bisweilen auf die prinzipielle Unendlichkeit der vom Zeichen hervorgebrachten Verweise gelegt.

12.2.1 | Intertextualität

In diesem Zusammenhang ist es aus literaturwissenschaftlicher Sicht besonders interessant, sich mit den in einem Text enthaltenen Verweisen auf andere Texte, wie sie bereits in Einheit 11.1 zur Sprache gekommen sind, zu beschäftigen. Obwohl solche Bezüge im Allgemeinen ebenfalls unter den Begriff ‚Intertextualität‘ fallen, basiert der intertextuelle Ansatz im engeren Sinne gerade auf der Ausklammerung von absichtlichen Anspielungen eines Autors/einer Autorin auf ehemalige Lektüren. Dass literarische Texte sich auf andere Texte beziehen, wird vielmehr als eine ganz grundsätzliche Eigenschaft angesehen, die auf dem sozialen Charakter der Sprache beruht: Alles, was der Einzelne beim Sprechen äußert, hat er sich erst selbst zu einem früheren Zeitpunkt in anderen Zusammenhängen aneignen müssen. Das im Laufe des Lebens gesammelte Sprachmaterial (bspw. Worte, Formulierungen, Redewendungen etc.) wird lediglich für den konkreten Sprechakt neu zusammengestellt und akzentuiert. Insofern ist ein Text für Julia Kristeva (geb. 1941), die maßgebliche Vordenkerin dieses engeren Intertextualitäts-Ansatzes, nichts weiter als ein Mosaik aus Zitaten oder Transformationen vorgängiger Texte.

Entgrenzung des Textes

Indem die Grenzen des Textes aufgelöst werden, vollzieht die Intertextualitätstheorie einen radikalen Bruch mit der Vorstellung von der in sich geschlossenen Einheit des Werks, zugleich auch mit der Vorstellung von einer sinnstiftenden Autorschaft. Die Person der Autorin oder des Autors, ihre Aussageabsichten und Interpretationshinweise verwischen unter den unkontrollierbaren Verweismöglichkeiten des sprachlichen Materials, das niemandem alleine ‚gehört‘. Damit wird ebenfalls die Fähigkeit der Leser in Frage gestellt, dem Text einen eindeutigen Sinn zuzuschreiben. Roland Barthes ging in diesem Zusammenhang so weit, den ‚Tod des Autors‘ als Instanz der Deutungshoheit auszurufen (La mort de l'auteur, 1968).

‚Tod des Autors‘

> Le texte redistribue la langue (il est le champ de cette redistribution). L'une des voies de cette déconstruction-reconstruction est de permuter des textes, des lambeaux de textes qui ont existé ou existent autour du texte considéré, et finalement en lui : tout texte est un intertexte ; d'autres textes sont présents en lui, à des niveaux variables, sous des formes plus ou moins reconnaissables : les textes de la culture antérieure et ceux de la culture environnante ; tout texte est un tissu nouveau de citations révolues. Passent dans le texte, redistribués en lui des morceaux de codes, des formules, des modèles rythmiques, des fragments de langages sociaux, etc., car il y a toujours du langage avant le texte et autour de lui. L'intertextualité, condition de tout texte, quel qu'il soit, ne se réduit évidemment pas à un problème de sources ou d'influences ; l'intertexte est un champ général de formules anonymes, dont l'origine est rarement repérable, de citations inconscientes ou automatiques, données sans guillemets. Épistémologiquement, le concept d'intertexte est ce qui apporte à la théorie du texte le volume de la socialité : c'est tout le langage antérieur et contemporain qui vient au texte, non selon la voie d'une filiation repérable, d'une imitation volontaire, mais selon celle d'une dissémination – image qui assure au texte le statut non d'une *reproduction*, mais d'une *productivité*. (Barthes : 2002, 59)

| **Text 12.4**

Roland Barthes:
[Théorie du] Texte
(1973)

Aufgabe 12.4 | **?** Wieso vergleicht Barthes den Text mit einem Gewebe? Welche Rolle spielen für Barthes die konkreten Bezugnahmen, mit denen ein Text auf andere verweist? Weshalb kann Barthes dem Text schließlich eine *produktive* Kraft zuschreiben?

,Le plaisir du texte'

Für Barthes beinhaltet die Vision vom Leser, der auf seiner unsicheren Suche nach Bedeutung selbst zu einer Art neuem Autor des Textes wird, über dessen ,Sinn' allein seine subjektive unverbindliche Lektüre entscheidet, keinen negativen Beigeschmack, keine Trauer um den Verlust der Interpretationsgewissheit. Ganz im Gegenteil: Leserin und Leser können den Text spielerisch erkunden, eine Freiheit, die Barthes als geradezu körperlich lustvolles Erlebnis beschreibt.

Transtextualität

Gegenüber der abstrakten Theorie der Intertextualität verspricht der von Gérard Genette formulierte Ansatz einer ,Transtextualität' (*transtextualité*) einen höheren pragmatischen Nutzen für die Untersuchung einzelner literarischer Texte. Genettes Ausführungen fügen sich in den Rahmen seiner breit angelegten Narratologie (vgl. Einheit 8) und gehen auch in diesem Fall mit einem speziellen begrifflichen Instrumentarium einher. Ausgangspunkt für die Beschäftigung mit transtextuellen Bezügen ist die Unterscheidung zwischen dem Hypotext, dem zuvor schon bestehenden Ausgangstext, und dem Hypertext, welcher die Vorlage umformt. Insgesamt inventarisiert Genette fünf mögliche Beziehungen zwischen Texten:

► *Intertextualität:* die absichtsvolle Bezugnahme auf einen Text, z. B. in Form von Zitaten oder Anspielungen, aber auch als Plagiat (ein Text wird unter falschem Autornamen noch einmal veröffentlicht);
► *Metatextualität:* eine kritische Betrachtung eines anderen Textes, seine Beschreibung und Kommentierung, die sozusagen von einer übergeordneten Warte aus – der Metaebene – vorgenommen wird, den Bezugstext jedoch nicht mehr unbedingt zitieren muss;
► *Hypertextualität:* die als solche nicht mehr kommentierte Transformation eines Hypotextes, beispielsweise durch Neubearbeitung eines Stoffes oder Verwendung eines bestehenden Motives oder Themas; weitere Möglichkeiten der Transformation bieten etwa die Parodie, das Pastiche oder die Adaption in einem anderen Medium;
► *Architextualität:* die einer großen Gruppe von Texten gemeinsamen literarischen Merkmale, z. B. Gattungsmerkmale oder Entsprechungen auf der Ebene des Stils, die nur noch eine sehr allgemeine Zugehörigkeit zu literarischen Grundformen belegen.

Eine Sonderrolle kommt der sog. *Paratextualität* zu; bei ihr handelt es sich um das Verhältnis zwischen dem (Haupt-)Text und den ihn einrahmenden textuellen Elementen (den Paratexten), beispielsweise Titel, Gattungsangabe, Widmung, Impressum, Vorwort, Anmerkungen, Nachwort usw.

Il me semble aujourd'hui (13 octobre 1981) percevoir cinq types de relations transtextuelles, que j'énumérerai dans un ordre approximativement croissant d'abstraction, d'implication et de globalité. Le premier a été, voici quelques années, exploré par Julia Kristeva, sous le nom d'*intertextualité*, et cette nomination nous fournit évidemment notre paradigme terminologique. Je le définis pour ma part, d'une manière sans doute restrictive, par une relation de coprésence entre deux ou plusieurs textes, c'est-à-dire, eidétiquement[1] et le plus souvent, par la présence effective d'un texte dans un autre. Sous sa forme la plus explicite et la plus littérale, c'est la pratique traditionnelle de la *citation* (avec guillemets, avec ou sans référence précise) ; sous une forme moins explicite et moins canonique, celle du *plagiat* (chez Lautréamont, par exemple), qui est un emprunt non déclaré, mais encore littéral ; sous forme encore moins explicite et moins littérale, celle de l'*allusion*, c'est-à-dire d'un énoncé dont la pleine intelligence suppose la perception d'un rapport entre lui et un autre auquel renvoie nécessairement telle ou telle de ses inflexions[2], autrement non recevable[3] ; [...]

Le second type est constitué par la relation, généralement moins explicite et plus distante, que, dans l'ensemble formé par une œuvre littéraire, le texte proprement dit entretient avec ce que l'on ne peut guère nommer que son *paratexte* : titre, sous-titre, intertitres ; préfaces, postfaces, avertissements, avant-propos, etc. ; notes marginales, infrapaginales, terminales ; épigraphes ; illustrations ; prière d'insérer, bande, jaquette, et bien d'autres types de signaux accessoires, autographes ou allographes[4], qui procurent au texte un entourage (variable) et parfois un commentaire, officiel ou officieux, dont le lecteur le plus puriste et le moins porté à l'érudition externe ne peut pas toujours disposer aussi facilement qu'il le voudrait et le prétend. (Genette : 1982, 8f.)

1 eidétiquement *hier : klar ersichtlich* – 2 inflexion *Tonfall* – 3 recevable *zulässig* – 4 allographe *von fremder Hand*

Text 12.5

Gérard Genette: *Palimpsestes* (1982)

Abb. 12.5

Beispiel für paratextuelle Angaben auf einer Titelseite

? Beschreiben Sie den folgenden Textauszug aus Voltaires *Candide* (Kapitel 1) unter Verwendung der oben vorgestellten Terminologie Genettes im Hinblick auf seine (im Genetteschen Sinne) ,intertextuellen' Bezüge.

Aufgabe 12.5

Voltaires *conte philosophique* mit dem Titel *Candide* zielt in seiner thematischen Anlage von vornherein darauf ab, die Lehre des deutschen Wissenschaftlers und Philosophen Gottfried Wilhelm Leibniz (1646–1716) (d.h. in ihrer trivialisierten Form) ad absurdum zu führen; diese ging davon aus, das Leben auf Erden vollziehe sich im Rahmen einer von Gott vorab erstellten Harmonie – eine Lehre, die gerne auf den berühmten Satz reduziert wurde, der Mensch lebe ,in der besten aller möglichen Welten'.

Text 12.6

Voltaire: *Candide ou l'optimisme* (1759)

Abb. 12.6

Gottfried Wilhelm Leibniz (1646–1716)

[…] Pangloss enseignait la métaphysico-théologo-cosmolonigologie. Il prouvait admirablement qu'il n'y a point d'effet sans cause, et que, dans ce meilleur des mondes possibles, le château de monseigneur le baron était le plus beau des châteaux et madame la meilleure des baronnes possibles.

„Il est démontré, disait-il, que les choses ne peuvent être autrement: car, tout étant fait pour une fin, tout est nécessairement pour la meilleure fin. Remarquez bien que les nez ont été faits pour porter des lunettes, aussi avons-nous des lunettes. Les jambes sont visiblement instituées pour être chaussées, et nous avons des chausses. Les pierres ont été formées pour être taillées, et pour en faire des châteaux, aussi monseigneur a un très beau château; le plus grand baron de la province doit être le mieux logé; et, les cochons étant faits pour être mangés, nous mangeons du porc toute l'année: par conséquent, ceux qui ont avancé que tout est bien ont dit une sottise; il fallait dire que tout est au mieux." (Voltaire: 1979, 146)

12.2.2 | Historische Diskursanalyse

Zu den Autoren, deren philosophische Untersuchungen einen starken Einfluss auf die poststrukturalistisch ausgerichtete Literaturwissenschaft ausüben, zählt Michel Foucault (1926–1984). In seinem auf Grundideen des Strukturalismus aufbauenden Ansatz der historischen Diskursanalyse – die wegen ihrer weitreichenden kulturwissenschaftlichen Implikationen nicht mit der sprachwissenschaftlichen Diskursanalyse gleichgesetzt werden kann – widmete er sich der Untersuchung bestimmter geschichtlicher Verbindungen (‚Formationen') aus Denk-, Rede- und Verhaltensweisen. So stellte er heraus, dass die Geschichte einer Kultur in Abschnitten verläuft, die geprägt sind von einer jeweils vorherrschenden wissenschaftlichen Lehrmeinung vom Menschen und von den sie stützenden machthabenden Institutionen.

Diese unterschwellig funktionierende Allianz beeinflusst und durchdringt das Selbstverständnis des Menschen, seine Anschauungen, seine Verhaltensweisen – seine Subjektivität. An den Beispielen des ‚Wahnsinns' und der Sexualität konnte Foucault mit Hilfe des von ihm untersuchten historischen Quellenmaterials verdeutlichen, wie Vorstellungen von ‚Gesundheit' und ‚Normalität' auf entsprechenden Diskursen und den mit ihnen verbundenen ‚diskursiven Praktiken' (also ihre Umsetzung in Handeln) beruhen. Unter Diskursanalyse ist demnach ebenso die Untersuchung von menschlichem Verhalten wie von Texten zu verstehen, an denen nachvollzogen wird, welches Wissen zirkuliert, welche Medien es benutzt, welche Tabus aufgebaut werden, mit welchen sprachlichen Mitteln und vor dem Hintergrund welcher Autorität dabei vorgegangen wird.

! Diskurse als die Rede vom Menschen

Literarische Texte bilden nur einen Teilbereich der analysierbaren Texte, indem auch sie Hinweise auf die zu ihrem Entstehungszeitpunkt gültigen Diskurse geben (man kann sie bspw. dahingehend untersuchen, welche Ansichten zu ‚abnormem' Verhalten oder sexual-moralischen Normen sich in ihnen finden). Texte können jedoch stets auch Gegendiskurse formulieren, welche sich von den vorherrschenden ‚offiziellen' Diskursen absetzen.

Obwohl Michel Foucault selbst keine spezielle Methode für die Analyse literarischer Texte ausgearbeitet hat, hat die Literaturwissenschaft von ihm wichtige Impulse in methodischer wie thematischer Hinsicht erhalten. Dazu zählt beispielsweise die Betrachtung der Textzeugnisse von gesellschaftlichen Außenseitern, wie sie zumal von der feministischen Kritik oder der postkolonialen Forschung (vgl. Einheit 10.5) stark beachtet wurde.

Ein Beispiel für die kritische Analyse von Diskursen liefert Foucault anhand seiner bereits in Einheit 1.1 resümierten Beobachtungen zur Rede über ‚den Autor' bzw. zu den Vorstellungen, die zu unterschiedlichen historischen Zeitpunkten mit ‚Autorschaft' verbunden wurden:

| **Text 12.7**

Michel Foucault:
Qu'est-ce qu'un auteur?
(1969)

[…] la fonction d'auteur ne s'exerce pas d'une façon universelle et constante sur tous les discours. Dans notre civilisation, ce ne sont pas toujours les mêmes textes qui ont demandé à recevoir une attribution. Il y eut un temps où ces textes qu'aujourd'hui nous appellerions „littéraires" (récits, contes, épopées, tragédies, comédies) étaient reçus, mis en circulation, valorisés sans que soit posée la question de leur auteur; leur anonymat ne faisait pas difficulté, leur ancienneté, vraie ou supposé, leur était une garantie suffisante. En revanche, les textes que nous dirions maintenant scientifiques, concernant la cosmologie et le ciel, la médecine et les maladies, les sciences naturelles ou la géographie, n'étaient reçus au Moyen Age, et ne portaient une valeur de vérité, qu'à condition d'être marqués du nom de leur auteur. „Hippocrate[1] a dit", „Pline[2] raconte" n'étaient pas au juste les formules d'un argument d'autorité; c'étaient les indices dont étaient marqués des discours destinés à être reçus comme prouvés. Un chiasme s'est produit au XVIIe, ou au XVIIIe siècle; on a commencé à recevoir les discours scientifiques pour eux-mêmes, dans l'anonymat d'une vérité établie ou toujours à nouveau démontrable; c'est leur appartenance à un ensemble systématique qui leur donne garantie, et non point la référence à l'individu qui les a produits. La fonction-auteur s'efface, le nom de l'inventeur ne servant tout au plus qu'à baptiser un théorème[3], une proposition, un effet remarquable, une propriété, un corps, un ensemble d'éléments, un syndrome pathologique. Mais les discours „littéraires" ne peuvent plus être reçus que dotés de la fonction auteur: à tout texte de poésie ou de fiction on demandera d'où il vient, qui l'a écrit, à quelle date, en quelles circonstances ou à partir de quel projet. Le sens qu'on lui accorde, le statut ou la valeur qu'on lui reconnaît dépendent de la manière dont on répond à ces questions. (Foucault: 1994, 799f.)

| Abb. 12.7

Der antike Autor als Autorität: Hippokrates (ca. 460–375 v. Chr.; Radierung von Peter Paul Rubens, 1638)

1 Hippocrate *Hippokrates von Kós, berühmtester Arzt der Antike* – 2 Pline *Plinius der Ältere, antiker Historiker* – 3 théorème *Theorem, wissenschaftlicher Lehrsatz*

Aufgabe 12.6

? Kennen Sie ein Beispiel für die von Foucault angesprochenen anonym überlieferten literarischen Texte? Überlegen Sie sich anhand eines selbst gewählten Textes, mit welcher Erwartungshaltung Sie ein Ihnen bekanntes Werk bei der Erstlektüre gelesen hätten, wenn alle aufschlussreichen paratextuellen Merkmale wie Autorname, Verlagsangaben, Erscheinungsdatum etc. zuvor entfernt worden wären.

12.2.3 | Feministische Literaturkritik und *écriture*

Unter der speziellen Fragestellung, wie Frauen in literarischen Texten dargestellt werden und welchen Bedingungen das Schreiben (die *écriture*) oder auch das Lesen von Frauen unterworfen ist, decken die verschiedenen Richtungen der feministischen Literaturtheorie das gesamte Feld theoretischer Positionen ab und ergänzen es durch weitere Ansätze. Insofern teilen sie nicht eine einzige, einheitliche Methode, sondern formulieren in ihren jeweiligen Ausrichtungen eine Kritik, die den Weg zu neuen Formen der literarischen Produktion und Rezeption ebnen soll. Gemeinsam ist ihnen zumeist die Auflehnung gegen jene von Männern geschaffenen Vorstellungen, welche Frauen benachteiligen oder diskriminieren, sie in jedem Falle nicht als gleichrangig erachten und ihnen keinen spezifischen Eigenwert zuerkennen. Dabei trägt die feministische Stoßrichtung insofern wichtige poststrukturalistische Züge, als sie in der Regel unflexible – und damit ‚männlich‘ dominante – Sinnfestlegungen ablehnt, ebenso wie die Aufstellung starrer schematischer Gegensätze, etwa zwischen Mann und Frau. Ein solches, auf Eindeutigkeit ausgerichtetes Denken kann in Anlehnung an Jacques Derrida als ‚phallogozentristisch‘ bezeichnet werden: In seinem Zentrum befindet sich das Eindeutige, das Feststehende (eingefangen im Bild des Phallus), das sich in der Illusion einer starren Entsprechung von *signifiant* und *signifié*, also des unmissverständlichen Wortes (*logos*), erhebt.

In diesem Zusammenhang wird das diskriminierende Ordnungsmuster der Geschlechtlichkeit selbst in Frage gestellt, denn das biologische Geschlecht an sich ist wertneutral. Erst gesellschaftliche Konventionen führen zu Bedeutungszuschreibungen, welche Mann und Frau unterschiedliche und angeblich ‚naturgegebene‘ Qualitäten zuschreiben, etwa Stärke und Schwäche, Aktivität und Passivität, Rationalität und Emotion etc. Das breite Forschungsfeld der sog. *Gender Studies* widmet sich den Konsequenzen, die aus der Trennung des biologischen vom sozio-kulturellen Geschlecht (*sex* vs. *gender*) in den unterschiedlichsten Disziplinen zu ziehen sind.

Die feministische Literaturtheorie verweist allerdings auch durchaus bejahend auf einen fundamentalen Unterschied zwischen ‚weiblichem‘ und ‚männlichem‘ Lesen oder Schreiben, auch wenn diese als Produkt der soziokulturellen Entwicklung begriffen werden. Aus der Vielfalt der Theorien sollen im Folgenden zwei für den französischsprachigen Bereich besonders relevante Positionen herausgegriffen werden.

Kritik an der von Männern entworfenen Weltsicht

Phallogozentrismus

Sex und *gender*

Die Psychoanalytikerin, Linguistin, Philosophin und Schriftstellerin Luce Irigaray (geb. 1932) geht von einem grundsätzlich unterschiedlichen Sprachverhalten der beiden Geschlechter aus. Die heutige Sprache wird als ein Produkt der (auf Eindeutigkeit ausgerichteten) männlichen Logik bzw. ihrer symbolischen Ordnung (ihrer Weltsicht und ihrer Wertvorstellungen) angesehen. Sie ist insofern männlich vereinnahmt und kein adäquates Medium des weiblichen Ausdrucks. Die Frau ist vielmehr aus den Wissensdiskursen der abendländischen Philosophie konsequent ausgegrenzt worden und existiert nur noch als das ‚Andere‘ des Mannes. Daher besteht ein Vorgehen Irigarays in einer Art Dekonstruktion (s. u.) des patriarchalen Diskurses: Seine Argumentation wird dadurch untergraben, dass eine ‚zweite‘ oder ‚doppelte Syntax‘ den männlich geprägten Text kommentierend begleitet. Die männliche Rede wird durch das beständige Zwischenschalten von Fragen, eigenen Anmerkungen, Wortwiederholungen, Bewertungen oder durch die Verwendung typographischer Markierungen ironisch hinterfragt und als einseitig entlarvt.

Das eigentliche Ziel ist in Irigarays Augen jedoch der Entwurf eines unverstellten Bildes der Frau von sich selbst. Dies soll nicht zuletzt durch eine neue Sprachverwendung ermöglicht werden. Laut Irigaray soll das weibliche Sprechen (*parler femme*) nicht von Eindeutigkeit, Starrheit, Wiederholung gleicher Muster oder gar von Erstarrung oder ‚Tod‘ geprägt sein, sondern von Bewegung, Lebendigkeit, Offenheit/Unabgeschlossenheit, dem Flüssigen und Spielerischen. In ihnen liege der Ausdruck eines geschlechtsspezifisch ‚Weiblichen‘ – eine Sprachauffassung, die Irigaray in eigenen literarischen Werken gestalterisch aufgreift.

Auch die Schriftstellerin und Literaturwissenschaftlerin Hélène Cixous (geb. 1937) geht von der Annahme eines spezifisch weiblichen Schreibens und einer weiblichen Ästhetik aus, die in gewisser Weise auf die körperlichen Erfahrungen und die psychische Struktur der Frau zurückverweisen. Dem ‚Weiblichen‘ entspreche nicht eine Logik der Erhaltung des Bestehenden, der Kontrolle und des Kalküls, sondern der Überfluss, das Lebendige, die Offenheit und Pluralität, die Sinnlichkeit, wie sie im Metaphernfeld der Mütterlichkeit erfasst werden. Der weibliche Körper wird nicht mehr – so das diskriminierende ‚männliche‘ Denken – als mangelhafte Version des männlichen Körpers angesehen, sondern als nährende, lebensspendende Kraft. In Cixous' Konzept einer *écriture féminine* werden diese Eigenschaften auf den Text selbst übertragen; dabei handelt es sich um eine Art zu schreiben, die nicht biologisch verankert und daher prinzipiell auch Männern zugänglich ist (als Beispiele werden u. a. James Joyce oder Jean Genet angeführt). In Anlehnung an die *jouissance* der weiblichen Sexualität wie auch an die nicht eigennützige Mutterliebe (die Stimme, die Milch, die Berührung der Mutter) soll das weibliche Schreiben sich als fließender Strom der Wörter vollziehen, die sich über die konventionellen Eingrenzungen durch Grammatik oder Denkmuster hinweg-

Luce Irigaray

Parler femme

Hélène Cixous

Écriture féminine

setzen. Dahinter steht das Ideal einer Hinwendung an die Andere/den Anderen, welche nicht auf der Aufdrängung einer Sinnvorgabe beruht, sondern als Gabe dem Gegenüber angeboten wird. Nicht hierarchisierende Abgrenzung, wie sie dem patriarchalen Denken entspreche, sondern eine unvoreingenommene Offenheit wird als weibliche Eigenschaft verstanden:

Text 12.8

Hélène Cixous:
La jeune née (1975)

> Je dirai: aujourd'hui l'écriture est aux femmes. Ce n'est pas une provocation, cela signifie que: la femme admet qu'il y ait l'autre. [...] L'écriture, c'est en moi le passage, entrée, sortie, séjour, de l'autre que je suis et ne suis pas, que je ne sais pas être, mais que je sens passer, qui me fait vivre, – qui me déchire, m'inquiète, m'altère, qui? – une, un, des?, plusieurs, de l'inconnu qui me donne justement l'envie de connaître à partir de laquelle s'élance toute vie. Ce peuplement ne laisse ni repos ni sécurité, trouble toujours le rapport au „réel", produit des effets d'incertitude qui font obstacle à la socialisation du sujet. C'est angoissant, ça use; et pour les hommes, cette perméabilité, cette non-exclusion, c'est la menace, l'intolérable.
>
> [...] je parle ici de la féminité comme conservant en vie l'autre qui se fie à elle, la visite, qu'elle peut aimer en tant qu'autre. L'aimer d'être autre, un autre, sans que cela passe nécessairement par l'abaissement du même, d'elle-même. (Cixous/Clément: 1975, 158f.)

Aufgabe 12.7

? Beschreiben Sie anhand des Zitats, welche Rolle das Schreiben für ein solches Konzept von Weiblichkeit erhält.

12.2.4 | Dekonstruktion

Im Zentrum der poststrukturalistischen Ansätze befindet sich immer wieder die Annahme, dass die Sprache die Welt nicht abbilden, darstellen oder erklären kann, sondern lediglich den naiven Beobachter über dieses Unvermögen hinwegtäuscht. Eines der herausragenden Kennzeichen poststrukturalistischer Theorien ist daher die Forderung nach einer kritischen Selbstreflexion im Umgang mit jeglicher Art von Text, um das Bewusstsein dafür zu stärken, dass jede vermeintliche Bedeutungszuschreibung, also jede gezielte Interpretation, von vornherein ein hoffnungsloses Unterfangen darstellt. Damit werden

Kritik an der Hermeneutik

nicht nur die Grundannahmen der Hermeneutik als illusionär abgestempelt, welche auf eine intersubjektiv nachvollziehbare Deutbarkeit des Textes abzielt, sondern auch die strukturalistischen Versuche, den Text als eine in sich stabile Struktur zu beschreiben. Die Verfahrensweisen des Strukturalismus werden jedoch keineswegs für obsolet erklärt, im Gegenteil: ihre Weiterentwicklung wird der nun umgekehrten Zielsetzung unterstellt, zu belegen, dass die Aufstellung von Klassifikationen, Typologien, Funktionen oder Strukturen immer wieder von der prinzipiellen (Bedeutungs-) Offenheit des sprachlichen Zeichens unterlaufen wird. Wenn aber weder der Autor noch der Leser in der Lage ist, den ‚Sinn' eines Textes dingfest zu machen, dann bedeutet dies zugleich eine radikale Infragestellung eines Jahrhunderte alten Umgangs mit Texten und schließlich der (bisherigen) literaturwissenschaftlichen Tätigkeit selbst.

Den maßgeblichen Beitrag zur Ausbildung der dekonstruktivistischen Literaturtheorie stellen die Überlegungen des Philosophen Jacques Derrida (1930–2004) dar. Im Sinne der Saussureschen Aufspaltung des sprachlichen Zeichens in *signifiant* und *signifié* bildet dieses keine geschlossene Einheit und auch keine von ihm selbst ausgehende Bedeutung mehr; die Bedeutung eines Zeichens beruht stattdessen einzig und allein auf seiner Abgrenzung von benachbarten Zeichen: ein Zeichen ist das, was alle anderen Zeichen nicht sind. Seine Bedeutung ist daher keine *Eigenschaft* mehr, sondern nur die *Beziehung* zu anderen Zeichen. Die Bedeutung lässt sich somit nur entlang einer unendlichen Verkettung von Zeichen als ‚Spur' verfolgen und erahnen, da eine Gesamtschau aller sprachlichen Zeichen – und damit der Überblick über das System Sprache – für keinen Menschen möglich ist.

Jacques Derrida

Die Selbsttäuschung des Menschen, ein autonomes Subjekt zu sein, das seiner Sprache mächtig ist und dank ihrer Hilfe mit anderen Menschen kommunizieren kann, ist laut Derrida darauf zurückzuführen, dass der Mensch sich beim Sprechen als eigenmächtiges und vernünftiges Subjekt erlebt: Im Sprechen kann Gedanken und Gefühlen Ausdruck verliehen werden; Sprechen ist eine unmittelbare Form der Kommunikation; das Hören der eigenen Stimme ist eine Möglichkeit, sich selbst über die Sinnesorgane wahrzunehmen. Das Selbstbild des Menschen beruht insofern in weiten Teilen auf der gesprochenen Sprache (Phonozentrismus), nicht etwa auf der geschriebenen. Nicht minder trügerisch ist für Derrida die Vorstellung vom sprachlichen Zeichen als einer untrennbaren Einheit von Ausdruck und Sinn (Logozentrismus). Würde man nämlich annehmen, die Lautseite eines Zeichens sei unmissverständlich an eine einzige Bedeutung geknüpft, dann wäre Kommunikation – und damit eine sinnvolle Ordnung der Welt – von einer sprachphilosophischen Warte aus betrachtet unproblematisch. Man könnte in einem solchen Vertrauen in die Sprache sogar so weit gehen, dass jeglicher Sinn von einer ‚transzendentalen', d. h. über das Materielle hinausweisenden Instanz, etwa von Gott, der ‚Natur' oder der Vernunft, garantiert wird.

Phonozentrismus und Logozentrismus

Nun ist es ein wesentliches Anliegen des poststrukturalistischen Denkens, die sog. ‚großen Erzählungen' (*métarécits*) (François Lyotard), welche der menschlichen Existenz einen Sinn unterlegen (also Religionen, Mythen, Weltmodelle, Ideologien etc.), als Illusionen zu entlarven, da auch sie nichts weiter als ‚Texte' darstellten. Der menschlichen Existenz wird also ebenso ein tröstlicher Sinn abgesprochen wie der Sprache. Letzteres kommt besonders bei der Betrachtung der schriftlich fixierten Sprache deutlich zum Vorschein, deren Vieldeutigkeit (Polysemie) leichter einsichtig ist als jene des gesprochenen

‚Große Erzählungen'

Wortes. Und genau an diesem Punkt setzt das Vorgehen der Dekonstruktion an: Es greift scheinbar unproblematisch-sinnvolle Aussagen aus einem Text heraus, untergräbt sie aber sogleich, indem es in einer spielerischen Umschreibung der Worte und Formulierungen alle Sinnbezüge wieder auflöst, sie *ad absurdum* führt. Dieses Vorgehen zielt darauf ab zu zeigen, dass der Text nichts weiter ist als ein dynamisches Feld von unendlich vielfältigen und wandelbaren Sinnbezügen, eine fortlaufende Verschiebung von Bedeutungen, welche Derrida mit dem Neologismus (Wortneuschöpfung) *différance* belegt. Die vom geläufigen Wort *différence* abweichende Schreibweise ist in der Aussprache nicht wahrnehmbar, steht im Schriftbild aber für eine unerwartete Sinnentstellung. An ihr zeigt sich, dass der (geschriebene) Text zahllose Assoziationen wachrufen und die eingefahrenen Denkmuster verunsichern kann; ganz allgemein gesehen verliert er seine (eindeutige) Bedeutung im Überangebot an Lektürepfaden, ein Vorgang, für den Derrida den bildhaften Ausdruck *dissémination* geprägt hat: Ein Ausstreuen von Leseansätzen/Samen und Bedeutungsmarkern/Semen.

,différance' [marginal note]

Die intensiven Lektüren, welche dekonstruktivistische Lesarten an ihren Textbeispielen inszenieren, bedienen sich bevorzugt der Paraphrase, des Sprachspiels, der Auflösung von Metaphern oder Metonymien, um den vermeintlichen Aussagegehalt des Textes zu demontieren, zu dekonstruieren. Daraus resultiert nicht die Ableitung einer bestimmten sprachlichen Struktur, sondern die ureigene Freiheit der Bedeutungsstiftung auf der Wort- und Satzebene, wie Derrida sie in seiner ,Lehre' einer *grammatologie* verankert hat.

Umkreisen des Textes in der Lektüre [marginal note]

Da Sprache allerdings nie in der Lage sein kann, einen stabilen Sinn zu kommunizieren, betont der dekonstruktivistische Ansatz seinerseits, keine – und sei es auch nur negative – Deutung des Textes formulieren zu können. Anstatt eine dezidierte Aussage zu treffen, ist er daher aus Respekt vor den eigenen Prinzipien dazu gezwungen, sein Thema in immer neuen Anläufen zu umkreisen und spielerisch-assoziativ (nicht: systematisch!) in den verschiedensten Aspekten zu beleuchten – ein Vorgehen, das dekonstruktivistische Texte naturgemäß schwer lesbar macht.

Betrachten wir in diesem Sinne zum Abschluss die Derridasche Vorstellung vom Text, dessen ,Sinn' oder ,Aussage' nicht mehr fixierbar erscheint:

Text 12.9
Jacques Derrida:
La dissémination (1972)

Un texte n'est un texte que s'il cache au premier regard, au premier venu, la loi de sa composition et la règle de son jeu. Un texte reste d'ailleurs toujours imperceptible. La loi et la règle ne s'abritent pas dans l'inaccessible d'un secret, simplement elles ne se livrent jamais au présent, à rien qu'on puisse rigoureusement nommer une perception.

Au risque toujours et par essence de se perdre ainsi définitivement. Qui saura jamais telle disparition?

La dissimulation de la texture peut en tout cas mettre des siècles à défaire sa toile. La toile enveloppant la toile. Des siècles à défaire la toile. La reconstituant aussi comme un organisme. Régénérant indéfiniment son propre tissu derrière la trace coupante, la décision de chaque lecture. Réservant toujours une surprise à l'anatomie ou à la physiologie d'une critique qui croirait en maîtriser le jeu, en surveiller à la fois tous les fils, se leurrant aussi à vouloir regarder le texte sans y toucher, sans mettre la main à l'„objet", sans se risquer à y ajouter, unique chance d'entrer dans le jeu en s'y prenant les doigts, quelque nouveau fil. (Derrida: 1993, 79f.)

? In welche Metaphorik bindet Derrida seine Überlegungen zum Text ein? Zeigen Sie anhand des Zitats die grundlegend andere Auffassung vom Text gegenüber dem oben skizzierten strukturalistischen Vorgehen.

Aufgabe 12.8

Zusammenfassung

Die strukturalistische Textbetrachtung ging mit einer sprachwissenschaftlich inspirierten und stark formalisierten Zerlegung des Textes in seine einzelnen Bedeutung tragenden Bestandteile einher, wodurch neue Erkenntnisse über die Literarizität von Texten gewonnen werden konnten. Dies gilt gleichermaßen für den Bereich der Intertextualität, welcher sich mit den generellen oder den konkreten Bezügen zwischen Texten befasst. Doch weist das Abrücken von der rein immanenten Betrachtungsweise, wie sie noch von strengen strukturalistischen Analysen gefordert wurde, auf eine neue Ausrichtung der literaturtheoretischen Ansätze hin. Unter dem Vorzeichen des Poststrukturalismus können die zuvor entwickelten Analyseverfahren auf neue Gegenstände übertragen werden, etwa die Spuren übergreifender historischer oder sozialer Strukturen in der Literatur. Andererseits begünstigt die auf einer sprach- und erkenntnisphilosophischen Ebene geführte Auseinandersetzung mit der Sprache ein zweifelndes Nachdenken über jedwede Möglichkeit der Sinnstiftung und Kommunikation.

Literatur

Charles Baudelaire: Les chats, zitiert nach: Maurice Delcroix/Walter Geerts (Hg.): *„Les chats" de Baudelaire. Une confrontation de méthodes*. Paris: PUF 1986, 20.

Voltaire: *Candide ou l'optimisme*, in: Ders., *Romans et Contes*. Paris: Gallimard (Pléiade) 1979, 145–233.

Roland Barthes: L'activité structuraliste, in: Ders., *Œuvres complètes*. Ed. Eric Marty. Tome 1: 1942–1965. Paris: Seuil 1994, 1328–1333.

Roland Barthes: Texte [Théorie du], in: *Encyclopédia Universalis* 1973, zitiert nach: Sophie Rabau (Hg.): *L'intertextualité*. Paris: Flammarion 2002, 59.

Hélène Cixous/Catherine Clément: *La jeune née*. Paris: Union Générale d'Editions 1975.

Jacques Derrida: La pharmacie de Platon, in: Ders., *La dissémination*, Paris: Seuil 1993, 77ff.

Michel Foucault: Qu'est-ce qu'un auteur?, in: Ders., *Dits et Ecrits* 1954–1988. Band I: 1954–1969. Paris: Gallimard 1994, 789–821.

Gérard Genette: *Palimpsestes. La littérature au second degré*. Paris: Seuil 1982.

Roman Jakobson/Claude Lévi-Strauss: „Les chats" de Charles Baudelaire, zitiert nach: Maurice Delcroix/Walter Geerts (Hg.): *„Les chats" de Baudelaire. Une confrontation de méthodes*. Paris: PUF 1986, 20ff.

Presse, Radio und Internet

Die literaturwissenschaftliche Textanalyse ist nicht an einen Kanon von im Buchdruck erschienenen Werken gebunden, wie die Ausführungen zum Text- und zum Medienbegriff in Einheit 1.2 erläutert haben. Vielmehr gerät auf der Basis eines erweiterten Literaturbegriffs und seiner vielfältigen medialen Ausformungen eine ganze Reihe von Textsorten in den Blick, die unter Berücksichtigung ihrer jeweiligen Eigenarten untersucht werden können. In der folgenden Einheit sollen diese Rahmenbedingungen für wichtige Textsorten aus den Bereichen des Pressewesens, des Hörfunks und des Internets vorgestellt werden, nachdem einige grundsätzliche theoretische Zusammenhänge aufgezeigt worden sind.

Überblick

13.1 | Kommunikationstheorie

Unter der Vielzahl an Theorieansätzen zum Phänomen der Kommunikation im Allgemeinen oder der Medien im Besonderen kann an dieser Stelle nur eine kleine Auswahl getroffen werden. Von grundsätzlicher Bedeutung für die Vorstellung vom Informationsaustausch ist dabei das im Jahre 1949 von Shannon und Weaver entworfene ‚klassische' Kommunikationsmodell, welches seitdem die Grundlage für zahlreiche Weiterentwicklungen und Ausdifferenzierungen bildet. Den Ausgangspunkt bildet die Vorstellung, dass jeglicher Kommunikationsaustausch darauf beruht, dass eine Person A, die sich einer ‚Sprache' oder eines speziellen Zeichensystems bedient, eine wie auch immer geartete Information ihrem Gegenüber, einer Person B, übermittelt. Die hierfür verwendeten Zeichen können sprachlicher Art sein, aber auch unartikulierte Laute, Gestik/Bewegung, Mimik oder die Nutzung jeglicher Kommunikationsmittel umfassen – vom Rauchzeichen bis zum Internet. Die Nachricht wird dabei vom ‚Sender' in eine Folge von Zeichen oder Signalen übersetzt, welche vom ‚Empfänger' (besser: Empfangsgerät) entschlüsselt werden kann, wenn beide Seiten über ein gemeinsames Zeichensystem verfügen, für die Ver- und Entschlüsselung also denselben ‚Code' verwenden. Somit kann die vom Urheber der Nachricht (‚Quelle') ausgehende Information an den Adressaten (‚Bestimmung') vermittelt werden. Der Kommunikationsprozess verläuft dabei über den sog. Kanal, der allerdings durch Störungen beeinträchtigt werden kann, etwa wenn das gesprochene Wort durch Nebengeräusche übertönt wird oder die Frequenz eines Funksignals nicht klar empfangen werden kann.

Abb. 13.1 |

Kommunikationsmodell nach Claude Shannon/ Warren Weaver 1949 (in: Shannon/Weaver: 1976, 16)

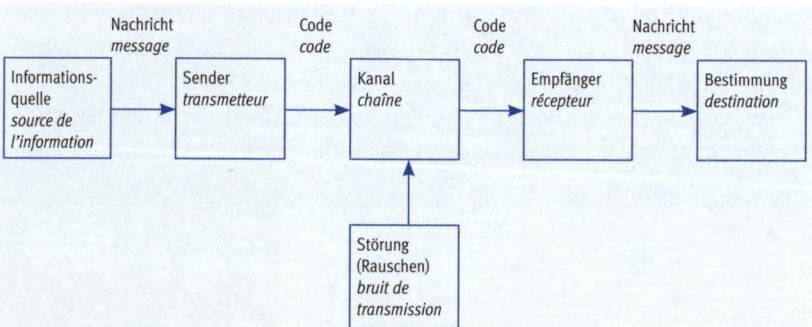

Aufgabe 13.1 |

? Konkretisieren Sie das angeführte Modell für folgende Kommunikationssituationen:

a) Telefongespräch
b) Kinobesuch

Worin liegen die entscheidenden Unterschiede zwischen diesen beiden Kommunikationssituationen?

Wie bereits die verwendeten Begrifflichkeiten erkennen lassen, gründet das Modell von Shannon und Weaver auf der Darstellung der technischen Übertragung von Informationen, beispielsweise mittels Funk. Wendet man es jedoch auf Menschen an, die miteinander kommunizieren, so wird das Bild vom idealiter verlustfreien Informationstransfer zwangsläufig getrübt. Wie im Zusammenhang mit den Ansätzen der Hermeneutik, der Rezeptionsästhetik und der poststrukturalistischen Theorien bereits thematisiert, kann in Bezug auf Menschen nur bedingt von einer völligen Entsprechung der Codes und der Kontextbedingungen ausgegangen werden, auf welcher die Informationsverarbeitung beruht. Das heißt, dass jede und jeder Einzelne die benutzten Zeichen gemäß der jeweiligen individuellen Voraussetzungen mit unterschiedlichen Bedeutungsinhalten in Verbindung bringt, die zwischen ‚Sender' und ‚Empfänger' daher auch nicht mehr deckungsgleich sein müssen. Und gerade auf dieser Feststellung bauen nun die neueren Medientheorien auf.

Kritik der Massenmedien

| **13.2**

Die technische Entwicklung ermöglichte es dem Menschen, mit immer größeren Gruppen zu kommunizieren bzw. ihnen Informationen zukommen zu lassen. Gemeinhin wird unterschieden zwischen:

► primären Medien, die keine technischen Hilfsmittel verwenden, sondern an den menschlichen Körper (seine Stimme, Gestik, Mimik, …) gebunden sind;

| Abb. 13.2

(Handtiegel-)Druckerpresse von 1811

► sekundären Medien, welche technische Mittel einsetzen, um Zeichen zu erzeugen und Information zu transportieren; hierzu zählen in erster Linie der Buchdruck bzw. sämtliche im Druckverfahren hergestellten (und meist vervielfältigten) Textsorten;

► tertiären Medien, die bei der Produktion und beim Empfang von Zeichen auf technische Hilfsmittel angewiesen sind, also unter anderem Radio, Tonträger (Schallplatte, CD), Fernsehen und Video, ferner Multimedia-Computer.

Massenmedien sind dementsprechend alle Medien, die es erlauben, einer großen Anzahl von Adressaten, die in der Regel nicht mehr individuell angesprochen werden, Informationen zu übermitteln. Bei ihnen tritt besonders deutlich zutage, dass der Informationsfluss ein einseitiger ist, es sich also um ein asymmetrisches Kommunikationsverhältnis handelt, das monologisch vom ‚Sender' aus geregelt wird. Nur vereinzelt, etwa in den dialogischen oder

Massenmedien

Symmetrische und asymmetrische Kommunikation

polylogischen Möglichkeiten des Internet, ist eine auf Zwei- oder Mehrseitigkeit ausgelegte Kommunikation gegeben.

Mit der massenhaften Verbreitung von Inhalten geht seit jeher die Frage nach der Einflussnahme auf die Empfänger der transportierten Nachrichten oder Informationen einher. Im positiven Sinne kann daraus ein Wissenszuwachs bei den Rezipienten entstehen, im negativen Sinne jedoch auch die Gefahr der propagandistischen Manipulation. Aufgrund der mehrfachen Aufgaben, welche die Massenmedien in der heutigen Gesellschaft übernehmen, führt zugleich die kritische Betrachtung ihrer Unterhaltungsfunktion oftmals zur Befürchtung, sie könnten die von ihnen erreichten Massen von wesentlicheren Beschäftigungen ablenken, zu ihrer Fremdbestimmtheit und ‚Verdummung' beitragen.

Dieser Ansatz wurde unter anderen von den führenden Köpfen der sog. Frankfurter Schule aufgegriffen, die in ihrer ‚kritischen Theorie' das kulturelle System in den westlich-kapitalistischen Gesellschaften als eine Maschinerie anprangerten, die dazu diene, die Individuen ihrer kritischen Subjektivität zu berauben. Theodor Wiesengrund Adorno (1903–1969) und Max Horkheimer (1895–1973) nehmen die Auseinandersetzung mit den Massenmedien zum Anlass für eine grundlegende Kritik:

Text 13.1

Max Horkheimer/
Theodor W. Adorno:
*Dialektik der
Aufklärung* (1947)

Die ganze Welt wird durch das [sic] Filter der Kulturindustrie geleitet. Die alte Erfahrung des Kinobesuchers, der die Straße draußen als Fortsetzung des gerade verlassenen Lichtspiels wahrnimmt, weil dieses selber streng die alltägliche Wahrnehmungswelt wiedergeben will, ist zur Richtschnur der Produktion geworden. Je dichter und lückenloser ihre Techniken die empirischen Gegenstände verdoppeln, um so leichter gelingt heute die Täuschung, daß die Welt draußen die bruchlose Verlängerung derer sei, die man im Lichtspiel kennenlernt. Seit der schlagartigen Einführung des Tonfilms ist die mechanische Vervielfältigung ganz und gar diesem Vorhaben dienstbar geworden. Das Leben soll der Tendenz nach vom Tonfilm nicht mehr sich unterscheiden lassen. Indem er, das Illusionstheater weit überbietend, der Phantasie und dem Gedanken der Zuschauer keine Dimension mehr übrigläßt, in der sie im Rahmen des Filmwerks und doch unkontrolliert von dessen exakten Gegebenheiten sich ergehen und abschweifen könnten, ohne den Faden zu verlieren, schult er den ihm Ausgelieferten, ihn unmittelbar mit der Wirklichkeit zu identifizieren. Die Verkümmerung der Vorstellungskraft und Spontaneität des Kulturkonsumenten heute braucht nicht auf psychologische Mechanismen erst reduziert zu werden. [...] Die Gewalt der Industriegesellschaft wirkt in den Menschen ein für allemal. [...] Jedem beliebigen Tonfilm, jeder beliebigen Radiosendung läßt sich entnehmen, was keiner einzelnen, sondern allen zusammen in der Gesellschaft als Wirkung zuzuschreiben wäre. Unweigerlich reproduziert jede einzelne Manifestation der Kulturindustrie die Menschen als das, wozu die ganze sie gemacht hat. (Horkheimer/Adorno: 1969, 152f.)

|Aufgabe 13.2

? Zeigen Sie anhand des Zitats, wie Horkheimer und Adorno ihre Warnung vor der Wirkung der Medien begründen.

Im Vergleich zu diesen beiden Vertretern einer modernen Medienkritik sind die theoretischen Positionen der Postmoderne oftmals von einer weiter reichenden Radikalisierung des pessimistischen Grundtons gekennzeichnet und problematisieren die Möglichkeit der Medien überhaupt, Wirklichkeit abzubilden oder zu repräsentieren. Damit gerät nicht nur die gezielte Propaganda ins Visier der Kritik, auch nicht allein die auf eine Scheinwelt ausgerichteten Produktionen trivialer Unterhaltung, sondern jeglicher von den Medien geleistete Bezug auf die Lebenswelt. Die von den Medien vermittelte Sicht transportiere keine ‚Wirklichkeit', sondern nur im Anschein der Authentizität stehende Konstrukte, Scheinwirklichkeiten; die Medien selbst sind es, die ihre ‚Wirklichkeit' erschaffen, welche von den Mediennutzern jedoch nicht als Illusion erkannt wird. Die mediale Form ist also bereits bedeutungsstiftend, bevor sie sich überhaupt jedweder Inhalte annimmt, was der amerikanische Kommunikationstheoretiker Herbert Marshall McLuhan (1911–1980) auf die berühmte Formel brachte: „the medium is the message".

Der 1929 geborene Soziologe und Kulturkritiker Jean Baudrillard bettet in diesem Zusammenhang seine Medientheorie in eine marxistisch inspirierte Kritik an der spätkapitalistischen Gesellschaft ein. Den Kern hiervon bildet seine Theorie der Simulation. Von vornherein geht Baudrillard davon aus, dass die Realität, so wie sie vom Einzelnen wahrgenommen wird, ein Konstrukt ist, das sich aus seinen sozial vermittelten Vorannahmen, seinem gelenkten Blick auf die Umwelt ergibt. Die erlebte ‚Realität' ist also nicht unmittelbar und unverzerrt, sondern illusionär, eine Sichtweise, die etwa in der provokativen These mündet, der Golfkrieg habe ‚nicht stattgefunden'. Den Medien kommt innerhalb dieses Ansatzes die Funktion zu, maßgeblich an der Konstruktion einer solchen Scheinwirklichkeit beteiligt zu sein: Sie erschaffen ein Simulakrum, eine Simulation von Welt, die sich verselbständigt hat und gar nicht mehr auf eine faktische Realität verweist. Die Simulation tut vielmehr nur noch so, als funktioniere sie wie die von ihr dargestellte Welt, die selbst jedoch eine künstlich erzeugte Vorstellung von Welt ist.

Simulation und Simulakrum

[...] l'information est directement destructrice, ou neutralisatrice du sens et de la signification. La déperdition[1] du sens est directement liée à l'action dissolvante, dissuasive, de l'information, des media et des mass-media. [...]

L'information dévore ses propres contenus. Elle dévore la communication et le social. Et ceci pour deux raisons.

1. Au lieu de faire communiquer, *elle s'épuise dans la mise en scène de la communication*. Au lieu de produire du sens, *elle s'épuise dans la mise en scène du sens*. Gigantesque processus de simulation que nous connaissons

|Text 13.2

Jean Baudrillard:
Simulacres et simulation
(1981)

bien. L'interview non directif, la parole, les téléphones d'auditeurs, la participation tous azimuts[2], le chantage[3] à la parole : « Vous êtes concernés, c'est vous l'événement, etc. » De plus en plus l'information est envahie par cette sorte de contenu fantôme [...]

2. Derrière cette mise en scène exacerbée[4] de la communication, les massmedia, l'information au forcing[5] poursuit une irrésistible destructuration du social.

Ainsi l'information dissout le sens et dissout le social, dans une sorte de nébuleuse vouée non pas à un surcroît d'innovation, mais tout au contraire à l'entropie[6] totale. (Baudrillard: 1981, 121ff.)

1 déperdition *Verlust* – 2 tous azimuts *in jeglicher Richtung* – 3 chantage *Erpressung* – 4 exacerbé *heftig, intensiv* – 5 forcing *plötzlicher Vorstoß* – 6 entropie *hier: Informationswirrwarr*

Aufgabe 13.3 | **?** Inwiefern setzt Baudrillards Medienkritik das Phänomen der Massenmedien voraus?

Aufgabe 13.4 | **?** Welche Argumente könnten der u. a. von Horkheimer, Adorno und Baudrillard vorgebrachten Kritik an den Massenmedien zu deren Gunsten entgegengehalten werden?

13.3 | Massenmedien und Berichterstattung

Angesichts dieser düsteren Szenarien bleiben die praktische journalistische Tätigkeit und ihre Funktionen unterbelichtet. Kehren wir daher aus den Bereichen der Medienkritik und der poststrukturalistischen Theorie zurück zu einigen Aspekten der bodenständigeren Medienkunde.

Hauptaufgaben   Bevor die einzelnen großen Massenmedien vorgestellt werden können, ist in einem ersten Schritt nach den Basisfunktionen dieser Massenmedien im sozio-kulturellen Gefüge zu fragen. Ungeachtet der medienkritischen Vorbehalte oder aber auch einer entgegengesetzten Medien-Euphorie lassen sich dabei mindestens vier relevante Aufgaben formulieren:

► Information
► Unterhaltung
► Bildung
► Werbung

Zusatzmaterial zu diesen vier Aufgaben der Medien finden Sie unter www.bachelor-wissen.de.

Die Abgrenzung zwischen den genannten vier Bereichen ist natürlich eine künstlich-schematisierende; im konkreten Fall überlappen sie sich häufig in der einen oder anderen Form, wenn die Abgrenzung zwischen Information und Unterhaltung oder Bildung, teilweise auch zur Werbung, nicht eindeutig vollzogen werden kann. Dies ist nicht zuletzt auf die neuen Sendeformate zurückzuführen, die bewusst Mischformen produzieren, für die sich bereits feste Begriffe wie *infotainment* eingebürgert haben.

> ? Betrachten Sie das Tagesprogramm einer von Ihnen ausgewählten großen Rundfunk- oder Fernsehanstalt (z. B. bei den auch in Deutschland gegebenenfalls empfangbaren Sendern TV5 oder arte). Welche Programmteile können der Information, der Unterhaltung, der Bildung zugeordnet werden?

|Aufgabe 13.5

Unter den genannten Funktionen der Massenmedien besitzt die journalistische Berichterstattung eine besondere Relevanz für die sog. Informationsgesellschaft, in welcher die Kommunikation von Nachrichten einen elementaren Faktor in den unterschiedlichsten Bereichen darstellt. Einen Teil dieses Wissens verbreiten Journalisten, deren Texte in den Medien Presse, Hörfunk, Fernsehen und Internet gleichermaßen eine wichtige Rolle spielen.

Innerhalb der journalistischen Berichterstattung lassen sich wiederum zumindest vier Grundrichtungen von einander unterscheiden:

► Als Norm wird in der Regel die objektive Berichterstattung angesetzt, welche eine unvoreingenommene und nicht-suggestive Zusammenfassung und Weitergabe von möglichst objektiven Informationen (,Fakten') an die Mediennutzer anstrebt.

► Der sog. Enthüllungsjournalismus setzt im Gegenzug dazu auf die Aufdeckung möglichst spektakulärer Zusammenhänge, welche der Öffentlichkeit zuvor unbekannt oder nicht bewusst waren. Zu diesem Zwecke sind Nachforschungen nötig (,investigativer Journalismus'), welche oft gegen Widerstände an entsprechendes Material bzw. Informationsquellen gelangen. Berühmtheit hat in dieser Sparte nicht zuletzt der *Canard enchaîné* erlangt, der immer wieder auf politische Skandale aufmerksam machte – und dabei ein hohes intellektuelles Niveau pflegt!

► Der interpretative Journalismus bemüht sich um eine umfassende Darstellung von Hintergrundzusammenhängen, welche die zu berichtenden aktuellen Entwicklungen in einen breiteren Kontext einbetten (zu nennen wären z. B. die *dossiers* bei *Le Monde*).

► Unter dem Stichwort des ,neuen Journalismus' werden Berichte zusammengefasst, die sich eher an literarischen Stil- und Gattungsmerkmalen orientieren. Die daraus resultierenden Texte suchen gerne die Nähe zum Essay und bestechen durch die Feinheiten in der Beobachtung und der Beschreibung.

Auch in diesem Fall handelt es sich bei den genannten Richtungen um schematische Grundstrukturen, die sich in den konkreten Texten überschneiden können.

13.4 | Presse

Im Folgenden wird es nun darum gehen, die wichtigsten Massenmedien im Hinblick auf ihre Charakteristika vorzustellen. Dabei wird nicht der Versuch unternommen, eine mediengeschichtliche Einführung oder einen medienkundlichen Überblick über den Status quo in Frankreich zu erstellen; vielmehr sollen jene Aspekte Erwähnung finden, mit deren Hilfe relevante ‚Textsorten‘ im jeweiligen Bereich leichter der literaturwissenschaftlichen Analyse zugänglich werden. Dem Kino, welches aufgrund seiner besonders ausgeprägten Vernetzung mit literarischen Verfahren und Textvorlagen, nicht zuletzt aber auch aufgrund seines medialen Prestiges gegenüber den anderen Massenmedien einen Sonderfall darstellt, bleibt in Einheit 14 ein eigenes Kapitel vorbehalten.

Tagespresse   Hinsichtlich der unterschiedlichen Druckerzeugnisse des Pressewesens soll eine Einengung der Perspektive auf gängige journalistische Textsorten der Tagespresse (der *presse quotidienne nationale d'information générale et politique*) vorgenommen werden, welche nicht nur auf die regionale Presse, sondern zumindest in Teilen auch auf Produkte des stark ausdifferenzierten Zeitschriftenmarkts übertragen werden kann. Dieser umfasst die kaum zu überblickende Titelvielfalt der Kategorien *Actualités, Loisirs, Féminins, Jeunes, Télévision* etc., welche ein beachtliches Spektrum an spezifischen Textsorten hervorgebracht haben.

Arten von Presseartikeln   Die im Weiteren genannten journalistischen Pressetextsorten sind wiederum nicht zu verwechseln mit den von den Zeitungen ausgewiesenen thematischen Rubriken (*rubriques*) der Innenpolitik, Außenpolitik, Wirtschaft, Gesellschaft, vermischten Meldungen etc., welche unter Verwendung der von den Redaktionen bevorzugten Begriffe (z. B. „La vie politique" für innenpolitische Ereignisse) geführt werden.

► Ein erstes Kriterium für die Beschreibung eines Zeitungsartikels ist seine Länge; so bezeichnet im Französischen *une brève* oder *un télex* rudimentäre Kurznachrichten; das *filet* ist ein Kurzartikel bis 20 Zeilen, ein Artikel von ca. 20–100 Zeilen hingegen wird *mouture* genannt.

► Unter *reportage* ist ein längerer informativer Bericht zu verstehen, der vom Journalisten vor Ort recherchiert wurde und auf seiner Augenzeugenschaft oder der Befragung von Zeugen beruht, die über Zitate eingebracht werden; beschreibende Partien zu den örtlichen Begebenheiten kommen hinzu.

► Nicht so stark auf die Person der Reporterin/des Reporters zugeschnitten ist der *récit* (ein nicht einheitlich definierter Begriff), der als längerer Artikel mehr oder minder chronologisch ein Ereignis von allgemeinem Interesse schildert, dabei aber ebenfalls Zitate, Kommentare und Hintergrundinformationen einstreut.

► Unter der Bezeichnung *enquête* finden sich umfangreiche Recherchen, die, so suggeriert die Bezeichnung, erst aufgrund investigativen Vorgehens Ergebnisse an den Tag gebracht haben.

► Auch die *analyse* zielt auf die Ausbreitung eines Hintergrundwissens ab, das jedoch als Gegebenes vor der Leserschaft – gleichsam im Überblick – systematisch aufbereitet wird. Die Übergänge zwischen *enquête* und *analyse* sind allerdings fließend.

► Mit *chronique* werden Meinungskolumnen oftmals bekannter Persönlichkeiten überschrieben, die sich kommentierend zu einem Sachverhalt äußern.

► Der *commentaire* hat in Frankreich eine längere Tradition und ein stärkeres Gewicht als persönliche Standpunkterklärungen in der deutschen Presse. Auch unter der oben genannten Bezeichnung *analyse* finden sich daher Artikel, welche Meinung und Bericht gleichermaßen prägen. Dem Leitartikel entspricht das *éditorial*, das die Position der Redaktion oder eines ihrer Mitglieder zu tagespolitischen Ereignissen formuliert.

► Das auf der ersten Seite figurierende *billet* ist ein Kurzartikel (oder eine Glosse), der auf satirische Art ein aktuelles Ereignis kommentiert.

► Buch-, Film-, Musik- und Ausstellungsbesprechungen werden als *critiques* vorgebracht, die allerdings eher auf die Vorstellung ihres betrachteten Gegenstandes ausgerichtet sind als auf seine beckmesserische Verurteilung.

► Das Interview (*entretien*) ist oftmals weitschweifiger angelegt als sein deutsches Pendant und bevorzugt Gesprächspartner aus dem gesellschaftlichen und kulturellen Leben.

Der Aufbau einer Zeitungsseite entspricht im Groben den Gewohnheiten auf dem deutschen Pressemarkt. Sie lässt sich wie folgt untergliedern: Die Zeitungsseite

► *Le bandeau* nennt sich die Titelzeile über dem Zeitungsnamen, die auf besondere Dossiers oder Beilagen im Inneren der Zeitung verweist. Unter ihr findet sich die *manchette*: in großen Lettern der Name der Zeitung, das Datum, die Nummer und zumeist die Auflage der Ausgabe, die Namen der Chefredakteure. Evtl. kommen noch die beiden seitlich platzierten Werbeflächen (*les oreilles*) hinzu. Der Begriff *manchette* bezeichnet jedoch auch zugleich die Hauptschlagzeile des Hauptartikels (*article principal*) der ersten Seite (*la Une*).

► Den einzelnen Artikeln stehen eventuell ein *sur-titre*, der groß gesetzte *titre* (*principal*) und ein *sous-titre* (alle zusammen: die *titraille*) voran. Es folgt – je nach Wichtigkeit und Aufmachung des Artikels – gegebenenfalls ein

Abb. 13.3 |
Beispiel für ‚la Une'
von *Le Monde*
(13. Januar 2007)

Le Monde
WEEK-END

Le Monde 2
Entretien
Mel Gibson
s'explique

Présidentielle
Les candidats
en netcampagne

Ne peut être vendu sans « Le Monde 2 »
2,50 € · www.lemonde.fr

63e ANNÉE · N° 19275 · FRANCE MÉTROPOLITAINE —   SAMEDI 13 JANVIER 2007   FONDATEUR : HUBERT BEUVE-MÉRY · DIRECTEUR : JEAN-MARIE COLOMBANI

Les décisions de George Bush sur l'Irak sont mal accueillies

Réactions Les militaires sont sceptiques, le doute s'amplifie dans le camp républicain

WASHINGTON
CORRESPONDANTE

Dès 5 h 30, jeudi 11 janvier, à la veille de sa nouvelle tournée au Proche-Orient et en Europe, la secrétaire d'Etat, Condoleezza Rice, était à pied d'œuvre, devant la presse, avec le ministre de la défense, Robert Gates, pour défendre le nouveau plan Bush pour l'Irak. M. Gates a été franc. Il ne s'agit pas seulement d'une escalade militaire, s'-il dit. « Il s'agit d'une montée en puissance dans tous les domaines d'opération. »

Deux heures plus tard, Mme Rice était devant la commission des affaires étrangères du Sénat. Pendant trois heures, les sénateurs ont vidé leur sac. Comme si dix mois de questionnements accumulés se déversaient tout à coup. « J'avais été caを quis par le débat politique? M'me Rice a affirmé que l'on saurait « très vite » ce qu'il en est de sa détermination, mais qu'il fallait au moins lui fournir les moyens d'essayer de réduire les milices. Le gouvernement irakien se sait lui-même « en sursis », a-t-elle dit, et il est soumis à une obligation de résultat.

Le secrétaire à la défense a reconnu que les forces américaines seraient « à la merci de quiconque voudrait se faire sauter une bombe », mais qu'elles étaient quand-drôler Sadr City, le bastion de Moqtada Al-Sadr à Bagdad, s'il le faut.

CORINE LESNES
Lire la suite page 4

province d'Al-Anbar, où l'ennemi est identifié et la population uniformément sunnite. « Mais à Bagdad, a-t-il prédit, cela ne va pas marcher. » La républicaine Lisa Murkowski a avoué qu'elle venait de se rendre compte que les Britanniques se désengageaient. « Mais alors, cela revient à avoir les Etats-Unis à peu près seuls en Irak ? », s'est-elle interrogée. « Le coût est trop élevé », a dit Norm Coleman, pourtant l'un des anciens va-t-en-guerre du Parti républicain.

Tous les sénateurs se sont déclarés inquiets de voir que la réussite du plan reposait en grande partie sur la détermination du premier ministre chiite, Nouri Al-Maliki, un homme que le propre conseiller du président Bush, Steve Hadley, jugeait peu fiable il y a quelques semaines dans une note confidentielle. Mme Rice a affirmé que l'on saurait « très vite » ce qu'il en est de sa détermination.

Un début d'année particulier pour Nicolas Sarkozy. Jacques Chirac et Dominique de Villepin. Les traditionnels vœux présidentiels, qui ont pris fin jeudi 11 janvier par une intervention de M. Chirac devant la presse, ont revêtu cette année l'allure d'un slalom entre allusions et non-dits, dans une atmosphère de

DE GAUCHE À DROITE : OLIVIER LABAN-MATTEI/AFP, PHILIPPE WOJAZER/REUTERS, BRUNO FERRANDEZ/AFP

doute entretenu. Afficher sa différence, telle fut aussi la préoccupation constante du premier ministre. Pour M. Sarkozy, l'heure du bilan, jeudi, ne faisait que précéder celle de son intronisation par son parti, l'UMP, dimanche 14 janvier, comme candidat à l'élection présidentielle. *Lire pages 8, 9 et 20*

Droite Dernières manœuvres avant l'investiture de Sarkozy

L'état d'urgence est proclamé au Bangladesh pour enrayer la crise

Afin de sortir d'une crise politique qui paralyse le Bangladesh depuis trois mois, le président Iajuddin Ahmed a proclamé jeudi 11 janvier l'état d'urgence et à travers le pays. Les manifestations sur la voie publiques sont interdites, la couverture feu est imposé dans une soixantaine de villes tandis que les médias ont soumis à la censure. Ce raidissement autoritaire vise à prévenir la réédition de violences qui se sont multipliées depuis trois mois alors que l'opposition, emmenée par la Ligue Awami, orchestre une campagne visant à faire obstacle au scrutin législatif initialement prévu le 22 janvier. Depuis octobre 2006, 35 personnes ont été tuées et des milliers ont été blessées dans de multiples affrontements entre l'opposition et les forces de sécurité. Mercredi 10 janvier,

60 000 soldats ont été déployés à travers le pays afin de rétablir l'ordre.

Simultanément, le chef de l'Etat, dont les fonctions sont largement protocolaires, fait un geste en direction de l'opposition en annulant la tenue des élections du 22 janvier, objet du litige. La Ligue Awami, emmenée par l'ancien premier ministre Cheikh Hasina, avait estimé que les listes électorales étaient biaisées et devaient être refondues avant tout scrutin. La communauté internationale avait manifesté son agacement devant l'approfondissement de la crise et l'incapacité du président Ahmed à la juguler. Les Nations unies et l'Union européenne avaient suspendu leur mission d'observation électorale. ■
Lire page 6

Attaque contre l'ambassade des Etats-Unis en Grèce

L'ambassade des Etats-Unis à Athènes a été la cible d'une roquette anti-char, tirée vendredi 12 janvier à l'aube. Cette attaque, qualifiée de « très sérieuse » par l'ambassadeur américain Charles Ries, n'a provoqué que « des petits dégâts matériels », selon la police grecque.

Un inconnu a revendiqué par téléphone la responsabilité de cet attentat, au nom du groupe grec d'extrême gauche Lutte révolutionnaire. Apparu en septembre 2003, il est considéré par la police comme le groupe terroriste le plus dangereux du pays depuis l'arrestation en 2004 et 2005, des grands chefs des organisations historiques telles que celle dite du 17-Novembre. ■
Lire page …

Les habitants de Mogadiscio redécouvrent leur ville dévastée

Ce qui reste d'une église catholique, derrière la place de l'Indépendance, dans la capitale somalienne. SERGE MICHEL

Pendant des années, il était impossible de circuler entre les différents quartiers de Mogadiscio, tenus par des clans armés concurrents. Les barrages y avaient été levés par les Tribunaux islamiques il y a quelques mois. Les troupes éthiopiennes qui occupent la capitale de la Somalie – provisoirement, à leurs dires – ne les ont pas réinstallés. Pour la première fois,

de calme relatif, l'envoyé spécial du *Monde*, guidé par un vieil habitant de Mogadiscio, a visiter ce qui reste de l'ancienne « perle blanche de l'océan Indien » : des ruines au ras du sol et des monuments éventrés par les bombardements. Dans cette ville encore fantomatique, quelques vestiges surprenants de la colonisation italienne... ■
Lire pages 18-19

PAGE TROIS

Des masques africains partout

Le succès du Quai Branly a donné des idées à d'autres musées de France. Grandes et moins grandes villes ont redécouvert dans leurs réserves des objets d'art d'outre-mer hérités de leur histoire. Rennes, Lyon, Rochefort, Toulouse, entre autres, lancent ou préparent des expositions qui semblent rencontrer l'intérêt d'un large public.

Union européenne
Vers la fin du timbre-poste à prix unique pour les entreprises

La déréglementation des services postaux devrait s'accélérer pendant le semestre de présidence allemande de l'Union européenne. Les syndicats français s'alarment du projet de « dépéréquation », qui signifie que La Poste renoncerait au prix unique du timbre pour les plis professionnels. Le « service public » à la française s'y retrouvera-t-il dans le « service universel » à l'européenne ? *Lire page 11*

Cyclisme
Floyd Landis bientôt sanctionné ?

L'Agence française de lutte contre le dopage a convoqué le vainqueur du Tour de France 2006 pour le 8 février. Elle pourrait prononcer à cette occasion une sanction envers le coureur, contrôlé positif à la testostérone mais qui ne cesse de clamer qu'il n'est pas dopé. *Lire page 15*

Dai Sijie
Par une nuit où la lune ne s'est pas levée
roman

"Dai Sijie emmêle et démêle les fils de son intrigue avec une éblouissante maestria. Il signe là son meilleur roman."
Jean-Claude Perrier, *Livres Hebdo*

Gallimard

---

hervorgehobener Nachrichtenkopf (*chapeau* oder auch *accroche*), der eine kurze Zusammenfassung des Artikels beinhaltet (wer?, was?, wann?, wo?, warum?, wie?), und der eigentliche *corps* des Artikels.

▶ Der *renvoi* verweist in knapper Form als Ankündigung auf einen ausführlichen Artikel im Inneren der Zeitung.

- Die *fenêtre* enthält als abgesonderter Rahmen innerhalb der Zeitungsseite ein eigenständiges Gewicht neben den Artikeln, die sie z. B. in thematischer Hinsicht ergänzt.
- Photographien, Schaubilder (*infographie*) oder Karikaturen (*caricature*) runden mit ihren Unterschriften (*légende*) das Erscheinungsbild einer Zeitungsseite ab.

? Beschreiben Sie mit Hilfe der angegebenen Terminologie die erste Seite der Ausgabe von *Le Monde* in Abb. 13.3.

| Aufgabe 13.6

Journalismus und Literatur, die bisweilen unter der stereotypisierenden Deutung als ‚reiner Broterwerb' bzw. ‚schöngeistige Weltferne' in Gegensatz zueinander gebracht werden, lassen sich, wie die Biographien unzähliger Schriftstellerinnen und Schriftsteller belegen, sehr gut unter einer Autorschaft vereinen. Als Beispiel kann ein Text von Albert Camus (1913–1960) dienen, den er 1944 für die Résistance-Zeitschrift *Combat* verfasste:

Le *Daily Express* vient de publier, en commentaire au discours du général de Gaulle, un article proprement stupéfiant. C'est la première fois, depuis la Libération, qu'un journal adopte ce ton à notre égard. Ce n'est pas la première fois sans doute qu'on nous critique, et cela est dans l'ordre. Mais c'est bien la première fois que la France et son représentant sont mis en cause avec tant de violence et avec une si rare grossièreté de style et de pensée.

Le *Daily Express* qui n'a vu dans le discours du 14 octobre qu'une suite de « sottises inopportunes » attribue seulement au général de Gaulle le désir de se rendre populaire en France par la manifestation de sentiments antibritanniques. Le journal rappelle les efforts de la Grande-Bretagne en guerre, remarque que la France, en comparaison, a bien vécu pendant ces quatre ans, ajoute qu'elle ne sert pas à grand-chose dans la bataille d'Aix-la-Chapelle et termine ainsi :

« Certaines personnes pensent que le seul espoir de la France se trouve dans l'occupation continue de la plus grande partie de son territoire par les troupes alliées, jusqu'à ce que les esprits se soient calmés. »

Il est difficile de savoir si la France a mieux ou plus mal vécu que ses alliés pendant cette guerre. Mais il n'est pas possible, si l'on tient à rester dans les bornes de la décence, d'affirmer qu'elle a bien vécu. Il est vrai qu'elle a eu toute sa ration de honte et que, pendant quatre ans, il ne s'est pas passé un seul matin sans que crépitent, dans ce pays, les fusils de l'exécution. De ce point de vue, nous avons été comblé. [...]

Il est difficile de savoir si le général de Gaulle serait populaire en affichant des sentiments antibritanniques et antiaméricains. Du reste, cela va mal avec l'affirmation du même article que « les Britanniques sont presque des idoles

| **Text 13.3**

Albert Camus:
Artikel aus *Combat*
(22.10.1944)

pour le peuple français ». Mais ce qu'il y a de sûr, c'est que le général de Gaulle sera toujours populaire en demandant comme il l'a fait qu'on respecte ce pays à qui le malheur n'a pas réussi à donner le goût de la servitude. Dans tous les cas, nous acceptons de grand cœur qu'on nous juge et qu'on nous critique, mais nous demandons seulement à tous nos amis, quels qu'ils soient, de ne jamais perdre dans leurs écrits ou leurs paroles la mesure et la considération que nous nous sentons en droit de toujours exiger.

Et le *Daily Express* qui est si prompt à souligner notre inutilité reconnaîtra de cette façon que nous pouvons servir du moins à lui indiquer les règles du bon ton et la vraie loi de l'amitié. (Albert Camus, Artikel erschienen in *Combat* vom 22.10.1944)

Aufgabe 13.7 | **?** Welcher der oben erläuterten journalistischen Textsorten kann der voranstehende Passus zugeordnet werden? Beschreiben Sie den Aufbau des Artikels und heben Sie einige der verwendeten rhetorischen Mittel hervor.

13.5 | Hörfunk

Viele der genannten journalistischen Textsorten sind auch im Rundfunk- und Fernsehjournalismus gegenwärtig, der neben den kürzeren Meldungen der Nachrichtensendungen (*actualités*) natürlich auch ausführliche Reportagen, ferner Kommentare, Hintergrundberichte oder Interviews umfasst. Besonderheiten stellen in diesem Zusammenhang das Feature und die Live-Berichterstattung dar. Zumindest drei charakteristische Eigenarten des Mediums Hörfunk sind grundsätzlich hervorzuheben:

Hörsinn 1) Der Hörfunk spricht einzig den auditiven Sinn des Menschen an. Dies bedeutet zugleich, dass fehlende Sinneseindrücke, insofern sie für das Verstehen der gesendeten Information von Bedeutung sind, mit den zur Verfügung stehenden Mitteln ersetzt werden müssen, beispielsweise in der Live-Berichterstattung von einem Fußballspiel durch genaue Beschreibungen der Spielzüge und das Nennen der gerade aktiven Spieler. Eine ähnlich unverzichtbare Rolle spielt der Radio-Moderator, welcher als ‚Erzähler' durch das Programm der Beiträge führt und sie dadurch überhaupt erst kategorisierbar macht.

Technische Vorzüge 2) Der Vorzug des Hörfunks ergibt sich aus seiner im Vergleich zum Fernsehen oder Internet relativ einfach gehaltenen technischen Apparatur, die somit auch besonders kostengünstig betrieben werden kann. Vor allem aber der Empfang ist dank des Transistor-Radios oder heute dank entsprechender Mobiltelefone oder Mini-Radios allerorts und sogar grenzüberschreitend möglich. Die Beschränkung auf die auditive Wahrnehmung erweist sich hier sogar als Vorteil, da die Aufmerksamkeit der Rezipienten von akustischen Signalen weitaus weniger vereinnahmt wird als von optischen. Dies gestattet, den Hörfunk als Begleitmedium während einer Vielzahl von Tätigkeiten zu nutzen, bei der Arbeit, beim Autofahren, beim Einkaufen usw. Eine dauerhafte ‚Berieselung' durch omnipräsente Tonband- oder Rundfunkeinspielungen prägt dementsprechend inzwischen weite Teile des Alltagslebens, wodurch das Radio bei den Nutzern aber auch an Ansehen verliert.

3) Das Medium Hörfunk wird nach wie vor als schneller Informant geschätzt, der nahezu überall empfangen werden kann. Das Radio ist insofern ein Medium von besonderer Aktualität, was die Gründung spezieller Nachrichten-Sender wie „France-Info" begünstigt. Gleichzeitig schränkt die Mündlichkeit der vermittelten Informationen deren Verfügbarkeit ein: Nur wer die Sendung zeitgleich verfolgt, kann sie wahrnehmen, ansonsten verpasst er sie im Gegensatz zu den vom schriftlichen Medium Presse gespeicherten Informationen (die zyklische Wiederholung von wichtigen Nachrichten wirkt allerdings dieser Jetztzeitigkeit entgegen). *Aktualität*

Unter diesen Rahmenbedingungen entwickelten sich im Weiteren unterschiedliche Sendeformen (auch: Gattungen, frz. *genres*), welche im Bereich der journalistischen Nachrichtenvermittlung oftmals auf die oben angeführten Textarten zurückzuführen sind. Doch sollen zumindest einige wenige Sendeformen kurz vorgestellt werden, die sich in besonderem Maße die medialen Rahmenbedingungen des Hörfunks zu eigen gemacht haben.

Die Live-Berichterstattung ist wie erwähnt darauf angewiesen, alle für den berichtenden Augenzeugen relevanten visuell wahrnehmbaren Informationen in Sprache zu fassen, und bedient sich insofern streckenweise beschreibender Elemente, welche den Eindruck erwecken sollen, vor Ort zu sein. Dem gleichen Ziel dient das Hinzuziehen von weiteren Augenzeugen, die als Gesprächspartner ihre Sicht der Ereignisse artikulieren. Auf der rhetorischen Ebene kehren deiktische (hinweisende) Einschübe immer wieder, welche die zeitliche Entwicklung der Ereignisse bis zum gegenwärtigen Moment („tout à l'heure", „puis", „maintenant" o. Ä.) und die Zustände vor Ort (z. B. „ici", „il y a", „on voit" etc.) betonen. *Live-Berichterstattung*

|Abb. 13.4

Charles de Gaulle spricht am 18.6.1940 bei der BBC

Als Beispiel für eine Radio-Sendung kann die Geschichte machende Ansprache des Général de Gaulle herangezogen werden, der im II. Weltkrieg aus dem Londoner Exil seine Landsleute zum Widerstand gegen die deutsche Besatzung aufrief:

|Text 13.4

Charles de Gaulle: Radio-Ansprache (18.6.1940)

> Les chefs qui, depuis de nombreuses années, sont à la tête des armées françaises, ont formé un gouvernement. Ce gouvernement, alléguant la défaite de nos armées, s'est mis en rapport avec l'ennemi pour cesser le combat.
>
> Certes, nous avons été, nous sommes, submergés par la force mécanique, terrestre et aérienne, de l'ennemi.

Infiniment plus que leur nombre, ce sont les chars, les avions, la tactique des Allemands qui nous font reculer. Ce sont les chars, les avions, la tactique des Allemands qui ont surpris nos chefs au point de les amener là où ils en sont aujourd'hui.

Mais le dernier mot est-il dit? L'espérance doit-elle disparaître? La défaite est-elle définitive? Non!

Croyez-moi, moi qui vous parle en connaissance de cause et vous dis que rien n'est perdu pour la France. Les mêmes moyens qui nous ont vaincus peuvent faire venir un jour la victoire.

Car la France n'est pas seule! Elle n'est pas seule! Elle n'est pas seule! Elle a un vaste Empire derrière elle. Elle peut faire bloc avec l'Empire britannique qui tient la mer et continue la lutte. Elle peut, comme l'Angleterre, utiliser sans limites l'immense industrie des Etats-Unis.

Cette guerre n'est pas limitée au territoire malheureux de notre pays. Cette guerre n'est pas tranchée par la bataille de France. Cette guerre est une guerre mondiale. Toutes les fautes, tous les retards, toutes les souffrances, n'empêchent pas qu'il y a, dans l'univers, tous les moyens nécessaires pour écraser un jour nos ennemis. Foudroyés aujourd'hui par la force mécanique, nous pourrons vaincre dans l'avenir par une force mécanique supérieure. Le destin du monde est là.

Moi, Général de Gaulle, actuellement à Londres, j'invite les officiers et les soldats français qui se trouvent en territoire britannique ou qui viendraient à s'y trouver, avec leurs armes ou sans leurs armes, j'invite les ingénieurs et les ouvriers spécialistes des industries d'armement qui se trouvent en territoire britannique ou qui viendraient à s'y trouver, à se mettre en rapport avec moi.

Quoi qu'il arrive, la flamme de la résistance française ne doit pas s'éteindre et ne s'éteindra pas.

Demain, comme aujourd'hui, je parlerai à la Radio de Londres. (Rede Général de Gaulles auf Radio London, 18. 6. 1940)

Aufgabe 13.8 | **?** Untersuchen Sie den Aufbau der Rede. Welche rhetorischen Mittel setzt de Gaulle in seiner Ansprache ein, um seiner Botschaft über den Äther Nachdruck zu verleihen? Wie thematisiert er die Kommunikationssituation?

Feature   Das Radio-Feature profitiert im Gegensatz dazu von einer längeren Vorbereitungsphase, in der die Sprecheranteile vor dem Sendezeitpunkt aufgezeichnet und mit anderen eingeschobenen Aufnahmen montiert werden. Im Ergebnis wird die von einer oder mehreren Personen zur Verfügung gestellte Sprecherstimme von weiteren sprachlichen, musikalischen oder Geräusch-Einspielungen ergänzt, wobei sich die Ebenen überlagern können, z. B. in Form einer der Rede unterlegten Hintergrundmusik. Ziel ist die besonders anschauliche Darstellung eines Themas aus dem öffentlichen Leben (politische, geschichtliche, sozio-kulturelle Inhalte bzw. Fragen der Zeit), die auf gründlichen Recherchen und Bearbeitungen beruht und als eigenständige Sendung im Programm platziert ist.

Noch eine dritte Gattung des Hörfunks soll hier Erwähnung finden, eine Gattung, die ebenfalls auf besonders typische Art und Weise die Möglichkeiten des Mediums auslotet: das Hörspiel (*pièce radiophonique*). Hörspielproduktionen sind mehr als die Lesung eines literarischen Textes (etwa in Hörbüchern), sie sind eine eigenständige fiktionale Kunstform, welche die medialen Möglichkeiten des Hörfunks nutzt: ein Zusammenspiel von Erzählerstimmen, szenischem Sprechen, musikalischer Untermalung oder der Einspielung von eigenen musikalischen Passagen; ebenso die intertextuelle Montage bereits vorliegender Tonbandaufnahmen (z. B. bekannter politischer Reden), schließlich die Einbindung von (oftmals eigens erzeugten) Geräuschen. Durch die Verbreitung des Fernsehens ist die Gattung Hörspiel freilich seit den 1950er Jahren immer mehr ins Abseits gedrängt worden. Dennoch konnte es sich in modifizierter Form als ein Experimentierfeld behaupten, auf dem die Grenzen der gesprochenen Sprache in der Erweiterung durch akustische Klangerzeugung und vielfältige Montagetechniken erprobt werden. Ein entsprechendes Beispiel liegt in Michel Butors *étude stéréophonique* vor, in *6 810 000 litres d'eau par seconde* aus dem Jahre 1965, in dem verschiedene Sprecherstimmen einen sich überlagernden Sprachraum bilden.

Unter www.bachelor-wissen.de finden Sie Zusatzmaterial zu diesem Hörspiel von Michel Butor.

Allen Sendeformen ist schließlich gemeinsam, dass sie in übergeordnete Programme (d. h. die konkrete Abfolge von Sendungen einer Hörfunkanstalt an einem Tag) und Formate (die allgemeine Ausrichtung einer Radioanstalt bzgl. des Spektrums der gesendeten Inhalte, ihres Präsentationsstils und des von ihr anvisierten Publikums) eingebunden sind, welche mit über die Erwartungshaltung der Hörerschaft entscheiden. Die gleiche Feststellung gilt selbstverständlich für den Bereich des Fernsehens (vgl. Einheit 14.4.2). Auch hier findet sich ein breites Angebot an fernsehspezifischen Gattungen, die für ein bestimmtes Zielpublikum und im Rahmen individueller Senderformate produziert oder zusammengestellt werden. Aus inhaltlichen Gründen soll der Bereich des Fernsehens jedoch gesondert in Einheit 14 zusammen mit dem (Kino-)Film behandelt werden.

Margin: Hörspiel

Margin:

Margin: Programme und Formate

Internet | 13.6

Die Dienste des Internet stellen nur einen Teilbereich der ‚neuen Medien' dar, welche sich auf der Grundlage des rasanten Fortschritts in der Datenverarbeitung (Digitalisierung und Verarbeitung durch leistungsstarke Computer) und der Kommunikationstechnologie (Austausch der digitalisierten Daten) entwickelt haben. Für das Internet selbst, das genau genommen eine technische Plattform darstellt, werden spezifische Anwendungen unterschieden, in erster Linie *E-mail* (*le courriel/le mèle/le courrier électronique*), *Newsgroups* (*le forum/infogroupe*), *Chat* (*le chat*; chatten: *dialoguer*) und das *World Wide Web* (*le web*), wobei Letzteres die Vorgenannten in seine Benutzerführung integriert hat, so dass die Abgrenzungen nur noch technischer Art sind, für User (*utilisateur, utilisatrice*) jedoch kaum noch Bedeutung haben.

Wenn nun das Internet als Leitmedium der Zukunft gehandelt wird, so ist dies auf Eigenschaften zurückzuführen, die auch für den Arbeitsbereich der Literaturwissenschaften weitreichende Konsequenzen mit sich bringen, welche über die praktischen Anwendungen von *offline* (*hors ligne*) genutzten Textverarbeitungsprogrammen und Datenbanken hinausweisen (vgl. die Hinweise zu literaturwissenschaftlichen Arbeitstechniken in Einheit 3.4):

► Multimedialität und Hypertextualität

Die Struktur des Hypertextes (*un hypertexte*) erlaubt vermittels eingefügter *Links* (*un hyperlien/un lien*) die Verknüpfung von Schrift, Tonaufnahmen (von Stimmen, Musik, Geräuschen), Bildern, Videos, graphischen Effekten etc. Diese Organisationsform als Netzwerk einzelner Elemente geht dabei über die Grenzen des Einzeldokuments (etwa: einer Internet-Seite) hinaus und ergibt eine geradewegs unendliche Verknüpfung mit weiteren Daten im *World Wide Web*.

► Interaktivität

Im Gegensatz zu den traditionellen Massenmedien erlaubt die Medienplattform Internet nicht nur, Informationen an eine große Anzahl von Empfängern zu verbreiten, sondern diese Empfänger sind in der Regel in der Lage, ihrerseits mit der Instanz, welche die Informationen zur Verfügung stellt, unkompliziert in Kontakt zu treten. Aus passiven Rezipienten werden Nutzer, die ihrerseits Informationen in das Medium einspeisen können.

Internet-Journalismus   Neben dem Radio (und dem Fernsehen) hat sich das *World Wide Web* durch *Newsticker* und die schnelle Online-Stellung von Informationen als neues Medium der Aktualität seinen Platz gesichert. Der Bereich des Journalismus liegt zwar noch in formaler Nähe zum traditionellen Pressewesen – Beiträge aus den Papier-Ausgaben finden sich häufig in evtl. modifizierter Form zugleich im Internet; doch achten spezielle Online-Redaktionen darauf, dass die Artikel durch dem Medium gerechte Zusatzinformationen ergänzt werden, z. B. durch die Einbindung von Bild- und Tonmaterial, wie ebenfalls gerade die Möglichkeit der Vernetzung mit anderen Schrifttexten systematisch genutzt wird. Die Hypertextualität verändert auch hier die Lesegewohnheiten des Publikums, zugleich können die Beiträge im Prinzip von den Zeilenbeschränkungen der Druckausgabe entbunden werden. Die Archivierung von Artikeln gestattet den (meist kostenpflichtigen) Rückgriff auf vergangene Publikationen.

Zwar fehlt es nicht an literarischen Experimenten, welche die neuen medialen Möglichkeiten erproben wollen. Allerdings hat sich bislang daraus weder im Bewusstsein der breiten Öffentlichkeit im Allgemeinen noch der Literaturwissenschaft im Speziellen eine neue literarische Gattung etablieren können. Nichtsdestoweniger ist das Internet bereits zum unentbehrlichen Bestandteil der literaturwissenschaftlichen Praxis geworden (siehe Einheit 3). Seine wichtigsten Funktionen sind in diesem Zusammenhang:

► seine generelle Nutzung als Recherchemittel;
► die Bereitstellung digitalisierter Texte der Primär- und Sekundärliteratur;
► die Versammlung fachspezifischen Wissens auf eigens eingerichteten Homepages oder Portalen;
► die Veröffentlichung aktueller Informationen für die akademische Lehre oder die *scientific community* (Hinweise auf Lehrveranstaltungen oder Tagungen);
► der wissenschaftliche Austausch, bspw. im Rahmen spezifischer Foren oder über individuelle Korrespondenzen per *E-mail*;
► die Publikation eigener Forschungsbeiträge.

Zusammenfassung

Die Wahl des Mediums – so die inzwischen landläufig verbreitete Einsicht des amerikanischen Kommunikationstheoretikers Marshall McLuhan – ist an sich schon bedeutungstragend. Sie wirkt sich in entscheidendem Maße auf die Deutung der vom Medium transportierten Inhalte aus, die sich in ihrer formalen Ausgestaltung wiederum an die Erfordernisse des Mediums anpassen. Die Eigenarten eines Mediums werden von medientheoretischen Schriften nicht zuletzt im Hinblick auf ihre Auswirkungen auf das von ihnen belieferte (Massen-)Publikum erkundet. An Textbeispielen aus Presse und Hörfunk konnten die charakteristischen Eigenarten des jeweiligen Mediums herausgearbeitet werden. Wir wenden uns nun den literarischen Möglichkeiten zu, die die Medien Kinofilm und Fernsehen bieten.

Literatur

Francis Balle: *Les médias*. Paris: P.U.F. 2004.

Jean Baudrillard: *Simulacres et simulation*. Paris: Galilée 1981.

Jérôme Bourdon: *Introduction aux médias*. Paris: Montchrestien 2000.

Jean-Marie Charon: *Les médias en France*. Paris: La Découverte 2003.

Max Horkheimer/Theodor W. Adorno: *Dialektik der Aufklärung. Philosophische Fragmente*. Frankfurt/Main: S. Fischer 1969.

Hans-Jürgen Lüsebrink et al.: *Französische Kultur- und Medienwissenschaft. Eine Einführung.* Tübingen: Narr 2004.

Claude E. Shannon/Warren Weaver: *Mathematische Grundlagen der Informationstheorie.* München: Oldenbourg 1976.

Thomas Weber/Stefan Woltershofen: *Wegweiser durch die französische Medienlandschaft.* Marburg: Schüren 2001.

Film und Fernsehen

	Inhalt	

Die Faszination der audiovisuellen Massenmedien ist ungebrochen. Dies gilt umso mehr, als Film und Fernsehen es verstanden haben, in einen wechselseitig befruchtenden Austausch mit literarischen Verfahren und Gattungen zu treten. Die Frage nach theoretischen Deutungen der beiden Medien soll daher im Folgenden ebenso Beachtung finden wie die intermedialen Transformationsprozesse, die Einführung in die technischen Voraussetzungen und die formalen Eigenheiten der Filmproduktion für Kino und Fernsehen, also für den ‚grand' und den ‚petit écran'. Ausgehend von der Priorität journalistischer Textsorten in den in Einheit 13 behandelten Medien kann das Augenmerk sodann auf die Welt der Television gerichtet werden, die neben Sendungen mit fiktionalem Inhalt auch eine breite Palette an dokumentarischen oder informativen Programmbestandteilen bietet. Einen weiteren Schwerpunkt wird das Feld des Kinofilms bilden, das traditionell durch eine besondere Nähe zu literarischen Erzählverfahren geprägt ist.

Überblick

14.1 | Der Film als ‚Massenware'

Skepsis gegenüber dem Film

Die Geschichte des Films und des Fernsehens ist nicht nur die Erfolgsgeschichte zweier über die Maßen beliebter Massenmedien. Die technischen Möglichkeiten, bewegte Bilder, begleitet von synchron abgespielten Tonaufnahmen, zu projizieren, später die Überzeugungskraft des Farbfilms, der über Funk und Kabel schließlich in die Sphäre des Privatlebens Eingang gefunden hat, dies alles wurde im Vergleich zu anderen Medien als überwältigende Illusionswirkung wahrgenommen, zu deren Konsequenzen auch skeptische Stimmen laut wurden. Zu den frühen theoretischen Auseinandersetzungen mit dem Film zählen die nachhaltig rezipierten Ausführungen Walter Benjamins, der in seinem Aufsatz „Das Kunstwerk im Zeitalter seiner technischen Reproduzierbarkeit" gerade in der massenweise und gleichsam ortsungebundenen Verfügbarkeit des Mediums Film eine grundsätzliche Veränderung der Kunst selbst erblickt:

Text 14.1 |

Walter Benjamin: Das Kunstwerk im Zeitalter seiner technischen Reproduzierbarkeit (1936/39)

Das Kunstwerk [hier: die bildliche Kunst; die Verf.] ist grundsätzlich immer reproduzierbar gewesen. Was Menschen gemacht hatten, das konnte immer von Menschen nachgemacht werden. Solche Nachbildung wurde auch ausgeübt von Schülern, zur Übung in der Kunst, von Meistern zur Verbreitung der Werke, endlich von gewinnlüsternen Dritten. Dem gegenüber ist die technische Reproduktion des Kunstwerkes etwas Neues [...]

Noch bei der höchstvollendeten Reproduktion fällt eines aus: das Hier und Jetzt des Kunstwerks – sein einmaliges Dasein an dem Orte, an dem es sich befindet. An diesem einmaligen Dasein aber und an nichts sonst vollzog sich die Geschichte, der es im Laufe seines Bestehens unterworfen gewesen ist. [...]

Wenn das auch keineswegs vom Kunstwerk allein gilt, sondern entsprechend z. B. von einer Landschaft, die im Film am Beschauer vorbeizieht, so wird durch diesen Vorgang am Gegenstande der Kunst ein empfindlichster Kern berührt, den so verletzbar kein natürlicher hat. Das ist seine Echtheit. Die Echtheit einer Sache ist der Inbegriff alles von Ursprung her an ihr Tradierbaren, von ihrer materiellen Dauer bis zu ihrer geschichtlichen Zeugenschaft. Da die letztere auf der ersteren fundiert ist, so gerät in der Reproduktion, wo die erstere sich dem Menschen entzogen hat, auch die letztere: die geschichtliche Zeugenschaft der Sache ins Wanken. Freilich nur diese; was aber dergestalt ins Wanken gerät, das ist die Autorität der Sache.

Man kann, was hier ausfällt, im Begriff der Aura zusammenfassen und sagen: was im Zeitalter der technischen Reproduzierbarkeit des Kunstwerks verkümmert, das ist seine Aura. Der Vorgang ist symptomatisch; seine Bedeutung weist über den Bereich der Kunst hinaus. *Die Reproduktionstechnik, so ließe sich allgemein formulieren, löst das Reproduzierte aus dem Bereich der Tradition ab. Indem sie die Reproduktion vervielfältigt, setzt sie an die Stelle seines einmaligen Vorkommens sein massenweises. Und indem sie der Reproduktion erlaubt, dem*

Aufnehmenden in seiner jeweiligen Situation entgegenzukommen, aktualisiert sie das Reproduzierte. Diese beiden Prozesse führen zu einer gewaltigen Erschütterung des Tradierten – einer Erschütterung der Tradition, die die Kehrseite der gegenwärtigen Krise und Erneuerung der Menschheit ist. Sie stehen im engsten Zusammenhang mit den Massenbewegungen unserer Tage. Ihr machtvollster Agent ist der Film. Seine gesellschaftliche Bedeutung ist auch in ihrer positivsten Gestalt, und gerade in ihr, nicht ohne diese seine destruktive, seine kathartische Seite denkbar: die Liquidierung des Traditionswertes am Kulturerbe. Diese Erscheinung ist an den großen historischen Filmen am handgreiflichsten. Sie bezieht immer weitere Positionen in ihr[en] Bereich ein. Und wenn Abel Gance 1927 enthusiastisch ausrief: „Shakespeare, Rembrandt, Beethoven werden filmen … Alle Legenden, alle Mythologien und alle Mythen, alle Religionsstifter, ja alle Religionen … warten auf ihre belichtete Auferstehung, und die Heroen drängen sich an den Pforten" so hat er, ohne es wohl zu meinen, zu einer umfassenden Liquidation eingeladen. (Benjamin: 2002, 352ff.)

? Dass es beispielsweise zwischen einem Ölgemälde und seinen Reproduktionen einen Unterschied geben mag, kann einleuchten. Wieso aber sieht Benjamin gerade vom Tonfilm eine Gefahr für die kulturelle Tradition ausgehen? | Aufgabe 14.1

? Versuchen Sie Benjamins Kritik am Aura-Verlust auf einen Vergleich von Theateraufführung und Kinofilm zu übertragen. | Aufgabe 14.2

Literaturverfilmung | **14.2**

Die in der letzten Frage aufgeworfene Problematik kann ebenfalls auf die Kluft zwischen einem Theaterbesuch und der Betrachtung einer Theateraufführung im Fernsehen übertragen werden. Offensichtlich können nicht beliebige traditionelle literarische Gattungen in die Medien Film oder Fernsehen integriert werden, ohne an Wirkungskraft zu verlieren. Vielmehr können jene Gattungen oder Formate (s. 14.3.5 und 14.4.2) überzeugen, die Eigenarten und Vorzüge eines Mediums ausschöpfen. Im Bereich der intermedialen Bezüge stellt sich damit wiederum die Frage nach den Möglichkeiten der Übertragung literarischer Vorlagen in den Film, die seit Beginn der Kino- und Fernsehproduktionen ein wichtiges Genre ausgebildet hat. Ergänzend kann noch auf die unmittelbar von Schriftstellerinnen und Schriftstellern verfassten Drehbücher wie auch auf das weite Feld der literarischen Anspielungen oder Zitate in Filmen verwiesen werden. Drehbuch

Für den zuvor genannten Fall der Aufbereitung eines literarischen Textes kann im Groben von drei Stufen der Umsetzung ausgegangen werden:

Aufzeichnung 1) Die Aufzeichnung einer Darbietung, z. B. einer Theateraufführung, einer Lesung oder Rezitation, beschränkt sich auf die filmische Registrierung des vor der Kamera stattfindenden Auftritts. Die Handelnden werden ggf. lediglich für die Aufnahme gezielt ausgeleuchtet, der Einsatz mehrerer Kameras erlaubt ein zusätzliches Wechselspiel der Perspektiven, ergänzt durch verschiedene Einstellungsgrößen (Zoom) oder Positionsveränderungen. Die Kameraarbeit beschränkt sich somit weitgehend auf die Wahrnehmung des Geschehens aus der Sicht eines distanzierten Zuschauers (so in den meisten Fällen von Mitschnitten von Drameninszenierungen oder Opernaufführungen).

Adaption 2) Die Adaption einer literarischen Vorlage (dramatischer oder narrativer Text) versucht, unter weitgehender Treue zum Original eine Umsetzung der Handlung mit den Mitteln des Films zu gewährleisten. Literaturverfilmungen dieser Art zeichnen sich in der Regel durch eine besondere Textnähe aus, die von den Schauspielern und Schauspielerinnen verkörperten Figuren orientieren sich an den Vorgaben des Bezugstextes, ebenso wie die Handlung in ihrem Umfang und Ablauf diesem *en gros* folgt. Abweichungen von der Vorlage können aus den medialen Rahmenbedingungen (Darstellbarkeit, zur Verfügung stehende Spieldauer etc.) erklärt werden. Ein Beispiel aus diesem Bereich wäre der 1991 von Claude Chabrol für die Leinwand adaptierte Roman *Madame Bovary* nach Gustave Flaubert.

Transformation 3) Eine Transformation des Ausgangstextes bemüht sich im Gegensatz dazu um eine freiere Erfassung des vorgegebenen Themas (oder bestimmter Motive), das jedoch aus der Logik des Mediums heraus umgestaltet und interpretiert wird. Der Film gewinnt dadurch gegenüber dem literarischen Text an Eigenständigkeit, wird ihm eher auf einer übergeordneten Bezugsebene gerecht oder zielt gar auf seine Kommentierung oder Widerlegung ab. Die zentrale Frage wäre in diesem Fall nicht mehr, wie man eine Vorlage optimal mit filmischen Mitteln zur Darstellung bringen kann, sondern wie ein literarischer Text sich *im Medium Film* entfaltet hätte. In diese Richtung weist etwa *Zazie dans le métro* (1960) von Louis Malle nach dem gleichnamigen Roman von Raymond Queneau: Der Film löst sich in weiten Partien von der erzählerischen Vorlage, erfasst aber deren Witz und Tempo mit den eigenen Mitteln; dabei thematisieren beide, der Film wie der Roman, selbstreflexiv das eigene Medium.

14.3 | Filmanalyse

Als audiovisuelles Massenmedium, das sich in mehrfacher Hinsicht erzählerischer Verfahren bedient, kann der Film einer umfassenden Analyse unterzogen werden, die im Folgenden zumindest in ihren Grundzügen vorgestellt werden soll. Der Schwerpunkt wird dabei auf die technischen Voraussetzungen gelegt, also auf die filmerischen Mittel, welche für die Ausformung einer Geschichte oder Handlung zum Einsatz kommen; gleichzeitig muss eine derartige Analyse die Untersuchung der Struktur, der Figurenkonstellation, der Motive oder der intertextuellen (hier besser: intermedialen) Bezüge berücksichtigen, wie sie in Analogie bereits in den Einheiten 6 bis 9 behandelt worden ist und hier nicht nochmals eigens erörtert wird. Dabei soll jedoch zumindest eingangs betont werden, dass eine umfassende Filmanalyse sich nicht allein auf die Ebene des Films selbst beschränkt, sondern mehrere Ebenen umfassen sollte:

Ebenen der Interpretation

1) Die vielschichtigen Entstehungsbedingungen, in welche sich die Verfassung der Filmvorlage oder des Drehbuchs, schließlich die Produktion selbst einschreiben (hierzu zählen kommerzielle Rahmenbedingungen, technische Neuerungen, das Aufgreifen von in der Gesellschaft beachteten Themen, gattungsgeschichtliche Vorgaben, stilistische Strömungen u. v. m.);
2) im Speziellen: das künstlerische Profil des Regisseurs/der Regisseurin, wobei u. a. Selbstkommentare zum Film (etwa in Interviews) Hinweise auf persönliche Intentionen wie auch auf das anvisierte Publikum liefern;
3) die von einer konkreten Fragestellung geleitete Interpretation von Figuren und Handlungen im Rahmen einer den gesamten Film umfassenden Zusammenschau, die sich auf eine genaue Analyse der (unten beschriebenen) filmischen Mittel stützt und einen methodischen Ansatz – etwa in biographischer, psychologischer, feministischer, soziologischer, historiographischer, mediengeschichtlicher oder dekonstruktivistischer Hinsicht – verfolgt (vgl. hierzu die Einheiten 10–12);
4) den Einbezug von Rezeptions-Zeugnissen (bspw. Filmkritiken, bereits vorliegende Interpretationen und Analysen) und – falls möglich – eine Würdigung der Nachwirkungen des Werks.

Schon ein flüchtiger Blick auf Claude Chabrols Verfilmung von Gustave Flauberts (1821–1880) Roman *Madame Bovary* (1857), die im Folgenden einige veranschaulichende Beispiele bereitstellen wird, kann interessante Leitfragen für eine Untersuchung aufwerfen. Die Romanvorlage übte auf den Regisseur nach eigenem Bekunden seit seiner Kindheit eine besondere Faszination aus. In ihr findet Chabrol zentrale Motive, die auch sein eigenes filmisches Schaffen von Grund auf prägen: die dem Menschen eigene Unzufriedenheit mit seiner Existenz – sein Träumen, Verlangen, die unersättliche Liebe und Gewissensbisse; die Beschränktheit und die Lebenslügen der bürgerlichen Welt; die brüchige Zweierbeziehung und der aus der Krise resultierende Ehebruch. Bei all dem nähert sich Chabrols nüchterner Blick auf die bürgerliche Seele, die er in ihren Unzulänglichkeiten bloßlegt, dem unparteiisch-mitleidslosen Erzählstil Flauberts an. Für beide wird die weibliche Hauptfigur zur Verkörperung einer blinden Flucht aus ihren beengenden Verhältnissen, die jedoch von vornherein

Claude Chabrol: Madame Bovary (1991)

aufgrund der Mittelmäßigkeit aller Beteiligten zum Scheitern verurteilt ist. Bei Chabrol entsteht aus dieser Auseinandersetzung mit der literarischen Vorlage daher ein Schlüsselwerk, das wesentliche Züge zahlreicher anderer Filme, so der großen Ehefilme *La femme infidèle* (1969) und *Juste avant la nuit* (1971), in sich aufnimmt und variiert (vgl. Seifert: 1998, 36ff.).

14.3.1 | Zwei Methoden der Filmtranskription

Eine eingehende Filmanalyse wird sich im Weiteren zwangsläufig auf ein mehrfaches Betrachten des Films stützen; um Details zuverlässig zu erfassen und zugleich das gesamte Werk nicht aus dem Blick zu verlieren, haben sich verschiedene Methoden herausgebildet, welche versuchen, die wesentlichen Elemente des Films auf Papier festzuhalten, sie zu transkribieren. Die Basis hierfür bildet die Einstellung (*le plan*) als kleinste Einheit des Filmgeschehens; ihre Begrenzung bildet der Schnitt (*le découpage*). In einem Einstellungsprotokoll werden – für ausgewählte Passagen oder für das Filmganze, das bei einer durchschnittlichen Dauer von 90 Minuten im Mittel um die 400–700 Einstellungen umfasst – normalerweise folgende Informationen verzeichnet: laufende Nummer und Länge der Einstellung; Kameraaktivitäten; Beschreibung des Sichtbaren; Transkription des zu Hörenden, ggf. Art des Übergangs zwischen aufeinanderfolgenden Einstellungen.

Einstellungsprotokoll (Randnotiz)

Text 14.2 | **Einstellungsprotokoll (Auszug) am Beispiel von Claude Chabrol: *Madame Bovary***

Beispiel für ein Einstellungsprotokoll (Randnotiz)

Nr.	Dauer in Sek.	Kamera-Aktivitäten	Beschreibung des Sichtbaren	Tonspur
26	9	Halbtotale Rückfahrt Halbnah	Emma und Charles kommen aus dem Haus, Charles geht auf die zurückweichende Kamera zu, verlässt das Bildfeld nach rechts Emma hingegen bleibt stehen und fragt nach seinem Namen	E: Je voudrais savoir votre nom, docteur! Ch: Oui.
27	2	Halbnah	Ch antwortet mit dem Rücken zu E, während er seine Arzttasche in den Wagen legt	Ch: Charlesbovary.
28	1	Nah	E von vorne	E: Pardon?
29	6	Nah leichter Schwenk	Ch leicht von der Seite, er hebt den Kopf und wendet sich E zu, die Kamera folgt der Bewegung, Ch wiederholt seinen Namen, nickt zum Abschied	Ch: Char-les Bo-va-ry. Mademoiselle...

244

Nr.	Dauer in Sek.	Kamera-Aktivitäten	Beschreibung des Sichtbaren	Tonspur
30	3	Nah	E von vorne	E: Eh bien, docteur, alors dans trois jours!
31	2	Nah	Ch nickt flüchtig, steigt auf seinen Wagen, verdeckt das Bildfeld mit seinem Rücken	
32	6	Totale Aufsicht	Blick auf das Gutshofgebäude und den Vorplatz; Ch fährt los, sein Wagen bewegt sich in Bildmitte nach rechts, während E ihm von links kommend einige Schritte nachgeht	Musik
33	18	Halbtotale Aufsicht Kameraschwenk	Emmas Vater fährt von rechts kommend vor Ch.s Haus vor, hält an. Er steigt aus, nimmt eine gerupfte Gans aus dem Wagen, geht nach links zur Haustüre, klopft mit dem Stockknauf an, wobei die Kamera der Bewegung folgt (leichter Zoom auf die Figur)	Musik (verstummt) V: Hoh, holà, hoh! Hoh! Läuten der Kirchturmglocken Klopfen

Mehrere (im Hinblick auf Handlungselemente, Schauplätze, Zeitabschnitte oder präsente Figuren) zusammenhängende Einstellungen bilden zusammen eine Sequenz (*séquence*). Sie vereinen zumeist unterschiedliche Szenen (*scène*), d. h. Gruppen von Einstellungen, welche durch die Beibehaltung der Figuren, des zusammenhängenden räumlichen Dekors und den Verzicht auf Zeitsprünge (Erzählzeit = erzählte Zeit) zusammengehalten werden. Das Protokollieren von Sequenzen und Subsequenzen (z. B. einzelne oder sich ergänzende Szenen) bietet eine weniger aufwendige Möglichkeit, den Handlungsverlauf eines Films zu beschreiben; hierfür werden größere Blöcke nach inhaltlichen (Handlungsorte, Personen, grober Handlungsverlauf) und formalen Kriterien (z. B. Kameraarbeit) beschrieben und der zeitlichen Abfolge entsprechend aufgezeichnet.

Sequenzprotokoll

Sequenzprotokoll zu *Madame Bovary* von Claude Chabrol (Auszug)

Text 14.3

Beispiel für ein Sequenzprotokoll

00'00 **Sequenz 1: Die Begegnung**

01'30 Charles fährt mit seiner Droschke auf einer nächtlichen Straße, ein Junge erwartet ihn und leitet ihn zum Gutshof (zugleich eingeblendeter Titelvorspann)

03'30 Emma erwartet den Arzt an der Türe, geleitet ihn zum Krankenbett des Vaters, Charles untersucht und schient sein Bein, wobei Emma sich beim Nähen in den Finger sticht; sie führt den Arzt hinaus

Emmas Vater besucht Charles in der Stadt, begleicht seine Rechnung, spricht ihn auf seine Witwerschaft an und lädt ihn zu einem Besuch auf seinem Hof ein

05'30 Charles kommt zu Besuch, unterhält sich mit Emma; sie überredet ihn zu einem Likör, leckt gierig das Glas leer; sie erwähnt ihre Schwindelanfälle, zeigt ihre schulischen Auszeichnungen, äußert den Wunsch, in die Stadt zu ziehen

08'12 Charles eilt zu Emmas Vater; der möchte in einer Unterredung mit Emma die Ehe anbahnen und dem draußen wartenden Charles ein Zeichen geben, falls sie sich einverstanden erklärt; er gibt das Zeichen

09'47 **Sequenz 2: Die Hochzeit**

[…]

Neben den erwähnten beiden Methoden, die ihrerseits auf unterschiedliche Art und Weise, d. h. gegebenenfalls unter Einbezug weiterer Kriterien, gehandhabt werden können, existieren noch andere Verfahren der Filmtranskription, vor allem unter Einbezug graphischer Elemente (ausführlich hierzu: Korte 2004). An den zwei vorgestellten Modellen dürfte jedoch bereits deutlich geworden sein, dass eine Filmanalyse sich, wo es um die Beschreibung des vorgeführten Materials geht, stets auf drei Dimensionen erstrecken muss: auf optische Informationen (was ist zu sehen?), auf akustische Informationen (was ist zu hören?) und auf die Zusammenstellung des aufgezeichneten Materials im projizierten Film über Schnitt und Montage (welche Abfolge ergibt sich?).

14.3.2 | **Bildebene**

Für das Kino ist das bewegte Bild charakteristisch. Gleichsam photographische Standbilder, Schrifttafeln (im Stummfilm/*film muet*) oder eingeblendete Schrift (Untertitel/*sous-titre*) können diese auf Bewegungsabfolgen ausgerichteten Aufnahmen unterbrechen oder ergänzen und tragen dann ganz bestimmte Funktionen, die es zu hinterfragen gilt. Erfasst werden die Bilder von der Kamera, die als vermittelnde Instanz zwischen den Zuschauern und dem Filmgeschehen steht: Obwohl sie im Normalfall in dieser Rolle gar nicht wahrgenommen wird, weil das Gesehene uns ,unmittelbar' vor Augen steht und uns in einem sogartigen Realitätseffekt in die Bilderwelt hineinzieht, muss immerzu beachtet werden, dass es sich dabei um eine medial vermittelte ,Wirklichkeit' handelt (auch bei dokumentarischen Aufnahmen!). Die Kamera ist mehr als nur ein ,künstliches Auge', sie erfasst die Bildinhalte, wählt den Blickwinkel, steuert insgesamt über die Art und Weise des Filmens unsere Wahrnehmung der dargebotenen Inhalte – und wird somit zu einer Erzählinstanz, die analog zu den in Einheit 8 genannten Möglichkeiten das Geschehen präsentiert. Im Übrigen gehört auch das von der Kamera nicht Gezeigte (*le hors-champ*) unter Umständen durchaus zum filmischen Univer-

Der ,Realitätseffekt'
des bewegten Bildes

sum, etwa in den spannungsreichen Szenen von Horror- oder Kriminalfilmen, die absichtlich visuelle Informationen vorenthalten und sie nur auf der akustischen Ebene andeuten (z. B. über Schreie aus der Ferne).

Der Begriff ‚Einstellung' bezeichnet zunächst einmal, wie ein Bildinhalt von der Kamera erfasst wird. Das Bildformat definiert den Kader (*cadre*) als nach vier Seiten begrenztes Bildfeld, in der Kadrierung wird ein Ausschnitt aus einem Geschehen vorgenommen. Einstellung

Das Bildfeld kann nach den Kriterien der Komposition hinterfragt werden: die Betonung bestimmter Linien oder Formen, Kontraste zwischen hellen und dunklen Flächen, Bezüge zwischen Bildelementen (bspw. das Spannungsverhältnis zwischen einem Einzelnen und der ihm gegenüberstehenden Gruppe), auch die Gleichzeitigkeit von statischen und bewegten Elementen können neben vielen anderen hierbei aufschlussreich sein. Komposition

Ein zweites Merkmal ist die Größe der Einstellung, für die folgendes Raster zur Verfügung steht: Einstellungsgröße

► Panorama oder Weit/*plan de grand ensemble* oder *plan général*: ein aus großer Distanz gegebener Überblick, etwa über eine Landschaft oder eine Stadt, meist von einer erhöhten Warte aus vorgenommen, evtl. mit einem Weitwinkel-Objektiv oder einer Schwenkbewegung der Kamera eingefangen; Menschen wirken im Rahmen dieser Landschaft verloren, deren Eindruck dominiert;

► Totale/*plan d'ensemble*: ein einzelner Schauplatz wird im Überblick erfasst: die Personen und ihr weiteres räumliches Umfeld sind zu erkennen; mit dieser Einstellung kann zu Beginn einer Sequenz ein Handlungsraum vorgestellt werden;

|Abb. 14.1
Totale (aus Jean Renoirs *La Chienne*, 1931)
|Abb. 14.2
Halbtotale Einstellung (aus *La Chienne*)

► Halbtotale/*plan de demi-ensemble*: die Personen sind ganz zu sehen, mit ihnen noch ein Großteil der unmittelbaren szenischen Umgebung; Menschengruppen und Bewegungen von Personen im Raum lassen sich somit gut erfassen;

► Halbnah/*plan moyen*: die Personen füllen in ihrer vollen Größe das Bild; von der räumlichen Umgebung sind nur noch kleinere Anteile im Bild zu sehen; Menschen interagieren gut erkennbar mit ihrer näheren Umgebung, v. a. mit anderen Personen;

► Amerikanisch/*plan américain*: der Körper wird nur noch vom Kopf bis zur Mitte des Oberschenkels (wegen des Pistolenhalfters!) gezeigt;

Abb. 14.3
‚Amerikanische'
Einstellung (aus *La Chienne*)

Abb. 14.4
Nahe Einstellung (aus *La Chienne*)

► Nah/*plan rapproché*: der Körperausschnitt ist auf Kopf und Teile des Oberkörpers reduziert; in dieser Einstellung können Mimik, Gestik – v. a. als Gesprächsverhalten – besonders gut gezeigt werden;

► Groß/*gros plan*: das Gesicht füllt das Bildfeld aus und ermöglicht eine genaue Studie der Mimik der portraitierten Person, was für die Zuschauer eine Auseinandersetzung mit deren Gefühlen und Gedanken suggeriert;

► Detail/*très gros plan, détail*: vergrößerte Nahaufnahme eines einzelnen Elements, z. B. einer Hand, dessen Funktion für den Handlungsablauf dadurch stark betont wird.

Abb. 14.5
Detail-Einstellung (aus *La Chienne*)

Abb. 14.6
Einstellung aus Claude Chabrols *Madame Bovary* (1991)

Perspektive

Die Wirkung der Einstellungsveränderungen auf die Zuschauerschaft lässt sich als Distanz oder Nähe zum Filmgeschehen auffassen. In Kombination mit der Einstellungsgröße ist auch auf die **Kameraperspektive** (*angles de prise de vue*) zu achten. Hier kann unterschieden werden zwischen:

► Aufsicht (Vogelperspektive/*plongée*): der von oben herab gerichtete Blick suggeriert Überblick und Kontrolle;

► Normalsicht/*angle normal*: Referenzpunkt ist die Augenpartie der im Film gezeigten Personen; die Zuschauer befinden sich mit ihnen ‚auf Augenhöhe', was den normalen Sehgewohnheiten entspricht;

► Untersicht (Froschperspektive/*contre-plongée*): das sichtbare Objekt wirkt übermächtig und bedrohlich.

? Um welche Einstellungsgröße handelt es sich in Abb. 14.6? Aus welcher Perspektive ist die Personengruppe aufgenommen?

|Aufgabe 14.3

Die genannten Möglichkeiten werden über die Zeitdauer einer Einstellung zumeist nicht statisch verwendet (*plan fixe*), sondern sind Teil eines Bewegungsablaufs. Neben dem Zoom (*le zoom*), welcher mittels eines Objektivs die optische Distanz zum gefilmten Objekt verändert, handelt es sich dabei um *Bewegungen der Kamera*. Hier wird zwischen Schwenk und Kamerafahrt bzw. Kombinationen aus beiden unterschieden. Der Schwenk wird als Veränderung der Ausrichtung und des Neigungswinkels auf einem still stehenden Stativ vollzogen, entweder zu den Seiten (*un panoramique*) oder nach unten bzw. oben (*une plongée/contre-plongée*). Die Kamerafahrt (*un travelling*) setzt die gesamte Kamera-Apparatur mit Stativ in Bewegung, z. B. auf Rollen, auf einem Schlitten oder Kran. In der Parallelfahrt begleitet die Kamera auf diese Weise ein sich bewegendes Objekt; in der Vorfahrt (*travelling avant*) bewegt sie sich auf das Objekt zu, in der Rückfahrt (*travelling arrière*) von ihm fort. Die von der Kamera ausgeführten Bewegungen vermitteln den Zuschauern den Eindruck, stärker in das Geschehen auf der Leinwand mit einbezogen zu sein. Im Gegenzug können sich natürlich auch die Objekte vor der Kamera bewegen, was zum Beispiel bei einer Bewegungsrichtung auf die Zuschauer hin ein Gefühl der Bedrohung vermitteln kann.

Kameraschwenk und Kamerafahrt

In den Bereich des Visuellen gehören weiterhin die *Lichtverhältnisse*, also die Ausleuchtung durch Scheinwerfer und die Lichtintensität. Der Scheinwerfereinsatz kann das gefilmte Objekt von vorne ausleuchten (Vorderlicht/ *lumière de face*) oder im Gegenlicht (*lumière de derrière*) verschwimmen lassen. Seitenlicht oder einzelne Lichtspots konturieren beispielsweise Gesichtszüge oder lassen bestimmte Einzelheiten der Requisiten oder Raumumgebung deutlicher hervortreten. Unter *high key* versteht man einen kontrastreichen Scheinwerfereinsatz, der klare Trennungen zwischen ausgeleuchteten und dunklen Bildpartien vornimmt; der *low key*-Stil hingegen zeichnet weichere Konturen und lässt die Farben eher ineinander verschwimmen.

Beleuchtung

Neben der Kameraarbeit und der auf sie ausgerichteten Beleuchtung gilt es schließlich, die Bildinhalte selbst genau zu beschreiben und zu deuten. Dabei sind neben der Gestaltung des Raums (Schauplatz, Kulisse bei Studio-Aufnahmen) die evtl. symbolhaften Gegenstände (Requisiten), die Kostüme und

Bildinhalte

Masken, schließlich die schauspielerischen (und sprecherischen) Leistungen der Akteure selbst zu betrachten.

Aufgabe 14.4 | **?** Beschreiben Sie die in dem folgenden Beispiel eingesetzte Beleuchtung.

Abb. 14.7 |

Einstellung aus
Madame Bovary

14.3.3 | Tonebene

Der Gehörsinn wird im Film auf drei unterschiedliche Weisen stimuliert: einerseits durch gesprochene Sprache (Monologe, Dialoge), andererseits durch Geräusche (*le bruitage*) und durch Musik. Befindet sich die Lautquelle, etwa ein Sprecher, im Bildfeld (*son 'in'*), so werden Ton und Bild synchron verwendet (Bildspur: *la bande-image*; Tonspur: *la bande-son*); ist die Lautquelle außerhalb des sichtbaren Bereichs, also im 'off' (*son 'off'*), handelt es sich um eine asynchrone Beziehung zwischen beiden Ebenen. Ein fortlaufendes Klang-Kontinuum ermöglicht darüber hinaus die Verknüpfung von Einstellungen, sogar bis hin zu Sequenzen, wobei die verschiedenen Bildinhalte durch einen durchwegs geführten Dialog, durch eine Geräusch- oder eine Musikuntermalung miteinander verknüpft werden.

Rede   Bei der *gesprochenen Sprache* ermöglicht die Sprechweise im Zusammenhang mit dem Grundcharakter einer Stimme – gerade auch bei der nachträglichen Synchronisation (durch die Schauspieler selbst oder durch Sprecher in anderen Sprachen; *doublage*) – dem Inhalt des gesprochenen Textes eine verstärkende oder zusätzliche Dimension zu verleihen, etwa beim Ausdruck von Wut oder Pathos, aber auch als ironische Distanz zum Gesprochenen. Dabei ist aufschlussreich, ob die im Film zu sehenden Personen selbst sprechen, ob sie miteinander reden oder für sich, eventuell sogar zum Zuschauer gewandt diesen ansprechen; oder ob eine Stimme aus dem Off für die Szene wichtige Informationen liefert bzw. einen Kommentar zur Handlung abgibt.

Geräusche   Um eine Einstellung als 'natürlich' oder 'stimmig' zu empfinden, benötigen Zuschauer und Zuschauerin in vielen Fällen eine *akustische Kulisse*, welche sich aus mehr oder minder diskreten Hintergrundgeräuschen zusammensetzt –

eine sog. *Atmo*. Diese Geräusch-Atmosphäre wirkt interessanterweise meist überzeugender, wenn es sich um künstlich erzeugte oder in speziellen Aufnahmeverfahren präparierte Geräusche handelt, die klarere wahrnehmbare und wiederzuerkennende Signale liefern als eine entsprechende direkte Vor-Ort-Aufnahme. Bisweilen treten einzelne Geräusche markant hervor, etwa als *Effektgeräusche*, welche die Filmhandlung um Spannungselemente bereichern; auch sie werden zumeist künstlich hergestellt, vom Knarzen der Tür über das Heulen des Windes bis zum Klingen aufeinanderschlagender Säbel.

Die Ebene der *musikalischen Gestaltung* eines Films zielt in der Regel auf eine emotionale Lenkung des Publikums. Die ausgewählten musikalischen Partien unterstreichen dabei die Empfindungen der Personen auf der Leinwand oder sollen in Verbindung mit dem Bildmaterial Stimmungseindrücke hervorrufen. Die Lautstärke, der Grad von Harmonie oder Dissonanz, die Verwendung bekannter Melodien als intermedialer Verweis, der Wechsel zwischen Melodien oder Motiven werden zu Ausdrucksmitteln, die Angst, Spannung, Trauer, Illusionen oder Träume, Wehmut, Heiterkeit, Verliebtheit signalisieren können. Es ist auch möglich, dass Personen oder Situationen mit bestimmten Motiven verknüpft werden und als Leitmotive immer wieder im Verlauf des Films als strukturierendes Moment eingesetzt werden.

Musik

Montage

| 14.3.4

Die Abfolge der Einstellungen im fertig gestellten Film entspricht normalerweise nicht der Reihenfolge der Dreharbeiten. Auch wird nur ein geringer Teil des Materials schließlich im Film verarbeitet werden. Entscheidend für seine künstlerische Gestaltung ist daher der eine Auswahl treffende Schnitt des Materials (*découpage*) und die anschließende Montage (*montage*) der Fragmente zu einem aus ihnen konstruierten Gesamtkomplex. Auch wenn das Drehbuch die grobe Vorlage für das Endprodukt liefert, so entsteht die in einem Einstellungsprotokoll erfassbare endgültige Form erst im Laufe einer aufwendigen Bearbeitung der Aufnahmen, zu der der Einsatz spezieller Filterverfahren, die Einfügung von gesprochenem (oder geschriebenem) Text, von Geräuschen oder Musik wie auch von computergestützten Spezialeffekten zählt.

Schnitt

Die Montage der Einstellungen zielt im Allgemeinen darauf ab, einen Erzählfluss zu erzeugen, bei dem sich über längere Passagen hinweg eine quasi selbstverständliche Abfolge von aus unterschiedlichen Kamerapositionen aufgenommenen Bildern ergibt (*un raccord*). Die einzelnen Einstellungen erscheinen dabei als folgerichtig gereihte Stationen einer Handlungskette. Als Beispiel kann das sog. Schuss-Gegenschuss-Verfahren (*champ – contre-champ*) dienen, wie es gerne bei der Inszenierung eines Gesprächs zwischen zwei Dialogpartnern verwendet wird. Hier sieht die Kamera der zuhörenden Person über die

Schuss/Gegenschuss

Schulter oder übernimmt ihren Blick auf die gerade sprechende Person; mit der Sprecherin oder dem Sprecher ändert sich sogleich die Kameraperspektive und gibt den Blick auf den aktiven Dialogpartner frei.

Abb. 14.8 |

Beispiel für Schuss-Gegenschuss (aus *La Chienne*)

Den Zuschauern fällt diese künstlich arrangierte Abfolge von Einstellungen zumeist nicht weiter auf, zu sehr entspricht sie ihrer Aufmerksamkeit für die redenden Personen, deren Text als verbindender roter Faden über die Einstellungswechsel hinwegläuft. Während der stetige Wechsel von Einstellungen vom Zuschauer als ‚natürliche' Eigenart des Films vorausgesetzt wird, bildet gleichzeitig die innere Kohärenz der Szenen und Sequenzen eine wichtige Basis des filmischen Erzählens. Aufschlussreich ist an dieser Stelle das Verfah-

Unsichtbarer Schnitt

ren des unsichtbaren Schnitts, das die Medialität des Films zugunsten einer Wirklichkeitsillusion in den Hintergrund treten lässt; die Plausibilität der Bilderfolge (*transparence*) ist insofern ein Kennzeichen des filmischen Realismus. Das oben angeführte Einstellungsprotokoll zu Madame Bovary gibt einen Hinweis darauf, wie in den Einstellungen 26 bis 31 über die Schnitte hinweg das gezeigt wird, was die Zuschauer zu sehen erwarten, nämlich die sich miteinander im Wechsel unterhaltenden Figuren (siehe Text 14.2). In einer schlüssigen Abfolge bauen die einzelnen Einstellungen aufeinander auf, folgen sie dem Geschehen. Überblendungen erlauben in anderen Fällen das kurzzeitige Verschmelzen zweier aufeinanderfolgender Bilder (*fondu, superposition*).

Harter Schnitt

Im Gegenzug kann die Montage auch anstelle eines solchen unauffällig-fließenden Übergangs einen betonten Bruch zwischen zwei Einstellungen erzeugen, etwa bei einer unvermittelten Abfolge von Tag- und Nachtaufnahmen oder unerwarteten Schauplatzwechseln (harter Schnitt/*coupe franche*; in Text 14.2 beispielsweise zwischen den Einstellungen 32 und 33). Ein *jump cut* liegt vor, wenn aus einem Handlungsablauf nur sprunghaft herausgegriffene Fragmente präsentiert werden (etwa in Claude Chabrols *A bout de souffle* von 1959). Ein Verfahren, das lange Zeit als Kunstfehler galt, stellt in diesem Zusammenhang

Achsensprung

der sog. Achsensprung dar, bei dem die Kameraposition die Handlungsachse zwischen zwei Filmfiguren überspringt, sie also in der Folgeeinstellung von der gegenüberliegenden Seite aus beobachtet, was einem realen Beobachter nicht möglich wäre, ohne um die Betrachteten herumzugehen. Ist ein solcher Positionswechsel nötig, so sollte er sich daher über eine Reihe von vermittelnden Zwischenpositionen erstrecken, welche auf nachvollziehbare Art und Weise die Akteure umrundet.

Abb. 14.9

Beispiel für einen Achsensprung (aus *Madame Bovary*)

Bilderfolgen, welche gegen unsere Wahrnehmungsgewohnheiten verstoßen, verweisen also auf die Künstlichkeit des Films und seinen Charakter als Kunstwerk, weshalb sich in derartigen Fällen die Frage nach der Funktion eines solchen Vorgehens aufdrängt. In diesem Sinne nutzt das Kino der *nouvelle vague* eine sprunghafte, assoziative Montagetechnik, welche nicht auf Illusionsbildung, sondern auf die Betonung des Kunstcharakters des Films ausgerichtet ist.

Ein weiteres Kriterium bei der Montage der geschnittenen Einstellungen ist die Frequenz ihrer Abfolge, die zwischen staccatohaftem Tempo oder elegischer Langsamkeit über die Dauer einer Einstellung entscheidet und zur unterschiedlichen Akzentuierung innerhalb des Films (z. B. als Dynamisierung des Geschehens oder Ruhepause) eingesetzt werden kann. Von einer Plansequenz (*plan-séquence*) spricht man in diesem Zusammenhang, wenn eine Einstellung über einen längeren Zeitraum ohne Schnitt weitergeführt wird, im Besonderen unter Verwendung einer Reihe von ausgeklügelten Bewegungen der Kamera, und im Sinne einer Sequenz mehrere Handlungseinheiten umfasst.

Plansequenz

Zugleich erlaubt die Montage die Ausbildung eines Erzählzusammenhangs über die Anordnung von zusammengehörenden Einstellungen innerhalb einer oder mehrerer Sequenzen. Die Parallelmontage (*montage parallèle/ alterné*) führt dem Publikum zwei (oder mehr) Handlungsstränge im Wechsel vor, die sich in der fiktiven Welt des Films zeitgleich zutragen oder zumindest miteinander in Beziehung gesetzt werden, etwa Verfolger und Verfolgte in Action-Filmen oder Sprünge zwischen Ereignissen in Gegenwart und Vergangenheit.

Parallelmontage

Erzählzeit und
erzählte Zeit

Natürlich kann darüber hinaus die chronologische Reihenfolge der Handlungselemente der erzählten Zeit (*durée de l'histoire*) aufgelöst werden, Handlungsepisoden können übersprungen (Ellipse) oder Sequenzen aus unterschiedlichen Zeiträumen miteinander kombiniert werden, etwa als *flash-back* (frz. auch: *saut en arrière*) oder *flash forward* (frz. auch: *saut en avant*). Die Parallelmontage ermöglicht wie gesagt eine Darstellung gleichzeitiger Ereignisse. Auf der Ebene der Erzählzeit (*durée du récit*) erlauben Zeitraffer und Zeitlupe eine Straffung oder Dehnung.

Aufgabe 14.5 |

? Worin besteht der Unterschied zwischen dem Schuss-Gegenschuss-Verfahren und der Parallelmontage?

14.3.5 | Filmisches Erzählen

Sowohl die visuelle als auch die akustische Vermittlung des Filmgeschehens an die Zuschauer beruht gemeinhin auf einem sorgfältig ausgearbeiteten Konzept. Die Art und Weise, wie die Kamera die Ereignisse in den Blick nimmt, wie auch die Auswahl des Tonmaterials sind Voraussetzungen für die sich in den Köpfen des Publikums vollziehende ‚Lektüre' des Films. Aus der Zusammenstellung des Bild- und Tonmaterials in Schnitt, Montage und Synchronisation entsteht die äußere Gestalt des Films, die Ebene des *discours*, während auf der Ebene der *histoire* das Geschehen vor der Kamera Schauspielerinnen und Schauspieler in ihrem Sprechen und Handeln zeigt. Die erzählte Handlung besitzt ebenso wie das Drama einen inneren Aufbau mit Exposition, Entfaltung des Konflikts, beschleunigenden und verzögernden Elementen, einem Höhepunkt und einem Schluss, sofern dieser nicht mit Absicht offen gehalten wird. Thema, Fabel/Plot und Story eines Films werden von einer Filmanalyse ebenso in den Blick genommen wie die in ihm auszumachenden stofflichen oder motivlichen Elemente, die Figurenkonstellation, der sich entwickelnde

Genres

Konflikt. Innerhalb der Filmgeschichte haben sich dabei eine Reihe von typischen Erzählmustern herausgebildet, die auf Konventionen beruhen und bestimmte Themen, ihre typischen Stoffe, Motive, Handlungsmuster, Figurenkonstellationen und ästhetische Verfahren der Inszenierung und Kameraarbeit umfassen: die Genres. Ihre Grenzen und Merkmale sind nicht immer klar definiert, doch haben sich Genres wie Liebes- oder Kriminalfilm, Western, Science-Fiction, Thriller oder Komödie in der Zuschauer-Wahrnehmung als feste Größen etabliert.

Fokalisierung

Solche Erzählmuster greifen auch auf die Art und Weise der Erzählung über, etwa bei schockierenden harten Schnitten im Horrorfilm. In Analogie zu den in Einheit 8 vorgestellten Kriterien kann die Ebene des *discours* auf narrative Verfahren hin untersucht werden, die teilweise schon in die obige Darstellung eingeflossen sind. Eine spezielle Aufmerksamkeit verdient die

Fokalisierung, wie sie in Anlehnung an die in Einheit 8.2.4 vorgestellte Genettesche Terminologie verwendet wird, mit der sie aber nicht deckungsgleich ist. Zwei grundsätzliche Möglichkeiten werden unterschieden:

► die *focalisation sur un personnage* betrachtet das Geschehen „von außen", wobei sie einer Figur ihre besondere Aufmerksamkeit widmet, sie begleitet und dadurch besonders hervorhebt;

► die *focalisation par un personnage* nimmt das Geschehen aus der Position einer Figur wahr; dies geschieht zumeist mit Hilfe der sog. ‚subjektiven Kamera', welche den Blick einer in das Geschehen eingebundenen Person imitiert.

Die letztgenannte Fokalisierung kann sogar bis zur Wiedergabe der Gedanken der betreffenden Person reichen, etwa in *flash-backs*, die ihre Erinnerungen wiedergeben, oder nur als Stimme aus dem ‚Off' (in diesen Fällen spricht man auch von *focalisation mentale*).

In einer seltenen Einstellung aus *Madame Bovary* liegt eine *focalisation par un personnage* vor: Emma betrachtet durch das Fenster das Geschehen auf der Straße, der schemenhaft erkennbare Teil des Fensterkreuzes macht deutlich, dass die Kamera hier die subjektive Sicht Emmas übernimmt. Gleichzeitig liefert die Einstellung ein interessantes Beispiel für die Bildkomposition, da durch das Fensterkreuz eine auffällige Halbierung des *cadre* gegeben ist, aus der zwei Bildhälften in einem starken Hell-Dunkel-Kontrast entstehen.

|Abb. 14.10
Emmas Blick durch
das Fenster
(aus *Madame Bovary*)

? Weshalb können Kameraarbeit und Schnitt nur im übertragenen Sinn als Erzählinstanz bezeichnet werden, wie sie in einem fiktionalen literarischen Text vorliegt?

|Aufgabe 14.6

Fernsehen

|14.4

Während das Kino heute vor allem als die Domäne der fiktionalen Erzählung, in eingeschränktem Maße auch als Experimentierfeld neuer Bildästhetiken betrachtet werden kann, umfasst das Fernsehen ein breiteres Themen- und

Formenspektrum. Es ist in Analogie zur Presse und zum Rundfunk in stärkerem Maße geeignet, die Rolle eines Informations- und Bildungsmediums zu übernehmen. Der Funktion der Moderatorin oder des Moderators kommt insofern ein besonderes Gewicht zu, als einerseits wie im Radio die inhaltliche Vermittlung zwischen den Beiträgen und ihre Kommentierung zu leisten ist, andererseits die sichtbare Präsenz der verantwortlichen Person sie mit einem zusätzlichen Charisma ausstattet, sie allein schon durch ihr Erscheinungsbild als glaubhaft wahrgenommen wird. Viele sog. Plateau-Sendungen, in denen ein Moderator oder eine Moderatorin aus einer Studiokulisse heraus die einzelnen andernorts vorgefertigten Sendebeiträge anmoderiert, finden in dieser ‚Leit'-Figur eine über die inhaltliche Ausrichtung hinausreichende Kontinuität, ein ‚Gesicht', das durch den direkten Blick in die Kamera (der im Kino als bewusster Illusionsbruch eingesetzt wird) sein Publikum persönlich anzusprechen scheint.

Eine der wichtigsten Medien-Persönlichkeiten der letzten Jahrzehnte ist in dieser Hinsicht der Journalist und Literaturkritiker Bernard Pivot, der mit *Apostrophes* (1975–1990) und *Bouillon de culture* (1990–2001) sehr anspruchsvolle und einflussreiche Sendungen zu kulturellen Themen gestaltete, die mit Gästen von Rang und Namen als Gesprächspartnern aufwarten konnten.

Aufgabe 14.7 |

? Betrachten Sie eine Magazinsendung Ihrer Wahl, in der eine Moderatorin oder ein Moderator durch die Beiträge führt. Wie wird diese Person von der Kamera ins Bild genommen? Wie bewegt sie sich im Studio? Wie ließe sich der von ihr gesprochene Text beschreiben? Ziehen Sie einen Vergleich dieser Möglichkeiten zu denjenigen einer Nachrichtensprecherin/eines Nachrichtensprechers (z. B. bei *arte info*).

14.4.1 | Der Realitäts-Effekt des Fernsehens

Aus dieser vermeintlichen Unmittelbarkeit resultiert ein Großteil der dem Fernsehen entgegengebrachten Skepsis. Unter den vielen Positionen soll stellvertretend diejenige des französischen Soziologen Pierre Bourdieu (1930–2002; siehe auch Einheit 10.4.2) herausgegriffen werden. Für ihn verkörpert das Fernsehen in besonderem Maße die Schattenseiten der heutigen Medienwelt. Seiner Darstellung zufolge bedingt die einseitige Ausrichtung des Fernsehjournalismus an der größtmöglichen Einschaltquote (*l'audimat*) eine Trivialisierung der Inhalte.

Text 14.4 |

Pierre Bourdieu: *Sur la
télévision* (1996)

Le principe de sélection, c'est la recherche du sensationnel, du spectaculaire. La télévision appelle à la dramatisation, au double sens : elle met en scène, en images, un événement et elle en exagère l'importance, la gravité, et le caractère dramatique. Tragique. […] Les journalistes, grosso modo, s'intéressent à l'exceptionnel, à ce qui est exceptionnel pour eux. Ce qui peut être banal pour d'autres pourra être extraordinaire pour eux ou l'inverse. Ils s'intéressent à l'extraordinaire, à ce qui rompt avec l'ordinaire, à ce qui n'est pas quotidien [...] C'est une contrainte terrible : celle qu'impose la poursuite du scoop. [...]

Les dangers politiques qui sont inhérents à l'usage ordinaire de la télévision tiennent au fait que l'image a cette particularité qu'elle peut produire ce que les critiques littéraires appellent l'effet de réel, elle peut faire voir et faire croire à ce qu'elle fait voir. Cette puissance d'évocation a des effets de mobilisation. Elle peut faire exister des idées ou des représentations, mais aussi des groupes. Les faits divers, les incidents ou les accidents quotidiens, peuvent être chargés d'implications politiques, éthiques, etc. propres à déclencher des sentiments forts, souvent négatifs, comme le racisme, la xénophobie, la peur-haine de l'étranger et le simple compte rendu, le fait de rapporter, to record, en reporter, implique toujours une construction sociale de la réalité capable d'exercer des effets sociaux de mobilisation (ou de démobilisation). (Bourdieu : 1996, 15ff.)

? Auf welche Gefahren verweist die Bourdieusche Beschreibung des TV-Nachrichtenwesens indirekt? Ist dieses Verfahren der Informations-‚Politik‘ spezifisch für das Medium Fernsehen?

|Aufgabe 14.8

? Trifft die Journalisten-Schelte Bourdieus Ihrer Meinung nach für alle Bereiche des Fernsehens zu? Welche Vorstellung vom Fernseh-Publikum lässt sich aus dem angeführten Zitat erschließen?

|Aufgabe 14.9

Gattungen und Formate

| 14.4.2

Die Ausrichtung des hier kritisierten Fernsehjournalismus wie auch der fiktional-erzählenden Produktionen an den Erwartungen des Publikums schlägt sich von vornherein in der Wahl eines inhaltlich-formalen Typus nieder, einer Gattung oder eines ‚Formats‘. Unter Gattungen sind, ähnlich wie im Bereich der literarischen Gattungen, bestimmte Formen der Darstellung zu verstehen, die sich in der Geschichte des Mediums etabliert haben (z. B. Fernsehfilm, Reportage, Dokumentation). In jüngster Zeit werden sie durch weitere Sendeformate ergänzt, welche durch die Kombination bekannter oder das Testen neuer Sendeformen ein Zielpublikum in seinen Erwartungshaltungen und Bedürfnissen optimal bedienen sollen. Dazu zählen der Bereich des ‚Infotainment‘ ebenso wie die zahllosen Spielarten des ‚Reality-TV‘. Als wichtigste Fernseh-‚Gattungen‘ oder ‚Formate‘ sind für den Bereich der Information und Bildung zu nennen: Reportage, Dokumentation (*documentaire*), Fernseh-Feature, Magazin-Sendungen (*magazine*) und deren Beiträge aus den Bereichen Politik, Wirtschaft, Kultur, Wissenschaft, Sport etc., Nachrichtensendungen (*actualités*; *journal télévisé*), Wissenschaftsshows, Interviews und

Talkrunden u. v. m. Aber auch die Sparte der Unterhaltung (bzw. die zahllosen Mischformen) reicht dank eigener Gattungen über die Ausstrahlung von Kinofilmen (oder ähnlich konzipierter Fernsehfilme, *téléfilm*) hinaus: Serien, Soap-operas (*feuilleton rose*), Sitcoms, Reality-TV (*télé-réalité* bzw. *reality-show*), Talkrunden (*le talk show*), Spiel- und Quizshows (*jeux télévisuels*), Variétéveranstaltungen, Zeichentrickfilm (*dessin animé*), Musikvideos, Werbesendungen, Late-Night-Shows, Kabarett oder Comedy usw. Die einzelnen Sendungen sind dabei erneut wie im Radio innerhalb eines übergeordneten Programms und Sender-Formats zu begreifen. Ergänzend kann noch auf die Rolle der Werbespots im Fernsehen hingewiesen werden, die aufgrund ihrer extrem knapp bemessenen Dauer und ihres hohen Appellcharakters besondere Bild-, Ton- und Textstrategien entwickelt haben, um die Aufmerksamkeit der Zuschauer auf sich zu lenken.

Die Alltäglichkeit des Mediums

Die Besonderheit des Fernsehens liegt in seiner Fähigkeit, ‚die Welt in unsere Wohnzimmer zu bringen'. Während sich das Betrachten eines Kinofilms am abgedunkelten Veranstaltungsort den Zug des besonderen Erlebnisses und der vollständigen Konzentration auf die Vorführung bewahrt hat, vermittelt das Fernsehen den Eindruck der Alltäglichkeit, da es für viele zum festen Bestandteil des Tagesablaufs geworden ist und evtl. als Hintergrundmedium anderweitige Tätigkeiten der Zuschauer begleitet. Die Aktualität der Informationen, in Verbund mit der Möglichkeit *live* (*en direct*) zu senden, lassen die Zuschauer in ihrer Vorstellung an einer Fülle von Ereignissen teilhaben, die wie aus eigener Anschauung in Bild und Ton erlebt werden. Das Fernsehen suggeriert folglich eine Unmittelbarkeit, die jedoch genau genommen wieder nur *eine medial vermittelte Sichtweise* auf die Dinge darstellt, die keineswegs objektiv repräsentiert werden.

14.4.3 | Gesichtspunkte einer TV-Analyse

Trotz der in ihrer Anlage sehr unterschiedlichen Vielfalt an Fernsehsendungen ist es möglich, einzelne Produktionen nach übergeordneten Kriterien zu untersuchen.

1) Zu welcher Gattung oder Mischform von Gattungen gehört die Sendung? Handelt es sich um einen Spielfilm oder eine nach verwandten ästhetischen Gesichtspunkten angelegte fiktional-narrative Produktion (Fernsehfilm, Fernsehserie) oder bspw. um eine Plateau-Sendung? Wird ein Studiopublikum mit einbezogen oder werden stellvertretend für die Masse der Zuschauer Einzelpersonen vorgestellt (in Interviews, Talkrunden oder Reportagen)? Was für eine Zielsetzung verfolgt die Sendung und mit welchen formalen Mitteln (Kameraführung, Montagetechnik, Moderationsstil, inhaltlicher Tenor etc.) wird gearbeitet?

2) Welchen Platz erhält die Sendung innerhalb des Programm-Rasters (*grille*)? Zu welcher Tageszeit wird sie ausgestrahlt? Wie wird sie ggf. angekündigt? Auf welches Zielpublikum dürfte sie zugeschnitten sein? Ist sie Teil eines größeren thematischen Zusammenhangs (z. B. eines ‚Themenabends‘ auf *arte*), einer fortlaufenden Serie bzw. hat sie einen festen Programmplatz (wie etwa immer wiederkehrende Quiz-Shows oder Talkrunden)? Kann sie zu einem allgemeinen Sender-Format in Bezug gesetzt werden? Inwieweit kann der thematischen Ausrichtung der Sendung eine besondere Aktualität unterstellt werden (also gerade jenen Sendungen außerhalb des eigentlichen Nachrichtensektors)?

3) Können einzelne Bestandteile innerhalb der Sendung voneinander unterschieden werden (z. B. Moderation und Einspielungen)? Wie kann der sich aus den einzelnen Elementen ergebende Aufbau beschrieben werden? Gibt es Schwerpunktsetzungen, die explizit angekündigt werden oder sich aus der jeweils aufgewandten Sendezeit erschließen lassen?

4) Gibt es Dokumente über die Rezeption der Sendung? Sind statistische Daten (z. B. Einschaltquote) oder Fernsehkritiken zugänglich? Gibt es offizielle *sites* oder Foren im Internet?

Film- und Fernsehanalyse bedienen sich eines auf das jeweilige Medium speziell zugeschnittenen Zugriffs, der neben den inhaltlichen Gesichtspunkten vor allem auf die Art und Weise der filmischen Darstellung ausgerichtet ist. Kameraführung und Montage können in diesem Zusammenhang als die wichtigsten Elemente der *discours*-Ebene ausgemacht werden, die im Sinne einer Erzählinstanz das Dargebotene vermitteln, wenngleich zusätzlich auch Erzählerfiguren, Kommentare aus dem ‚Off‘ oder Moderatorinnen/Moderatoren diese Aufgabe übernehmen können. Die Analyse kann sich der in Einheit 8 vorgestellten narratologischen Ansätze bedienen, die sich in erster Linie auf den Film und fiktional-erzählende Sendungen übertragen lassen. Dass es sich jedoch nicht um eine schlichte Wiedergabe von Literatur im Film oder Fernsehen handelt, hat die Problematisierung der intermedialen Adaptionsmöglichkeiten gezeigt. In jedem Fall aber ist das vorliegende Genre, die filmische Gattung oder das Sendeformat in die an die Analyse anschließende Interpretation mit einzubeziehen, wenn es darum geht, die thematische und ästhetische Ausrichtung des untersuchten filmischen Textes zu ergründen.

Zusammenfassung

Literatur

Jacques Aumont et al.: *Esthétique du film.* Paris: Nathan 2002.

Walter Benjamin: Das Kunstwerk im Zeitalter seiner technischen Reproduzierbarkeit [1936/1939], in: Ders., *Medienästhetische Schriften.* Frankfurt/Main: Suhrkamp 2002.

Pierre Bourdieu: *Sur la télévision*. Paris: Liber – Raisons d'agir 1996.

Werner Faulstich: *Grundkurs Filmanalyse*. München: Fink 2002.

Knut Hickethier: *Film- und Fernsehanalyse*. Stuttgart/Weimar: Metzler ³2001.

François Jost: *Comprendre la télévision*. Paris: Armand Colin 2005.

Helmut Korte: *Einführung in die Systematische Filmanalyse*. Berlin: Erich Schmidt ³2004.

Joachim Paech: *Literatur und Film*. Stuttgart/Weimar: Metzler ²1997.

Sabine Seifert: *Metamorphosen der siebten Kunst. Französische Romane des 19. Jahrhunderts in ihrer filmischen Umsetzung*. Bonn: Romanistischer Verlag 1998.

Sachregister

Die Verweise beschränken sich auf diejenigen Seiten, auf denen Definitionen und Erläuterungen sowie Problem- und Anwendungskontexte des jeweiligen Begriffs zu finden sind. Rhetorische Figuren und Stilmittel sind im Register nicht aufgeführt; sie sind auf den Seiten 64–65 und 68–69 zusammengestellt.

Bildnachweis

Jesse Bransford: *Head (Michel Foucault)*. 2004, 24,1 × 31, 7 cm. Acryl und Graphit auf Papier.
Abdruck mit freundlicher Genehmigung des Künstlers und der Feature Inc. (Seite 12)

Rama auf Wikimedia Commons: Charles de Gaulle spricht am 18.6.1940 bei der BBC
(Seite 233)